Im Inneren der wahren Area 51

1. Auflage Juli 2015

Copyright © 2013 Thomas J. Carey and Donald R. Schmitt.
Original English language edition published The Career Press, Inc. 220 West Parkway,
Unit 12, Pompton Plains, NJ 07444 USA. All rights reserved.

Copyright © 2015 für die deutschsprachige Ausgabe bei
Kopp Verlag, Bertha-Benz-Straße 10, D-72108 Rottenburg

Titel der amerikanischen Originalausgabe:
Inside the Real Area 51 – The Secret History of Wright-Patterson

Alle Rechte vorbehalten

Übersetzung aus dem Amerikanischen: Übersetzungsbüro ALDEA, Köln
Lektorat: Agentur Pegasus, Zella-Mehlis
Umschlaggestaltung: Stefanie Huber
Druck und Bindung: GGP Media GmbH, Pößneck

ISBN 978-3-86445-224-6

Abbildungen auf den Seiten 23, 42, 47 und 106 mit freundlicher Genehmigung der *Library of Congress*. Bilder auf den Seiten 89, 99, 109, 127, 162, 167, 173, 189 und 270 mit freundlicher Genehmigung der *US Air Force*. Bereitstellung des Bildes auf Seite 39 durch *Legacy Entertainment, Inc*. Bild auf Seite 50 mit freundlicher Genehmigung von Ben Hansen. Bild auf Seite 100 mit freundlicher Genehmigung von Anthony Bragalia. Bereitstellung der Bilder mit der folgenden freundlichen Genehmigung: Auf Seite 103 durch *US Senate Historical Office*. Auf Seite 115 durch Jahrbuch der *Royal Australian Air Force*. Auf Seite 131 durch James Clarkson. Auf den Seiten 145 und 150 durch Mark Magruder. Auf Seite 78 aus *Wikimedia Commons* entnommen. Auf Seite 82 durch das *Department of Defense Technical Information Center*. Auf den Seiten 159 bis 161 durch *National Archives*. Auf den Seiten 181, 232 und 257 bis 264 durch CUFOS. Das Bild auf Seite 195 entstammt den *CIA*-Fotoarchiven. Auf den Seiten 207 und 267 durch Tom Carey. Auf Seite 209 durch Whitley Strieber und Timothy Greenfield-Sanders. Auf Seite 220 durch das *Washington University Special Collections Archive*. Auf Seite 225 durch Betsy McDonald. Auf Seite 235 durch das *Department of Defense*. Auf den Seiten 120, 281 und 295 durch Mrs. Dell Stringfield.

Gerne senden wir Ihnen unser Verlagsverzeichnis
Kopp Verlag
Bertha-Benz-Straße 10
72108 Rottenburg
E-Mail: info@kopp-verlag.de
Tel.: (0 74 72) 98 06-0
Fax: (0 74 72) 98 06-11

Unser Buchprogramm finden Sie auch im Internet unter:
www.kopp-verlag.de

Thomas J. Carey & Donald R. Schmitt

Bestsellerautoren von Witness to Roswell

Im Inneren der wahren Area 51

Die geheime Geschichte von Wright-Patterson

KOPP VERLAG

Inhalt

Danksagungen 9

Vorwort von Tracy Torme 13

Einführung 16

Kapitel 1   Wright-Patterson AFB: Selbst geheime Orte haben eine Geschichte 20

Kapitel 2   Das Geheimnis von Hangar 18 – gelöst! 29

Kapitel 3   Der Sommer des UFOs: Panik im Pentagon 55

Kapitel 4   Reverse Engineering des Memory-Metalls 71

Kapitel 5   Der Senator und der »Blue Room« 94

Kapitel 6   Außerirdische auf Eis? 111

Kapitel 7   »Mein Name ist June Crain« 128

Kapitel 8   Jagdflieger-Ass begegnet etwas Glitschigem und Verrunzeltem 143

Kapitel 9   Projekt *Sign*: »Die Einschätzung der Situation« 154

Kapitel 10   Projekt *Grudge* bringt die Untertassen aus der Schusslinie 169

Kapitel 11   Projekt *Stork*: Das Geheimprojekt, das es niemals gegeben hat 178

Kapitel 12   Absturz des Projekts *Blue Book* in die absolute Bedeutungslosigkeit 187

Kapitel 13   Ein General enthüllt die wahren Pläne der *Air Force* 203

Kapitel 14   Die *Air Force* wäscht sich rein 218

Kapitel 15	*Dr. J. Allen Hynek:* Betrogener oder Komplize? 231
Kapitel 16	»Sie machen uns wieder einmal zum Sündenbock!« 244
Kapitel 17	Im Einsatz auf dem Stützpunkt *Wright-Patterson* 265
Kapitel 18	Versuchte Zeugenbeeinflussung bis in die Nähe eines Herzanfalls 273
Kapitel 19	*Leonard Stringfield* und die kleinen grünen Männchen 279
Kapitel 20	Der Kieferknochen, der auf Marsianisch etwas zu sagen hatte 290
Kapitel 21	Im Schatten von Geistern 299
Anmerkungen 305
Literaturverzeichnis 329
Index 340

Gewidmet dem liebevollen Gedächtnis an

Dr. J. Allen Hynek, *der Wissenschaftler genug war einzugestehen, dass er sich geirrt hatte, und*

Carlton William »Carl« Day, *der Journalist genug war, um herauszufinden, warum*

Danksagungen

Dieses Werk soll diejenigen von Ihnen, die den Wunsch haben – nein, die es wagen sollten –, die Wahrheit zu erfahren, die hinter einem außergewöhnlichen Ereignis steckt, das vor 66 Jahren (seit dem Schreiben dieses Buches) stattfand, die Augen öffnen. Es beginnt dort, wo unsere früheren Arbeiten über das Roswell-Ereignis im Juli 1947 endeten: mit dem Eintreffen der aus dem UFO-Absturz stammenden Wrackteile und kleinen Körper auf dem Stützpunkt *Wright Field* (heute *Wright-Patterson Air Force Base*) in Dayton, Ohio. Was dann geschah, ist in diesem Buch beschrieben.

Obwohl wir insgesamt 45 Jahre mit Nachforschungen über den Fall Roswell und seine Folgen verbracht haben, sind Ermittlungen dieser Größe über so viele Jahre und Zeitperioden hinweg in völliger Abgeschlossenheit nicht möglich. Viele andere haben auf die unterschiedlichsten Weisen zu unseren immer noch laufenden Nachforschungen beigetragen, sodass dieses Buch ohne diese Hilfe und Unterstützung nicht hätte geschrieben werden können. Dafür möchten wir allen diesen Menschen Dank sagen.

Zunächst möchten wir allen Zeugen und sonstigen Informationsquellen danken, die sich – oftmals sehr zögerlich aus Angst um ihr eigenes Wohl – gemeldet und sich bereit erklärt haben, mit uns über lange zurückliegende Ereignisse zu sprechen und der Aufzeichnung dieser Gespräche zuzustimmen. Leider lässt sich die Zeit nicht anhalten, sodass viele dieser Zeugen inzwischen verstorben sind. Aber ohne deren Mut und Bereitschaft zur Zusammenarbeit wären unsere Nachforschungen und dieses Buch nicht möglich gewesen.

Besonderer Dank gebührt dabei den nachfolgend genannten Personen und Einrichtungen:

Del Stringfield, nicht nur für ihre wunderbare Unterstützung unserer Arbeit, sondern auch für ihre Loyalität gegenüber ihrem verstorbenen Ehemann und unserem guten Freund Len.

Dem *International UFO Museum and Research Center* für seine nicht zu überbietenden umfassenden Forschungseinrichtungen. Man könnte ein ganzes Jahr dort verbringen, ohne dass man alle zugänglichen Daten hätte erfassen können. Welch ein unermesslicher Schatz!

Julie Shuster, der ehemaligen Direktorin des Museums, für ihre beständige Freundschaft, Stärke und Inspiration für uns alle.

Jerome Clark für seine lange Freundschaft und den großen Respekt und die Bewunderung, die wir seiner Mitwirkung zollen durften. Hätten wir ein ganzes Team von Jerry Clarks gehabt, so wäre dieses Rätsel bereits vor 25 Jahren gelöst worden.

Nathan Twining jun., der uns zu einem Teil der Twining-Familie werden ließ, uns wie Brüder behandelte und uns oft zu verstehen gab, dass sein verstorbener Vater uns mehr als jeder andere ermutigt hätte.

Anthony Bragalia, dessen Hartnäckigkeit beim Aufspüren von Zeugen und dessen Überzeugungsarbeit, diese zum Reden zu bringen, für uns unglaublich sind. Für seine unvergleichliche Fähigkeit, Personen, Dokumente und Fotos online zu finden, sowie für seine Nitinol betreffenden Nachforschungen als Grundlage für Kapitel 4.

Grant Cameron, Lee Graham und Brian Parks für die Beschaffung relevanter Unterlagen, um unsere Bemühungen zu unterstützen, zu erfahren, was sich hinter der Tür zum »Blue Room« auf *Wright-Patterson* befand.

Kevin Randle für seine Beratung bei einer Anzahl zeitgeschichtlicher Fragen.

Bill Kilbourne für die vielen Arten seiner technischen Unterstützung.

Christopher Carson für seine umfassende Rechtsberatung.

Colonel Jeffrey Thau für seine Beratung in militärischen Fragen.

Danksagungen

John Mosgrove für seinen Mut und seine Tapferkeit in traurigen Zeiten und für seine Wahrheitsliebe.

Tracy Torme für seine 25-jährige Freundschaft und seine laufende Unterstützung. Seine Arbeit übertrifft eindeutig die seiner Zeitgenossen aus Hollywood.

Und nicht zuletzt müssen wir dem verstorbenen Carl Day danken. Carl hatte die Idee, dieses Buch zu schreiben. Wir waren wirklich geehrt, von einem mit Preisen ausgezeichneten Journalisten von phänomenalem Ruf gebeten worden zu sein, mit ihm an einem Buch zu arbeiten. Leider verstarb er nur wenige Monate, bevor wir starten konnten. Carl, wir wissen, dass du die ganze Zeit über bei uns warst.

Einen ganz besonderen Dank richten wir auch an unsere Allernächsten, die das tägliche Auf und Ab mitmachen und uns durch Höhen und Tiefen begleiten müssen. Ohne sie wären wir immer noch in den Startblöcken.

Dank an meine 45 Jahre alte, liebe Gattin Doreen dafür, dass sie an mich geglaubt und mich selbst an trüben Tagen ermutigt hat, nicht aufzugeben; und Dank auch an unseren Sohn Don und unsere Tochter Erin, die unserem Leben mehr gegeben haben, als sie sich dies jemals werden vorstellen können. **– TJS**

Dank an meine geliebte Frau Marie für ihre Geduld und Streicheleinheiten, dass von ihr akzeptiert wurde, dass ich jede Nacht erst Stunden nach ihr ins Bett gehen konnte, und an meine lieben Eltern dafür, dass sie mich immer wieder daran erinnert haben, dass meine Reise zu den Sternen immer mit meinen Lieben hier auf diesem Planeten beginnt. **– DRS**

»… nur die Fakten, gnädige Frau.«
  – **Sgt. Joe Friday,** *Detective Division*, **L. A. P. D.**

»Sammeln Sie genug Fakten, und die Antwort wird Ihnen wie eine reife Frucht in den Schoß fallen.«
  – **Franz Boaz, amerikanischer Anthropologe**

Vorwort von Tracy Torme

Ich arbeitete gerade an *Star Trek: The Next Generation*, als ich – für mich etwas irritierend – erfuhr, dass Gene mich sehen wollte. Dieser Gene war Gene Roddenberry, der Schöpfer des *Star-Trek*-Franchising, berühmt unter dem Spitznamen »The Great Bird of the Galaxy« (»Der Riesenvogel der Galaxie«).

Als ich sein Büro betrat, war mir sofort klar, dass ihm etwas missfallen hatte. Nun denn. Es war niemals ratsam, Gene zu verärgern. Ich hatte mit ihm ein einzigartiges und wunderbares Vater-Sohn-Verhältnis, jedoch hatte ich bei bestimmten Gelegenheiten auch seine Temperamentausbrüche erlebt, und ich muss fairerweise sagen, dass mir immer daran gelegen war, mir sein Wohlwollen zu erhalten.

Gene schaute mich mit einem etwas verkrampften Lächeln an. »Ich habe gehört, dass du dich mit dem Gedanken trägst, an einem Film über Trevis Walton zu arbeiten«, sagte er. Ich war überrascht, denn ich hätte niemals erwartet, dass er überhaupt wusste, wer Trevis Walton war. Vorsichtig erklärte ich ihm, dass dies stimme. Ich hatte mit meiner Arbeit an dem Projekt gerade erst begonnen, an dessen Ende der Spielfilm *Fire in the Sky* (zu Deutsch: *Feuer am Himmel*) der *Paramount* stehen sollte.

Roddenberry sprang plötzlich auf, und sein Gesicht lief vor Wut purpurrot an. »**Weißt du nicht, dass dieser UFO-Quatsch Mist ist?**«, brüllte er. »**Das ist alles nur Schrott! Astronomen bekommen UFOs nie zu Gesicht. Und auch Piloten haben sie nie gesehen. Nur betrunkenen Farmern begegnen sie frühmorgens um drei Uhr. Es gibt auch nicht den geringsten Beweis. Keine echten Fotos. Tracy, wie um alles in der Welt konntest du dich nur darauf einlassen, dieses Ammenmärchen auch noch zu unterstützen?**«

Genes Ärger und Entrüstung waren wahrlich überraschend und bereiteten ein bisschen Angst. Im Laufe der Jahre, in denen ich *Star-Trek*-Fans seine Einstellung zum Thema »UFOs« deutlich gemacht hatte, weigerten sich viele einfach, mir zu glauben. Dies ist die Welt, in der man sich mit solchen Sachen der Lächerlichkeit preisgibt und gegen die meine Freunde und Kollegen Don Schmitt und Tom Carey anzukämpfen haben, wenn sie ihre Arbeit auf dem weitgehend missverstandenen Gebiet der UFO-Forschung fortsetzen wollen.

Ich sollte mich im Laufe der Jahre ähnlichen Konfrontationen mit Ray Bradbury, Seth Shostak und Carl Sagan gegenübergestellt sehen. Sie alle erachteten meine grundsätzliche Überzeugung von der Existenz von UFOs gerade so, als ob man an den Weihnachtsmann und den Osterhasen glauben würde. Und genau auf diesem schwierigen Gebiet haben Don und Tom ihre bahnbrechende und lebenswichtige Arbeit geleistet – zuletzt mit diesem bedeutsamen Buch über den Luftwaffenstützpunkt *Wright-Patterson Air Force Base*.

In allen ihren Büchern ist es Don und Tom gelungen, die Spreu vom Weizen zu trennen. Mit ihrer wunderbaren und gründlichen Arbeit über das Roswell-Ereignis sind einige Binsenweisheiten zu diesem Gebiet allgemein ans Tageslicht gekommen. Die Sagans und Roddenberrys dieser Welt liegen total falsch. Schmitt und Carey sind diejenigen, die das Licht erkennen. UFOs sind ein ernst zu nehmendes und unendlich fesselndes Geheimnis, das die Art von erstklassigen Nachforschungen und Untersuchungen erfordert, wie sie nur Spitzenermittler wie Tom und Don durchzuführen vermögen.

Als sie sich in die Roswell-Geschichte verbissen hatten, war es faszinierend und zugleich aufschlussreich zu sehen, wie von ihnen die Herausforderung angegangen wurde, Licht in ein nunmehr 66 Jahre zurückliegendes Ereignis zu bringen. Die Tatsache, dass Zeugen aus erster Hand älter werden und sterben, war das geringste ihrer Probleme. Beide Autoren bauen auf ihren untadeligen Ruf und ihre persönliche Integrität, um zu denjenigen eine Vertrauensbasis zu schaffen, die mutig genug sind, ihre Erinnerungen weiterzugeben. Die Tatsache, dass Don und Tom intelligent, sympathisch und extrem vertrauenswürdig sind, war ein Schlüsselfaktor, um noch lebende Zeugen dazu zu bewegen, sich zu melden. Don und Tom sind von diesen gleichen

Qualitäten ausgegangen, um die faszinierende Geschichte von *Wright-Patt* auszugraben.

Wie ist es ihnen nur möglich, ein solch lebenswichtiges und fesselndes Werk zu schaffen? Nun, sicherlich steckt Methode hinter ihrer Besessenheit. Wie immer beginnt alles mit ihrem disziplinierten und umfassenden Angehen des jeweiligen Themas. Die beiden Männer sind hervorragende Forscher und Ermittler, die auf ihrer Suche nach der Wahrheit jeden Stein umdrehen. *Wright-Patterson* spielt eine Schlüsselrolle in der UFO-Geschichte – von uns allen gebührt Don und Tom größte Anerkennung dafür, dass sie sich einer so schwierigen und wichtigen Aufgabe angenommen haben.

Don und ich sind alte Freunde. Auch wenn Tom und ich uns noch nicht genauso gut kennen, hoffe ich dennoch, dass sich dies in Zukunft ändern wird. Don ist Baseballfan (genau wie Tom), was für mich ein dicker Pluspunkt ist, wobei wir die gemeinsame Überzeugung teilen, dass Amerika etwas Außergewöhnliches darstellt, was mich etwas nachdenklich gestimmt hat ...

Nach der entscheidenden Schlacht von Yorktown während des amerikanischen Revolutionskrieges, als die geschlagene britische Armee kapitulierte und ihre Waffen den Rebellen übergab, spielte ihre Kapelle ein Lied mit dem Titel *The World Turned Upside Down* (zu Deutsch: *Die Welt ist auf den Kopf gestellt*). Dies könnte auch das Titellied für UFO-Forscher der Spitzenklasse wie Tom und Don sein. Für sie steht in vielerlei Hinsicht die Welt auf dem Kopf. Das Wissen über UFOs wird falsch interpretiert, über UFOs wird falsch berichtet, und UFO-Meldungen werden routinemäßig abgetan. Wir alle sollten wirklich dankbar sein, dass es bei uns Menschen wie Don Schmitt und Tom Cary gibt, die die Ausdauer und die innere Stärke haben, um einer Welt, die seit der Erfindung des Rades kaum wirkliche Fortschritte gemacht hat, die Wahrheit aufzuzeigen.

Tracy Torme, Los Angeles, Kalifornien, im März 2013

Einführung

Mit diesem Buch, das Sie gerade in Händen halten, verfolgen wir eine bestimmte Absicht, die von dem Psychologen Dr. Thomas Gilovich mit knappen Worten definiert worden ist. Er porträtiert den als »gesunde Skepsis« bekannten Zustand auf folgende Weise: »Sich bewusst zu sein, wie und wann es gilt, Fragen zu stellen, und zu erkennen, was erforderlich ist, um wirklich etwas zu wissen, zählen zu den wichtigsten Elementen, die eine gebildete Person ausmachen.« Auf dieser Grundlage wird von den Autoren dieses Buches die offizielle Version dessen infrage gestellt, was als das größte Geheimnis in der Geschichte der USA anzusehen ist, wie dies von uns hierin noch nachzuweisen sein wird.

In den vergangenen 20 Jahren ist das Roswell-Ereignis international zu einem Synonym für Vertuschungen und Täuschung durch die Regierung geworden. Was wirklich hinter dem tatsächlichen Absturz in New Mexico im Jahr 1947 steckt, bleibt Verschlusssache auf sogar noch höherer Ebene als der des *Oval Office*, wie dies die gescheiterten Bemühungen um eine Veröffentlichung unter den Präsidenten Gerald Ford, Jimmy Carter und Bill Clinton belegen. Da dieses Ereignis für die Menschheit so erschütternd war, hatten bisher nur wenige Auserwählte Zugang zur Wahrheit.

Ursprünglich war den Medien jegliche Berichterstattung über alle pro UFOs ausgerichteten Nachforschungen weitgehend untersagt, die den profaneren offiziellen Erklärungen widersprachen – sicherlich ein Schlag für das Ego von Journalisten, die durch ihre Berichterstattung im Zweiten Weltkrieg gereift waren. Um darüber hinaus in Zukunft keine Neugier im Hinblick auf die wahre Art der UFO-Ereignisse zu wecken, wurde die Presse systematisch indoktriniert, um das Thema ohne Umschweife abzutun. Es wurde zur Tagesordnung, derartige Erzählungen der Lächerlichkeit preiszugeben und vom Sockel zu stoßen, sodass die Täuschung der Öffentlichkeit auf ein astronomisches Ausmaß ansteigen konnte. Noch niemals im Verlauf der amerikanischen Geschichte mussten gewählte Amtsträger mehr Zynismus und Ablehnung durch die ungläubigen Thomasse der Gesellschaft erfahren, durch deren Bemühungen die Saat der Unterdrückung ausgebracht wurde. Dennoch ist die Geschichte zu groß, zu wichtig, um im kalten, verlassenen Archiv der vergessenen Geschichtsschreibung zu landen.

Präsident John F. Kennedy hatte zu derartigen Geheimnissen Folgendes zu sagen:

»**In einer freien und offenen Gesellschaft ist schon das Wort ›Geheimnistuerei‹ abstoßend. Und wir als ein Volk sind von Natur aus und von der Geschichte her gegen Geheimbünde, geheime Schwüre und geheime Vorgehensweisen eingestellt. Denn überall auf der Welt sehen wir uns mit einer gigantischen und schonungslosen Verschwörung konfrontiert, die sich in erster Linie auf versteckte Möglichkeiten einer erweiterten Einflusssphäre stützt. Auf Infiltration statt Invasion …, auf Untergrabung statt Wahlen …, auf Einschüchterung statt freier Wahl. Es handelt sich um ein System, bei dem umfassende Ressourcen an Menschen und Material zum Aufbau einer eng geknüpften, hocheffizienten Maschinerie herangezogen wurden, in der militärische und diplomatische Nachrichten- und Geheimdienste sowie wirtschaftliche, wissenschaftliche und politische Bestrebungen vereint sind. Die Vorbereitungen hierzu sind versteckt, gelangen nicht an die Öffentlichkeit. Fehler werden vertuscht, machen keine Schlagzeilen. Abweichler werden zum Schweigen gebracht, nicht gelobt. Ausgaben werden grundsätzlich nicht infrage gestellt, und kein Geheimnis wird aufgedeckt.**«

Als Enthüllungsautoren sind wir zuversichtlich, genug Indizienbeweise erbracht zu haben, um jeden Gerichtssaal als Sieger zu verlassen – Beweise, dass im Jahr 1947 ein Luftfahrzeug mit einer Besatzung unbekannter Herkunft in der Nähe von Roswell, New Mexico, abstürzte. Von dieser Voraussetzung gehen wir im Rahmen dieses gesamten Buches aus zum Ausloten der Tiefen des Luftwaffenstützpunktes *Wright-Patterson Air Force Base* – der *wahren* Area 51. Zu den vielen Fragen, die von uns gestellt werden, gehört auch diese: Wenn ein Ereignis von solcher Bedeutung wie dieser Absturz eines außerirdischen

Flugkörpers tatsächlich stattgefunden hätte, was sollten wir dann von der Regierung und von den mit der Kontrolle der Auswirkungen betrauten Personen zu erwarten haben? Wie würden sie reagieren? In der Geschichte sind sehr spezifische Aktionen in Bezug auf eine Bürokratie dokumentiert, die eindeutig belegen, dass es sich um ein Ereignis außergewöhnlicher Art gehandelt hat. So wurde zum Beispiel das Roswell-Ereignis nicht einfach in den Hintergrund gedrängt mit der Erklärung, dass es sich lediglich um eine Art von Wetterballon gehandelt habe; vielmehr deuteten alle Maßnahmen des Militärs darauf hin, dass etwas stattgefunden hatte, das weit außerhalb seiner Kontrollmöglichkeiten lag. Durch das, was nur verschwommen durchsickerte, nachdem alle physischen Beweise gefunden und nach oben zu den Geheimdiensten weitergeleitet worden waren, blieb unsere Regierung total im Dunkeln.

Für einen kurzen Moment ergab sich am 8. Juli 1947 durch die Mitteilung der Armee »*RAAF [Roswell Army Air Field]* **nimmt fliegende Untertasse auf einer Ranch in der Region Roswell in Gewahrsam**« ein völlig veränderter Blickpunkt der Weltöffentlichkeit. Innerhalb der nächsten fünf Stunden bedeutete die als Ersatz gelieferte Ballonerklärung zunächst einmal einen Aufschub – aber nicht für diejenigen, die uns zu verteidigen und zu schützen hatten. Aus deren Sicht war die Souveränität unseres Landes soeben ausgelöscht worden. Augen starrten in den Himmel. Was früher einmal in den Bereich der Science-Fiction abgeschoben wurde, war nun plötzlich zu einer Realität so sicher wie der Tod selbst geworden. Und genau wie beim Tod wusste kein Lebewesen auf dem Planeten Erde, wie es auf der anderen Seite aussah.

In den verschiedenen Kapiteln werden Sie als Leser mit unzähligen Versuchen seitens unserer Führung und unseres Militärs konfrontiert werden, nicht nur den Gedanken einer Bedrohung durch eine Macht, die stärker ist als die unsrige, sondern auch das Gefühl der völligen Unfähigkeit des Umgangs mit einem solchen Phänomen zu besiegen. Was in der entlegensten Wüstenregion von New Mexico begann, fand seine Fortsetzung in der militärischen Einrichtung namens *Wright-Patterson Air Force Base* in Dayton, Ohio, der die allerhöchste Geheimstufe zuerkannt worden war. Dies war wirklich und wahrhaftig das Ende vom Anfang. Die vergeblichen Versuche, die Technik umzukehren, das Sezieren und das Präparieren biologischer Überbleibsel – würden diese Einrichtung mit der höchsten Geheimstufe so tief und dunkel erscheinen lassen wie den Weltraum selbst. Unsere Besucher von den Sternen würden in dem als *Wright-Patt* bekannten unterirdischen Sumpf versinken.

Ist das *National Museum of American History* (Nationalmuseum für amerikanische Geschichte) der Dachboden Amerikas, so hat der Luftwaffenstützpunkt *Wright-Patterson Air Force Base* definitiv als das Kellergeschoss zu gelten. Genau dort – mit all den gesammelten physischen Beweisen und Dokumentationsunterlagen, dass man uns von außerhalb unseres Planeten beobachtet – erlangte dieser mit Atomwaffen ausgerüstete US-Luftwaffenstützpunkt einen stellaren Ruf, der besagt, dass dort Geheimnisse ankommen, jedoch selten wieder herauskommen. Welche Tragik für die gesamte Menschheit, dass es von einigen wenigen als erforderlich angesehen wurde, derartige erdbebengleiche Nachrichten von uns für immer fernzuhalten – Teile der Geschichte, die nun mit dem Tod der letzten Geheimnishüter immer mehr in Vergessenheit geraten. Trotz seiner großartigen und historischen militärischen Verdienste um unsere Nation muss *Wright-Patterson* als Grabstein über einer der größten Entdeckungen unserer gesamten Geschichtsschreibung gesehen werden. Mehr als 30 Jahre lang war der Stützpunkt Sperrgebiet für die regierungsseitige Vertuschung von UFOs.

Halten Sie sich bereit! Der UFO-Tresor steht kurz davor, geöffnet zu werden …

Kapitel 1

Kapitel 1

Wright-Patterson AFB:
Selbst geheime Orte haben eine Geschichte

Militärische Einrichtungen ähneln Regierungsgebäuden, Schulen, Postämtern und dergleichen: Sie sind in der Regel nach einer berühmten Person benannt, die keine andere Verbindung zu der jeweiligen Einrichtung zu haben scheint, als zufällig der Nächste auf der Ehrenliste zu sein. Wright-Patterson war eindeutig die Ausnahme. Der Namensvetter hätte nicht passender sein oder eine solche Auszeichnung mehr als verdient haben können.

Das Gelände, auf dem sich der Stützpunkt befindet, ist heute weitaus geschichtsträchtiger, als dies jemals in einem außerhalb von Dayton, Ohio, verwendeten Schulbuch festgehalten wurde. Jeder jedoch, der Kenntnisse über die Luftfahrt hat, ist sich darüber voll im Klaren, wie alles begann: als der Mensch erstmals versucht hatte, einen Motor in ein grob gezimmertes Gerüst einer Maschine einzubauen, damit diese von der Erde abhebt. Wright-Patterson gebührt die Auszeichnung, auf einen Traum fixiert gewesen zu sein – einen Traum, dass der Mensch fliegen könne. Hier riskierten Orville und Wilbur Wright schon 1904 Leib und Leben auf einem 84 Acre großen Stück Land, das damals als *Hoffman Prairie Flying Field* (Hoffmans Prärieflugfeld) bekannt war. Sie hofften, dass ihr neuer Flugapparat sich in der Luft halten würde – und wenn es auch nur einige Sekunden länger wäre –, jedoch war die Schwerkraft unerbittlich und siegte. Genau wie der biblische Noah beim Bau der Arche hielten auch die Gebrüder Wright an ihrer persönlichen Überzeugung fest, dass das Schicksal gerade einmal direkt hinter der nächsten Wolke liege.

Ein flaches, offenes Feld war am besten zu kontrollieren, wobei die Gebrüder Wright den Apparat auch nicht leichter bauen konnten. Am 17. Dezember 1903 fand dann auf einem anderen freien Stück Grasland in Kitty Hawk, North Carolina, der erste erfolgreiche Flug mit Motorkraft statt. Während Orville vom Boden aus zuschaute, kämpfte Wilbur mit den behelfsmäßigen Seilzügen, wobei es ihm gelang, ihren Wright-Flieger für volle zwölf Sekunden in der Luft zu halten und dabei eine Strecke von gerade einmal 20 Metern zurückzulegen. Allein durch Ausdauer und Beharrlichkeit und mit guten Rückenwindverhältnissen hielt das moderne Zeitalter der Luftfahrt an diesem denkwürdigen Tag Einzug in alle Geschichtsbücher. Der Mensch konnte fliegen, wenn auch nur ein Dutzend Herzschläge lang. Konnte der Mond so weit entfernt sein?[1]

In den nächsten fünf Jahren begannen die berühmten Brüder damit, ihre eigene Flugschule unter dem Namen *Wright Company Training School of Aviation* einzurichten. Der bemannte Motorflug war kurz davor, das aufmerksame Interesse von Uncle Sam zu erregen. Es grenzt an eine gewisse Ironie, dass diese Erfindung nicht aus Kriegsgründen geboren wurde; sie stand aber kurz davor, seitens des Präsidenten für diese Zwecke einbezogen zu werden.

Da die Aggression durch das deutsche Kaiserreich in ganz Europa zunahm, waren die Vereinigten Staaten verpflichtet, ihren Alliierten beizustehen, sodass sie im Jahr 1917 in den Ersten Weltkrieg eintraten. Kurz nacheinander wurden in Dayton mit Regierungsmitteln drei militärische Einrichtungen gebaut, die jeweils dazu gedacht waren, die Kriegsanstrengungen zu intensivieren. Darüber hinaus wollte es das Schicksal, dass zwei dieser Einrichtungen letztendlich zu einem Teil dessen werden sollten, was heute als *Wright-Patterson Air Force Base* bekannt ist. Eine dieser Einrichtungen war das *Wilbur Wright Field*, bei der angrenzenden Installation handelte es sich um das *Fairfield Aviation General Supply Depot*, das von der Armee betrieben wurde und seine Nachbarn neben der Erfüllung sonstiger militärischer Erfordernisse im gesamten Mittleren Westen logistisch unterstützte.

Nach ungefähr einem Jahr wurde 1918 von den beiden Flugplätzen eine Reihe gemeinsamer Übungen durchgeführt. Von beiden wurde das *McCook Field* in Dayton für die Lagerung, Wartung und Montage von Flugzeugen und der zugehörigen Flugzeugmotoren genutzt. Die Luftfahrt wurde schon bald Sache von Unternehmen, wobei die Gebrüder Wright immer noch die führende Position einnahmen, nachdem niemand mit ihrem Know-how Schritt halten konnte. Bei Kriegs-

Orville und Wilbur Wright.

ende wurde die Wright-Flugschule letztendlich geschlossen, wobei die beiden Einrichtungen zum *Fairfield Air Depot* fusionierten. Wie es das Schicksal aber wollte, war das Militär mit den Brüdern noch nicht fertig. Im Jahr 1924 wurde im Rahmen der ständigen Bemühungen des Pentagon, auf den Erfolgen des vorherigen Luftkrieges weiter aufzubauen, *Wright Field* als neue Zusatzeinrichtung geschaffen. Das *Army Air Corps* war eine bewährte Kriegsmaschinerie, und *Wright Field* wäre der Weg, um die Vereinigten Staaten vor Angriffen aus der Luft zu schützen. Es war mehr als passend, die neu geschaffene Basis sowohl Wilbur als auch Orville Wright zu widmen. Bis zum heutigen Tage stehen ihre Namen und ihre Hinterlassenschaften als Synonym für alles, was mit der Luftfahrt zu tun hat.

Kurze Zeit später wurde *Wright Field* zum Hauptquartier der *Material Division* als einem der Hauptbereiche des *Army Air Corps*. Im Jahr 1920 wurde dann die *Technical Data Section (TDS)* geschaffen. Beiden zusammen oblag die Hauptaufgabe, fortschrittliche Flugzeuge, Geräte und Zubehör zu entwickeln und zu konstruieren. Technische Laboratorien wurden gebaut, und in der wachsenden Einrichtung wurden dann alle fliegerischen Konzepte studiert und perfektioniert.

Leutnant Frank Stuart Patterson hatte sich lange für die Aufgaben der Basis eingesetzt und hart daran gearbeitet, um *Wright Field* einen Platz im Herzen von Dayton zu bewahren. So war es nur angebracht, dass die Stadt ihn dafür belohnte, indem sie *Patterson Field* als angrenzende Basis auf der Ostseite auswies. Obwohl *Wright Field* und *Patterson Field* zwei getrennte Einrichtungen waren, wurden deren Projekte oftmals gegenseitig intensiviert und strategisch ergänzt, wobei sie jeweils Bereiche der technischen Unterstützung oder Einrichtungen und Techniker zur Verfügung stellen konnten, die bei der jeweils anderen Einrichtung nicht vorhanden waren. So wurde zum Beispiel von *Patterson Field* 1942 die *Technical Data Section (TDS)* in *Technical Data Laboratory (TDL)* und dann am 1. Juli 1945 in *T-2 Intelligence* umbenannt mit Spezialisierung auf Metallurgie und Reverse Engineering (Analyse von Produkten, um Konkurrenzprodukte mit geringem Aufwand nachbilden zu können).[2] Wann immer eine fortschrittlichere Konstruktion aus dem Ausland zwecks Analyse und Studium beschafft werden konnte, war *Patterson Field* der wahrscheinlichste Bestimmungsort. Ebenfalls zu dieser Zeit wurden von *T-2* speziell Erfahrungen in Bezug auf die physikalischen Aspekte des neu aufgekommenen Phänomens der »fliegenden Untertassen« gesammelt. Würden die Flugeigenschaften der unbekannten Objekte, wie sie von Zeugen beschrieben wurden, genau stimmen, so muss damals Visionären angesichts aller bestehenden Möglichkeiten schwindelig geworden sein.

Sollte es daher irgendjemanden wundern, dass während des Zweiten Weltkrieges und nach dessen Ende beide Einrichtungen eine dramatische Erweiterung erfuhren? Die Anzahl der Mitarbeiter, die von 3700 im Jahr 1939 auf über 50 000 bis zum Kriegsende angestiegen war, spielte eine wichtige Rolle beim Sieg der Alliierten. Die *Material Division* in *Wright Field* war zuständig für die Beschaffung von Flugzeugen und Flugzeugteilen von überall im Land laufenden Produktionsstraßen. Dies bedeutete eine umfangreichere Prüfung und Entwicklung. Demgegenüber blieb die logistische Einbeziehung der Hardware in den Krieg Sache der *Air Service Commission* in *Patterson Field*. Um das Jahr 1944 erkannte dann das Pentagon, dass dieser doppelte Aufwand unnötig war, sodass die getrennten Kommandos auf jedem Stützpunkt aufgelöst wurden. Im August wurden dann beide Einrichtungen dem neu geschaffenen *Air Technical Service Command* unterstellt.³

Während der Kriegsjahre und unmittelbar danach wurden dann Mittel für größere Projekte bereitgestellt und Verbesserungen der Einrichtungen vorgenommen – wie all dies von Washington als erforderlich angesehen wurde. Erstmals auf einer amerikanischen Basis wurden weitläufige Start- und Landebahnen aus Beton gegossen und gleichzeitig größere Labors und Prüfgelände geschaffen sowie eine wachsende Anzahl von Bürogebäuden für die steigende Zahl von zivilen Mitarbeitern auf dem Stützpunkt errichtet. Während des Krieges wurden mehr als 300 neue Gebäude als Hauptquartiere für beispielsweise das *Air Material Command* und die Vorgängerorganisationen des *USAF Medical Center*, des *Air Force Institute of Technology* und des *Air Force Research Laboratory* errichtet.⁴

Nach der Kapitulation Deutschlands im Jahr 1945 übernahmen beide Stützpunkte wesentliche militärische Verbesserungen von der Luftwaffe. *Patterson Field* war auf die Hardware und auf die Frage fokussiert, ob durch irgendwelche ausländische Luftwaffenweiterentwicklungen unsere Luftstreitkräfte in Unterlegenheit geraten waren, während *Wright Field* für den gesamten Versuchsbetrieb zuständig war. An der Pazifikfront wurden von der *Technical Air Intelligence Unit (TAIU)* nach der endgültigen Kapitulation alle japanischen Flugzeuge und Einrichtungen übernommen. Im Dezember des gleichen Jahres ging das *TAIU* auf *T-2* in *Wright Field* unter der Leitung von Leutnant Colonel Howard McCoy über.⁵

Die Übernahme der feindlichen Hardware war eine Sache, ihren Einsatz und ihre Nutzung zu erlernen eine andere. Glücklicherweise fielen uns ihre Erfinder in die Hände. »Zeigen Sie uns, wie dies funktioniert«, war die Hauptzielsetzung der Operation *Paperclip*, durch die mehr als 200 deutsche Wissenschaftler von höchstem Ansehen für die Vereinigten Staaten gewonnen werden konnten. Obwohl die meisten von ihnen ehemalige NSDAP-Mitglieder waren, arbeiteten sie in allen Fragen der militärischen Technologie mit ihrem amerikanischen

Gegenüber eng zusammen. Dies musste einfach zu einer Explosion an Fortschritten in der Luftfahrttechnik führen – wobei die meisten Daten zu Prüf- und Versuchszwecken in *Wright Field* endeten. Viele der deutschen Wissenschaftler arbeiteten eng mit Taktikern von *T-2* zusammen, die auf Motoren, Aerodynamik und den Einsatz neuer Materialien spezialisiert waren. Sie hatten den Auftrag:

1. Zu gewährleisten, dass es keine strategischen, taktischen oder technologischen Überraschungen von irgendeiner Seite geben kann.

2. Durch Spionage das für Kommandoentscheidungen und Beratungen zu Luftabwehrbereitschaft und Flugbetrieb erforderliche Wissen bereitzustellen.

3. Geeignete Spionageabwehrmaßnahmen zu treffen.

Sowohl logistisch als auch aus Sicht der Nationalen Sicherheit war *T-2* die einzige und äußerst leistungsfähige Stelle, die mit Bergung, Sicherung und Fehlinformationen von allem aus dem Luftraum Stammenden betraut werden konnte. General Douglas MacArthur hatte zuvor bereits *Air Technical Intelligence*, einem Vorgänger von *T-2*, am Ende des Krieges im Pazifik den Befehl erteilt, »alle abgestürzten oder erbeuteten feindlichen Flugzeuge oder deren Besatzungen so schnell wie möglich nach dem Absturz voll in Gewahrsam zu nehmen«.[6]

Mit der immer größer werdenden Bedeutung des *Air Corps* wurde schließlich die Entscheidung gesetzlich verankert, dass die *Air Force* (Luftwaffe) im September 1947 offiziell zu einem getrennten Zweig des Militärs werden sollte. Aus »Army Air Fields« wurden einfach »Air Fields« (Flugplätze), und 1948 wurde die Bezeichnung »Air Field« zugunsten von »Air Force Base« (Luftwaffenstützpunkt) fallengelassen. Als Begleiterscheinung erfolgte die Fusion der »Air Fields« *Wright* und *Patterson* zu einem einzigen vereinten Stützpunkt: *Wright-Patterson Air Force Base*.

***

Konnte der Weltraum noch so weit entfernt sein, nachdem nunmehr der Luftraum erobert worden war? Von der Einrichtung wurde eines der ersten Labors geschaffen, in dem Experimente mit Affen zu Versuchen in der Atmosphäre oberhalb der Troposphäre durchgeführt wurden. Während der 1960er-Jahre wackelten die Fenster in der näheren Umgebung durch den Überschallknall, als Düsenflugzeuge von morgens bis abends den Luftraum über Dayton bevölkerten. Als Vorboten der Dinge, die kommen sollten, waren die früheren Testpiloten in *Wright-Patt* Astronauten: Neil Armstrong, der erste Mensch, der seinen Fuß auf den Mond setzte, und Edward White, der erste Amerikaner, der einen Weltraumspaziergang unternehmen sollte. Hangars dienten nun zur Unterbringung von Windkanälen, und Versuche galten Ultraschallflugzeugen und suborbitalen Flugkörpern – mit *Wright-Patterson* an vorderster Front.

Der Stützpunkt, der schon immer das Zentrum für Hightech-Kriegsstrategie gewesen war, wurde zum Hauptquartier des *USAF Logistics Command*. *Wright-Patterson* wurde mit dem *National Air and Space Intelligence Center* zur führenden Institution auf dem Weg in die Zukunft zur Verteidigung Amerikas. Es handelt sich dabei um die erste Adresse des Verteidigungsministeriums für Bedrohungen und Gefahren sowohl aus dem Ausland als auch aus dem Weltraum. Als ein passender Tribut an das Engagement des Stützpunktes für unsere nationale Sicherheit werden dort die persönlichen Aufzeichnungen von Nikola Tesla aufbewahrt.

Außerhalb der UFO-Gemeinde sind sich nur wenige der Bestimmung von *Wright-Patterson* als Beauftragter der US-Regierung für die offizielle Untersuchung des UFO-Phänomens in der Zeit von 1947 bis 1969 bewusst. Mit den auf *Wright-Patterson* gemachten lebenswichtigen Erfahrungen mit der Untersuchung und dem Reverse Engineering (Analyse von Produkten, um Konkurrenzprodukte mit geringem Aufwand nachbilden zu können) aller sowohl ausländischen als auch »aus dem Weltall« stammenden Materialien ist es eine historische Tatsache, dass alles, was außerhalb von Roswell abstürzte, zu dessen Aufgabenbereich gehörte. Es ist ebenfalls eine dokumentierte Tatsache, dass die

»Trümmer« aus New Mexico nach *Wright Field* geschickt wurden, was eindeutig beweist, dass es für eine dieser beiden Aufgaben qualifiziert ist. Unsere Recherchen werden zeigen, welche der beiden Einrichtungen über die aussagestärksten Beweise verfügt.

Und wieder müssen wir uns die Frage stellen, warum, wenn es sich nur um einen aus herkömmlichen Materialien hergestellten Wetterballon gehandelt haben soll, dieser überhaupt erst zwecks Identifizierung und Analyse nach *Wright Field* geschickt wurde. Wenn Sie erst einmal auf den letzten Seiten dieses Buches angekommen sind, wird es für Sie kaum noch einen Zweifel darüber geben, wie die wahre Antwort auf diese verblüffende Frage lautet. Das Ereignis aus dem Jahr 1947 erforderte die Einrichtung des Militärs, von dem größte Vertraulichkeit und Geheimhaltung gewährleistet werden konnte, und von der *Wright-Patterson AFB* selbst stammte das Buch zum Thema »What makes something fly?« (»Wodurch kann etwas überhaupt fliegen?«). Heute ist diese Einrichtung der wohl bedeutendste Luftwaffenstützpunkt der Welt. Von den Einwohnern von Dayton, Ohio, respektvoll »The Field« genannt, ist die Basis zu einer modernen militärischen Einrichtung nach dem neuesten Stand der Technik geworden, auf der sich auf einer Fläche von fast 34 Quadratkilometern gesicherte Gebäude, Laboratorien, Hangars und Rollbahnen befinden. Außerdem sind alle Bereiche zu einem großen Teil unterirdisch untergebracht. Hier arbeiten mehr sowohl militärisches Personal als auch Zivilbedienstete als im Pentagon, wobei die jährliche Lohnsumme bei über einer Milliarde Dollar liegt. Mit Nuklearwaffen bestückte Flugzeuge der 906ten, der 2750ten und der 4950ten stehen auf Abruf zum Einsatz in allen Ecken der Erde bereit. Dort entwickelte Logistiksysteme der *Air Force* mit dem größten Teil der Technik für künftige Durchbrüche in der Luft- und Raumfahrt werden uns schon bald zu den Sternen bringen – wo Orville und Wilbur warten.

Kapitel 2

Das Geheimnis von Hangar 18 – gelöst!

»Nein, Sir. Hier auf dem Stützpunkt gibt es keinen Hangar 18 und hat es einen solchen nie gegeben.« So die am anderen Ende der Leitung zu hörende Stimme, der seit über 30 Jahren vom *Office of Public Information* auf der *Wright-Patterson Air Force Base* immer wieder beigebracht worden ist, auf diese Weise Leuten zu antworten, die sich nach Hangar 18 erkundigen. Kommen Besucher zu einer Besichtigungstour nach *Wright-Patterson*, so scheint die Hauptfrage, die die meisten immer noch beantwortet haben möchten, die zu sein: »Wo ist Hangar 18? Sie wissen schon, wo die Außerirdischen sein sollen.« Wird die Öffentlichkeit von den PR-Beauftragten der *Wright-Patterson AFB* also schamlos belogen, wenn diese Frage gestellt wird? Jein! Wie ein bestimmter US-Präsident uns einmal zu verstehen gab: »Alles hängt davon ab, was ›ist‹ bedeuten soll.«

In einer Erklärung in einer neueren Ausgabe des *Air Force Magazine* hinsichtlich der unglücklichen Handhabung des UFO-Phänomens während der ganzen Jahre durch die *Air Force* lautete das Echo zu diesem Thema: »**… es gibt keinen Hangar 18 auf der [*Wright-Patterson Air Force Base*].**«[1]

Wenn es also keinen Hangar 18 auf dem Stützpunkt gibt, wie dies aus den Aussagen von Offiziellen der *Air Force* klar hervorgeht – warum erhalten wir dann ständig Briefe und E-Mails von ganz normalen Bürgern, die genau das Gegenteil besagen? So ging zum Beispiel vor einigen Jahren beim *International UFO Museum and Research Center* in Roswell eine E-Mail von Janis Joder aus Dayton, Ohio, mit folgendem Wortlaut ein: »Ich war mein ganzes Leben lang in der Nähe des Luftwaffenstützpunktes [*Wright-Patterson*] zu Hause und habe von den Körpern und Hangar 18 gehört.«[2] Lance Winkler, ebenfalls aus Dayton, erklärte uns gegenüber vor Kurzem, dass er ungefähr zwölf Jahre lang für einen Bauunternehmer auf *Wright-Patterson* gearbeitet habe. »**Sie können sich vorstellen, welches Hickhack um das Thema gemacht wurde. In Gesprächen mit den Leuten vom Fahrdienst sagten mir diese, dass fast jedes Mal, wenn auf dem Stützpunkt eine** neue Gruppe von Menschen in den Bus einstieg, gefragt wurde, wo denn Hangar 18 sei und ob man sie dorthin fahren könne.«[3] Winkler hatte noch nicht zu Ende geredet:

»Vor einigen Jahren war ich einmal mit einem Freund der Familie, einem früher auf *Wright-Patt* stationierten Luftwaffenoffizier a. D., zusammen auf einer Feier. Im Verlauf unserer Unterredung kam ich darauf zu sprechen, ob es auf dem Stützpunkt wirklich UFOs und kleine Männlein gebe. Er brach in schallendes Gelächter aus und sah mich an, als ob ich verrückt sei, so etwas zu fragen. Ich entschuldigte mich und sagte ihm, dass ich mein ganzes Leben lang so etwas gehört und gedacht hatte, dass er [als Luft- und Raumfahrtingenieur] hierüber etwas wissen könnte, wenn es überhaupt jemanden gäbe. Er wurde dann ernst und erklärte, dass er nur unter drei Bedingungen hierzu etwas sagen würde: 1) Ich dürfe niemals seinen Namen und seinen Rang nennen, 2) das Gesagte wäre absolut vertraulich, und 3) sollte ihn irgendjemand zwecks Bestätigung nochmals ansprechen, so würde er abstreiten, etwas Derartiges jemals gesagt zu haben. Ich erklärte mich mit diesen Bedingungen einverstanden. ›*Es gibt sie*‹, sagte er.«[4]

Dr. Allen P. Kovacs ist Ingenieur und Doktor für berechenbare Mehrkörperdynamik, bei der es sich um die Physik beweglicher Objekte handelt. In den 1980er- und 1990er-Jahren arbeitete Dr. Kovacs für eine Firma zur Entwicklung von Engineering-Software in Ann Arbor, Michigan, von der Software zur Anwendung in der Kraftfahrzeugindustrie entwickelt wurde. Während des vorgenannten Zeitrahmens brachte er eine Gruppe von Mitarbeitern dazu, an einem Seminar über Themen wie »Die numerische Integration der Differentialgleichungen für Bewegung« am *Air Force Institute of Technology (AFIT)* auf der *Wright-Patterson Air Force Base* in Dayton teilzunehmen.[5]

Die Gruppe machte sich in einem Wagen nach *Wright-Patterson* auf und kam zwecks Sicherheitsüberprüfung und Wegerkundung am Haupttor des *AFIT*-Gebäudes, in dem das Seminar stattfinden sollte, an. Dr. Kovacs stieg aus dem Wagen und begab sich zu der Dame, von der an die Besucher des Stützpunktes Karten verteilt und Informationen ausgegeben wurden. Dr. Kovacs waren das Roswell-Ereignis und die Tatsache bereits bekannt, dass die Körper und Trümmer schon Jahre vorher zum Stützpunkt verbracht worden waren. Er gab uns diese Wiedergabe seines mit ihr geführten Gesprächs:

»Ich ging zu der Dame, von der die Weisungen erteilt wurden, und bat sie um eine Karte. Dann sah ich sie an und sagte: ›Ganz nebenbei gefragt: Könnten Sie mir sagen, wo hier auf *Wright-Patterson* die Außerirdischen von den UFOs zu finden sind?‹ Sie sah mich an und erklärte mir mit einem strengen Gesichtsausdruck ohne jegliche Regung und ohne auch nur das geringste Lächeln: ›Sie waren hier, aber ich kann Ihnen nicht genau sagen wo.‹ Ich fing an zu lachen und sagte: ›Ach, wirklich? Sie wollen mich nur aufziehen? Stimmt's?‹ Und sie antwortete: ›Nein, absolut nicht. Sie waren hier, aber ich kann Ihnen nicht sagen, wo sie jetzt zu finden sind.‹«[6]

Von dieser Antwort etwas überrascht und erschreckt dachte Dr. Kovacs zuerst, dass diese Frau versuchen könnte, ihm einen Streich zu spielen, nachdem so viele Besucher ihr immer wieder die gleiche Frage gestellt haben mussten. Nach nochmaligem Überlegen jedoch sei ihm die Antwort zum damaligen Zeitpunkt durchaus passend erschienen, so Dr. Kovacs, nachdem das Gesetz über die Informationsfreiheit erst vor Kurzem in Kraft getreten war, sodass er gedacht habe, dass sie verpflichtet gewesen sein könnte, auf solche Fragen wahrheitsgemäß zu antworten, ohne sich jedoch in Details zu verlieren.[7]

Nach der Konferenz berichtete Dr. Kovacs seinen Freunden, von denen keiner überhaupt etwas über das Roswell-Ereignis und dessen angebliche Verknüpfung mit *Wright-Patterson* wusste, von seiner Begegnung mit der Sicherheitsbeauftragten. Die ihm überlassene Karte zeigte den Lageplan des Stützpunktgeländes mit allen nummerierten Gebäuden. Er erinnerte sich, dass es einen bestimmten »Hangar« gebe, in dem die Körper der Außerirdischen angeblich aufbewahrt wurden, jedoch war ihm die genaue Nummer dieses Hangars entfallen. Er dachte, es hätte die Nummer 52 sein können. Er fuhr dann mit der Gruppe auf der

Suche danach das Gelände ab und stellte fest, dass es sich bei den meisten Gebäuden um Flachbauten handelte. Und so kam ihm die Idee, dass der größte Teil von *Wright-Patterson* unter der Erde liegen müsse. Am Ende seiner Suche, so Dr. Kovacs, stellte sich die Situation so dar: »**Wir fanden Gebäude 52, aber es war kein Hangar für Flugzeuge. Es handelte sich um ein Lagerhausgebäude, das ebenfalls ein kleiner eingeschossiger Flachbau war. Das eingelagerte Material musste sich daher zu einem großen Teil *unter der Erde* befunden haben.**«[8] (Kursive Hervorhebung durch die Autoren.) Anhand der später noch folgenden Aussagen werden wir feststellen, dass Dr. Kovacs mit seiner Vermutung nicht sehr weit vom Ziel entfernt war.

***

Was also ist los? Was ist was? Stimmen die Erklärungen, dass es keinen Hangar 18, das heißt keine Präsenz von außerirdischem Leben auf dem Stützpunkt *Wright-Patterson* gibt, oder handelt es sich lediglich um eine geschickte Wortspielerei, um eine solche Präsenz zu vertuschen? Die Antwort ist, dass die Leute des *Office of Public Information* auf *Wright-Patterson* die Wahrheit sagen, wenn sie Anrufern oder Besuchern der Basis mitteilen, dass es dort keinen Hangar 18 gibt – und niemals gegeben hat. Was sie aber wissen, den Fragestellern jedoch nicht sagen, ist, dass es auf dem Stützpunkt ein *Gebäude 18* gibt und es sich dabei um die Baulichkeit handelt, nach der gefragt wird. Aber es gibt nicht nur ein Gebäude 18, sondern auch ein Gebäude 18A, 18B, 18C, 18D, 18E, 18F und 18G, die zusammen als »Gebäudekomplex 18« bekannt sind. Und direkt neben Gebäude 18 steht ein auf bedrohliche Weise ober- und unterirdisch damit verbundener *Hangar* – Hangar 23, um genau zu sein. Wortspielerei? Darauf können Sie wetten! Dazu gedacht, Fragestellern fröhlich den Weg zu weisen, damit sie sich dann am Kopf kratzen und sich selbst für dumm halten, weil sie *die* Frage stellen. Und was ist mit der Sicherheitsbeauftragten, die Dr. Kovacs gegenüber erklärte, dass es wirklich Körper von Außerirdischen auf dem Stützpunkt gebe, sie aber nicht sagen könne, wo sich diese befinden? War dies nur ein kleiner Ausrutscher ihrerseits, eine teilweise wahre Aussage, um nicht gegen das neue Gesetz zu verstoßen, oder eine abermalige Verdrehung von Worten, um jemanden loszuwerden, der mehr darüber wissen könnte als der Durchschnittsbesucher? Dr. Kovacs, der ihr von Angesicht zu Angesicht gegenüberstand, hielt ihre Aussagen für die Wahrheit, wobei sie sich bei der Beantwortung derartiger Fragen aber weisungsgemäß an bestimmte Einschränkungen zu halten hatte.

Die Wurzeln der Legende in Bezug auf Hangar 18 lassen sich bis zum Roswell-Ereignis im Jahr 1947 zurückverfolgen, bei dem es angeblich um den Absturz und die Bergung eines Flugkörpers und der zugehörigen Besatzung aus einer anderen Welt gehandelt haben soll. In der ursprünglichen Pressemitteilung über den Absturz war die Rede davon, dass die Wrackteile vom Flugplatz *Roswell Army Air Field* aus zur weiteren Analyse an ein »übergeordnetes Hauptquartier« geschickt würden.[9] Nachdem die nächste Pressemitteilung vom befehlshabenden Offizier des *8th Air Force Headquarters* auf dem *Fort Worth Army Air Field* herausgegeben wurde, zu dem die *509th Bomb Group* auf dem *Roswell Army Air Field* gehörte, wurde vermutet, dass es sich dabei um das »übergeordnete Hauptquartier« als Endstation für die in der ersten Pressemitteilung erwähnten Wrackteile handelte. Wie Studierenden des Roswell-Ereignisses bekannt ist, wurde auf der am 8. Juli 1947 abgehaltenen Pressekonferenz von General Roger Ramey die aufkommende Roswell-Geschichte einfach abgetan, indem für den Absturz die unrühmliche »Wetterballon«-Geschichte ins Spiel gebracht wurde.[10] Für die Presse und die breite Öffentlichkeit war damit die Sache »Roswell« erledigt, wobei dies auch für die nächsten 30 Jahre so bleiben sollte.

Bei all der Aufregung, der an den Tag gelegten Haltung und dem theatralischen Getue im Zusammenhang mit der von General Ramey abgehaltenen Ballon-Pressekonferenz wurde die Tatsache aus den Augen verloren, dass *Fort Worth AAF* in Texas *nicht* der endgültige Bestimmungsort der von Roswell aus dorthin verbrachten angeblichen Wrackteile einer fliegenden Untertasse war. Die zweite Etappe des Originalflugplans sah vor, dass die Wrackteile von *Fort Worth* aus per Luft an den Luftwaffenstützpunkt in Dayton, Ohio – also *Wright Airfield* –, weitertransportiert werden sollten. Um vielleicht jedoch der Presse deutlich zu machen, dass er einen Pfahl ins Herz der Roswell-Geschichte rammen wollte, um diese zu beenden, wurde von General Ramey der zweite Flug (nach *Wright Field*) mit einem laut ausgesprochenen Befehl, den er mit regen Armbewegungen unterstrich, öffentlich »annulliert«.[11] Aber gab es durch ihn denn wirklich eine solche Annullierung?

Jeder, der einmal beim US-Militär gewesen ist, kennt den Ausdruck »scuttlebutt«, der bei der Marine für »Gerüchte« steht, die am jeweiligen Einsatzort die Runde machen. Genauso, wie die Menschen der Stadt Roswell innerhalb von 20 Minuten nach Eingang der entsprechenden Meldung beim Büro des zuständigen Sheriffs und bei der Feuerwehr über die Gerüchteküche vom Absturz der fliegenden Untertasse und der dabei gefundenen »kleinen Körper« erfahren hatten,[12] bekamen auch die an der Bergung auf dem Gelände in Roswell beteiligten Kräfte beiläufig mit, wohin die meisten aus dem Absturz stammenden und geborgenen Wrackteile und Körper gehen sollten: nach *Wright Field* in Dayton, Ohio. Hierzu gehörte Major Jesse Marcel, Nachrichtenoffizier der 509. Bombergruppe in *RAAF*, der als erste Militärperson die Absturzstelle besuchte, um das Wrack in Augenschein zu nehmen, und der auch den Flug nach *Fort Worth* begleitete, um General Ramey einen Teil der Wrackteile zu zeigen. Marcel glaubte, dass das endgültige Ziel seines Fluges *Wright Field* sei.[13] Er wurde jedoch von General Ramey völlig kaltgestellt, indem er endgültig von seinem Flug abgezogen wurde und auf der von Ramey abgehaltenen Pressekonferenz auf der Bühne mit einem Wetterballon posieren musste. Tief verbittert über das, was ihm in *Fort Worth* angetan worden war, kehrte Marcel am darauf folgenden Tag nach Roswell zurück.[14] Anderen Offizieren sowohl in Roswell als auch in *Fort Worth* war bekannt, dass fast alles, was mit dem Absturz zusammenhing, in *Wright Field* enden würde. Von den gemeinen Soldaten, die von uns im Laufe der Jahre interviewt werden konnten, hatten die meisten, die beim Aufräumen des Geländes, dem Transport von Material und Körpern zum Stützpunkt Roswell sowie dem Verpacken der Wrackteile und Körper für den Weitertransport körperlich mithelfen mussten, »fest geglaubt«, dass fast alles nach *Wright-Patt* gegangen sei.[15] Im Gegensatz zu den von General Ramey gemachten Mätzchen war auch dem *FBI* bekannt, dass das »Instrument« (mit anderen Worten: die aus dem Absturz stammenden Wrackteile und der Ballon) in einem Spezialtransportflugzeug bereits in der Luft und auf dem Weg nach *Wright Field* waren.[16]

Und wieder stellt sich die Frage: Warum *Wright-Patterson* in Ohio? Weshalb wurden die Überbleibsel des Absturzes nicht zu einem von Roswell weniger weit entfernten Stützpunkt – wie zum Beispiel zu einer Basis mit den für Analysen erforderlichen Einrichtungen in New Mexico, Texas oder Kalifornien – verbracht? Die Antwort ist die, dass *Wright Field* – seit der Inbetriebnahme als militärische Einrichtung im Jahr 1917 – nach und nach zum geheimsten und bedeutendsten den Stützpunkt des US-Militärs geworden war. Dies war der Ort, an den die Luftfahrt betreffende ausländische Technologie verbracht wurde, um dort auseinandergenommen, analysiert und wieder zusammengebaut zu werden und so die Funktionsweise besser verstehen zu lernen und sich im Einsatz Vorteile zu verschaffen. Während des Zweiten Weltkriegs wurden eroberte deutsche Messerschmitt- und japanische *Mitsubishi*-Flugzeuge zum technischen Rückbau nach *Wright-Patt* gebracht. Während der »Polizeiaktion« in Korea, des Vietnamkriegs und des Kalten Krieges waren dies die russischen *MiGs*, *Jaks* und *Suchois*. In Bezug auf Roswell-Wrackteile hatte man zunächst geglaubt, dass es sich um einen Flugkörper russischer Herkunft handele. Als jedoch die kleinen Körper der seltsamen »Männlein« gefunden wurden, wurde dann die Theorie der russischen Herkunft zugunsten eines interplanetaren Ursprungs verworfen – Grund genug, die Wrackteile an einen Ort zu verbringen, wo sie am besten analysiert werden konnten, einen Ort, an dem bereits die Einrichtungen und das erfahrene Personal vorhanden waren, um diese Aufgabe zu erledigen – im Geheimen. Dieser Ort war *Wright Field* bei Dayton, Ohio. Auf der Basis war auch eine *Aeromedical*-Squadron stationiert, das damals Beste der *Army Air Force*, der die neuesten Einrichtungen und Techniken zur Verfügung standen, um die schwierigsten oder neuesten medizinischen Aufgaben zu lösen. Die Entscheidung war also leicht, wohin letztendlich das aus dem Roswell-Absturz stammende Material zu schicken war. Das war *Wright-Patterson*, ohne jedes Wenn und Aber.

***

Ihnen eine detaillierte Geschichte der *Wright-Patterson AFB* beginnend im Jahr 1917 bis heute mit allen Fusionen, Übernahmen, Aufgaben, Iterationen und Namensänderungen zu präsentieren, würde Ihre Augen glasig werden lassen; in Ihrem Kopf würde sich alles drehen, und in Ihren Stirnhöhlen würde es hämmern. Für die mit diesem Buch verfolgten Absichten kann hierauf verzichtet werden. Es genügt, festzustellen, dass *Wright-Patterson AFB* in der Prärie etwas nordöstlich der Stadt Dayton, Ohio, liegt. Die ursprüngliche Start-und-Lande-Bahn wurde von den Gebrüdern Orville und Wilbur Wright im Jahr 1903 nach ihrem ersten mit einem Apparat »schwerer als Luft« vollbrachten Flug gebaut, um die Entwicklung ihrer neuen Erfindung zu verbessern und voranzutreiben. Nachdem er 1917 bei Eintritt der USA in den Ersten Weltkrieg in das *Wilbur Wright Airfield* integriert worden war, ist dieser Stützpunkt zum wohl bedeutendsten der *Air Force* geworden. Wenn das Pentagon in Washington, D. C., das Gehirn der *Air Force* ist, dann ist *Wright-Patterson AFB* ihr Herz, das Herzblut in ihre Einrichtungen und Organisationen sowohl im Inland als auch überall sonst auf der Welt pumpt, um einen Einsatz auf höchstem Niveau sicherzustellen. Im Jahr 1931 wurde der östliche Teil der Basis zu Ehren von Leutnant Frank Patterson, der bei einem Probeflug auf dem Stützpunkt 1918 ums Leben kam, in *Patterson Field* umbenannt. Der westliche Teil der Basis behielt den Namen *Wright Field*. Im Januar 1948, vier Monate nachdem sich die *Air Force* von der *Army* gelöst hatte und zu einem selbstständigen Zweig der US-Streitkräfte geworden war, fusionierten *Wright Field* und *Patterson Field* zum Luftwaffenstützpunkt *Wright-Patterson Air Force Base*.

Vor der Zusammenlegung im Jahr 1948 avancierte *Patterson Field* (in einer heutigen Karte der Basis als Areas »A« und »C« bezeichnet) zu einem Zentrum für Logistik, Wartung und Lieferungen für die Luftfahrt, während *Wright Field* (in einer heutigen Karte der Basis als

Area »B« bezeichnet) zu einem Synonym für R&D (Research and Development = Forschung und Entwicklung) auf dem Gebiet der Luftfahrttechnik wurde, um fortschrittliche Flugzeuge und alle zu deren Betrieb erforderlichen Einrichtungen und Geräte zu entwickeln. Dies hatte zur Folge, dass in *Wright Field* immer mehr Büro- und Laborgebäude sowie Testeinrichtungen in der Form von Hangars errichtet wurden. Zusätzlich zur Technischen Abteilung war auch der Bereich der *Technical Intelligence* der *Air Force* in *Wright Field* untergebracht, der dann zur *Foreign Technology Division (FTD)* innerhalb des *Air Material Command (AMC)* wurde.[17] Im Jahr 1947 kannte man die *Foreign Technology Division* unter dem Namen »*T-2 Intelligence*«; wegen deren Präsenz in *Wright Field* und deren während des Zweiten Weltkriegs gewonnenen Erfahrungen bei der Analyse und beim Nachbau ausländischer Luftfahrttechnik wurden die Roswell-Wrackteile nach dort verbracht. Des Weiteren sollte beachtet werden, dass sich der vorerwähnte Gebäudekomplex 18 ebenfalls auf der *Wright*-Seite des Stützpunktes befindet.

***

Wenn das Ereignis des UFO-Absturzes nur eine kurze Geschichte war, die im Juli 1947 im Keim erstickt wurde und in den nachfolgenden 30 Jahren kaum Erwähnung fand, und wenn es auf dem Luftwaffenstützpunkt *Wright-Patterson* wirklich niemals einen Hangar 18 gegeben hat (was der Fall zu sein scheint), wie konnte dann der Mythos eines Hangars mit dieser Bezeichnung entstehen und sich so lange halten? Unser erster Gedanke war der, dass er wahrscheinlich mit der Veröffentlichung von *The Roswell Incident (Der Roswell-Zwischenfall)* von Charles Berlitz und William L. Moore im Jahr 1980 entstand. Denn letztendlich ist der Name dessen, was zum berühmtesten UFO-Fall aller Zeiten geworden ist, genau an den Titel dieses Buches angelehnt. Obwohl aus diesem Buch aber hervorgeht, dass die Wrackteile des Absturzes nach *Wright-Patterson* verbracht wurden, ist darin von einem Hangar 18 nicht die Rede.

Unsere nächste Überlegung war die, dass der Name möglicherweise vom Spielfilm *Hangar 18* mit Darren McGavin und Robert Vaughn in den Hauptrollen stammen könnte, der zufällig auch 1980 Premiere hatte. Bei diesem Streifen ging es um einen außerirdischen Raumflugkörper, der in der Wüste von Arizona abstürzte. Der Raumflugkörper wurde auf Veranlassung der Regierung zusammen mit der zu Tode gekommenen Besatzung (die mehr an Curly aus der Comedy *Three Stooges* erinnerte als an Besucher aus dem fernen Weltall) zu einem »Hangar 18« auf einem verlassenen Stützpunkt der *Air Force* in Big Spring, Texas, verbracht, um dort unter strengster Geheimhaltung Untersuchungen durchzuführen. Am Ende, wenn die Mächte des Guten und des Lichts übernehmen, wird die von der Regierung betriebene Vertuschung jedermann schlagartig bewusst. *Hangar 18* schlug an den Kinokassen wie eine Bombe ein, jedoch hatten die Aufführungen in Filmtheatern im ganzen Land sowie die damit verbundene Publicity im Fernsehen, im Radio und in den Printmedien zur Folge, dass »Hangar 18« – unabhängig davon, ob es diesen jemals gegeben hat oder nicht – in der Öffentlichkeit mit UFOs, Körpern von Außerirdischen und bösen Vertuschungen seitens der Regierung in Zusammenhang gebracht wurde. Aber war dies wirklich der Punkt, an dem alles begann?

Der Kinofilm Hangar 18 *aus den 1980ern führte dazu, dass im Gedächtnis der Öffentlichkeit die Vorstellung von abgestürzten UFOs und Körpern von Außerirdischen mit einem zu ihrer Aufbewahrung dienenden »Hangar« auf der* Wright-Patterson AFB *in Dayton, Ohio, kodifiziert wurde.*

Hatten die Produzenten des Films *Hangar 18* den Titel einfach aus dem Ärmel geschüttelt, oder hatte man diesen von einem anderen, früher benutzten Begriff nur rein zufällig abgeleitet? Es gab nur die eine oder die andere Möglichkeit. Sollte Ersteres der Fall gewesen sein, so würde unsere Suche hier enden; sollte Letzteres jedoch zutreffen, so hätten wir uns in einer weiter zurückliegenden Zeit umsehen müssen. Mithilfe von Anthony Bragalia, einem Forscherkollegen, konnten wir James Conway, den Drehbuchschreiber/Regisseur des Films, ausfindig machen. Wie von uns vermutet, sagte uns Conway, dass er den Begriff häufig und vor allem in den frühen 1970er-Jahren gehört hatte, sich jedoch nicht erinnern könne, wo er ihm erstmals zu Ohren gekommen sei. **»Gerüchte besagten, dass Hangar 18 der Ort gewesen sei, an dem das Raumschiff und die Außerirdischen aufbewahrt wurden oder zu finden waren.«**[18] Gerüchte, die in den 1970ern die Runde machten? Welche Gerüchte? Von wem waren sie ausgegangen?

Das einzige vor 1980 erschienene Buch über einen angeblichen Absturz eines UFOs mit Besatzung war das in Misskredit gebrachte Sachbuch *Behind the Flying Saucers* (zu Deutsch: *Hinter den fliegenden Untertassen*), das 1950 von einem Feature-Kolumnisten der Zeitschrift *Variety* namens Frank Scully geschrieben wurde.[19] Erzählt wurde darin die Geschichte einer fliegenden Untertasse, die 1948 angeblich in der Nähe der Stadt Aztec, New Mexico, abgestürzt war. Im Innern des Raumschiffes wurden die Körper von einem Dutzend oder mehr kleiner Außerirdischer gefunden, die offensichtlich durch Dekompression zu Tode gekommen waren, als ein Bullauge gerissen war und zu einem Leck geführt hatte. In diesem Buch war der Begriff »Hangar 18« nicht erwähnt worden, *tatsächlich* wurde jedoch behauptet, dass Wrackteile und Körper nach *Wright-Patterson* verbracht worden seien. Das Buch wurde sofort ein Bestseller, aber dann wurden 1952 andere Saiten aufgezogen. In einem im Magazin *True* des gleichen Jahres erschienenen Artikel wurde von einem für den *San Francisco Chronicle* arbeitenden Reporter namens J. P. Cahn enthüllt, dass es sich bei den Quellen für Scullys Buch um zwei schmierige Schwindler handelte, die schon in der Vergangenheit versucht hatten, die Öffentlichkeit zum Narren zu halten. Das so in Misskredit geratene Buch von Scully führte dazu, dass UFO-Befürworter der 1950er- und 1960er-Jahre, wie zum Beispiel Donald Keyhoe, sich weigerten, sich auch nur in die Nähe von Geschichten um abgestürzte Untertassen oder Untertassenbesatzungen zu begeben, aus Angst, sich durch Ausweitung des Themas selbst zu schaden. Das Phänomen der »Kontaktpersonen« aus den 1950ern, bei dem selbst ernannte messianische Typen behaupteten, an Bord fliegender Untertassen geholt und mit ihren persönlichen »Brüdern aus dem Weltall« durch das Sonnensystem gedüst zu sein, trug ebenfalls dazu bei, die Forschungen auf »Beinahebegegnungen« zurückzufahren und den Diskussionen über UFOs ganz allgemein einen Dämpfer zu versetzen.

Während dieser Zeit hatte ein Geschäftsmann namens Leonard Stringfield aus Cincinnati, Ohio, mit allgemeinem Interesse an UFOs und besonderem Interesse an Geschichten über abgestürzte UFOs heimlich, still und leise entsprechende Berichte und Darstellungen aus erster und zweiter Hand gesammelt. Er lebte in der Nähe der *Wright-Patterson AFB* und hatte viele Freunde und Kontaktleute, die entweder auf dem Stützpunkt arbeiteten oder in Dayton zu Hause waren. Die meisten von ihnen hatten eines gemeinsam: Sie wussten etwas über die geheimen Vorgänge auf dem Stützpunkt oder hatten etwas davon gehört, wobei sie diese Informationen dann an Stringfield weitergaben. Im Jahr 1978 hatte Stringfield schließlich genügend Geschichten zur Veröffentlichung zusammen. Beginnend im gleichen Jahr und bis zu seinem Tod 1994 gab Stringfield in eigener Regie sieben Monografien zu dem von ihm das »Crash/Retrieval-Syndrome« (Absturz-/Bergungssyndrom; Geschichten über Untertassenabstürze) genannten Thema heraus. In seinem im Januar 1980 veröffentlichten *Status Report II* wurde in einem der Berichte zum ersten Mal ein bestimmtes »Gebäude 18F« auf der *Wright-Patterson AFB* als möglicher »Aufbewahrungsort« für die angeblich dort befindlichen Körper von Außerirdischen genannt.[20] Im Gegensatz zum Spielfilm *Hangar 18* und dem Buch *The Roswell Incident*, die beide 1980 erschienen, handelte es sich bei der Geschichte um »Gebäude 18F« lediglich um einen kleinen Beitrag aus einer Vielzahl von Geschichten in einer undurchsichtigen, in kleiner Auflage herausgebrachten Monografie, von der die meisten

Menschen noch niemals gehört hatten. Daher ging ihre Bedeutung mit Blick auf die Zukunft nicht in der Gerüchteküche unter.

***

Etwas, was wir in unserer mehr als 20-jährigen Erfahrung im Zusammenhang mit der Untersuchung des Falls »Roswell« gelernt haben, ist das, dass sich Erfolg häufig völlig unerwartet oder einfach durch Glück einstellt, wobei die besten geschmiedeten Pläne eine reine Enttäuschung sind. Bei den Nachforschungen in Verbindung mit diesem Buch waren wir schließlich in einer Sackgasse angekommen in unserem Bemühen, herauszufinden, wo die Angelegenheit »Hangar 18« auf der *Wright-Patterson AFB* ihren Anfang genommen hatte. Wir wussten, dass es vor 1980 gewesen sein musste, als der Film anlief, durch den der Begriff sich im Bewusstsein der Öffentlichkeit einnistete. Nur ungern kamen wir daher zu dem Schluss, dass der Originalhinweis in einem Buch oder in einem Artikel in einem der aktuellen Magazine wie *Argosy, Saga* oder *True* zu finden sein musste, ohne uns jedoch noch daran erinnern zu können.

Als Veteran der *Air Force* war Tom Carey einige Jahre lang Abonnent des *Air Force Magazine*. Dieses Magazin ist eine ausgezeichnete Informationsquelle über die Kommandostruktur der *Air Force* im Verlauf der Jahre und nennt die Namen, wer was wann und wo zu befehligen

Gebäude 18 in Wright-Patterson, wo geborgene UFO-Wrackteile jahrelang gelagert wurden. Wegen seiner unmittelbaren Nähe zu Hangar 23 wurde es irrtümlicherweise als »Hangar 18« bekannt.

hatte. Vor einigen Jahren wurde wegen des falschen Umgangs der *Air Force* mit dem UFO-Phänomen im öffentlichen Bereich eine *Rechtfertigung* veröffentlicht. Wie erwartet, aber dennoch enttäuschend, wiederholte der Autor wie ein Papagei die seit langer Zeit hinsichtlich UFOs vertretene Auffassung, dass es keine UFOs gebe und dass die USAF in dazu abgegebenen Statements die Wahrheit gesagt habe, soweit ihr dies möglich gewesen sei. Was Roswell angeht, so unterstützte der Artikel die »Erklärung« zu dem stark in Misskredit gebrachten Projekt *Mogul*: dass das, was abgestürzt war, ein streng geheimer Höhenballon zur Erfassung von durch Atombombentests der Sowjets ausgelösten Schallwellen gewesen sei – eine »Erklärung«, die aktuell von der *Air Force* vertreten und auch von Roswell-Ermittlern im ganzen Land gebilligt wird.[21] Hier also gab es keine Überraschung. Bei seinen Nachforschungen in einer anderen Sache zu diesem Kapitel las Carey nochmals den Artikel im *Air Force Magazine*. Und obwohl er dem Autor in fast keinem Punkt und insbesondere nicht dem von diesem verfassten Text zu Roswell zustimmen konnte, war sie ganz plötzlich da und starrte ihn an – DIE ANTWORT zu unserem Rätsel »Hangar 18«!

Bei der Erörterung der Probleme, mit denen sich die *Air Force* 1969 nach Beendigung des Projekts *Blue Book* konfrontiert sah, fuhr der Autor des Artikels im *Air Force Magazine* fort: »**Dessen ungeachtet geriet die *Air Force* beim Thema ›UFOs‹ weiterhin sporadisch unter Beschuss. Im Jahr 1974 beschuldigte ein Ufologe die *Air Force*, zwei aus einem Untertassenabsturz in New Mexico stammende Untertassen und zwölf** Körper von Außerirdischen *in Hangar 18* auf der **Wright-Patterson Air Force Base** aufzubewahren«[22] (kursive Hervorhebung durch die Autoren).

Natürlich! Wie konnten wir das nur vergessen haben? Nicht der Artikel, den Carey bereits ohne jegliches Bedauern vergessen hatte, sondern der Ufologe – »Professor« Robert Spencer Carr, der im Herbst 1974 mit seinen Anklagen gegen die *United States Air Force* auf nationaler und internationaler Ebene Aufmerksamkeit erregt hatte – war von Bedeutung. Sicherlich wurden Carr auf nationaler Ebene nur 15 Minuten Ruhm zuteil, aber seine Behauptungen, dass die *Air Force* die UFOs betreffend an einer massiven Vertuschungsaktion beteiligt sei und von ihr Untertassen und Körper von Außerirdischen auf einem Stützpunkt in Ohio heimlich versteckt würden, hielten sich wesentlich länger. Und ihm war sogar der genaue Ort bekannt: »Hangar 18« auf der *Wright-Patterson Air Force Base!* Carr gab an, dass es für seine Behauptungen ein halbes Dutzend Zeugen aus erster Hand gebe, weigerte sich aber, deren Namen zu nennen. Einer dieser Zeugen war ironischerweise angeblich eine Krankenschwester, die behauptet hatte, bei einer Autopsie eines der Körper der Außerirdischen zugegen gewesen zu sein.[23] Der Rest seiner Quellen sollten Mitglieder des mit der Bergung der abgestürzten Untertasse betrauten Teams gewesen sein, das an der Absturzstelle in der Nähe von Aztec, New Mexico, zum Einsatz gekommen war.

Es stellte sich heraus, dass »Professor« Carr überhaupt kein Professor war. Laut Aussage seines Sohnes sei Carr lediglich ein Hochschulabsolvent gewesen, der sich angewöhnt hatte, seine Unterschrift unter seine Artikel über UFOs mit der Bezeichnung »Dr.« zu versehen, was offensichtlich ausreiche, um ihm in den Köpfen der ahnungslosen Öffentlichkeit eine Doktorwürde zuzugestehen.[24] Aber woher hatte Carr den Begriff »Hangar 18«, wenn – wie wir heute wissen – es in *Wright-Patt* niemals eine solche Baulichkeit gegeben hatte? Höchstwahrscheinlich könnte eine seiner Quellen ihm gegenüber ein »Gebäude 18« in *Wright-Patt* erwähnt oder er irgendwo und irgendwann einmal Gerüchte über ein solches Gebäude gehört haben, wobei dieser Begriff dann bis zu dem Zeitpunkt, da er seine Geschichte in die Öffentlichkeit brachte, zu *Hangar 18* geworden war.

Als Carr sich weiterhin weigerte, die Namen seiner Quellen preiszugeben, und als man erkannte, dass er tatsächlich nur eine aufgewärmte Version der in Misskredit geratenen Geschichte von Frank Scully über den Absturz in Aztec aus *Behind the Flying Saucers* wieder aufleben lassen wollte, war das Ende der kurzen Zeit des Ruhms für »Professor« Carr gekommen, und es blieb ihm nur eine seltsame Fußnote in der UFO-Geschichte – und dennoch hält sich seine Behauptung, dass ein Hangar 18 in *Wright-Patterson* existiert. Von Carrs Sohn, Timothy Spencer Carr, ist der anhaltende Einfluss der Geschichte seines in die Irre geleiteten Vaters auf eine spätere Debatte über UFOs in einem Interview aus dem Jahr 1977 möglicherweise am besten zusammengefasst worden: »**Ich bedaure außerordentlich, dass die pathologischen Ausflüchte meines Vaters sich als das Fundament erwiesen haben, auf dem sich solch ein riesiger Berg von Unwahrheiten auftürmen konnte.**«[25]

Wir sind uns jetzt sicher, dass James Conway, Drehbuchautor und Regisseur des Kinofilms *Hangar 18*, durch die Robert-Spencer-Carr-Affäre aus den frühen 1970er-Jahren zu diesem Film und dessen denkwürdigem Titel inspiriert wurde. Der Film, der zufällig im gleichen Jahr wie das Buch *The Roswell Incident* (1980) der Öffentlichkeit vorgestellt wurde, brachte Hangar 18 mit dem Ereignis von Roswell und des Weiteren mit allen Geschichten über abgestürzte UFOs und Körper von Außerirdischen in einen bleibenden Zusammenhang.

***

Alles, was erforderlich gewesen wäre, um den Beweis zu erbringen, dass Roswell für den Absturz eines außerirdischen Raumschiffs mit Besatzung stand, hatte sich zumindest einmal zu einem bestimmten Zeitpunkt auf der *Wright-Patterson AFB* befunden. Nach mehr als 60 Jahren voller Gerüchte und Geflüster bleibt der Stützpunkt weiterhin von Geheimnissen umgeben. Wie alle früheren Stützpunkte des *Strategic Air Command* (Stützpunkte mit Streitkräften zur Durchführung von Atomschlägen) stellt *Wright-Patt* ein unterirdisches Labyrinth aus geheimen Kellergewölben, Tunneln und mehrgeschossigen Hangars dar. In Bodenhöhe sind mit frisch gegossenem Beton Eingänge und mit neuem Belag versehene Hangarböden versiegelt worden, von denen schon lange vermutet worden war, dass hinter und unter ihnen die größten Geheimnisse des Stützpunktes versteckt waren. Von ehemaligen Befehlshabern des Stützpunktes wurde uns gesagt, dass es spezielle Zonen gegeben habe, zu denen nicht einmal sie Zugang hatten. Robert Collins, ein ehemaliger Nachrichten- und Geheimdienstoffizier der *Air Force*, der auf *Wright-Patterson* für die *Foreign Technology*

Division tätig war, hat sehr detailliert ein umfassendes unterirdisches Labyrinth mit darin versteckten Gewölben und Tunnels beschrieben, die jetzt für die Nachwelt verschlossen sind.[26]

In einer 1996 unterschriebenen und notariell beglaubigten eidesstattlichen Versicherung hatte Robert L. Marshall jun., ein inzwischen verstorbener Veteran der *Navy* mit dem Crypto-Sicherheitsstatus als der höchsten Geheimhaltungsstufe, erklärt, dass sowohl sein Vater als auch sein Großvater in den 1940er- und 1950er-Jahren auf der *Wright-Patterson Air Force Base* gearbeitet hätten.[27] Laut Marshall habe sein Vater als Stahlbaumonteur unter der Aufsicht seines Großvaters gearbeitet, der seinerseits mit der Aufgabe betraut war, eine viergeschossige unterirdische Anlage zu montieren, zu der ein Hangar in Erdgeschosshöhe gehörte, der den anderen Hangars auf diesem Areal entsprach. »**Es gab geheime Türen, Entlüftungsöffnungen und verschiedene geheime Räume, die sich alle unterhalb des Hangars befanden**«, erklärte er. Die Arbeiten konnten anscheinend zum genau richtigen Zeitpunkt fertiggestellt werden: »**Auf der *Wright-Patterson Air Force Base* traf der vom Roswell-Ereignis aus dem Jahr 1947 stammende Flugkörper ein, um dann in eine der unteren Ebenen verbracht zu werden. Mein Vater wurde in den Komplex gerufen, um eine der Türen anzupassen. Zu diesem speziellen Zeitpunkt habe er – wie er mir auf seinem Totenbett sagte – etwas gesehen, das ihm das Wrack eines verhältnismäßig kleinen, runden Flugkörpers zu sein schien. Genauere Details habe er nicht erkennen können, da sich das Objekt hinter einer Art von Kunststoffabdeckung befunden habe, die von der Decke herabhing.**«[28]

Aber nicht nur darauf konnte der Vater von Robert Marshall während seines Wartungseinsatzes in den unteren Geschossen einen Blick werfen. »**Während mein Vater sich in diesem Teil der unterirdischen Anlage aufhielt, sah er beim Passieren eines der Gänge auch eines der aus dem [Roswell-] Ereignis stammenden kleinen Wesen. Um ihn zu zitieren: ›Es war weder grün noch lila. [Es war] nur ein kleines Wesen.‹**«[29] Aufgrund der ihm gegenüber im Laufe der Jahre gemachten Aussagen seines Vaters und seines Großvaters gelangte

Hangar 23 auf Wright-Patterson. Mit der Verbindung zu den unterirdischen Ebenen von Gebäude 18 war dies der Ort, an dem die Wrackteile aus Roswell zuerst deponiert wurden, bevor die dauerhafte Einlagerung erfolgte.

Robert Marshall zu der folgenden Überzeugung: »**Es ist offensichtlich, dass diese unterirdische Anlage bereits vor dem Roswell-Ereignis existierte und für streng geheime Operationen des Versuchszentrums genutzt wurde, [die] zur Vertuschung der Roswell-Geschichte ideal geeignet waren.**« Auf seinem Totenbett setzte der Vater von Robert Marshall in einem Ton, wie man ihn von dem verstorbenen Walter Cronkite am Ende einer seiner Nachrichtensendungen kannte, für seinen Sohn ein letztes Ausrufungszeichen im Hinblick auf seine Beobachtungen außerirdischer Dinge auf *Wright-Patt*: »**So ist es, und das war's!**«[30] Wir glauben jetzt, dass der Vater und der Großvater von Robert Marshall in Hangar 23 gearbeitet haben, wohin die Roswell-Wrackteile ursprünglich verbracht worden waren, bevor sie zur dauerhaften Lagerung zum Gebäude 18 transportiert wurden.

***

Im Herbst 2010 erhielten wir eine E-Mail von Mark Magruder, dem Sohn von Marion »Black Mac« Magruder, der uns sehr geholfen hatte, indem er uns von der »Beinahebegegnung« seines verstorbenen Vaters auf der *Wright-Patterson Air Force Base* erzählte (siehe Kapitel 8). Mark hatte vor Kurzem mehrere Gespräche mit David und Ben Hansen, einem Gespann von Vater und Sohn, die einige interessante Informationen zur *Wright-Patterson Air Force Base* anzubieten hatten, sodass Mark uns mit ihnen in Kontakt bringen wollte, falls dies für uns von

Interesse wäre. Die Hansens hatten Mark bei einem Auftritt in einer am 9. Juli 2010 auf *SyFy Channel* ausgestrahlten Dokumentation über die *Wright-Patterson AFB* mit dem Titel *Inside Government Warehouses: Shocking Revelations* (zu Deutsch: *In Lagerhäusern der Regierung: schockierende Enthüllungen*) bei seiner Diskussion über die Karriere seines Vaters zugeschaut. Beide waren »erstaunt« darüber, was Mark über die von seinem Vater gemachten Erfahrungen zu berichten hatte, da einige Ereignisse in ihrer eigenen Familie dazu parallel verlaufen waren. Sie konnten dann später über die Produzenten der Show Mark Magruder ausfindig machen.

Ben Hansen, ein ehemaliger *FBI*-Agent, war drei Jahre lang Gastgeber und Star einer von *SyFy Channel* ausgestrahlten Serie mit dem Titel *Fact or Faked? Paranormal Files* (zu Deutsch: *Tatsache oder Täuschung? Paranormale Akten*) gewesen. Sein Vater, Dr. M. David Hansen, lebt im Ruhestand im Norden von Utah; sein Großvater Merlin Hansen ist inzwischen verstorben. Ende Dezember 2010 gelang es uns nach mehreren Fehlversuchen schließlich, in einer Telefonkonferenz gleichzeitig mit Tom Carey, Ben Hansen und David Hansen Kontakt aufzunehmen.

Nach erfolgter Vorstellung und dem Austausch von Nettigkeiten brachte dann Ben den Ball ins Spiel: »**Mein Großvater, Merlin Hansen, war Mitte der 1960er mehrere Sommer lang als Bauingenieur auf ›TDY‹-Basis [Zeitarbeit] auf der *Wright-Patterson Air Force Base* tätig. Sein Fachgebiet waren Planung und Instandhaltung *unterirdischer Hangaraufzugsysteme*.**«[31]

An diesem Punkt wurde das Gespräch zum größten Teil von Bens Vater, David, fortgeführt. »**Mein Vater [Merlin Hansen] war Infanterist der *Army* und diente im Zweiten Weltkrieg auf Iwo Jima. Nach seiner Rückkehr wurde er Bauingenieur und arbeitete von 1955 bis 1985 auf der *Hill Air Force Base* im Norden Utahs. Anfang 1964 erklärte er sich bereit, auf Zeitarbeitsbasis einige Aufgaben auf der *Wright-Patterson Air Force Base* in Dayton, Ohio, zu übernehmen.**«[32] Laut Dr. Hansen konnten derartige Aufgaben zu jeder Zeit sehr kurzfristig anfallen, wobei sein Vater jeweils wochenlang ohne direkten Kontakt zu seiner Familie von zu Hause fort war. Im Gegensatz zu seinen sonstigen Reisen jedoch unterlagen seine Reisen nach *Wright-Patterson* stets strengster Geheimhaltung. Immer wieder waren diese unregelmäßigen, außerplanmäßigen Reisen bis einschließlich 1968 erforderlich, bis sie dann ohne jede Erklärung eingestellt wurden. »**Er war ein ›Spezialist‹**«, so David. »**Von ihm wurden für Hangars auf dem Stützpunkt Aufzugsysteme geplant und konstruiert, die zwischen vier und sechs Ebenen nach unten führten. Diese Einrichtung galt als atombombensicher und konnte, wie er uns damals erzählte, zur unterirdischen Unterbringung von vier bis sechs Jagd- oder Kampfflugzeugen genutzt werden.**«[33]

Als Merlin Hansen nach seinem erfolglosen Kampf gegen eine Krebserkrankung auf seinem Totenbett lag, stellte sein Sohn Dr. David Hansen ihm schließlich die Frage, die ihn schon einige Zeit beschäftigt hatte: »**Papa, sind wir im Universum die Einzigen?**« Nach einem Moment des Schweigens gab Merlin seinem Sohn die folgende Antwort: »**Du wirst dich um deine Mutter kümmern.**«[34] Mit dieser Äußerung, die keine Antwort auf die gestellte Frage war, schien das Gespräch beendet – zumindest für den Augenblick. Dr. Hansen weiter: »**Nur kurze Zeit später und in den noch wenigen Minuten, die ihm verblieben, sah mich mein Vater mit einem festen Blick in meine Augen an, wobei er mir mit leiser und überzeugender Stimme zu verstehen gab: ›Mein Sohn, wir sind nicht allein …‹ Minuten später schloss er seine Augen für immer.**«[35] Zu seinem Vater gab Dr. Hansen Folgendes zu Protokoll: »**Mein Vater hat mich *niemals* angelogen. Nicht ein einziges Mal in den 46 Jahren unserer Freundschaft und unseres Zusammenlebens habe ich feststellen können, dass er irgendetwas frei erfunden hätte …, noch nicht einmal, wenn es darum ging, meine Gefühle zu schonen. Er war ein Mann von absoluter Integrität …, er war ein Mann, der das stille Leben eines engagierten Amerikaners lebte und liebte. Ich versuche, mein Leben nach den gleichen Regeln zu gestalten.**«[36]

Ben Hansens Großvater Merlin (links) und Vater David (rechts).

Ben Hansen konnte für uns den genauen Ort klären, an dem sein Großvater auf dem Stützpunkt *Wright-Patterson* gearbeitet hatte: »**Ich fragte meinen Vater …, ob er sich sicher sei, dass mein Großvater Merlin in Hangar 18 gearbeitet habe. Er antwortete, sich ›absolut sicher‹ zu sein und dass meine Großmutter bestätigen könne, dass dies die Gebäudenummer gewesen sei, unter der sie die Vermittlung anrufen sollte, um mit Merlin zu sprechen. Mein Vater sagte mir aber, dass Merlin niemals von einem Hangar 18 gesprochen habe. Obwohl er zugab, in Hangars gearbeitet zu haben, stellte er aber auch fest, dass immer nur von einem *Gebäude 18* die Rede gewesen sei**«[37] (kursive Hervorhebung durch die Autoren).

Gemäß einer zu Anfang der 1990er-Jahre vom *Department of the Interior* (Innenministerium) durchgeführten Überprüfung der in »Area B« befindlichen Einrichtungen war Gebäude 18 eines von acht Gebäuden (18–18G), die den Komplex *Power Plant Laboratory* (Labor, Triebwerktechnik) bildeten. Ursprünglich hatte der Komplex die Aufgabe, Forschungen zum Thema »Triebwerktechnik« zu betreiben, jedoch kamen während des Zweiten Weltkriegs mit der Erweiterung des Aufgabenbereiches zusätzliche Baulichkeiten hinzu. Das 1928 erbaute Gebäude 18 bildete innerhalb des Komplexes das Hauptforschungslabor, während in Gebäude 18A das zum Labor gehörige Büro untergebracht war. Uns interessierte hier vor allem das 1945 gebaute Gebäude 18F, in dem sich gemäß dem Bericht »vier Kälteräume« für die Erprobung von Triebwerken unter niedrigen Temperaturen befinden sollen. Die Kälteräume wurden an der Westseite des Gebäudes ins Freie entlüftet.[38] (Siehe Kapitel 6 mit Zeugenaussagen über die aus dem Gebäude 18F austretenden seltsamen Gerüche.) Ebenfalls von Interesse war der Hinweis, dass in der Osthälfte des Gebäudes »Kühlanlagen, ein Transformatorraum, Büros und Lagerflächen« untergebracht waren.[39]

Diese Beschreibungen und Zeugenaussagen haben uns zu der Überzeugung kommen lassen, dass die meisten aus dem Roswell-Absturz stammenden Wrackteile und mindestens vier Leichname der beim Absturz umgekommenen Außerirdischen zunächst zum Hangar 23 auf der *Wright-Patterson AFB* (damals noch unter dem Namen *Wright Field* bekannt) verbracht wurden und dort verblieben, bis ein geeigneter unterirdischer Durchgang mit Anschluss an das Gebäude 18 zur ständigen Aufbewahrung dort gebaut werden konnte. Autopsien der Körper wurden höchstwahrscheinlich in der *Aeromedical*-Facility vorgenommen, die sich ebenfalls in Area B (Gebäude 29) auf dem Stützpunkt befand, wobei die Körper dann anschließend wieder zum Gebäude 18F (wegen der dort vorhandenen Möglichkeit der Lagerung in Kälteräumen) zurückgebracht wurden. Die Aufbewahrung der physischen Wrackteile wäre weiterhin im Gebäude 18 erfolgt, es sei denn, dass sie für Analysen und Versuche in Hangar 23 verbracht wurden. Dieser universell genutzte Hangar befand sich innerhalb von Gebäudekomplex 18 zwischen Gebäude 18A und Gebäude 18F.[40] Ein einfacher Zugang von Gebäude 18 aus war gegeben, und die ihm historisch zugedachte Aufgabe des Rückbaus von irdischer ausländischer Technologie war von entscheidender Bedeutung für den Versuch, die Art und Beschaffenheit der Roswell-Wrackteile abzuklären.

Das ursprünglich 1934 als *Static Test Facility* (Statikversuchseinrichtung) für Flugzeuge und Flugzeugteile errichtete Gebäude 23 ist kürzlich im *Wright Field Historic District* (historischer Bezirk von *Wright Field*) als Labor für Forschung und Entwicklung und noch genauer als das *Advanced Thermal Research Lab* (Laboratorium für fortschrittliche Wärmeforschung) nach dem neuesten Stand der Technik restauriert worden.[41] Der als Zweig für experimentelle Technik des US

Army Signal Corps 1927 gegründete historische Bezirk war die »Stätte einiger der fortschrittlichsten luft- und raumfahrttechnischen Arbeiten in der Geschichte der Luftfahrt ... [Gebäude 23] bietet eine Arbeitsumgebung zur Erfüllung lebenswichtiger Funktionen bei den sich ständig ändernden Forschungsaufgaben auf *Wright-Patterson*.«[42] Für unsere Diskussion ist heute die Tatsache relevant, dass zum Restaurierungsprojekt auch der Bau einer »Überführung« gehörte, die Gebäude 23 mit Gebäude 18 verbindet!

***

Im Laufe der Jahre sind Geschichten über »Körpersichtungen« an anderen Stellen auf dem und außerhalb des Stützpunktes *Wright-Patterson* aufgekommen. So wurde 1982 von einem Oberstleutnant erzählt, dass er durch lange Gänge entlang an mehreren Kontrollpunkten vorbei zu einem großen unterirdischen Gewölbe unterhalb von Gebäude 45 in der Area B des Stützpunktes *Wright-Patterson* geführt worden sei. Dort wollte er eine Reihe von vier oder fünf horizontalen Röhren gesehen haben, die »Särgen« oder »Lungenbeatmungsapparaten« ähnelten. Zwei dieser Behältnisse seien für ihn geöffnet worden. Der erste Körper, so der Oberstleutnant, sei von den ganzen Autopsien so stark zerschnitten gewesen, dass es ihm den Magen umgedreht habe; der zweite Körper aber sei wesentlich besser intakt gewesen und habe der allgemeinen Beschreibung der Außerirdischen von Roswell nach Kapitel 6 entsprochen.[43] Sollte dies wahr sein, so wäre zu vermuten, dass die Körper zu irgendeinem Zeitpunkt zu einem anderen Gebäude auf dem Stützpunkt verbracht worden waren – möglicherweise zu einem Gebäude, in dem eine ausgeklügelte Konservierungstechnik möglich gewesen wäre. Interessant ist festzustellen, dass sowohl das Gebäude 45 als auch das Gebäude 18F heute Teil des *Air Force Research Laboratory* (Forschungslabor) auf der *Wright-Patterson AFB* sind.[44]

Ohne genau zu wissen, wo es sich befand, versuchte Senator Barry Goldwater Anfang der 1960er-Jahre ohne Erfolg, Zugang zum berüchtigten »Blue Room« (»Blauer Raum«) auf *Wright-Patterson* zu erlangen, um einen Blick auf die UFO-»Artefakte« werfen zu können (siehe

Kapitel 5). Und Leonard Stringfield, der »Vater aller Geschichten über den UFO-Absturz«, war in den 1960er-Jahren als Unternehmensberater für ein Projekt der *Air Force* tätig, für das er längere Zeit den Bibliotheksdienst im Gebäude der *Foreign Technology Division* (Abteilung Auslandstechnik) auf dem Stützpunkt nutzen musste. Nach Aussage des Herausgebers der ersten Stringfield-Bücher kam er von dort mit der Überzeugung zurück, dass sowohl UFO-Artefakte als auch Körper von Außerirdischen im *FTD*-Gebäude aufbewahrt wurden, das wegen seines Außenanstrichs in Pepto-Bismol-Rosa auch als »Pink Building« (Rosa-Gebäude) bekannt war.[45]

Nach Weggang vom Stützpunkt und später erzählte Colonel George Weinbrenner, in der Zeit der 1960er und 1970er sieben Jahre lang Leiter der *FTD*, kurz vor seinem Tod im Jahr 2010 einem guten Freund: **»In Utah werden bei uns fünf Außerirdische [aufbewahrt].«**[46] Vermutlich dachte er dabei an eine Einrichtung auf dem Gelände der *Dugway Proving Grounds* im Westen Utahs, wohin angeblich irgendwelche außerirdischen Artefakte und biologischen Massen zur Lagerung in der Area 51 in Nevada verbracht worden waren. Laut Robert Collins verließ das UFO-Material Wright-Patterson innerhalb des Zeitrahmens von 1982 bis 1983, als die unterirdischen Gewölbe verschlossen wurden, um dann vielleicht zur Area 51 verbracht zu werden.[47] Sollte dies stimmen, so würde sich anscheinend der Kreis der bis in die Gegenwart reichenden Verfolgung einer Reise schließen, die vor 66 Jahren im Jahr 1947 in einer abgelegenen Wüstenregion nördlich und westlich einer staubigen Stadt in New Mexico mit dem Namen *Roswell* begann.

***

Eine zusätzliche, auf vorherigem Wissen basierende Zeugenaussage wird die von uns gezogenen Schlussfolgerungen, wo die aus Roswell stammenden Wrackteile und Körper von Außerirdischen – und vielleicht auch sonstige angebliche UFO-»Artefakte« – einige Jahre lang untergebracht waren, herunterspielen. Dabei geht es um ein Gespräch, das von unserer Quelle im Jahr 1977 mit jemandem über Außerirdische auf dem Stützpunkt *Wright-Patterson* geführt wurde. Ein Freund unserer Quelle mit einer Zulassung entsprechend der höchsten Geheimhaltungsstufe war als Captain (Hauptmann) auf dem Stützpunkt im Einsatz und als Supervisor für die Sicherheit des Stützpunktes zuständig. Er sagte unserer Quelle, dass ihm bis auf eine Einrichtung überall der Zugang erlaubt und die entsprechende Sicherheitsstufe dafür eine völlig andere als auf dem übrigen Stützpunkt gewesen sei und für alle Offiziere im Rang eines Hauptmanns gegolten habe. Er wies ebenfalls darauf hin, dass nur die mächtigsten Leute diese Einrichtung betreten und verlassen durften und dass absolut niemand wusste, was sich im Inneren tat. Er beugte sich etwas vor und flüsterte unserer Quelle zu: »**Wenn es diese Körper gibt, dann befinden sie sich in diesem [Gebäude-18-]Komplex.**«[48]

Kapitel 3

Der Sommer des UFOs: Panik im Pentagon

»Schon über einem riesigen ätherischen Golf betrachteten hoch entwickelte Wesen mit einem Verstand, der uns gegenüber das ist, was unser Verstand für die wilden Tiere des Dschungels bedeuten könnte, und mit überwältigendem, kühlem und unsympathischem Intellekt diese Erde mit begehrlichen und neidischen Augen, um langsam und sicher ihre gegen uns gerichteten Pläne zu schmieden.«

So beginnt der Klassiker *War of the Worlds (Krieg der Welten)* von H. G. Wells. Nach der berühmten Dramatisierung des Romans als Radiosendung durch Orson Welles im Jahr 1938 besteht kein Zweifel, dass das Szenario einer Invasion im Gedächtnis der Amerikaner des Jahres 1947 immer noch lebte. Der verstorbene Dr. Carl Sagan warnte häufig, dass wir Erdlinge davon Abstand nehmen sollten, durch die Übertragung von Funksignalen in den Weltraum auf unsere Existenz aufmerksam zu machen, »da wir die Absichten einer uns überlegenen galaktischen Gesellschaft nicht kennen«[1]. Obwohl die Autoren von Science-Fiction-Romanen – wie zum Beispiel Wells und Sagan – uns viele Jahre lang ein Bild von der Invasion Außerirdischer zeichneten, blieben die Menschen unserer Welt mit Blick auf das Phänomen von Eindringlingen, wie man es bisher nur aus Romanen kannte, völlig unvorbereitet.

Der Sommer 1947 war die Zeit der fliegenden Untertassen, nachdem klar geworden war, dass andere mit ihrer Hardware in den Luftraum unseres Hoheitsgebietes eindringen konnten und dass deren Präsenz für die nationale Sicherheit der USA eine unmittelbare Bedrohung bedeutete. Die unbekannten Flugobjekte schienen von der Leistung, der Manövrierfähigkeit und der Geschwindigkeit alles zu übertreffen, was unser damaliges Arsenal zu bieten hatte. Das Pentagon war völlig ratlos, von wem oder womit unser Luftraum verletzt werden konnte. Führende Amtsträger in Washington bestritten, irgendetwas über die Herkunft der fliegenden Scheiben zu wissen, jedoch erkannte eine zunehmende Anzahl von Experten, dass die Welt sich durchaus mit einer Bedrohung von außerhalb unseres Planeten konfrontiert sehen müsse.[2]

Die Explosion der weltweit ersten Atombombe in Alamagordo, New Mexico, am 16. Juli 1945 schien die Aufmerksamkeit nicht nur der Bewohner unseres eigenen Planeten geweckt zu haben: Danach wurden in New Mexico mehr UFOs gesichtet als sonst irgendwo auf der Welt. Unsere Besucher waren sicherlich neugierig zu erfahren, wie es zur damaligen Zeit um unser militärisches Potenzial bestellt war.

Der nachfolgende Zeitablaufplan zeigt, wie sich die Ereignisse in diesem schicksalhaften Sommer entwickelten.

3. Juli 1947. Die *Army Air Force* erklärt: »Schickt eine fremde Macht fliegende Scheiben über die Vereinigten Staaten, so tragen wir die Verantwortung, davon zu wissen und entsprechende Maßnahmen zu ergreifen.«

4. Juli. Die Presse berichtet, dass in militärische Einrichtungen entlang der Westküste der USA Jagdflugzeuge einsatzbereit sind für den Fall, dass die »Scheiben« zurückkehren sollten.

5. Juli. Captain Tom Brown von der *Army Air Force* im Pentagon informiert Major Donald Keyhoe *(United States Marine Corps, USMC)*: »**Wir können die Sache nicht einfach ignorieren. Zu viele zuverlässige Piloten berichten dasselbe – flache, runde Objekte, die in der Lage sind, normale Flugzeuge auszumanövrieren, und die schneller sind als alles, was wir zur Verfügung haben.**« Brown bestätigt, dass militärische Einrichtungen in Alarmbereitschaft seien, um die Erscheinung der fliegenden Scheiben zu untersuchen. Aus anderer Quelle erfährt Keyhoe, dass von einigen Befehlshabenden Befehle erteilt worden seien, wann immer möglich »das Unbekannte abzuschießen«.

6. Juli. Ein Vertreter der *Army Air Force* gibt folgende Erklärung ab: »**Wir haben immer noch nicht die geringste Ahnung, worum es sich handeln könnte. Wir glauben jedoch nicht, dass irgendjemand bei uns oder im Ausland einen Lenkflugkörper entwickelt haben könnte …**«

Rancher W. W. Brazel meldet den Absturz einer fliegenden Untertasse außerhalb von Roswell, New Mexico. Die *Army* entsendet Nachrichten- und Geheimdienstoffiziere zur Untersuchung des Vorfalls. Major General Clements McMullen, Stellvertretender Befehlshaber/Stabschef des *Strategic Air Command*, befiehlt, einige der Wrackteile sofort nach Washington fliegen zu lassen.

7. Juli. Carl Hatche, Senior Senator von New Mexico, verlangt dringend ein Notfalltreffen mit Präsident Truman.

General Hoyt F. Vandenberg, Stabschef der *Army Air Force*, ist die Ankunft der Scheiben betreffend den ganzen Tag über mit Telefonanrufen und Besprechungen beschäftigt.

Leutnant General Nathan Twining, Befehlshaber des *Air Material Command (AMC)* mit Hauptquartier in *Wright Field*, Dayton, Ohio, fliegt überraschend nach New Mexico. Er bleibt dort für die nächsten fünf Tage. *Wright Field* bestätigt Berichte, nach denen Scheiben im Nordwest-pazifik und in Texas gesichtet worden seien.

8. Juli. Der Geheim- und Nachrichtendienst der *Army Air Force* entwickelt aufgrund von militärischen Beobachtungen in Kalifornien eine aufgeregte Aktivität. Brigadier General George F. Schulgen, Leiter der *Requirements Intelligence Branch* der *Army Air Force Intelligence*, lässt einen der F-5-Piloten aus Muroc, die ein »flaches, lichtreflektierendes Objekt« in großer Höhe in der Nähe von Mount Baldy gesehen hatten, zur Befragung ins Pentagon bringen.

Im Pentagon wird von Vandenberg eine Sondersitzung des *Office of Scientific Research and Development (OSRD)* unter dem Vorsitz von Dr. Vannevar Bush, Elektroingenieur und Initiator des Manhattan-Projekts, einberufen. Direkt im Anschluss an die Sitzung gibt das Pentagon eine Pressemitteilung heraus, derzufolge es sich bei den »fliegenden Untertassen definitiv nicht um Raumschiffe handele«.

Kapitel 3 59

Die *Army* gibt in einer Pressemitteilung von *RAAF* Public Information Officer Walter Haut öffentlich bekannt, dass man auf einer Ranch außerhalb von Roswell, New Mexico, tatsächlich eine »fliegende Scheibe« geborgen habe.[3] Auch die *Air Force* erklärt, dass man einen Bericht von C. T. Zohm, einem Raketentechniker der *Navy*, prüfe, gemäß dem er zusammen mit drei anderen Wissenschaftlern während einer geheimen Mission in New Mexico eine silberfarbene, helle Scheibe gesehen habe, die sich in geringer Höhe nach Norden über die offene Wüste bewegt habe.[4] Etwas später am Nachmittag wird das *FBI* informiert, dass die von Roswell nach Fort Worth *AAF* gebrachte Scheibe an einen Ballon angehängt gewesen und dann nach Übergabe an die *8th Air Force* in Fort Worth, Texas, zur Analyse nach *Wright Field* verbracht worden sei.

Das *FBI* erklärt: »**Scheibe und Ballon sind zur weiteren Untersuchung in einem Spezialflugzeug unterwegs nach *Wright Field*. Diese Information sei im nationalen Interesse herausgegeben worden, nachdem die *National Broadcasting Company*, *Associated Press* und andere heute versucht hätten, die Geschichte vom Aufbewahrungsort der Scheibe als falsch darzustellen. Major Kirton [Hauptquartier, *8th Air Force*] teile mit, dass er *Wright Field* auffordern werde, die Ergebnisse der Untersuchung dem Büro in Cincinnati zugehen zu lassen.**«

Aus Washington ergeht seitens des Geheim- und Nachrichtendienstes des Kriegsministeriums der Befehl, dass sich alle Mitarbeiter im Außendienst dahin gehend äußern sollten, »**dass es sich bei Untertassen um Radarziele für Wetterbeobachtungszwecke handelt**«.

In Roswell nehmen inzwischen die Gerüchte zu, dass Außerirdische in die Stadt eingedrungen seien und auf der Straße umherliefen. Rancher Brazel, der als Erster die seltsamen Wrackteile entdeckt hatte, wird vom Militär entführt und die nächsten fünf Tage gefangen gehalten.

9. Juli. General Schulgen ruft das *FBI* und verlangt dringend dessen Mitarbeit bei der Lösung des Problems der fliegenden Scheiben.

Um 10.30 Uhr treffen sich Leutnant General James Doolittle, ehemaliger Befehlshaber der *8th Air Force*, und General Vandenberg mit dem für die Luftwaffe zuständigen Kriegsminister Stuart Symington. Major General Leslie Groves, Chef der Spezialstreitkräfte für das Atomwaffenprojekt, und General Robert Montague, Befehlshaber der *Army Guided Missile School* (Militärakademie für Lenkflugkörper) treffen sich zudem mit Leutnant General Curtis LeMay, dem Stellvertretenden Chef des *Air Staff for Research and Development* (Luftwaffenstab für Forschung und Entwicklung) im Pentagon. Doolittle hatte für Vandenberg 1946 das Phänomen der Geisterraketen untersucht und angeblich Präsident Harry S. Truman darüber informiert, dass die Objekte »höchstwahrscheinlich unbekannter Herkunft« seien. Vandenberg nimmt an der laufenden Besprechung teil.

Um 10.50 Uhr treffen sich Doolittle, Vandenberg und Symington im Büro von General Dwight D. Eisenhower, Stabschef der *Army*. General Lauris Norstad, Direktor der *Plans and Operations Division* im Kriegsministerium, ist ebenfalls anwesend.

11.58 Uhr: Vandenberg ruft Präsident Truman an.

12.15 Uhr: Doolittle und Vandenberg treffen sich mit dem Präsidenten.

12.50 Uhr: Vandenberg und Symington treffen sich mit den Joint Chiefs.

14.20 Uhr: Erneutes Zusammentreffen von Vandenberg und Symington.

14.40 Uhr: Kriegsminister Robert Patterson trifft sich mit Groves und Montague.

Carl Hatche, Senator aus New Mexico, trifft sich am gleichen Nachmittag außerplanmäßig mit Präsident Truman.

Kapitel 3 61

16.15 Uhr: Vandenberg trifft Major General Emmett O'Donnell, Direktor für Informationswesen, *Army Air Force Public Relations*. Im Jahr zuvor war O'Donnell stellvertretender Technischer Leiter des *Army Technical Services Command*, das dann zu *AMC* werden sollte.[7]

Anderenorts überall im Land füllen Schlagzeilen die Morgen- und Spätausgaben der Zeitungen mit Erklärungen, damit sich die ganze Aufregung um das verschlafene Städtchen Roswell im Südwesten legt. Ein Seufzer der Erleichterung geht durch die Nation: Es handelt sich ja nur um eine Wetterballonvorrichtung. Einige kaufen diese Version jedoch nicht ab.

Das *Las Vegas Review-Journal* bringt genau wie Dutzende anderer Zeitungen eine Geschichte der *United Press*: »**Berichte über am Himmel herumsausende fliegende Untertassen gingen heute rapide zurück, nachdem von *Army* und *Navy* eine konzertierte Kampagne gestartet wurde, die Gerüchte zu stoppen.**« Die Geschichte ging damit weiter, dass das *AAF*-Hauptquartier in Washington »Offizieren in Roswell einen strengen Verweis erteilt habe«. Letzteres hat es in Wirklichkeit niemals gegeben. Die *Washington Post* berichtete: »**Zunächst wurden Einzelheiten zum Auffinden des Objekts bekannt gegeben und dann weitere Informationen unter Verschluss genommen mit der Begründung, dass sich hiermit höhere Stellen befassen müssten.**« Der *Roswell Daily Record* fügte hinzu: »**Die *Army* gibt zum Zeitpunkt, zu dem dieser Artikel erscheint, noch nicht ihre Geheimnisse über alle Erscheinungen preis.**«

Im Verlauf der nächsten Woche jedoch war festzustellen, dass sich auf der Seite von Regierungskreisen eine uneinheitliche Reaktion zu entwickeln begann. Es war etwas geschehen, das Offizielle auf Vertuschungskurs brachte, wobei man sich nach besten Kräften bemühte, die Situation herunterzuspielen. Vordergründig war dies absolut nicht mit der Verantwortlichkeit des US-Militärs zu vereinbaren, das Land aus der Luft gegen unbekannte Flugobjekte am Himmel zu verteidigen. Das Pentagon war gezwungen, zuzugeben, dass eine vollständige Radarkontrolle auf dem Territorium der Vereinigten Staaten nicht vorhanden war. Umso mehr ein Grund für Piloten überall im Land, während dieser alarmierenden Situation 24 Stunden pro Tag in Bereitschaft zu sein. Inoffiziell wurde von zahlreichen Piloten bestätigt, dass man den Befehl gehabt habe, die Scheiben zur Landung zu zwingen, soweit dies menschlich machbar sei.

10. Juli. Der Geheim- und Nachrichtendienst der US-Regierung heuchelt Desinteresse an dem Phänomen. Präsident Truman hält eine Pressekonferenz ab, in deren Verlauf er zu den fliegenden Scheiben befragt wird. Er erklärt, dass diese ihn an die berühmt-berüchtigte Zeitungsente aus dem Jahr 1835 erinnern würden, »bei der von einem für die *New York Sun* schreibenden Autor eine Artikelreihe über die Entdeckung von Menschen auf dem Mond durch den Astronomen Sir John Hershel verfasst wurde. Diese Artikel waren als Satire geschrieben.«

Brigadier General Roger Ramey, Befehlshaber der *8th Air Force*, der gerade auf einer Pressekonferenz in Fort Worth die Roswell-Scheibe identifiziert hatte, gibt ein Radiointerview in El Paso, Texas. Als der Radioansager wegen all der anderen Berichte über fliegende Scheiben in allen Teilen des Landes nachfragt, scherzt Ramey, dass dies wohl zutreffe bis auf Kansas, »das als Bundesstaat wohl auf Entzug sei«.

***

In den nächsten Tagen wies das Pentagon die *Army* an, der Presse den Start von Radarwetterballonvorrichtungen zu demonstrieren und so zu versuchen, den Nachweis zu erbringen, wie diese zu den Berichten über fliegende Scheiben beigetragen hätten. Im Gegensatz zur öffentlichen Wahrnehmung, dass die Regierung das Thema betreffend absolut gleichgültig sei, waren das Militär und *FBI*-Agenten selbst dann, als die Anzahl der Meldungen zurückging, intensiv damit befasst, die Ereignisse herunterzuspielen und Zeugen lächerlich zu machen. Es wurden weiterhin Scheiben gesichtet, jedoch war die Angst vor öffentlicher Empörung ein abschreckendes Mittel, nicht darüber zu berichten.

Als immer mehr Tage im Monat Juli verstrichen, bemerkten sowohl militärische als auch zivile Geheim- und Nachrichtendienste ein verwirrendes Schweigen seitens des Pentagon. Dort, wo zunächst höchste Dringlichkeit gefordert und Druck von höchsten offiziellen Stellen zu registrieren war, um Antworten zu finden, herrschte plötzlich Schweigen. Letztendlich tat sich, nachdem ihre Außendienstmitarbeiter vor Ort angekommen und alle Daten unter Kontrolle waren, absolut nichts. Dies könnte einen glauben machen, dass jemand an der Spitze entdeckt hatte, was hinter dem Geheimnis steckte. Die Mauer des Schweigens hatte sogar die oberste Leitung des Geheim- und Nachrichtendienstes der *Air Force* außen vorgelassen. Leutnant Colonel G. D. Garret, der Schulgen direkt unterstellt war, stimmte mit dem *FBI*-Spezialagenten S. W. Reynolds darin überein, dass es sich bei den Scheiben wahrscheinlich »**um ein Experiment der höchsten Geheimhaltungsstufe von *Army* oder *Navy* handelt**«. Ein Wissenschaftler, der dem Geheim- und Nachrichtendienst der *Air Force* angehörte, war zu einer ähnlichen Schlussfolgerung gelangt. »**Colonel Garret erklärte, dass Meldungen zufolge unbekannte Objekte über den Vereinigten Staaten gesichtet worden seien, ohne dass dies die ›hohen Tiere‹ in irgendeiner Weise überhaupt interessiert hätte. Er ließ durchblicken, dass ihn dies zu der Überzeugung habe kommen lassen, dass man genug über diese Objekte wusste, um irgendwelche Besorgnisse zu äußern.**«[10] Nachdem er sich für die Zuverlässigkeit der Personen verbürgt hatte, die dieses Unbekannte gesichtet hatten, kam Garret zu folgendem Schluss: »**Es werden Objekte gesichtet, über die irgendjemand in der Regierung alles weiß.**«

Wenn aber nicht einmal dem Geheim- und Nachrichtendienst der *Air Force* gesagt wurde, worum es bei diesen Scheiben ging, wem dann? Im Anschluss an dieses Gespräch besuchte Reynolds Colonel L. R. Forney seine Kontaktperson im Kriegsministerium. Forney versicherte Reynolds, sich bei seinen Vorgesetzten über Geheimprojekte der *Army* erkundigt zu haben und dass die *Army* keinerlei Ahnung habe, was diese Objekte seien.[11] Anschließend sprach Garrett seinen Vorgesetzten Schulgen auf Projekte der *Air Force* an, um die gleiche Antwort zu erhalten – aber vielleicht wusste Schulgen nicht über alles Bescheid, was sich bei der *Air Force Research and Development* tat. *FBI* und *Air Force* verständigten sich darauf, dass Schulgen eine Anfrage an General Curtis LeMay, den Leiter von R&D, als höhere Geheimhaltungsinstanz richten sollte. Die am 5. September 1947 an das *FBI* geschickte Antwort lautete wie folgt: »**Eine vollständige Überprüfung der Forschungsaktivitäten hat ergeben, dass es bei der *Army Air Force* kein Projekt mit besonderen Merkmalen gibt, die denen ähneln, die den fliegenden Scheiben zugeordnet wurden.**«[12] *Navy*-Admiral Calvin Bolster, Leiter für luftfahrttechnische Forschung in Verbindung mit experimentellen Luftfahrzeugen, legte im Hinblick auf eine Beteiligung der *Navy* an dem andauernden Puzzle die gleiche Ignoranz an den Tag.

Dessen ungeachtet hielt beim *FBI* die Besorgnis an, dass es hierbei zugehe wie bei einer Geisterjagd: keine Antworten, nur Fragen. Die Mitarbeiter von Schulgen, die es leid waren, außen vorgehalten zu werden, beschlossen, sich direkt an General Twining, den befehlshabenden General in *Wright Field*, zu wenden. Twining und gleichzeitig die Versuchslabors für Geheimprojekte auf dem Stützpunkt wurden um eine offizielle Verlautbarung zu dem neuen Phänomen und Auskunft darüber gebeten, ob eine weitere Untersuchung des Geheim- und Nachrichtendienstes gewährleistet sei. Zur gleichen Zeit wie diese Anfrage ging bei ihm die allererste Studie der Geheim- und Nachrichtendienste über die Art der UFOs ein, vermutlich »**eine detaillierte Studie von Berichten, die aufgrund des von diesen vermittelten Eindrucks des Wahrheitsgehalts und der Zuverlässigkeit**« unter dem Namen »**Analyse von Berichten über fliegende Untertassen ausgewählt worden waren**«.[13]

Die von Schulgen geleitete *Air Intelligence Requirements Division (AIRD)* gab einen eigenen Aufruf an die Streitkräfte heraus. Am 28. Oktober 1947 wurde ein fünfseitiges geheimes *AIRD*-Papier mit dem Titel »Draft of Collection Memorandum« herausgegeben, in dem »**die derzeitigen geheim- und nachrichtendienstlichen Anforderungen in Verbindung mit als fliegende Untertassen bezeichneten Flugkörpern**« aufgelistet waren.[14]

Besonders bemerkenswert ist Anforderung Nummer drei – Bauteile:

(a) Art des Materials – Metall, Eisenmetall, Nichteisenmetall oder nichtmetallisches Material.

(b) Verbund- oder Sandwichbauweise unter Einsatz verschiedener Kombinationen von Metallen, Metallfolien, Kunststoffen und möglicherweise Balsaholz oder ähnlichen Materialien.

(c) Ungewöhnliche Fertigungsmethoden zur Erzielung eines extrem geringen Gewichts und extremer Gefügestabilität.[15]

Unter der Rubrik »Antriebsaggregate« des Anforderungsentwurfs ist zu lesen: »Benötigt werden Informationen über das Antriebssystem des Flugkörpers ... Das Vorhandensein einer unkonventionellen oder außergewöhnlichen Art von Antriebssystem kann nicht ausgeschlossen werden und sollte als von großem Interesse angesehen werden.«[16]

Besonders auffällig ist die geforderte Detailgenauigkeit, die lediglich durch Beobachtung von am Himmel operierenden, weit entfernten Objekten kaum möglich gewesen wäre. Gibt es irgendwelche Zweifel, dass diese besonderen Beschreibungen sehr stark an die Berichte von Augenzeugen des Vorfalls von Roswell erinnern?

***

Bedauerlicherweise waren die von der *Army Air Force Intelligence* im Juli 1947 durchgeführten UFO-Untersuchungen unzureichend organisiert, unprofessionell und verwirrend. Der Bericht zeigte ebenfalls, dass das *Army Air Field* das *Air Material Command* nicht an allen ihm zur Verfügung stehenden Daten teilhaben ließ. Was immer sich in *Wright Field* hinter verschlossenen Türen tat, könnte eine völlig andere – und grundlegende – Geschichte gewesen sein, in jedem Fall aber waren die öffentlichen Nachforschungen unpassend. Sie waren unvollständig, obwohl die Ermittler bereit waren, ihre Erkenntnisse von Leuten wie Schulgen, *FBI*-Direktor J. Edgar Hoover und nicht zuletzt

Twining prüfen zu lassen. Die Ermittler erwiesen sich als völlig unfähig, Hauptzeugen zu befragen. Eine Anzahl von das Ereignis betreffenden Datumsangaben war falsch, was vermuten lässt, dass auf diese Fälle niemals auch nur ein einziger Blick geworfen worden wäre. Was äußerst verdächtig bleibt, ist das seltsame Weglassen einiger der bedeutsamsten Ereignisse, die ursprünglich große Besorgnis ausgelöst hatten.[17]

Captain Edward Ruppelt, ein dekorierter und sehr erfahrender Pilot aus dem Zweiten Weltkrieg mit einem akademischen Abschluss in Luftfahrttechnik, der 1951 beim *Grudge*-Projekt und 1952 beim *Blue-Book*-Projekt als Direktor fungierte, fasste die Situation zum damaligen Zeitpunkt wie folgt zusammen, wobei er davon ausging, dass vom Militär Antworten, aber keine Geheimnisse benötigt wurden. »**Als früher ein interessanter Bericht einging und man eine Antwort haben wollte, war lediglich zu vernehmen, dass ›es durchaus real sein könnte, dies aber nicht zu beweisen sei‹.**« Ruppelt pflegte diese Zeit der Entwicklung als das »Finstere Zeitalter« zu bezeichnen, und zwar ausgehend von dem bei der *Air Force* gebräuchlichen Satz: »Es kann nicht sein; daher gibt es das auch nicht.« Er fügte hinzu: »**Alles wurde ausgehend von der Prämisse bewertet, dass es UFOs nicht geben könne.**«[18]

Diese geringe Wachsamkeit machte es ebenfalls möglich, dass amerikanische Forschungsprojekte unter dem Deckmantel der Geheimhaltung vorangetrieben wurden. Durch den Kalten Krieg zwischen den zwei Supermächten wurden alle Agenten im Außendienst in normale Alarmbereitschaft versetzt, während durch die Ankunft der fliegenden Scheiben lediglich der Umfang der Verdächtigungen ausgeweitet wurde zu einem Zeitpunkt, zu dem der Begriff »nationale Sicherheit« als Phrase für mangelnde öffentliche Aufklärung diente. Die offensichtliche Invasion von UFOs im amerikanischen Luftraum ähnelte jemandem, der dabei war, einen ersten Angriff zu starten. Nur wussten wir einfach nicht, gegen wen wir den Gegenangriff richten sollten.

Diese geheim gehaltene Reaktion auf das Phänomen der Ankunft der fliegenden Untertassen im Sommer 1947 war schuld daran, dass viele frühe Berichte über die Untersuchungen der *Air Force* vernichtet wurden oder geheim blieben. Wir sind Ruppelt unendlich dankbar, der Zugang zu dieser unbekannten Geschichte hatte. So war er zum Beispiel der Erste, der das Twining-Schreiben bekannt machte, mit dem zunächst bestätigt wurde, dass es das UFO-Phänomen gibt, wobei er sogar den Begriff »Unidentified Flying Object« prägte, der die (für das Militär) katastrophale Bezeichnung »fliegende Untertasse« ersetzen sollte. Was aber noch wichtiger war: Dieser Offizier zeichnete das wahre Bild dessen, worum es bei den rauchgeschwängerten Besprechungen in Washington und *Wright Field* damals im Jahr 1947 überhaupt ging. In seinem Buch *The Report on Unidentified Flying Objects* (zu Deutsch: *Der UFO-Bericht*) schrieb er: »**Bis Ende Juli [1947] war der Sicherheitsdeckel zum UFO-Thema fest geschlossen. Die wenigen Presseleute, die tatsächlich wissen wollten, was die *Air Force* denn tue, wurden genauso behandelt, wie Sie es würden, wenn Sie heute nachfragen würden, wie viele Thermonuklearwaffen im US-Atomarsenal gelagert sind ... Beim *ATIC* [*Air Technical Intelligence Center*] reichte die Reaktion von Verwirrung bis zu Panik.**«

Aber wirklich mehr als komisch ist einerseits die Vorstellung, dass vom Pentagon wegen etwas so Trivialem wie einem Wetterballon Alarm ausgelöst wurde. (Andererseits könnten es aber vielleicht auch zeitreisende Holzpuppen für Absturztests gewesen sein. Als zusätzliche Bedrohung könnten auch 13 Jahre alte deutsche Mutantenkinder angesehen werden, wie dies von einem anderen Autor behauptet wurde.) Nur einige Wochen nachdem die Ballonerklärung von den nationalen Medien akzeptiert worden war, wurde das Gesetz über die nationale Sicherheit (»*National Security Act*«) verabschiedet, wobei die *CIA*, der *National Security Council* (der Nationale Sicherheitsrat) und das *Department of Defense* (Verteidigungsministerium) ihren offiziellen Charakter erhielten. Und dennoch wurde in einem Artikel eines internationalen Pressedienstes der für Öffentlichkeitsarbeit in *Wright Field* zuständige Offizier wie folgt zitiert: »**Bisher haben wir noch nichts gefunden, was die Existenz von Untertassen bestätigen könnte. Wir glauben nicht, dass es sich um Lenkflugkörper handelt ... So, wie die Dinge sich zurzeit darstellen, scheint es entweder um ein Phänomen oder um ein Hirngespinst eines Einzelnen zu gehen.**«[19]

Etwas, das Journalisten und Forscher zu vergessen scheinen, wenn sie die geheim- und nachrichtendienstlichen Aktivitäten des US-Militärs loben, ist der Punkt, dass für diese Dienste im Grunde genommen allein die nationale Sicherheit von Interesse ist. Jede von militärischen Stellen getroffene Maßnahme und jede Art von Projekten müssen in erster Linie unter diesem Aspekt gesehen werden. Ständig müssen wir uns also fragen: »Gibt es bei diesem Szenario irgendeine potenzielle Bedrohung der Sicherheit der USA?«

Zum Zwecke der Diskussion wollen wir davon ausgehen, dass die in jenem Sommer am Himmel gesichteten Flugkörper außerirdischer Bauart waren. Dann stellen wir uns erneut die Frage nach der nationalen Sicherheit. Auf der einen Seite könnten wir es als Erleichterung empfinden, dass die Sowjets nicht verantwortlich waren. Auf der anderen Seite jedoch würde die außerirdische Art des Flugkörpers dafür sorgen, dass die Russen aus der Gleichung für nationale Sicherheit nicht gestrichen werden. Von den zuständigen Stellen im Pentagon und in *Wright Field* musste diese Entdeckung absolut geheim gehalten werden, damit die Sowjets nichts finden konnten – hieraus ergab sich für die US-Regierung die dringende Notwendigkeit, über die Situation Bescheid zu wissen. Unterhalb der höchsten Geheimhaltungsebene durfte niemand vom Geheim- und Nachrichtendienst informiert werden. Sickerten überhaupt irgendwelche Informationen durch, so waren diese in der Regel falsch. Je weniger Leute die Wahrheit kannten, desto geringer war die Möglichkeit, dass Informationen durchsickerten, gestohlen wurden oder in Gefahr gerieten. Das Potenzial neuer militärischer Fortschritte und Durchbrüche stand auf dem Spiel, die als Ergänzung zu unserer atomaren Überlegenheit die Vereinigten Staaten zur alleinigen Supermacht auf der Welt machen konnten.

Abgesehen von der außerirdischen Realität des Roswell-Ereignisses ist dies fast alles in unstrittigen Quellen dokumentiert. Gestatten Sie uns aber, den Vorhang zurückzuziehen und zu spekulieren, was unter dem Schleier der nationalen Sicherheit der USA durchgesickert sein könnte. Hätte das Roswell-Ereignis stattgefunden, hätte es sich um etwas Außerirdisches gehandelt und wäre die Bergung zwecks Studium erfolgt – wie hätte dann das Prozedere ausgesehen?

Belange der nationalen Sicherheit würden sich nun bis zu einem bestimmten Punkt mit wissenschaftlichen Belangen überschneiden. Alle aus den Wrackteilen des abgestürzten Flugkörpers gewonnenen Erkenntnisse könnten über ein Reverse Engineering die Tür öffnen. Für uns nicht vorstellbare Materialien sowie die Art und Weise, in denen bestimmte Legierungen aus molekularer Sicht zusammengesetzt waren, hätten einen in der Geschichte der Menschheit noch die da gewesenen Quantensprung in der Technologie bedeuten können. Dennoch könnte die Wissenschaft auf unserer Erde im Jahr 1947 auch noch nicht in der Lage gewesen sein, die fortschrittliche Technologie von Materialien zu verstehen, die genau so fremd waren wie die Besatzung des Flugkörpers. Es wäre eine faire Schlussfolgerung, dass in diesem Bereich, wenn überhaupt, nur ein geringer Vorsprung hätte erreicht werden können – ist kein Stecker vorhanden, so lässt sich ein Gerät auch nicht anschließen.

Heute, also nach mehr als 60 Jahren, ist es wahrscheinlich, dass von der *US Air Force* von dem, was man wirklich über den Flugkörper und die Strukturierung der Materialien wissen wollte, nichts erreicht werden konnte. Es war der *Air Force* nicht möglich, festzustellen, wie das Objekt funktionierte, welche Absichten die Besucher hegten und woher sie kamen. Ist es ein Wunder, dass bis zum Herbst 1947 von den obersten Stellen des Militärs noch nichts durchgesickert war? Es gab nichts, was man bekannt geben konnte. Man war vielmehr gezwungen, einzugestehen, dass man vermutlich noch Jahre von irgendwelchen Antworten entfernt war.

Während der Zeit nach Roswell wurde auf die Geheim- und Nachrichtendienste wieder Druck ausgeübt, sich zurückzuziehen und dann mit UFO-Informationen wieder aufzutauchen, die dem Pentagon helfen würden, das Rätsel zu lösen. Im Fokus stand dabei *Wright Field*: UFO-Untersuchungen sollten von dort aus durchgeführt werden. Dayton war vorstädtisch, und die Elite des Militärs brauchte Raum zum Atmen, um die Situation in den Griff zu bekommen.[20]

Daher wurde das Thema von den Geheim- und Nachrichtendiensten wieder ernst genommen: nicht durch die Verfolgung fliegender Scheiben in der Luft, sondern durch Sammeln von sowohl inländischen als auch ausländischen Informationen von Beobachtungsstationen überall in der freien Welt mit dem Ziel, das UFO-Geheimnis durch nüchterne Überlegungen zu lösen.[21] Bei den mit dem Absturz in Roswell zusammenhängenden Projekten wusste man, was man hatte, ohne jedoch bestätigen zu können, was nicht zu begreifen und zu verstehen war.

Kapitel 4

Reverse Engineering des Memory-Metalls

Seit dem Moment, in dem im Juli 1947 ein Flugkörper unbekannter Herkunft aus dem Himmel herunterkam und in der Wüste im mittleren östlichen Teil von New Mexico abstürzte, wurde von offiziellen Stellen außerhalb von Roswell lautstark gefordert, ihnen die Materialien des Flugobjekts schnellstmöglich zum Zwecke der Analyse und einer etwaigen Nutzung zu überlassen. Der Zweite Weltkrieg war seit zwei Jahren vorbei, und Sowjetrussland war als neuer globaler Gegner in die Spitze der Führungsmächte aufgestiegen, um die Lücke zu schließen, die einst von den besiegten Achsenmächten ausgefüllt worden war.

Zu jener Zeit gab es sicherlich auch als Folge des Zweiten Weltkrieges eine große Zahl nationaler Laboratorien in den Vereinigten Staaten, die sich auf eine vielseitige Palette militärischer Technologien spezialisiert hatten. Aber die Wissenschaft des »Reverse Engineering« von ausländischer Technologie war im Repertoire nur einer einzigen Organisation zu finden. Dies war das *Air Material Command (AMC)* mit seinem Hauptquartier in *Wright Field* unter dem Befehl von General Nathan F. Twining. Dieses Kommando bestand aus zwei getrennten, jedoch verwandten Arbeitsbereichen: »*T-2 Intelligence*« und »*T-3 Engineering*«. Im Jahr 1961 wurde T-2 zur *Foreign Technology Division (FTD)* umstrukturiert, und im Verlauf der Jahre wurde dieser Name unabhängig vom jeweiligen Jahr oder der jeweiligen Iteration zur häufigsten Bezeichnung für die Einheit, die auf *Wright-Patterson* mit »fremder Technologie« zu tun hatte. Zur Gewährleistung von Kontinuität und der Einfachheit halber wird »*FTD*« in diesem Kapitel durchgehend als Referenzbezeichnung benutzt. Area 51 war zu dieser Zeit immer noch lediglich ein Punkt auf einer Karte von Nevada, der während des Zweiten Weltkriegs als Schießübungsplatz genutzt worden war. Erst Mitte der 1950er entwickelte sich dieser Punkt zu einer streng geheimen Testeinrichtung gleichen Namens für Spionageflüge und gestohlene Technologie, und erst Ende der 1980er-Jahre gewann er seine Reputation als wahlweises Magazin für außerirdische »Hardware«.

Kapitel 4 73

Im Prinzip ist die *Foreign Technology Division* in *Wright Field* in Dayton, Ohio, zuständig für die Demontage und Analyse aller Waffen und Geräte ausländischer Konstruktion, die erobert oder nach einem Absturz geborgen worden waren. Während des Zweiten Weltkriegs handelte es sich dabei um Flugzeuge deutscher, japanischer oder italienischer Herkunft, zur Zeit des Kalten Krieges aber fast ausschließlich um Flugzeuge russischer Bauart. Mit dem Auftauchen der fliegenden Untertassen im Sommer 1947 wurden alle geborgenen Wrackteile, Überreste oder davon abgeleitete physische Beweise sicherlich als »fremde Technologie« angesehen und zwecks Zerlegung und Sezierung an die *FTD* geschickt.[1] In Kriegszeiten wurden derartige Analysen natürlich zu dem Zweck durchgeführt, die besonderen Merkmale der Feindtechnologie zu verstehen und diese besiegen oder besser bekämpfen zu können, indem man sie als den eigenen Möglichkeiten unterlegen oder diese übertreffend einstufte. In bestimmten Fällen wird ein komplettes Reverse Engineering eines erbeuteten oder abgestürzten Flugzeugs durchgeführt, um die Funktionen besser kennenzulernen. Das möglicherweise hierfür am besten bekannte Beispiel geht ironischerweise während des Zweiten Weltkriegs auf die Russen zurück, als zufällig zwei US-Bomber des Typs B-29 in ihren Besitz gelangten, die nach einem Bombenangriff über Japan im Jahr 1944 zu einer Notlandung in der UdSSR gezwungen waren. Nach einer langwierigen Verhandlung gaben die Russen zwar die amerikanischen Flugzeugbesatzungen, nicht aber die zwei B-29 frei. Diese wurden dann mit peinlicher Genauigkeit Teil für Teil auseinandergebaut. Zur damaligen Zeit verfügten die Russen über keine schweren Bomber und es wurden Jagdflugzeuge aus Holz gebaut. Nach dem Krieg waren ausländische Militärexperten, die von den Russen als Beobachter zur Erster-Mai-Feiertag-Parade nach dem Krieg eingeladen worden waren, die immer mit einer Demonstration der neuesten Waffentechnik der Sowjets endete, fassungslos, als eine Staffel Flugzeuge über ihre Köpfe donnerte, bei denen es sich um amerikanische Bomber B-29 zu handeln schien. Wie aber konnte das sein? Tatsache ist, dass es sich keineswegs um von den Amerikanern gebaute Bomber handelte. Vielmehr waren es schwere Bomber des Typs *Tupolew Tu-4* russischer Herkunft – genaue Kopien der amerikanischen B-29!

Nach dem Eintreffen der Roswell-Wrackteile in *Wright Field* im Verlauf der zweiten Juli-Woche des Jahres 1947 wurden sie unverzüglich zum Hangar 23 verbracht. Wie wir in Kapitel 2 erfahren haben, war Hangar 23 der Ort, an dem während des Zweiten Weltkriegs Demontage, Analyse und Rückbau von feindlichen Flugzeugen (mit anderen Worten: »fremder Technologie«) erfolgten; und genauso träfe dies auf die Roswell-Wrackteile zu. Wie in diesem Buch und anderweitig beschrieben, handelte sich bei den Roswell-Wrackteilen fast vollständig um Kleinteile, die durch die Explosion des Objektes in der Luft entstanden waren, bevor sie auf den Wüstenboden fielen. Mehrere Monate sollten vergehen, bevor das einzige intakte Teil des Flugkörpers, die Innenkabine oder Notausstiegskapsel, von Roswell nach *Wright Field* geflogen wurde.[2] Die Wrackteile bestanden im Wesentlichen aus vier Arten:

1. Teilen aus einem dünnen, leichten, starren, aluminiumfarbenen Metall, die nicht biegbar waren und bei denen die Beaufschlagung externer Kräfte keinerlei Wirkung zeigte.

2. Dünnen »I-Profil«-Strukturen mit darin eingestanzten seltsamen Symbolen oder »Schriftzeichen«.

3. Kleinen Drähten, die an die heutigen monofilen Drähte erinnern.

4. Stücken aus einem dünnen, leichten, aluminiumfarbenen, stoffartigen »Metall«, das in der Hand zusammengedrückt werden konnte und nach dem Loslassen schnell wieder seine ursprüngliche Form annahm. Auch dieses Material war unzerstörbar und zeigte keinerlei Wirkung auf Gewalteinwirkung von außen. Seit nunmehr einigen Jahren wird dieses Material wegen seiner einzigartigen Eigenschaften *»Der Heilige Gral von Roswell«* genannt – Eigenschaften, die unserer Meinung nach als solche als eindeutiger belegbarer Beweis angesehen werden können, dass die Ereignisse von Roswell im Jahr 1947 einen außerirdischen Ursprung haben.

Sobald man realisiert hatte, dass die Wrackteile außerirdischen Ursprungs waren und nicht – wie zunächst angenommen – von den

Russen stammten, wurde in Washington entschieden, dieses Wissen nicht nur vor den Russen (aus klar ersichtlichen Gründen), sondern auch vor dem amerikanischen Volk geheim zu halten. Nach dem im Zweiten Weltkrieg aufgekommenen Spruch, dass »loose lips sink ships« (»Ein lockeres Mundwerk kann Schiffe versenken«), herrschte die Ansicht vor, dass es besser wäre, wenn möglichst wenige Leute Bescheid wüssten. Diese Strategie bewährte sich fast hundertprozentig während der nächsten 30 Jahre, bis der ehemalige Geheim- und Nachrichtendienstoffizier des *Roswell Army Air Field* dann 1978 sein Schweigen brach und darüber berichtete, auf Treu und Glauben an der Bergung eines UFO im Jahr 1947 beteiligt gewesen zu sein. Mit der Veröffentlichung von *The Roswell Incident (Das Roswell-Ereignis)* von Berlitz und Moore im Jahr 1980 und *UFO Crash at Roswell* (zu Deutsch: *UFO-Absturz in Roswell*) von Randle und Schmitt im Jahr 1991 war der Name *Roswell* auf dem Weg, in aller Welt zu einem festen Begriff zu werden. Obwohl die von Robert Lazar aufgestellten Behauptungen, am Rückbau von fremder Technologie in einer streng geheimen Einrichtung mit dem Namen *Area 51* im Bundesstaat Nevada mitgewirkt zu haben, in Misskredit gebracht wurden,[3] nahm wegen des erneuten Interesses am Roswell-Absturz die Vorstellung des Rückbaus von erbeuteter oder am Boden geborgener fremder Technologie an Anziehungskraft und Popularität zu. Einige glauben, dass ein großer Teil unserer heutigen Technologie – alles von Transistoren, Faseroptik über Nachtsichtgläser bis hin zu Computerchips, integrierten Schaltungen und Klettverschlüssen – das Ergebnis des Reverse Engineering von außerirdischen Luft- oder Raumfahrzeugen oder Teilen derselben ist. Die Verfechter dieser Vorstellung argumentieren, dass sowohl diese als auch eine lange Liste weiterer fortschrittlicher Technologien ohne »Unterstützung« von außerhalb der Erde von uns nach 1947 nicht so schnell hätten entwickelt werden können.[4]

Diese Vorstellung wurde 1997 zum Thema des von der *New York Times* herausgegebenen Bestsellers *The Day After Roswell (Der Tag nach Roswell)* des verstorbenen Philip J. Corso, Oberst der *US Army*, und des künftigen »UFO-Jägers« William J. Birnes. In diesem Buch, das ein Jahr vor seinem Tod veröffentlicht wurde, behauptete Corso, während seiner Tätigkeit unter Leutnant General Arthur Treudeau, dem Leiter für Forschung und Entwicklung bei der *Army*, ein Projekt für eine Neuaufbereitung des Engineering des Roswell-Materials koordiniert zu haben. Laut Corso diente das Projekt der Förderung neuer, kommerziell verwertbarer Technologien in einer Reihe von Bereichen, wie zum Beispiel Faseroptik und Computerchips, die, ausgehend vom Rückbau von aus den Roswell-Wrackteilen stammenden Artefakten, entwickelt worden waren. Obwohl wir immer das Gefühl hatten, dass etwas für die Vorstellung eines Roswell-Derivats für die moderne Technologie der Faseroptik spricht, gab es zu viele sachliche Fehler in der Geschichte von Corso, als dass wir uns seiner These hätten anschließen können. Und seine bizarre Behauptung, dass die Welt einen interplanetaren Krieg gegen Außerirdische unter Einsatz von »SDI« (*Strategic Defense Initiative*) geführt und gewonnen habe (soweit wir wissen, ist den Menschen der realen Welt hiervon nichts bekannt), war dann doch zu weitgehend, um von Leuten mit normalem Verstand akzeptiert zu werden. Von dem verstorbenen US-Senator Strom Thurmond, der das Vorwort zu *The Day After Roswell* geschrieben hatte, wurde dann endgültig der Glaubwürdigkeit des Buches der Todesstoß versetzt. Senator Thurmond, für den Corso früher einmal als Berater tätig gewesen war, wurde entweder getäuscht oder missverstanden, als er von Corso gebeten wurde, das Vorwort zu seinem Buch zu schreiben. Nachdem er ein normales positives Resümee zu seinem früheren Berater verfasst hatte, das in keinster Weise irgendetwas mit UFOs zu tun hatte, verlangte Thurmond die Rücknahme seines Vorwortes, nachdem ihm Näheres über den Inhalt des Buches zu Ohren gekommen war. Als ein Kolumnist der *New York Times* Senator Thurmond zitierte, gesagt zu haben, dass er nichts über eine solche Vertuschung gewusst habe und er bezweifle, dass es jemals eine solche gegeben habe,[5] wurde nicht nur der Glaubwürdigkeit von Colonel Corso selbst, sondern auch seinen Behauptungen in Bezug auf das Re-engineering von geborgener fremder Technologie ein schwerer Schlag versetzt. Es sollten zehn weitere Jahre vergehen, bevor das Thema wie der Aufstieg des Phoenix aus der Asche wieder aufgegriffen wurde.

Kapitel 4

Das Leben kann für Sie Überraschungen bereithalten. Manchmal, wenn eine Tür ins Schloss fällt, kann eine andere Tür sich öffnen. Und genau das traf bei unseren Roswell-Nachforschungen auf die Person von Anthony Bragalia zu. Als selbstständiger Geschäftsmann hatte Bragalia einige Jahre lang seine eigenen privaten Nachforschungen im Hinblick auf den Roswell-Absturz/die Roswell-Bergung angestellt. Hierzu gehörte auch eine Phase der Roswell-Geschichte, die bei Forschern kaum Aufmerksamkeit gefunden hatte: Was geschah mit den aus dem Absturz stammenden Wrackteilen, *nachdem* diese an *Wright Army Air Field* in Dayton, Ohio, geschickt worden waren? Seine Nachforschungen zu diesem Fragenbereich waren außergewöhnlich, und die bisher erzielten Ergebnisse sind erstaunlich. Er hat wissenschaftliche und dokumentarische Beweise zutage gebracht, die als Beleg für die außerirdische Art der Roswell-Wrackteile nichts zu wünschen übrig ließen! Neu entdeckte Dokumente aus streng geheimen Regierungsberichten aus den späten 1940er-Jahren zum Thema »Memory-Metall« zeigen, dass die *Air Force* – über das *Battelle Memorial Institute* in Columbus, Ohio, und andere Labors, wie zum Beispiel jenem an der *New York University* (bei dem in Verruf geratenen Projekt *Mogul*), dem *Oak Ridge National Laboratory* in Tennessee und die *Lawrence Livermore Labs* in Kalifornien – versuchte, die »Formgedächtnis«-Eigenschaften der aus dem Roswell-Absturz stammenden Trümmerteile zu reproduzieren.

Der auslösende Impuls für die Nachforschungen von Bragalia war der, dass er uns, Tom Carey und Don Schmitt, vor einigen Jahren in einer Radiosendung über unsere (weitgehend ohne Erfolg verlaufende) Fortführung der Suche nach physischen Beweisen für Roswell und vor allem über eine besondere Art von Wrackteiltrümmern reden hörte – ein Stück sogenannten »Memory-Metalls«, dem wir den Namen *Heiliger Gral von Roswell* gaben. Bragalia entschied für sich spontan, dass er versuchen wollte, herauszufinden, was aus den Roswell-Wrackteilen geworden war, nachdem man diese Berichten zufolge nach *Wright Field* geschickt hatte.[6] Sein Bericht über die Anfangsphase dieser Nachforschungen wurde in der Ausgabe unseres Buches *Witness to Roswell* (zu Deutsch: *Zeuge von Roswell*) aus dem Jahr 2009 festgehalten. Dies und seine später folgenden Nachforschungen nach dem Memory-Metall – etwas, das zu mindestens einem Element der Roswell-Wrackteile wurde – lasen sich wie eine wissenschaftliche Kriminalgeschichte zu dem Thema »Wer war der Täter?«, jedoch mit einem Unterschied: Alles war wirklich wahr!

Die Nachforschungen von Bragalia begannen mit einer Darstellung eines früheren *Battelle*-Mitarbeiters, der 1960 einem Freund der Familie gegenüber zugegeben hatte, dass er vor einigen Jahren, als er dort tätig war, mit der Analyse der Trümmer einer abgestürzten fliegenden Untertasse betraut gewesen sei. Der Wissenschaftler Elroy John Center erklärte, dass während seiner Beschäftigung am Institut von einem abgestürzten UFO stammendes Metall von ihm analysiert worden sei. Mit dem Abschluss in Chemotechnik an der *University of Michigan* arbeitete Center von 1939 bis 1957 fast zwei Jahrzehnte lang als Leiter der Chemoforschung am *Battelle*, wobei sein Spezialgebiet die Analyse und Prüfung von Metallen und einzigartigen Materialien war.[7] Center hatte sicherlich die Qualifikationen und nötigen Fähigkeiten, um an der frühen Analyse der Roswell-Trümmer mitgewirkt zu haben.

Bragalia machte dann Dr. Irina Scott aus Columbus, Ohio, eine ehemalige Professorin für Biologie und *Battelle*-Wissenschaftlerin, aus-

Vordereingang des Battelle Memorial Institute in Columbus, Ohio. Wright-Patterson war jahrzehntelang bei technischen Engineering-Projekten »Kunde« von Battelle.

findig, um mit ihr ein Interview zu führen. Laut Dr. Scott hatte sie 1992 mit einem engen Mitarbeiter von Elroy Center ein Gespräch. Er erzählte ihr, dass Center ihm 1960 noch während seiner Tätigkeit für *Battelle* privat zu verstehen gegeben habe, dass er am Institut (ohne Angabe eines bestimmten Jahres) an einem sehr eigenartigen Laborprojekt beteiligt gewesen sei – einer streng geheimen Studie, zu deren Durchführung sein Arbeitgeber von der Regierung (genauer gesagt: von der *Wright-Patterson AFB*) beauftragt worden war. Das Projekt betraf Arbeiten an einem sehr ungewöhnlichen Material. Center erfuhr, dass das seltsame »Trümmerstück«, wie er dies beschrieb, von der US-Regierung nach einem früheren Absturz eines UFOs geborgen worden war. Er erläuterte, dass dieses »Stück« etwas gewesen sei, was keiner kannte. Wie von einer Reihe von Roswell-Zeugen aus erster Hand berichtet, habe Center ebenfalls gesagt, dass auf dem ihm zur Bearbeitung überlassenen Trümmerstück rätselhafte Symbole zu finden gewesen seien, die er als »Glyphen« bezeichnete.[8] Weitere Details waren von Center während seines gesamten weiteren Lebens nicht zu erfahren. Er verstarb im Jahr 1991.[9]

Als unerschrockener Ermittler, der er ist, spürte Bragalia 2010 einen von Irina Scott erwähnten noch lebenden Freund der Center-Familie (Name bekannt, wird wunschgemäß jedoch nicht preisgegeben) auf, um mit ihm ein Telefoninterview zu führen. Dieser Mann bestätigte, als junger Mensch 1957 Center in seinem Zuhause getroffen zu haben. In einer Diskussion über UFOs hatte Center zugegeben, dass er ein »Stück« eines seltsamen Metalls analysiert habe, das seiner Auffassung nach nicht von der Erde, sondern dem Vernehmen nach von einem heruntergeholten UFO stammte. Der Informant erinnerte sich genau, dass Center gesagt hatte, dass sich auf dem »Stück« hieroglyphenähnliche Markierungen befunden hätten und dass das chemische Element Bor für die Zusammensetzung des zu untersuchenden UFO-Materials irgendwie wichtig gewesen sei. Center erklärte ebenfalls, dass das UFO-Material zu seiner Zeit bei *Battelle* in einem sicheren Tresor aufbewahrt wurde.[10] Bragalia spürte dann für ein Interview schon bald die Tochter von Elroy John Center (Name ebenfalls auf Wunsch nicht genannt) auf, die Mitte 70 war und in einem Bundesstaat im Westen lebt. Sie sagte, dass ihr verstorbener Vater nicht mit seinem ersten Namen, sondern mit seinem mittleren Namen John gerufen wurde. Sie erklärte ebenfalls, dass sie die Geschichte ihres Vaters in Bezug auf das seltsame »Stück« Metall nicht kenne, aber sie erinnerte sich auch, dass er zu Hause von einem *FBI*-Agenten besucht worden sei und dass bei dieser Gelegenheit lange Debatten über UFOs stattgefunden hätten. Genau in Erinnerung geblieben sei ihr aber, dass sie eines Tages zufällig ein Gespräch zwischen ihrer Mutter und ihrem Vater über UFOs mit angehört und ihr Vater gesagt habe: »**Ich weiß nicht recht, ob wir hierüber auch mit [Name der Tochter] sprechen sollten. Sie dürfte nicht in der Lage sein, hierüber zu schweigen.**«[11]

Wir hatten schon immer vermutet, dass das *Battelle Memorial Institute* in Columbus, Ohio, wegen der Art der von ihm übernommenen Aufgaben und wegen der Nähe zur *Wright-Patterson AFB*, wohin die Roswell-Wrackteile verbracht worden waren, höchstwahrscheinlich von der *Air Force* angesprochen worden wäre, um dort Untersuchungen der Wrackteile durchzuführen. Wegen des von anderen Ermittlungsinitiativen ausgeübten Drucks und der allgemeinen Zeitbeschränkungen war es uns jedoch nicht möglich, in dieser Sache irgendetwas zu tun.

Jetzt hatten wir also eine Geschichte über einen verstorbenen ehemaligen Mitarbeiter des *Battelle Memorial Institute*, der behauptet hatte, an einem seltsamen Stück Metall gearbeitet zu haben, das seiner Ansicht nach von einem abgestürzten UFO stammte. Wie sollte es also weitergehen? Unter Fokussierung auf den Aspekt des Memory-Metalls in diesem Fall gab Bragalia dann die Begriffe »Memory-Metall«, »Morphing-Metal« und »Metall mit Formgedächtnis« in seinen Internet-Browser ein – und schon ging es los. Auf dem Bildschirm erschien eine Reihe von Artikeln und Websites über etwas mit dem Namen Nitinol, einem Amalgam aus den Elementen Nickel (Ni) und Titan (Ti), die zusammen Eigenschaften ähnlich denen des Memory-Metalls von Roswell besitzen. Der Teil »nol« des Namens Nitinol stand für *Naval Ordnance Lab (NOL)*, die Forschungseinrichtung also, wo diese Memory-Legierung bereits 1962 »entdeckt« worden war. Wegen seiner Formgedächtnis- und Biegbarkeitseigenschaften wird Nitinol heute in

Kapitel 4

vielen Produkten – von Brillengestellen bis hin zu medizinischen Instrumenten und vielen anderen mehr – kommerziell verwendet. Es ist auf dem Markt ebenfalls als Draht, Coil oder Blechmaterial erhältlich. Aber das *Naval Ordnance Lab* in White Oak, Maryland, war *nicht* die *Wright-Patterson AFB*, wohin die Roswell-Wrackteile angeblich verbracht worden waren. Welche Verbindung, wenn überhaupt, gab es zwischen beiden, oder wurde Nitinol im *NOL* lediglich im normalen Verlauf der alltäglichen metallurgischen Forschung entwickelt? Um die Antwort zu finden, machte sich Bragalia an eine historische Rückverfolgung der die Augen ermüdenden und Kopfschmerzen bereitenden technischen Literatur über die Entwicklung von Metallen mit Formgedächtnis – eine Aufgabe, die mehrere Jahre dauern sollte und an die Tore des *Battelle Memorial Institute* und der *Wright-Patterson AFB* zurückführte.

Bragalia erinnerte sich an den von General Arthur Exon abgegebenen Kommentar hinsichtlich der physikalischen Zusammensetzung des Roswell-Materials, dass es sich dabei um »**Titan und irgendein anderes Metall handele ... – [jedoch] die Art der Verarbeitung unterschiedlich sei«,** sowie an ein geheimes Memorandum von General George Schulgen (Stellvertretender Stabschef der *Air Intelligence* im Jahr 1947), das besagte, dass die in seinem Besitz befindlichen Wrackteile offensichtlich »mittels ungewöhnlicher Fertigungsmethoden« hergestellt worden seien. Bragalia konzentrierte sich auf technische Artikel, die die Verarbeitung von Titan zusammen mit einem anderen Metall wie beispielsweise Nickel oder Zirkon zum Gegenstand hatten. Er fand eine Anzahl derartiger Artikel aus den 1960er-Jahren, wobei er in den Fußnoten zu einigen auf Hinweise stieß, in denen die Nummern von von der *Air Force* auf der *Wright-Patterson AFB* in Dayton, Ohio, vergebenen Verträgen aufgeführt waren. Ebenfalls zitiert wurden Hinweise auf einen »Zweiten Fortschrittsbericht«, der 1949 von Wissenschaftlern des *Battelle* für die *Air Force* auf der *Wright-Patterson AFB* über die Erforschung und Entwicklung von Titanlegierungen am *Battelle* verfasst worden war. Die Nachforschungen von Bragalia ergaben außerdem, dass es keine Vorgeschichte zu einer solchen das Element Titan betreffenden Forschung durch das Militär oder sonst irgendjemanden vor 1947 gegeben hatte. Die Tatsache, dass das Interesse an und somit die Anzahl der Studien über Titan nach dem Roswell-Absturz rasant anstiegen, ist äußerst interessant. Auch ist angesichts eines »Zweiten Fortschrittsberichts« von *Battelle* an *Wright-Patt* von einem »Ersten Fortschrittsbericht« auszugehen, der höchstwahrscheinlich 1948 verfasst wurde und in keinem dieser Artikel zitiert worden war. Dies lässt vermuten, dass er den Forschern für ihre Studien nicht zur Verfügung stand. Geschah dies, weil darin bestimmte Hintergrundinformationen hinsichtlich der Ursprünge und/oder der wahren Art des Projektes hätten enthalten sein können?

Bragalia nahm dann mit den Historikern sowohl bei *Battelle* als auch auf *Wright-Patterson* Kontakt auf, um zu versuchen, die zwei Fortschrittsberichte von *Battelle* wiederzufinden, sofern diese überhaupt noch existierten. Obwohl es den Historikern an beiden Stellen gelang, in ihren Computerdatenbanken diese Berichte aufzuspüren, »fehlten« die Ausdrucke (Hartkopien), woraus nach Meinung der Historiker zu schließen war, dass diese entweder vernichtet oder irgendwo mit einer sehr hohen Sicherheitsklassifizierung aufbewahrt wurden. Bragalia wollte nicht aufgeben und bat 2009 seinen guten Freund Billy Cox, Reporter der in Sarasota, Florida, erscheinenden *Herald Tribune*, bei den zuständigen Stellen sowohl am *Battelle* als auch auf der *Wright-Pat-*

```
                    SECOND PROGRESS REPORT
        COVERING THE PERIOD SEPTEMBER 1 TO OCTOBER 31, 1949

                              on

            RESEARCH AND DEVELOPMENT ON TITANIUM ALLOYS
                   Contract No. 33(038)-3736

                              to

                 WRIGHT-PATTERSON AIR FORCE BASE
                          DAYTON, OHIO
```

Der »Zweite Fortschrittsbericht« (1949) von Battelle *an* Wright-Patterson *mit näheren Angaben zu den ersten Ergebnissen der Experimente mit Titan, die in dem Bemühen durchgeführt wurden, das in Roswell geborgene »Memory-Metall« zu replizieren.*

terson AFB auf der Grundlage des Gesetzes zur Informationsfreiheit *(FOIA = »Freedom of Information Act«)* offiziell um Freigabe dieser Berichte nachzusuchen.

Wie bei UFO-Forschern allgemein bekannt, erweist sich die Handhabung derartiger *FOIA*-Gesuche normalerweise als frustrierend und langwierig, und nur allzu häufig lautet die Antwort: »Keine Unterlagen vorhanden.« Auch in diesem Fall wurde von Cox und Bragalia kaum etwas anderes erwartet. Aber dennoch: Das Leben ist voller Überraschungen. Nach vielen Monaten und wiederholten Anmahnungen konnten beide Fortschrittsberichte in den Archiven des *Defense Technical Information Center (DTIC)* im Verteidigungsministerium *(DoD = Department of Defense)* gefunden werden. Vom *Office of the Secretary of the Air Force* wurden die beiden Berichte (»ausschließlich für das *DoD* bestimmt«) offiziell überprüft und dann für Billy Cox freigegeben – 2009 der »Zweite Fortschrittsbericht« und 2010 der »Erste Fortschrittsbericht«.[12] In jedem der Berichte fehlten viele Seiten. Sie enthielten für Forscher wie Bragalia und Cox aber dennoch genügend Informationen, um einen Zeitrahmen für die Ableitung von Nitinol – der zurzeit existierenden besten Legierung mit Formgedächtnis – von ihrem Vorläufer, dem auch unter dem Namen *Memory-Metall* bekannten *Heiligen Gral von Roswell*, festzulegen. Und genauso frappierend wie die Berichte selbst, die den Titel »Research and Development on Titanium Alloys« (»Forschung und Entwicklung zu Titanlegierungen«) trugen, war der Name einer Person, von der die Berichte mit verfasst worden waren: Elroy John Center!

***

Nach mehrmonatiger Untersuchung der Roswell-Wrackteile standen der Geheim- und Nachrichtendienst sowie die Engineering-Abteilung des *Air Material Command (AMC)* auf *Wright-Patterson* zweifellos vor einem Rätsel, wobei sie sich gleichzeitig aber auch von den Eigenschaften des sogenannten Memory-Metalls beeindruckt zeigten. Nachdem festgestellt worden war, dass Titan eines der Elemente des Memory-Metalls war, wurde *Battelle* vom *AMC* beauftragt, das fremde

Metall weiter zu analysieren und neue Versuche damit durchzuführen in der Hoffnung, dieses Material replizieren zu können. Für die Wissenschaftler am *Battelle* erschien Nickel das am meisten erfolgversprechende Element zur Kombination mit Titan zur Nachahmung des Memory-Metalls zu sein; das Wichtigste aber war die Verarbeitung dieser potenziellen Legierung. *Reines* Titan und Nickel plus extreme Hitze waren erforderlich, um das Formgedächtnis zu erreichen. In den 1950er-Jahren hatte das *AMC* Teile des »Zweiten Fortschrittsberichts« von *Battelle* geheim an verschiedene andere Laboratorien im Land einschließlich des *Naval Ordnance Lab* weitergegeben, um die Forschungen in Bezug auf die zur Herstellung des Memory-Metalls richtige Titanlegierung fortzuführen. Im Jahr 1962 gab das *Naval Ordnance Lab* die Entwicklung der Legierung mit Formgedächtnis unter dem Namen Nitinol bekannt! Sie bestand aus Nickel und Titan – zwar nicht so gut wie das Original, aber immerhin das uns zur Verfügung stehende beste »Morphing-Metall«.

Im Jahr 2010 führte Bragalia dann ein Telefoninterview mit einem der Miterfinder von Nitinol, Dr. Fred Wang, einem ehemaligen Mitarbeiter des *Naval Ordnance Lab*. Wang bestätigte seine Beteiligung am Projekt und hatte kein Problem damit, allgemeine Fragen hierzu zu beantworten. Wang wurde jedoch vorsichtig und wich aus, so Bragalia, wenn es um verschiedene Punkte ging, die mit der Entwicklung von Nitinol zusammenhingen. So war Dr. Wang zum Beispiel an bizarren Tests zum Thema »Geist über Materie« beteiligt, für die Uri Geller als Mensch mit übernatürlichen Kräften gewonnen wurde, um zu versuchen, Nitinol allein mit seinem Geist zu biegen oder hierauf morphologisch einzuwirken. Anscheinend war Geller zu einem bestimmten Grad erfolgreich, jedoch war Wang keineswegs glücklich darüber, seine Präsenz bei den Tests bestätigen zu müssen. Er bejahte, dass er eine Kopie des aus dem Jahr 1949 stammenden »Zweiten Fortschrittsberichts« des *Battelle* zur Benutzung bei der Untersuchung von Nitinol erhalten hatte, wollte jedoch nicht sagen, wer ihm diese heimlich hatte zugehen lassen. Als dann Wang die Frage gestellt wurde, ob Roswell für seine Arbeit möglicherweise ein Impuls gewesen sei, hörte Bragalia, wie Wang nach Luft rang, um dann in Schweigen zu verfallen. Nachdem einige Zeit lang nur das Zirpen von Grillen im Hintergrund zu hören war, äußerte sich Wang schließlich wie folgt: **»Zu diesem Punkt möchte ich nichts sagen und auch nicht weiter darüber diskutieren.«**[13]

Der andere Miterfinder von Nitinol war ein Kollege namens William Buehler. Jahre später beschwerte sich Buehler dann im Rahmen einer offiziellen mündlichen Anhörung, dass nach seiner »Entdeckung« von *Battelle* das Projekt von *NOL* zurückgenommen worden und dort zwecks »Durchführung weiterer Charakterisierungsstudien zu Nitinol« verblieben sei, nachdem von der *National Aeronautical and Space Administration (NASA)* ein entsprechender Auftrag an *Battelle* erteilt worden war.[14] Zweifelsohne war Wissenschaftlern der *NASA* bekannt, dass *Battelle* ursprünglich an der Studie über Morphing-Metalle mitgewirkt hatte, wobei sie wahrscheinlich auch die zwei »Fortschrittsberichte« an *Wright-Patterson* gesehen hatte, die Ende der 1940er-Jahre im Gefolge des Roswell-Absturzes verfasst worden waren. Nitinol war zum Ausgangspunkt zurückgekehrt.

Und das ergibt Sinn. Den Anstoß zum Memory-Metall hatten die Werkstoffe aus einem bei Roswell gefundenen Raumflugkörper gegeben, wobei davon ausgegangen wurde, dass das Material in der Luft- und Raumfahrt zum Einsatz kommen musste. Heute plant die *NASA* die Anwendung des Materials in ihren revolutionärsten und technisch fortschrittlichsten Flugkörpern, die jemals entwickelt wurden. Die Forschung geht weiter, sodass ein solches Material eines Tages die Grundlage für eine »selbstheilende Außenhaut von Raumflugkörpern« bilden könnte. Und äußerst unwahrscheinlich: Nitinol oder andere Morphing-Metalle könnten der Schlüssel zu kosmischen Antrieben und – bei Einsatz von »Nitinol-Wärmeaggregaten« – zu unendlicher »freier Energie« sein – etwas, woran die *NASA* seit mehr als 20 Jahren arbeitet![15] **»Morphing ist der Schlüssel zu kosmischem Transport«**, schließt Bragalia. **»Welches Material könnte für ein interstellares Fahrzeug besser geeignet sein als ein Werkstoff, der seine eigene Energiequelle ist, sich auf Wunsch tarnen kann, für alle Umgebungsbedingungen einsetzbar ist und sich bei Gefahren** selbst zu reparieren vermag?« Er fuhr dann fort: »**Vielleicht gibt es ein ›intelligentes Material‹, aus dem UFOs hergestellt sind und das so schmiedbar und dehnbar ist, dass es seinen Zustand verändern kann und somit interstellares Reisen möglich macht.**«[16]

***

Die Ergebnisse der von *Battelle* durchgeführten Untersuchungen der Roswell-Wrackteile trugen Früchte in Form unseres eigenen Memory-Metalls, das heute als Nitinol bekannt ist – ein Amalgam aus Nickel und Titan mit Formgedächtniseigenschaften ähnlich denen, wie sie von Roswell-Zeugen beschrieben wurden. Nitinol »merkt sich« seine Originalform und kehrt zu dieser zurück, wenn es eingedrückt wird. Es besitzt eine hohe Ermüdungsfestigkeit, hat ein geringes Gewicht, besitzt eine Farbe ähnlich Aluminium und vermag der Einwirkung mittels Brennschneider standzuhalten.

Möglicherweise zur Vertuschung von Spuren ließ die *Air Force* Anfang der 1960er-Jahre der Wissenschaft Nitinol durch das *US Naval Ordnance Lab* offiziell vorstellen. Heute wird Nitinol in vielen Produkten kommerziell verwendet, bei denen Biegsamkeitseigenschaften gefordert sind. Varianten des Materials werden zurzeit ebenfalls von der

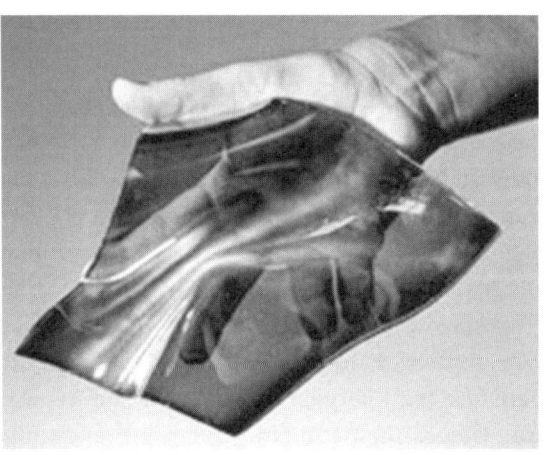

Ein Stück Nitinol: die heutige Antwort auf Memory-Metall.

NASA für potenzielle Luft- und Raumfahrtzwecke entwickelt. Anhand der Berichterstattung durch Bragalia ist zu erkennen, dass es sich bei Nitinol selbst nicht um ein Roswell-Trümmerteil handelt. Vielmehr ist es das Ergebnis der durch *Wright-Patterson* beauftragten und beim *Battelle Memorial Institute* durchgeführten Versuche, die Eigenschaften der Roswell-Trümmerteile zu simulieren und den für Verteidigung und Technologie offensichtlichen Wert von Morphing- oder »lebenden« Metallen zu nutzen. Vielleicht ist das der Grund, warum beobachtet wurde, dass einige UFOs zu morphen scheinen! Außerirdische beherrschten den »speziellen Prozess«, auf den die Generäle Exon und Schulgen anspielten. Ihr Flugkörper besteht aus einem manipulierten Werkstoff mit Formgedächtnis und anderen bemerkenswerten Eigenschaften – Eigenschaften, die von der *Air Force* 1947 erkannt wurden und die sie über *Battelle* zu kopieren versuchte! Dies könnte auch erklären, warum so viele der Roswell-Wrackteiltrümmer Zeugenaussagen zufolge aus Memory-Metall bestanden.

***

Im Februar 2005 erklärte Peter Jennings, der angesehene Anchorman und Produzent von TV-Nachrichten, in seinem auf *ABC* gesendeten Primetime Special über UFOs mit dem Titel »The UFO Phenomenon: Seeing Is Believing« (»Das UFO-Phänomen: Sehen heißt glauben«): **»Es gibt keine glaubwürdigen Roswell-Zeugen.«** Im Gegensatz dazu boten wir an, mehr als ein Dutzend glaubwürdiger Zeugen für ein Interview beizubringen, von denen einer der Astronaut Dr. Edgar Mitchell von *Apollo 14* war. Wie absehbar war, war man jedoch jedermann gegenüber wenig zugetan, der es wagen würde, in Verbindung mit Roswell irgendwelche Erklärungen pro UFOs abzugeben. Dies war für uns lediglich die Bestätigung, dass die Presse in keinster Weise geneigt war, der Öffentlichkeit die Wahrheit über UFOs mitzuteilen. Ihre Anti-UFO-Schulung war wohl mehr als gründlich erfolgt.

Ein weiteres gutes Beispiel für einen vorbildlichen Augenzeugen ist der nunmehr im Ruhestand befindliche *Air-Force*-Leutnant Colonel Sydney Johnston. Mit der freundlichen Unterstützung von Nathan

Twining jun., dem Sohn des berühmten Generals, wurden wir mit Johnston bekannt gemacht, der ein enger Freund von General Twining gewesen war.[17] Zu seinen beeindruckenden Leistungen gehört auch, dass Johnston im Zweiten Weltkrieg ab 1944 als Luftfahrttechniker und Pilot beim *Army Air Corps* diente. Er flog 44 Kampfeinsätze in einem als »Fliegende Festung« bekannten Bomber B-17 von Großbritannien aus in strategisch bedeutsame Zielgebiete in Deutschland.[18] Er hatte seine Vorgesetzten wohl eindeutig beeindruckt, nachdem er erneut auf speziellen Flügen zum Einsatz kam, die während des Koreakrieges für eine enge Luftunterstützung von US-Jagdflugzeugen und -Bombern zuständig waren.[19] Nach seinem Ausscheiden aus der *Air Force* arbeitete er schließlich als Versuchstechniker bei der *Northrop Aviation* in Alamogordo, New Mexico, auf dem Luftwaffenstützpunkt Holloman.[20] *Wright-Patterson* arbeitete eng mit diesem in der Wüste gelegenen Ground Zero zusammen (genauer gesagt: etwas nördlich davon fand die Explosion der ersten Atombombe statt). Des Weiteren wurde alles, was vom Geheim- und Nachrichtendienst *T-2* zum Glück auseinandergenommen und wieder zusammengebaut werden konnte, meistens noch einmal zusätzlich in Holloman getestet.

Eines der menschlichen Versuchskaninchen, mit dem Sydney Johnston zusammenarbeitete, war John P. Stapp, der als »Rocket Man« (Raketenmann) berühmt wurde. Viele von uns haben das alte Filmmaterial gesehen, in dem der auf einem Raketenschlitten festgebundene Mann über eine unfruchtbare Wüstenstrecke geschossen wurde, wobei sich seine Gesichtszüge wie Gummi verzerrten, als plötzliche G-Kräfte überwacht und hinsichtlich ihrer physiologischen Auswirkungen überprüft wurden. Nur wenigen von uns ist bekannt, dass John Paul Stapp als Mediziner, Doktor und Chirurg für Flüge der *Air Force* zuständig war, er den Rang eines Oberst hatte und die Studie über die Auswirkung plötzlicher Beschleunigung und Verlangsamung auf den menschlichen Körper als Pionier realisierte. Vom *AeroMedical Laboratory* und *Air Development Center* in *Wright Field* wurden ursprünglich derartige Versuche im Jahr 1947 durchgeführt, um die menschlichen Toleranzgrenzen bei simulierten Flugzeugabstürzen zu testen und abzustecken.[21]

John »Rocket Man« Stapp.

Johnston diente ebenfalls als Pilot und unter den Kommandeuren General L. I. Davis, General Daniel E. Hooks und General Douglas Branch als Adjutant am Stützpunkt Holloman. Außerdem schrieb er die Abhandlung über den *Snark*-Marschflugkörper *Northrop SM-62* – den einzigen Boden-Boden-Langstrecken-Lenkflugkörper der Jahre 1959 bis 1961. Später wurde er dann zur *Kirtland Air Force Ba*se in Albuquerque versetzt, um an einem Projekt zur Ermittlung der Auswirkungen des Van-Allen-Strahlungsgürtels auf Höhenraketenstarts mitzuwirken.[22]

Dr. Knox Missaps war ein berühmter Mathematiker mit dem Spezialgebiet Thermodynamik, der zuvor 1947 im Metallurgiebereich in *Wright Field* tätig gewesen war. Er arbeitete dort für die Abteilung T-3, Forschung und Entwicklung, unter General LeMay im Pentagon. Während der 1950er-Jahre arbeitete Missaps direkt mit dem Stützpunktkommandeur Hooks und Dr. Wernher von Braun des *Systems Command* zusammen. Von Braun, der legendäre deutsche Wissenschaftler, war fast allein dafür verantwortlich, den Start eines Menschen in den Weltraum zu ermöglichen.[23] Der Sieg über Deutschland am Ende des Zweiten Weltkriegs führte zum Beginn unseres Weltraumprogramms, und diese Leute standen in den Schutzgräben, wenn eine Rakete so weit abhob, dass sie nicht mehr zu sehen war, oder auf der Startrampe explodierte. Der Traum des Pentagon war ihre eigene Überzeugung.

Nachdem wir nun wissen, wer welche Rolle spielt, möchten wir Sie bitten, sich einmal die folgende faszinierende Geschichte auszumalen …

Ende der 1950er-Jahre teilten sich Johnston, Missaps und Hooks ein Büro in Holloman. Der Schreibtisch von Missaps befand sich zwischen denen der beiden anderen. An einem ganz bestimmten Morgen machte Dr. Stapp seine tägliche Pause, um eine Tasse Java zu genießen und etwas zu plaudern, als Dr. Missaps sich am Schreibtisch von Johnston zu ihnen gesellte. Aber diesmal hatte er mehr zu bieten als nur einen zusätzlichen Löffel Zucker. Ganz plötzlich nahm Dr. Missaps etwas aus seiner Jackentasche. Es war ein etwa ein Fuß^2 großes Stück eines »**aluminiumartigen Metalls in einer Stärke von ungefähr 3/16 Zoll. Die Kante war nicht geschnitten, sondern so abgetrennt, als ob es sich um eine grobe Kante handelte, die jedoch gerade war.**«

»Was, denken Sie, ist dies?«, fragte Missaps mit einem Hauch von Überschwänglichkeit. Johnston beschrieb das Objekt wie folgt: »**Je mehr man das Material zusammendrückte, desto mehr Spannung wurde spürbar. Es war elastisch, jedoch waren die vier Ecken gerade, was darauf schließen ließ, dass es bis an seine Grenze gestreckt worden und gebrochen war. Wir konnten es nicht brechen und noch nicht einmal auf irgendeine Weise zerkratzen …, und dennoch war das Material elastisch. Wir hielten ein Feuerzeug an ein Ende, und das Material nahm überall die gleiche Temperatur an.**«

»Ich hatte keine Ahnung, was es war, und so fragte ich Missaps, ob er es denn wisse«, fügte der etwas verwirrte Johnston hinzu. Missaps antwortete: »Ich möchte es ebenfalls wissen.« Johnston fragte dann: »Woher stammt das?« Missaps riet daraufhin: »Sprecht doch einmal mit den Leuten in Roswell darüber.«

»Was werden Sie unternehmen?«, fragte ihn entweder Stapp oder Johnston. Statt einer Antwort zuckte Missaps nur mit den Schultern, um dann zu erklären: »**Ich werde darüber wohl mit irgendjemandem auf *Wright-Patterson* sprechen müssen.**«

Missaps nahm sodann das Stück Metall an sich und machte sich auf den Weg zu General Hooks. Nach etwa 15 Minuten kehrte Missaps zurück, und Johnston fragte ihn erneut nach der Herkunft des amorphen Materials und zu dem gerade gesehenen Taschenspielertrick.

Und so antwortete ihm Missaps: »**Ein Cowboy aus Roswell, der gerade nach Alamogordo gekommen war, um einen Freund oder Verwandten zu besuchen, hat ihm dieses seltsame Stück Material gezeigt. Dieser andere Mann hat es dann zum Stützpunkt mitgenommen, wo sein Bruder arbeitete, und mich im Hauptquartier darauf aufmerksam gemacht. Er wollte wissen, worum es sich handelt, aber auch ich konnte es nicht identifizieren. Auf *Wright-Patterson* gibt es ein Werkstofflabor, und dorthin werde ich das Material schicken.**« Johnston fügte hinzu: »**Meines Wissens brachte Missaps das Material nach *Wright-Patterson*, um es dort zu hinterlassen. Und das war das Letzte, was ich jemals davon gehört habe.**«[24]

Genau wie Missaps arbeitete 1947 auch Dr. Robert I. Sarbacher unter General LeMay in der Abteilung Forschung und Entwicklung (R&D = Research and Development). Er war Experte für Flugkörperlenksysteme und Mitglied im Ausschuss für Forschung und Entwicklung. Bis zu seinem Tod im Jahr 1986 hatte er bei verschiedenen Gelegenheiten Folgendes von sich gegeben: Er habe an zahlreichen geheimen Projekten mitgewirkt und sei zum Zeitpunkt des Roswell-Ereignisses in Washington, D. C., gewesen.[25] Er habe von der Bergung von »Schiff und Körpern« in New Mexico gehört. Unmittelbar vor seinem Tod beklagte er, die Gelegenheit verpasst zu haben, die tatsächlichen Überreste auf *Wright-Patterson* selbst in Augenschein zu nehmen. Leider war er mit einem dieser Geheimprojekte beschäftigt gewesen, sodass er Washington nicht verlassen konnte. Stattdessen musste er sich auf die von einer Reihe von Kollegen gemachten Beobachtungen aus erster Hand verlassen. Sarbacher bewahrte Stillschweigen darüber, was man ihm vor über 30 Jahren vertraulich mitgeteilt hatte. Unter weiteren Einzelheiten erwähnte er auch: »**Bestimmte Materialien … waren extrem leicht und widerstandsfähig … und so beschaffen, dass sie den unglaublichen Verlangsamungs- und Beschleunigungsbeanspruchungen der zugehörigen Maschinen standzuhalten vermochten.**« Sarbacher fügte lediglich hinzu: »**Die ›Menschen‹ … waren von anderer Art als wir …**«[26]

***

Was bei unseren Roswell-Nachforschungen immer häufiger vorzukommen scheint: Auch im vergangenen Jahr verloren wir einen weiteren Angehörigen einer Bomberstaffel, der zum Zeitpunkt des Ereignisses von 1947 auf dem Stützpunkt Roswell stationiert war: Sergeant William C. Ennis war Bordingenieur bei der 393. Bomberstaffel auf dem *Roswell Army Air Field (RAAF)*. Hangar P-3 war die erste Einrichtung der 393. Bomberstaffel und die erste Aufnahmestation für die in Verbindung mit dem Absturz geborgenen Wrackteile und Körper. Es ist logisch anzunehmen, dass irgendjemand, der in diesem Hangar gearbeitet hatte, etwas wissen könnte. So führten wir also 1992 ein erstes Interview mit Bill Ennis, der alles mit einem Lachen abtat. Nach jahrelangem Abstreiten nahmen wir 2008 nochmals mit ihm Kontakt auf, und die Lage hatte sich geändert. Es wurde nicht mehr gelacht, und Ennis beichtete uns, dass er Jahre zuvor zu uns nicht ehrlich gewesen sei. Er bejahte, vor Ort gewesen zu sein, als die Wrackteile im Hangar ankamen, und dass er sie habe näher in Augenschein nehmen können. »**Es war ein Raumschiff**«, sagte er uns. »**Und auch nach all diesen Jahren weiß ich immer noch nicht, wie dieses Schiff fliegen konnte. *Es hatte keinen Antrieb!* Bevor ich sterbe, müsst ihr mir versprechen herauszufinden, [wie das Schiff geflogen ist]. Das würde ich wirklich nur allzu gerne wissen.**«[27] Nun, Bill, wenn du da oben irgendwo zuhören oder mitlesen solltest: Wir können deine Frage jetzt beantworten. Der »Antrieb« war um dich herum überall auf dem Boden des Hangars in kleinen Stücken verteilt, die du mit deiner Hand hättest zusammendrücken können und die nach dem Loslassen wieder ihre ursprüngliche Form angenommen hätten! Es tut uns leid, dass du ein wenig zu früh von uns gegangen bist.

Kapitel 5

Der Senator und der »Blue Room«

»Ich denke, dass Sie auf *Wright-Patterson*, sofern Sie zu bestimmten Stellen Zugang erlangen können, herausfinden würden, was die *Air Force* und die Regierung tatsächlich über UFOs wissen. Berichten zufolge war ein Raumschiff gelandet. Alles wurde vertuscht. Ich rief Curtis LeMay an und sagte ihm: ›General, ich weiß, dass es auf *Wright-Patterson* einen Raum gibt, in dem all dieses geheimnisvolle Material untergebracht worden ist. Könnte ich einmal einen Blick darauf werfen?‹ Ich habe General LeMay noch nie wütend gesehen, aber er wurde immer wütender auf mich, fluchte und schimpfte und sagte dann: ›Stellen Sie mir niemals wieder diese Frage!‹« Senator Barry M. Goldwater in der am 1. Oktober 1994 auf *CNN* gesendeten *Larry King Show*.

An Senator Barry Goldwater erinnert man sich wahrscheinlich am leichtesten als den USA-Präsidentschaftskandidaten der Republikaner im Jahr 1964, der einfach zur falschen Zeit am falschen Ort war, als eine Flutwelle der Sympathie für einen kurz zuvor durch ein Attentat ermordeten Präsidenten über ihn und seine Partei hereinbrach und Lyndon B. Johnson, dem Kandidaten der Demokraten, mit einem erdrutschartigen Sieg zur Präsidentschaft verhalf. Für die Republikaner war es überall ein »Jahr des Blauen Schnees«. Es ist schwer zu glauben, dass aus den Trümmern dieser Wahl der unterlegene Fahnenträger, Senator Barry M. Goldwater aus Arizona, die Spitze für eine erfolgreiche, konservative Wandlung seiner Partei übernehmen würde, die bis zum heutigen Tage anhält.

Senator Goldwater, erstmals 1952 im Alter von 43 Jahren unter Präsident Eisenhower in den US-Senat gewählt, bekleidete sein Amt unter fünf Präsidenten und schied 1987 unter Jimmy Carter aus. Seitdem wird Goldwaters Sitz im Senat von Senator John McCain aus Arizona eingenommen. Während seiner Amtszeit im Senat wirkte Goldwater in einer Reihe von wichtigen Ausschüssen mit: *Armed Services Committee* (Streitkräfte), *Aeronautical and Space Sciences Committee* (Luft- und Raumfahrtwissenschaften), *Strategic Nuclear Forces Committee*

(Strategische Nukleareinsatztruppe, Vorsitzender), *Tactical Warfare Committee* (Taktische Kriegsführung, Vorsitzender), *Communications and Transportation Committee* (Kommunikation und Transportwesen), *Indian Affairs Committee* (Indianerfragen), und 1981 wurde er dann Vorsitzender des *Senate Intelligence Committee* (Senatsausschuss für Nachrichten- und Geheimdienste) unter Präsident Reagan. Aber als ob dies nicht schon genug wäre: Goldwater diente seinem Land ebenfalls im *Army Air Corps*, als die Vereinigten Staaten von Amerika im Jahr 1941 in den Zweiten Weltkrieg eintraten. Bis zum Ende des Krieges war er als Pilot zum Befehlsgeber geworden, nachdem er auf den Schauplätzen Europa sowie Indien/China/Burma im Einsatz gewesen war.[1] Er blieb nach dem Krieg bei der *Air Force Reserve* und gründete die *Arizona Air National Guard*. Auch war er ein maßgebender Befürworter bei der Gründung der *United States Air Force Academy* in Colorado Springs.[2] Goldwater schied am 1. Januar 1969 aus dem Militärdienst aus – mit zwei Sternen auf seiner Schulter und somit im Rang eines Generalmajors der *US Air Force Reserve*. In seiner Freizeit baute er seine eigene Amateurradiostation, die Teil des *Military Affiliate Radio System (MARS)* wurde, und – ach ja – sein Bild erschien auf der Titelseite des *Time*-Magazins vom 12. Juni 1964. Er starb am 29. Mai 1998 im Alter von 89 Jahren.

Obwohl er sagte, niemals ein UFO gesehen zu haben, war der leise sprechende und angesehene Senator aus Arizona schon lange am Thema »UFOs« interessiert.[3] Klugerweise behielt er dies für sich und nach seinem Rückzug aus der Öffentlichkeit im Jahr 1987 so weit wie möglich geheim. Selbst heute noch ist axiomatisch, dass für im Licht der Öffentlichkeit stehende Personen, Fachleute und Gastgeber anderer Menschen, die sich in Bezug auf ihren Lebensunterhalt und die Stationen ihres Lebens auf ihre »Glaubwürdigkeit« verlassen, das Thema »UFOs« immer noch Gift ist. Sobald bekannt wird, dass diese Leute sich einmal für UFOs interessiert oder gar einen solchen Flugkörper beobachtet hatten, verlieren sie in der Öffentlichkeit an Glaubwürdigkeit und am Ende möglicherweise sogar ihren Job. Ein erstklassiges Beispiel hierfür findet der Leser schon, wenn er nur an die Vorwahlen für den demokratischen Präsidentschaftskandidaten im Jahr 2008 zurückdenkt. Als aus einem von der Schauspielerin Shirley MacLaine geschriebenen Buch bekannt wurde, dass Dennis Kucinich, Kongressabgeordneter und Präsidentschaftskandidat aus Ohio, in den 1980er-Jahren während eines Besuchs bei der Schauspielerin in deren Zuhause in Washington State ein dreieckförmiges UFO gesichtet und eine dramatische Beinahebegegnung gehabt hatte, sank seine »Glaubwürdigkeit« mit Blick auf das angestrebte höhere Amt abrupt auf Werte im unteren einstelligen Bereich. Danach schien ihn seine angebliche Beobachtung überallhin zu verfolgen. Ganz gleich, wo er hinging, und in jedem Interview – obwohl er versuchte, darüber zu scherzen. So war er schon sehr bald aus dem Rennen als Präsidentschaftskandidat. Er ist außerdem auch nicht mehr Kongressmitglied. Diese Denkweise ist auch der Grund, warum die sogenannten »Enthüllungsprojekte«, die im Lauf der Jahre ohne jeden Enthüllungswert kurz Aufmerksamkeit weckten und dann wieder verschwanden, auch weiterhin zu nichts führen werden. Angesichts all der Probleme, mit denen sich das Land und die Welt konfrontiert sehen und die die volle Aufmerksamkeit und alle Energie eines jeden Präsidenten gleich welchen Namens erfordern, steht das Thema »UFOs« ganz am Ende der Liste. Ohne ein öffentliches Mandat zur Behandlung der UFO-Frage wird nichts geschehen. Gleichermaßen von Bedeutung ist die Erkenntnis, dass für den Fall, dass jemals publik werden sollte, dass von einer Verwaltung Zeit und Geld für das UFO-Thema verschwendet wurden, sich diese Verwaltung sicher sein kann, in der Sendung *The Daily Show* mit Jon Stewart nicht nur zur Zielscheibe von entsprechenden Witzen zu werden, sondern bei der nächsten Wahl auch aus dem Amt zu fliegen.

Betrachtet man Stationen seines Lebensweges als Abgeordneter im US-Senat und Mitglied oder Vorsitzender einer Reihe von sich mit militärischen Fragen befassenden Senatsausschüssen und sogar als *Air-Force*-General, so kam Goldwater in höchsten Regierungs- und Militärkreisen herum, wo er großes Ansehen genoss. In seiner 30-jährigen Senatskarriere, die aufgrund einer Unterbrechung wegen seiner Bewerbung um das Präsidentenamt in zwei Phasen verlief, gewann Goldwater viele Freunde sowohl in der Regierung als auch beim Militär. Einer davon war ein weiterer *Air-Force*-General namens William

»Butch« Blanchard, den Goldwater als einen »sehr guten Freund« bezeichnete.[4] Im Jahr 1947 war der damalige Colonel Blanchard der Offizier der 509. Bomberstaffel und zum Zeitpunkt des Roswell-Ereignisses auf dem *Roswell Army Air Field* stationiert. Mitte der 1960er hatte es Blanchard zum Vier-Sterne-General und Stellvertretenden Stabschef der *Air Force* im Pentagon in Washington, D. C., gebracht. Leider verstarb er 1966 im Alter von nur 50 Jahren völlig unerwartet nach einem schweren Herzanfall an seinem Schreibtisch im Pentagon. Es besteht kein Zweifel, dass Goldwater von Blanchard Informationen über Roswell und die »bestimmten Orte« auf *Wright-Patterson* erhielt, an denen UFO-»Artefakte« aufbewahrt wurden.

Ein weiterer Freund Goldwaters war Curtis »Bombs Away« LeMay, der ebenfalls den Rang eines *Air-Force*-Generals bekleidete und der im Zweiten Weltkrieg als Befehlshaber der *20. Air Force* im Pazifik wegen seiner Brandbombenangriffe auf Japan vor dem zur Beendigung des Krieges führenden Abwurf der Atombomben bekannt war. Möglicherweise erinnert man sich am besten an ihn als den charismatischen, Zigarre rauchenden Leiter des »*SAC*« (*Strategic Air Command*) in der Zeit von 1948 bis 1957. (In einem bedeutenderen Spielfilm gleichen Namens aus dem Jahr 1955 wurde seine Rolle vom Schauspieler Frank Lovejoy verkörpert.) LeMay schied aus der *Air Force* als Vier-Sterne-General sowie Stabschef (1961–1965) aus. Er betrat kurz die Bühne der Weltpolitik, als er sich im turbulenten Jahr 1968 ohne Erfolg zusammen mit George Wallace um das Amt des Vizepräsidenten der Vereinigten Staaten als Drittparteikandidat auf der Wahlliste der *American Independent Party* bewarb. Er verstarb 1990 im Alter von 83 Jahren.

Angesichts seines »langzeitigen Interesses an UFOs« und genau wissend, wer seine »Freunde in hohen Positionen« waren, entschloss sich Senator Goldwater laut den diesbezüglich zuverlässigsten Beweisen[5] irgendwann innerhalb des Zeitrahmens von 1963 bis 1965 während eines kurzen Aufenthalts auf der *Wright-Patterson AFB* in Verbindung mit anderen offiziellen Aufgaben für einen seiner Senatsausschüsse[6], sich auf den Weg zum »Blue Room« zu machen. Und wie ließen sich Absperrungen besser durchbrechen und ein Zugang besser

General Curtis LeMay.

ermöglichen als durch ein Telefonat mit seinem alten Freund General Curtis LeMay, der gerade zu der Zeit zufällig der Stabschef der *Air Force* war? Goldwater musste erstaunt – und sogar betroffen – gewesen sein ob des schroffen Tons der Antwort an einen amtierenden US-Senator, einen *Air-Force*-General als Kameraden und auch einen Freund. Beim Erzählen dieser Geschichte bei diversen Gelegenheiten wählte Goldwater verschiedene Worte, um die Abfuhr seitens LeMay zu beschreiben. Zusätzlich zu der im Eingangsteil dieses Kapitels wiedergegebenen Antwort soll Goldwater von LeMay wie folgt gemaßregelt worden sein: »**Nein, zum Teufel! Und nicht nur *nein*. Und solltest du mich diesbezüglich auch nur ein einziges Mal wieder ansprechen, so werde ich dafür sorgen, dass du vor ein Militärgericht gestellt wirst!**« Oder: »**Nein, zum Teufel! Ich kann nicht dahin. Und auch du kannst da nicht hin. Und frage mich niemals wieder!**«

Wie immer die Abfuhr auch ausgesehen haben mag: Als umsichtiger, respektvoller und liebenswürdiger Mensch belästigte Goldwater LeMay nie wieder in dieser Sache, um dann endgültig seine Versuche zu beenden herauszufinden, was sich hinter der blauen Tür verbarg. In einem Brief aus dem Jahr 1981 an den Forscher Lee Graham beklagte Goldwater das ihm zu diesem Thema widerfahrene Schicksal:

»[Ich] habe schon vor Langem den Versuch aufgegeben, Zugang zu dem sogenannten ›Blue Room‹ auf *Wright-Patterson* zu erlangen, nachdem mir gegenüber dessen Bestehen immer wieder geleugnet wurde. So habe ich also aufgegeben ... Diese Sache ist inzwischen so streng geheim, dass es absolut unmöglich ist, hierüber überhaupt irgendetwas zu erfahren.«[8] An anderer Stelle zog Goldwater seine Schlussfolgerungen dahin gehend, dass für die Artefakte im »Blue Room« eine noch höhere Geheimhaltungsstufe als »streng geheim«[9] gelte, und dass er nicht wisse, wer das überwache, was sich darin befinde, und wer überhaupt Zugang zum »Blue Room« habe.[10]

Trotz der von Senator Goldwater an den Tag gelegten Diskretion sickerte schließlich etwas über den »Blue Room« und seine abgebrochenen Versuche durch, etwas über die darin verborgenen Geheimnisse zu erfahren. Der in Cincinnati lebende Leonard Stringfield hörte von den von *Wright-Patterson* ausgehenden Gerüchten und führte diesbezüglich 1974 einen Schriftwechsel mit Senator Goldwater. In seinem 1977 erschienenen Buch *Situation Red: The UFO Siege* (zu Deutsch *Alarmstufe Rot: Die UFO-Belagerung*) wurde von Stringfield die Geschichte von Senator Goldwater möglicherweise zum ersten Mal öffentlich erwähnt, und in einer Reihe von acht, in der Zeit von 1978 bis 1994 in begrenzter Auflage erschienenen Monografien erwähnt Stringfield die Geschichte ebenfalls in mehreren seiner »Neufassungen«. So geht Springfield zum Beispiel in einer Monografie aus dem Jahr 1979 nur kurz auf den fehlgeschlagenen Versuch Goldwaters ein, in *Wright-Patterson* Zugang zu einem »Room« zu erlangen, in dem die »Informationen« aufbewahrt wurden.[11] Weitere Details wurden

Der »Blue Room« auf Wright-Patterson *soll der Ort gewesen sein, an dem außerirdische »Artefakte« sowie »kleine Körper« aufbewahrt wurden.*

nicht genannt, und der Begriff »Blue Room« wurde nicht benutzt. In einer Folgemonografie von 1980 war er ebenfalls nicht zu finden, in der Stringfield die Goldwater-Geschichte um einige Schreiben erweiterte, die er von privaten Ermittlern und Forschern erhalten hatte. Zufällig waren einige dieser Schreiben die gleichen, die in diesem Kapitel beschrieben sind. Ein sehr interessanter Aspekt kam jedoch ans Tageslicht, der unseres Wissens zuvor noch nirgendwo erwähnt worden war: Die Quelle dabei war für Stringfield ein Freund seines Sohnes, der von Stringfield nur »JK« genannt wurde. In einem »längeren Gespräch« im Jahr 1978, so Stringfield, habe JK ihm offenbart, dass er zu dem Zeitpunkt auf *Wright-Patterson* stationiert gewesen sei, zu dem Goldwater den Stützpunkt besuchte in der Hoffnung, unter anderem auch das dort aufbewahrte UFO-Material in Augenschein nehmen zu können. Als sich herumsprach, so JK, dass Goldbergs Bitte von General LeMay abschlägig beschieden worden war, »habe diese Ablehnung auf der Basis ein ziemliches Fiasko verursacht«.[12]

***

Mit der Ausstrahlung mehrerer TV-Sendungen über den angeblichen Absturz rückte der Name *Roswell* in den 1980er-Jahren immer mehr ins Bewusstsein der Öffentlichkeit. Beliebte Sendungen, wie zum Beispiel *In Search Of* (zu Deutsch: *Auf der Suche nach*) mit Leonard Nimoy als Gastgeber, *Unsolved Mysteries* (zu Deutsch: *Ungelöste Geheimnisse*) mit Robert Stack und ein *HBO*-Special *UFOs – What's Happening?* (zu Deutsch: *UFOs – Was ist los?*), umfassten jeweils auch Segmente über Roswell. Das Jahrzehnt brachte uns auch das 1980 erschienene erste Buch über den Roswell-Absturz, dessen Titel zu einem ikonischen Kennzeichen für das Ereignis aus dem Jahr 1947 geworden ist – *The Roswell Incident (Das Roswell-Ereignis)*. Relevanter für unsere in diesem Kapitel dargelegten Zwecke ist, dass in diesem Buch zwei Seiten der Goldwater-Geschichte gewidmet sind. Bemerkenswert ist die Tatsache, dass der Begriff »Blue Room« im Zusammenhang mit der Geschichte für die Öffentlichkeit erstmals für einen Ort benutzt wird, um die Aufbewahrungsstätte von UFO-Artefakten auf *Wright-Patterson* zu beschreiben.[13] Als er von einem privaten Ermittler gebeten wurde, zu dem in *The Roswell Incident* beschriebenen Thema zu *Wright-Patterson* einen Kommentar abzugeben, erwiderte Senator Goldwater, dass es »im Wesentlichen stimme«.[14] Als Ergebnis der wachsenden Aufmerksamkeit, die der Sache geschenkt wurde, und angesichts seiner Rolle in Verbindung mit deren Darstellung hatte Goldwater 1988 seinen ersten öffentlichen Auftritt in der *Larry King Radio Show*. Bis zum Ende der Dekade erreichten Goldwater im Durchschnitt 100 oder mehr Anrufe mit der Bitte um weitere Informationen, bei denen er gedrängt wurde, sich weiter mit dem Fall »Roswell« und dem »Blue Room« zu befassen.

Im März 2012 wurden die persönlichen Briefe Barry Goldwaters der Öffentlichkeit von der *Arizona State University Historical Foundation* zugänglich gemacht. Hierzu gehörten mehr als 100 Briefe zum Thema »UFOs« und hierzu wiederum eine Anzahl von Schriftstücken, in denen Vermutungen zu einem Ort geäußert wurden, an dem die aus dem UFO-Absturz stammenden Artefakte aufbewahrt sein könnten, und in denen der Versuch Goldwaters ein Thema ist, diesen Ort auf *Wright-Patterson* ausfindig zu machen. Der UFO-Forscher Grant Cameron hat möglicherweise den umfassendsten Job übernommen, diese Briefe auf seiner Internetseite *Presidential UFO* zu ordnen und zu katalogisieren.[16] Die »UFO-Briefe« von Goldwater decken einen Zeitraum von 30 Jahren (1966–1996) ab (Goldwater erlitt 1996 einen Schlaganfall, durch den das Schreiben der Briefe beendet wurde; er verstarb drei Jahre später), die jeweils entsprechend dem Datum der Briefe übersichtlich zusammengestellt sind. Sie bieten das Bild eines Mannes, der eindeutig frustriert war und mit sich selbst darum kämpfen musste, was er seiner Ansicht nach Leuten zum Thema »UFOs« und zu seiner Suche nach UFO-Artefakten auf *Wright-Patterson* sagen könne. Er versuchte, auf die Leute, von denen er angeschrieben wurde, einzugehen, ohne seine patriotische Pflicht aus den Augen zu verlieren, nationale Geheimnisse nicht preiszugeben. Was das Thema der UFOs im Allgemeinen angeht, so vertrat er die Position, nicht mehr zu wissen als der »Mann von der Straße«, und dass das Thema einer Geheimhaltung unterliege, die noch über »streng geheim« hinausging (womit er eine ähnlich lautende Erklärung seitens Wilbert Smith, ei-

Kapitel 5

US-Senator Barry Goldwater, ebenfalls ein Air-Force-Reserve-Generalmajor, versuchte Zugang zum »Blue Room« zu erlangen.

nes Beamten der kanadischen Regierung, aus dem Jahr 1950 bestätigte).[17] Mit der Wahl von Präsident Jimmy Carter Mitte der 1970er-Jahre fing Goldwater an, am Schluss seiner Briefe der Hoffnung Ausdruck zu verleihen, dass eine vollständige Offenlegung des Themas »UFOs« nunmehr unmittelbar bevorstehe. Dies basierte zweifelsohne auf der Überzeugung (die sich dann später doch als falsch erweisen sollte), dass der neue Präsident sein während des Wahlkampfes gegebenes Versprechen einlösen würde, »aufregende Erkenntnisse« zum Thema »UFOs« für die Öffentlichkeit preiszugeben.

Nach seiner Übernahme des Vorsitzes des *Senate Intelligence Committee* zur gleichen Zeit, als die Wahl von Präsident Ronald Reagan stattfand, also im Jahr 1980, änderten sich die Antworten an die Leute, die zu UFOs und seinen auf *Wright-Patterson* gemachten Erfahrungen Fragen stellten, auf eine subtile Weise, aber dennoch so, dass vermutet werden konnte, dass er möglicherweise und letztendlich hierüber informiert worden war. In einem Brief erklärte er, dass er – obwohl er sich das »Material« nicht hatte anschauen können – der *Air Force* keine Vorwürfe mache, ihn daran gehindert zu haben: »**Ich denke, die Sache sollte geheim bleiben.**«[18] Diese Antwort geht an der eigentlichen Frage vorbei: Wie sollte der Senator wissen, dass etwas geheim bleiben sollte, wenn er nicht wusste, um was es überhaupt ging? In einem Brief aus dem Monat Mai 1981 nennt er dann den Grund, warum er sich an jenem Tag auf *Wright-Patterson* aufgehalten habe: »**… nicht um irgendwelche Überreste in Augenschein zu nehmen, denn mir ist von einem vermutlich abgestürzten UFO nichts bekannt**«.[19]

Seinen alten, »sehr guten Freund« General Blanchard muss er dabei vergessen haben. Diese bemerkenswerte Aussage war schon fast eine faustdicke Lüge, zu der er später bei seinen Interviews mit Larry King eine Richtigstellung anstreben sollte. Und schließlich geriet Goldwater in einem Brief vom 15. Juli 1981 an einen Funkamateurkollegen in seinem Funknetz bei seiner Antwort fast in Wut, als er gefragt wurde, ob die in *The Roswell Incident* wiedergegebenen Details zu seinem Versuch, auf Wright-Patterson Zugang zum »Blue Room« zu erlangen, der Wahrheit entsprächen oder nicht: »**[S]ie sind zum Teil, nicht aber im vollen Umfang wahr. Ich kann Ihnen keine andere Antwort als diese geben und bitte Sie daher, *hierauf nicht zu bestehen und zu drängen.*«**[20] (Kursive Hervorhebung seitens der Autoren.) Mit anderen Worten: »Ich weiß einiges mehr, das ich Ihnen aber nicht sagen darf. Außerdem möchte ich in dieser Sache auch nicht lügen.« Wir alle waren zu dem ein oder anderen Zeitpunkt dort. Zum Glück für uns war Goldwater nach seinem Ausscheiden ehrlich und mutig genug, seine den »Blue Room« betreffende Geschichte öffentlich richtigzustellen. Die posthume Freigabe seiner persönlichen Briefe zu diesem Thema ging jedoch kaum über das hinaus, was uns bereits bekannt war.

Die ersten Anträge nach dem »*Freedom of Information Act*« (FOIA = Gesetz über die Informationsfreiheit), mit denen um Informationen der *Air Force* über den »Blue Room« nachgesucht wurde, wurden kurz nach Erscheinen von *The Roswell Incident* im Jahr 1980 gestellt. Diese Anträge wurden an die *Foreign Technology Division (FTD)* auf *Wright-Patterson* weitergeleitet. Sollte es einen »Blue Room« jemals gegeben haben, so hätte er irgendwo innerhalb der *FTD* als Nachrichten- und Geheimdienst auf Wright-Patt zu finden gewesen sein müssen. Zur Zeit der Ereignisse von Roswell im Jahr 1947 war die *FTD* als *T-2* (Nachrichten- und Geheimdienst) bekannt, wobei seit damals mehrere Namensänderungen erfolgt sind. In Beantwortung seines FOIA-Antrags vom Dezember 1980 wurde William Moore, Mitverfasser von *The Roswell Incident,* von der *FTD* mitgeteilt, dass zu einem »Projekt Blue Room« keinerlei Informationen oder Unterlagen zu finden seien.[21] Etwas mehr als ein Jahr später, 1982, erhielt der Forscher Lee Graham von der *FTD* eine ähnliche Antwort, dass man nicht in der Lage sei, »Dokumente, Filme oder irgendwelche sonstigen Informationen über den [Blue Room]« ausfindig zu machen. Graham wurde kurz empfohlen, zwecks weiterer Informationen sich mit den Nationalarchiven in Verbindung zu setzen. Seltsamerweise enthielt die Antwort an Graham auch einen Hinweis, dass »**Senator Barry Goldwater im gleichen Jahr etwas früher bereits *FTD* aufgesucht und eine kurze Unterweisung in die aktualisierte Technologie erhalten habe**«[22]!

Ein Jahrzehnt später stieß der Forscher Brian Parks, ein Freund von William Moore, der Zugang zu einigen seiner Unterlagen hatte, auf eine Archivlaufkarte, auf der ein 33-Millimeter-Film eingetragen war, der 1955 auf *Wright-Patterson* im »Blue Room« gedreht worden sein sollte.[23] Parks wurde letztendlich seitens des *Air Force Director of Information Management* auf dem Stützpunkt *Scott AFB* in Illinois geraten, sein *FOIA*-Gesuch um nähere Angaben zu diesem Film an das Filmarchiv des Verteidigungsministeriums auf der *Norton AFB* in Kalifornien zu richten. In einer Antwort vom 9. Oktober 1991 an Parks wurde von der *Air Force* die Existenz des Streifens bestätigt mit dem Hinweis, dass dieser unter dem Titel »Blue Room, Wright Patterson AFB OH, 1955« registrierte Film eine spezielle Kennnummer und eine Projektnummer trage. Aus der Antwort ging ebenfalls hervor, dass der Film am »9. September 1965« vernichtet worden sei.[24] (Anmerkung: Dies dürfte in etwa der Zeitpunkt gewesen sein, zu dem Senator Goldwater auf *Wright-Patterson* an der Tür zum »Blue Room« anklopfen wollte.) Zufall?)

Im April 2012 reichte der Forscher Anthony Bragalia unter ausdrücklichem Hinweis auf die aktenkundige Registrierung des 35-Millimeter-»Blue Room«-Films und die Brian Parks 1991 zu dessen *FOIA*-Gesuch erteilte Antwort einen eigenen *FOIA*-Antrag an die *Air Force* ein mit der Bitte um Auskunft über den »Blue Room« und/oder den hierüber gedrehten 35-Millimeter-Film. Es klappte. Weniger als einen Monat später erhielt Bragalia eine kurze, aber bemerkenswerte und möglicherweise (nach Bragalias Meinung) unbewusste Antwort des *FOIA*-Analysten auf der *Wright-Patterson AFB*: »**[D]ie für ›Blue Room‹ zuständige Dokumentationsstelle ist *NASIC* – das *National Air and Space Intelligence Center*** [ebenfalls auf *Wright-Patterson* zu finden].«[25] Bragalias Antrag wurde dann an *NASIC* weitergeleitet, um eine direkte Antwort zu erhalten. Wie sich herausstellte und wenig überraschend ist *NASIC* der direkte Nachfolger der bereits erwähnten *FTD*, also genau die Stelle, von der jahrelangen Gerüchten zufolge UFO-Wrackteile, Körper und Artefakte aufbewahrt und analysiert worden sein sollen! Nach den von Bragalia angestellten Nachforschungen hat *NASIC* gegenwärtig die Aufgabe, »**weltweit spezielle Nachrichten über aktuelle Bedrohungen aus der Luft und aus dem Weltall zu sammeln und zu analysieren**«.[26] Einige Tage später ging bei Bragalia eine gleichermaßen bemerkenswerte – um nicht zu sagen schamlose – Antwort des *NASIC-FOIA*-Managers auf *Wright-Patterson* ein. Um den Kreis zu schließen und somit zu beweisen, dass hier wirklich alle nur herumirren, erhielt Bragalia die gleiche flüchtige Antwort, dass »keine Unterlagen« vorhanden seien, wie diese William Moore auf sein *FOIA*-Gesuch 30 Jahre zuvor zugegangen war. Offensichtlich gab es sie wieder – die »steinerne Mauer« –, aber viel zu spät! Nach dem Stand der Dinge zum Zeitpunkt des Schreibens dieses Buches hat Bragalia gegen diese Antwort als »nicht relevant« Einspruch erhoben und versichert, dass er einen Prozess anstrengen werde für den Fall, dass die Antwort auf seinen Einspruch für ihn nicht zufriedenstellend ausfallen würde.

***

Unseren möglicherweise einzigen kurzen Blick in den »Blue Room« erlaubt uns der verstorbene Leonard Stringfield. In einer aktualisierten Fassung seiner Monografienserie über abgestürzte UFOs aus dem Jahr 1991 druckte Stringfield die aus zweiter Hand stammende Geschichte über eine solche Inaugenscheinnahme ab, wie sie ihm von einem hochrangigen Offizier der *Army* erzählt worden war.[27] Darin bezog sich Stringfield auf den »Blue Room« als das »innere Heiligtum«, einen Ort, der »**ein wahres Museum war, in dem die Artefakte abgestürzter Untertassen und die geborgenen Kadaver aus Roswell aufbewahrt werden**«[28] (Originalhervorhebung). Im Nachstehenden handelt es sich um eine verkürzte Version der Geschichte des Offiziers der *Army*, wie ihm diese von seinem Freund erzählt worden war. Wie zur damaligen Zeit zum Schutz seiner Quellen üblich, verschwieg Stringfield die Namen sowohl des Offiziers der *Army* als auch seines Freundes.

»Im Jahr 1955 arbeitete mein Freund als wissenschaftlicher Forschungsanalytiker für Radaranlagen in Texas. Eines Abends erschien bei ihm zu Hause ein Militärpolizist mit der Aufforderung, ihm zu folgen. Er wurde zu einem Luftwaffenstützpunkt vor Ort gebracht und zusammen mit anderen, die auf verschiedenen Gebieten der Forschung tätig waren, in einem Sicherheitsbereich festgehalten. Zunächst einmal ging es um die Unterzeichnung von Geheimhaltungsdokumenten. Danach wurden sie durchsucht, wobei sie ihre Taschen leeren und deren Inhalt in markierte Umschläge geben mussten. Anschließend wurden sie zu einem Flugzeug geführt, um dort neben bewaffneten Wachen in Uniformen ohne irgendwelche Erkennungszeichen oder identifizierbare Insignien Platz zu nehmen. Der Flug dauerte mehrere Stunden, und als sie landeten, war es dunkel. Sie wurden mit verbundenen Augen aus dem Flugzeug geführt, um dann nach einem kurzen Fußweg anzuhalten. Sie hörten dann, wie sich ein Hangartor hinter ihnen schloss, und wurden aufgefordert, die Augenbinden abzunehmen. An dieser Stelle wurde die Stimme meines Freundes beim Erzählen der Geschichte stets zittrig.

Nachdem sie ihre Augenbinden abgenommen hatten, stellten sie fest, dass sie sich in einem umgebauten Flugzeughangar befanden – dessen Boden und Wände komplett in Blau gestrichen waren. Überall im Raum standen Tische, Regale und Vorrichtungen mit Tausenden von nicht sofort erkennbaren Artefakten. Man wies sie an, jedes Objekt zu untersuchen sowie Zweck und Betriebsparameter zu bestimmen und anzugeben, ob die Anfertigung von Kopien möglich wäre oder nicht. Zurückblickend sind für ihn heute viele Dinge erkennbar, wie zum Beispiel Laser, integrierte Schaltungen, Leiterplatten in heute allgemein üblicher Bauweise (einschließlich Mikroprozessoren und Bauteile für Oberflächenbestückung und so weiter). Als jemand schließlich die Frage stellte, woher die Artefakte stammten, wurden sie zu einem kleinen, verschlossenen Raum geführt, den sie zuvor noch nicht gesehen hatten und in dem vier große, mit einer rosafarbenen Lösung gefüllte Aquarien standen. In jedem dieser Aquarien befand sich ein kleiner Körper mit grauer Haut, übergroßem Schädel, großen Augen und ohne Haare. Im hinteren Teil dieses Raumes lagerten Metallstücke – von sehr kleinen Splittern bis zu sehr großen, verbogenen Brocken. Der Kurator erzählte dann die Geschichte vom Roswell-Absturz.

Nachdem sie Tage später Bericht erstattet hatten, wurde ihnen gesagt, dass sie zu jeder Zeit wiederkommen könnten, um über die Objekte [im Rahmen bestimmter Vorgaben] zu sprechen. Ungefähr vor einem Jahr [dies wäre um das Jahr 1990 gewesen] hatte mein Freund die Gruppe kontaktiert und gefragt, ob das Angebot noch gelte. Man teilte ihm mit, dass dies tatsächlich der Fall *und die Sammlung beträchtlich gewachsen sei*«[29] (kursive Hervorhebung durch die Autoren).

Was Goldwaters besonderes Interesse an UFOs geweckt hatte, stammte zweifelsohne aus seiner Freundschaft mit »Butch« Blanchard. Leider für uns und auch für die Geschichte sprach Goldwater kaum jemals über Details. Es ist jedoch offensichtlich, dass er Insiderwissen über den »Blue Room« besessen haben muss. Immer schon ist vermutet worden, dass es eine Verbindung zum Projekt *Blue Book* gibt, aber niemand dort machte auch nur die kleinste Andeutung, dass die Wahrheit dort bekannt oder man sich bewusst war, dass hierfür eindeutige Beweise existierten (siehe Kapitel 19). Die Beschreibungen des »Blue Room« weisen darauf hin, dass dies der Ort gewesen ist, an dem die physischen Beweise für UFOs aufbewahrt wurden. Warum sonst sollte ein guter Freund wie die Person des *Air-Force*-Generals Curtis LeMay Goldwater gedroht haben, wie behauptet wurde? Selbst wenn dort lediglich relevante *Dokumente* über UFOs untergebracht gewesen sein sollten, die ohnehin seitdem »verschwunden« sind, wird das angebliche rätselhafte Verschwinden von Dokumenten über Roswell, die 1993 vom *General Accounting Office* (*GAO*, US-Rechnungshof) angefordert wurden, zu einem abgenutzten Klischee. Und nicht zu vergessen: *Air-Force*-General Hoyt Vandenberg, der für die Roswell-Vertuschung verantwortliche Mann, ordnete 1948 an, dass der Abschlussbericht zum Projekt *Sign* – in dem die Schlussfolgerung gezogen wurde, dass es wirklich UFOs gebe und es sich dabei wahrscheinlich um außerirdische Flugkörper handele – zu verbrennen sei. Alles dies hat einen gewissen Beigeschmack und ist so zu verstehen, als ob man belastende Beweise die Toilette hinunterspülen würde.

Obwohl es ihm niemals möglich war, einen Blick in den »Blue Room« zu werfen, müssen wir Barry Goldwater dafür dankbar sein, die Vorstellung von einem solchen Ort ins Bewusstsein der Öffentlichkeit gerückt zu haben. Wenn eine sehr angesehene Person seiner Statur über etwas spricht – ganz gleich, was dieses *Etwas* sein mag –, so wird ihr

General Hoyt Vandenberg.

sofort ein Glaubhaftigkeitsfaktor zugesprochen, der sonst kaum zu erreichen sein dürfte. Angesichts des kurzen Affronts gegenüber Goldwater damals auf *Wright-Patterson* und der späteren Bemühungen von Forscherseite, die Wahrheit herauszufinden, kann es kaum Zweifel geben, dass irgendwo ein streng geheimer Raum in einem äußerst geheimen Gebäude auf dem Stützpunkt der *US Air Force* mit der höchsten Geheimhaltungsstufe existiert, in dem etwas untergebracht ist …, das von Barry Goldwater mit beredten Worten wie folgt formuliert wurde: »**Ich bin fest davon überzeugt, dass es dort etwas gibt, das hier umherfliegen kann und mit dem die Gebrüder Wright in keinster Weise irgendetwas zu tun hatten.**«[30]

Kapitel 6

Außerirdische auf Eis?

»Sie meinen, wir haben einen ›Marsmenschen‹ hier?
Auf Eis, mein Freund ... auf Eis!« – *Das Ding aus einer anderen Welt*

Jahrzehntelang ließen Berichte vermuten, dass das von Offizieren und einfachen Soldaten des *Roswell Army Air Field* Anfang Juli 1947 geborgene wichtige Material nach *Wright Field* (dem späteren Luftwaffenstützpunkt *Wright-Patterson Air Force Base*) in Dayton, Ohio, verbracht wurde. Dazu gingen angeblich mehrere voll beladene Flugzeuge von Roswell ab, die Wrackteile enthielten, die von der abgestürzten fliegenden Untertasse stammten. Hierzu gehörten auch zwei außerplanmäßige Sonderflüge, die unter höchster Geheimhaltung durchgeführt wurden. Zwei Flüge, auf denen *etwas anderes* transportiert worden sein soll. Letztendlich wurde die Theorie der abgestürzten Scheibe auf logische Weise dahingehend erweitert, dass sich in dem Flugkörper auch eine Besatzung befunden haben musste. Ein *FBI*-Dokument vom 8. Juli 1947 bezieht sich auf den absolut ersten Flug ab Roswell, mit dem Wrackteile nach *Wright Field* verbracht wurden – den Flug, der von General Roger M. Ramey, Befehlshaber der *8th Air Force* in Fort Worth, Texas, am gleichen Tage auf theatralische Weise zugunsten der Presse »annulliert« wurde, um der aufkommenden Geschichte vom Roswell-Absturz entgegenzutreten.[1] Aus dem Dokument geht hervor, dass die »Scheibe« und der Ballon (im Gegensatz zur Erklärung von General Ramey an die Presse) zwecks Untersuchung als Spezialtransport nach *Wright Field* geflogen würden.[2] Die zweite Unwahrheit seitens Ramey an diesem Tag war nicht etwas, was er gesagt hatte, sondern dass er nicht *etwas anderes* von sich gegeben hatte, was er und die Presse über das Ereignis nicht in die Öffentlichkeit zu tragen wagten: dass in den Wrackteilen auch seltsame kleine Körper gefunden worden waren.

Es sei darauf hingewiesen, dass 1947 Leutnant General Nathan F. Twining der befehlshabende Offizier des *Air Material Command* auf *Wright-Patterson* war, von dem die nachrichten- und geheimdienstlichen Aktivitäten der *Air Force* gesteuert und überwacht wurden. Die damals als *T-2 Intelligence* bekannte Abteilung avancierte 1951 zum *Air Technical Intelligence Center (ATIC)*, 1961 zur *Foreign Technology Division (FTD)* und ist heute als *National Air and Space Intelligence Center (NASIC)* bekannt. Genau diese militärische Organisation war in erster Linie dafür verantwortlich, jede Art von ausländischer, neuer oder unbekannter Luftfahrttechnik zu analysieren, die auf welche Weise auch immer in den Besitz der Vereinigten Staaten gelangt war. Nach dem Zweiten Weltkrieg war logischerweise davon auszugehen, dass derart wichtiges Gerät russischer Herkunft sein musste.

Zahlreiche Flüge fanden entweder von *Wright Field* aus zur Bergung von aus dem Absturz in Roswell stammenden Wrackteilen oder wie im Fall von Captain Oliver W. »Pappy« Henderson vom Luftwaffenstützpunkt Roswell aus statt. Am 8. Juli 1947, dem zweiten Tag der Bergungsaktion in der Wüste von New Mexico, führte Henderson als Pilot unter strengster Geheimhaltung ein Flugzeug, das mit Wrackteilen und *etwas anderem* beladen war, ohne Zwischenlandung direkt ab *Roswell Army Air Field* nach *Wright (Army Air) Field*, wie es damals hieß. Er hielt diesen Flug vor allen, einschließlich seiner Frau Sappho, jahrelang bis Anfang der 1980er-Jahre geheim, als er die Roswell-Geschichte auf der Titelseite eines Supermarktmagazins als Schlagzeile abgedruckt sah, sodass er zu dem Schluss kommen musste, dass er nunmehr über die Geschichte sprechen konnte, nachdem diese bereits an die Öffentlichkeit gelangt war.[3]

Henderson, der 1986 verstarb, sagte seiner Frau, dass er ihr schon jahrelang davon erzählen wollte. Er machte ihr deutlich, dass er wisse, dass es fliegende Untertassen wirklich gebe, da er in den 1940ern selbst ein mit entsprechenden Wrackteilen voll beladenes Flugzeug nach *Wright Field* geflogen habe. Er erzählte nicht viel darüber, erwähnte jedoch, dass die Trümmer ihn seltsam anmuteten. Und, so Sappho, er habe ihr niemals etwas über das *etwas andere* – die kleinen Körper – gesagt, die er zusätzlich zu den Wrackteilen transportiert hatte. Das Ziel des Fluges sei Dayton, Ohio, gewesen, und der Rückflug nach Roswell sei dann ebenfalls mit einem Transportflugzeug C-54 *Skymaster* erfolgt.

Henderson gehörte der als *Green Hornets* bekannten *First Air Transport Unit* (1. Lufttransporteinheit) an, die zum damaligen Zeitpunkt in *Roswell Army Air Field* stationiert war. Er erzählte seiner Frau dann weiter, dass es sich, abgesehen von seinem Status »streng geheim«, um einen Routineflug gehandelt habe.⁴

Aufgrund unserer Nachforschungen war es uns möglich, ein Mitglied der mit der Durchführung dieses Fluges betrauten Besatzung ausfindig zu machen: Tech Sergeant David Ackroyd. Als seine Witwe gefragt wurde, ob ihr Mann jemals mit ihr über diesen Flug gesprochen habe, wurde dies von ihr bejaht: »**Ich kann mich nur daran erinnern, dass er an diesem einen Tag während dieser [UFO-] Geschichte abgehetzt nach Hause kam und mir sagte: ›Ich will mir nur ein paar Sachen holen. Auf mich wartet ein Sonderflug mit Pappy in Richtung Osten. In ein oder zwei Tagen werde ich wieder zurück sein.‹ Das war alles, was er zu sagen hatte.**«⁵ Leider ist es uns nicht möglich gewesen, sonstige Mitglieder der auf diesem Flug eingesetzten Besatzung aufzuspüren. In Anbetracht der Tatsache jedoch, dass laut Aussage der Frau von Ackroyd der Flug ihres Mannes innerhalb des Zeitrahmens der Roswell-Bergung stattfand, gibt es keinen Zweifel, dass dies der Flug von Oliver »Pappy« Henderson am 8. Juli 1947 in Richtung *Wright-Patterson* war.

Pappy behielt das Geheimnis für sich, solange ihm dies notwendig erschien. Sobald aber erste Informationen in die Öffentlichkeit gelangten, begann er sich gegenüber seinen Freunden und seiner Ehefrau zu öffnen. Im Jahr 1982 kam anlässlich eines Treffens der Flugzeugbesatzung seiner B-17 aus dem Zweiten Weltkrieg das Thema »Roswell« zur Sprache, wobei er erklärte, dass er beim Transport der Wrackteile des Raumfahrzeugs als Pilot mitgewirkt habe. Bei diesem Treffen beschrieb er, wie er genau das Flugzeug, über das gesprochen worden war, von Roswell nach *Wright Field* geflogen habe. Er erwähnte dabei außerdem zum ersten Mal die kleinen humanoiden Körper, die er vor seinem Abflug auf dem Boden des Hangars liegen gesehen hatte.⁶ Bei dem Treffen anwesend war auch Vere McCarthy, ein Mitglied der ehemaligen Bomberbesatzung aus dem Zweiten Weltkrieg. In einem

Captain Oliver »Pappy« Henderson erzählte guten Freunden und seiner Familie, dass er Anfang Juli 1947 seltsame Wrackteile und »kleine Wesen« von Roswell nach Wright Field geflogen habe.

Schreiben aus dem Jahr 1989 erinnerte er sich, dass Henderson äußerst ernst gewesen sei, als er ihnen an jenem Abend die Geschichte erzählt habe, wobei dann in der nachfolgenden Diskussion auf andere UFO-Sichtungen übergegangen wurde. »**Der Captain gab Kommentare zu fliegenden Untertassen bei anderen Gelegenheiten ab**«, erklärte er, »**wobei er seinen Zuhörern immer zu verstehen gab, dass er daran glaubte, nachdem sich auch viele andere Piloten gemeldet hatten, die sie gesehen hatten. Er brach niemals sein Schweigen über seine eigene Rolle bis zu den letzten Jahren vor seinem Tod.**«[7]

Sappho erinnerte sich, dass zu irgendeinem Zeitpunkt nach dem Ereignis, als sie immer noch in Roswell lebten, ihr Mann mit ihrer Tochter Mary Katherine ins Freie gegangen war und nach oben in den Nachthimmel gestarrt hatte. Als seine Tochter ihn fragte, was er tue, antwortete er: »**Ich halte Ausschau nach fliegenden Untertassen. Es gibt sie wirklich, weißt du.**«[8] Pappy vermochte seiner Tochter diese Tatsache mit einer solchen Gewissheit zu vermitteln, wie sie nur wenige besaßen. Der erstaunlichere Teil für Hendersons damalige Begründung – wieso er *wusste*, dass es sie wirklich gab – musste aber erst noch erzählt werden.

Die Bestätigung von Hendersons Geschichte stammt von einem früheren Piloten einer B-29 aus dem Zweiten Weltkrieg, der im Sommer 1947 in Amarillo, Texas, stationiert war: Captain Joseph Toth. Zum Zeitpunkt des Roswell-Ereignisses war er nach *Wright Field* geschickt worden, um sich einer vollständigen Gesundheitskontrolle zu unterziehen, die feststellen sollte, ob er seinen Pilotenstatus behalten könne. Während des Wartens auf die medizinischen Untersuchungen begab er sich nach draußen, um schnell eine Zigarette zu rauchen. Dabei sah er, wie ein Transportflugzeug C-54 gerade gelandet war und in die Nähe des Stützpunkthospitals geleitet wurde, wo man dann die Maschine hastig zu entladen begann. Toth bemerkte sofort, wie Leute aus dem Laderaum des Flugzeugs mehrere Tragen, auf denen kleine Körper mit großen Köpfen lagen, an andere Personen übergaben, die diese Tragen schnell ins Gebäude verbrachten. Später, als er nach Amarillo zurückgekehrt war, erinnerte er sich, aufregende Gerüchte über die Geschehnisse in Roswell gehört zu haben, wobei in seinem Gedächtnis insbesondere haften blieb, dass es an jenem Tag bei dem Gerede auf dem Stützpunkt *Wright-Patterson* darum ging, was mit der von ihm zufällig beobachteten C-54 angekommen war.[9]

Als er gefragt wurde, ob die in Verbindung mit dem Absturz in Roswell geborgenen Körper nach *Wright Field* verbracht worden seien, antwortete Brigadier General Arthur Exon: »**Das ist die mir vorliegende Information. Aber einer von ihnen wurde zu einer Leichenhalle geschickt …, ich glaube, das war damals [*Lowry Air Force Base*] in Denver. Aber die zuverlässigsten Informationen besagen, dass die Körper nach *Wright-Patt* verbracht wurden.**«[10] Zum Zeitpunkt des Roswell-Ereignisses war General Exon Oberstleutnant und Student für Verwaltungswesen auf *Wright-Patterson*, um dann Mitte der 1960er-Jahre zum Befehlshaber des Stützpunktes zu werden.

General Exon war nicht allein der Meinung, dass die Körper nach Dayton verbracht worden waren. Der ehemalige Oberleutnant Raymond A. Madson erklärte, dass sowohl er als auch seine Frau, die beide in *Wright-Patterson* arbeiteten, Gerüchte über dort aufbewahrte Körper gehört hätten.[11] Auch Norma Gardner, auf dem Stützpunkt bis 1959 beschäftigt, als sie aus gesundheitlichen Gründen ausschied, soll Freunden gegenüber oftmals angedeutet haben, dass sie über das Thema »Fliegende Untertassen« mehr wisse, als die Regierung von sich gebe, und durchaus damit leben könne. Als Stenotypistin mit Zulassung für die höchste Geheimhaltungsstufe habe sie die Aufgabe gehabt, alles UFOs betreffende Material zu erfassen, zu dem auch Teile aus dem Inneren eines Raumfahrzeugs gehörten, die zum Stützpunkt verbracht worden waren, bevor sie ihre Tätigkeit dort aufgenommen habe. Alles musste fotografiert, mit Anhängern versehen und etikettiert werden und die gesamte Dokumentation von jemandem in Akten abgelegt werden. Norma Gardner fiel diese Aufgabe zu.[12] Einmal sah sie, wie zwei Körper von einer Stelle an einen anderen Ort verlagert wurden. Die Körper waren in einer Art chemischer Lösung konserviert worden. Sie sagte, diese Körper seien mit einer Größe von etwa 140 Zentimeter sehr klein gewesen, hätten große Köpfe und schräg gestellte Augen gehabt, wobei es sich »**offensichtlich nicht um Menschen handelte**«. Im Rahmen ihrer Tätigkeit wurden von ihr auch Autopsieberichte, die die Überreste betrafen, geschrieben. All dies, laut eigener Aussage, sei während ihrer Tätigkeit auf *Wright-Patterson* passiert.[13] Norma Gardner starb, kurz nachdem sie ihre Geschichte erzählt hatte, sodass man eigentlich von »einem Geständnis auf dem Totenbett« sprechen könnte. Derartigen Aussagen wird von Gerichten überall im Land ein besonderer Status in Bezug auf den »Wahrheitsgehalt« beigemessen.

Untermauert wurden die von Norma Gardner stammenden Berichte hinsichtlich angeblicher Autopsien von Außerirdischen einige Jahre später durch Leonard Stringfield. Wie von uns bereits erwähnt, stellte er zahlreiche Kontakte zu Militärangehörigen und Privatpersonen her, die auf der *Wright-Patterson Air Force Base* tätig waren oder gewesen waren oder die in der einen oder anderen Weise mit dem Stützpunkt zu tun hatten. Eine dieser Personen war ein Arzt, der von Stringfield als seine »ärztliche Hauptanlaufstelle« bezeichnet wurde, wenn es um Informationen bezüglich der in Roswell geborgenen Körper Außerirdischer ging. Aus dieser Quelle erhielt Stringfield detaillierte Beschreibungen der Körperstruktur der geborgenen Absturzopfer.[14] Nachdem ihm alle medizinischen Informationen vorlagen, glaubte Stringfield, über genügend Daten zu verfügen, um den Versuch wagen zu können, darzustellen, wie die Außerirdischen von Roswell morphologisch ausgesehen haben könnten. Dies führte seitens Stringfield zu mehreren Versuchen, eine Skizze eines Außerirdischen anzufertigen. Diese Skizzen wurden jeweils seiner Quelle für medizinische Informationen vorgelegt, von der sie dann mit entsprechenden Vermerken hinsichtlich ihrer Genauigkeit versehen an ihn zurückgegeben wurden. Nach vielen Versuchen war es ihm 1978 möglich, eine Skizze zu erstellen, die von seiner Informationsquelle für medizinische Fragen als genaue Darstellung eines außerirdischen Wesens akzeptiert wurde, das in Roswell abgestürzt und auf *Wright-Patterson* einer Autopsie unterzogen worden war.[15]

Ein ehemaliger Major der Luftwaffe namens Truman Weaver lieferte zusätzliche Informationen. Er zeigte Forschern ein Schreiben eines Freundes mit dem Namen Robert Thompson, der Anfang der 1950er-Jahre als Techniker auf *Wright-Patterson* tätig war und behauptete, praktisch genau gegenüber dem Gebäude gearbeitet zu haben, in dem die Körper aufbewahrt wurden. Laut Thompson hätten sich bis 1953 dort in einem Raum im zweiten Stock 13 dieser Körper befunden. Er beklagte sich, dass sich an manchen Tagen über die Straße hinweg ein starker Geruch ausbreitete. Erkundigte er sich, was das wohl sei, so wurde ihm gesagt, dass es sich um eine Flüssigkeit zum Einbalsamieren handele. Hierzu Thompson: »**Dies war vor dem Einbau von Klimaanlagen, und bei geöffneten Fenstern konnte ich den sehr strengen Geruch von Formaldehyd wahrnehmen. Es war ekelerregend.**«[16] Der starke Geruch von Formaldehyd auf *Wright-Patterson* reicht für die Mutmaßung nicht aus, dass es dort Körper von Außerirdischen oder überhaupt irgendwelche Körper gegeben hat. Thompson redete jedoch weiter und erklärte, dass sein Chef, ein Mann namens McAdams, ihm einen Bericht gezeigt habe, mit dem die Gerüchte bestätigt wurden, dass sich auf *Wright-Patterson* Körper und eine erbeutete Untertasse zur Aufbewahrung befänden. Am nächsten Tag, so Thompson, sei McAdams der zu Papier gebrachte Bericht abgenommen worden. Von offizieller Seite sei dann später bestritten worden, dass überhaupt ein solcher Bericht existiert habe.[17] Im April 1979 schrieb Thompson an Stringfield – dem die Geschichte von Richard Hall, dem damaligen Herausgeber des *MUFON UFO Journal*, angetragen worden war – um die Originalgeschichte, jedoch unter Hinzufügen eines bemerkenswerten Nachtrags, zu bestätigen: **»Das Gebäude [in dem die Körper aufbewahrt wurden] trug die Nummer 18F, zweiter Stock.** Die 13 Körper und zwei Untertassen befinden sich auf einem kleinen Luftwaffenstützpunkt [*Langley Air Force Base*] in Hampton Roads, Virginia, sofern sie inzwischen nicht nochmals an einen anderen Ort verbracht worden sind.«[18]

***

John G. Tiffany berichtete, dass sein Vater 1947 in *Wright Field* stationiert gewesen sei und seine Einheit als Teil ihrer Aufgaben die 509. Bombergruppe in Roswell zu unterstützen hatte. Laut Tiffany war sein Vater zusammen mit seiner Besatzung an einen »Zielort im Südwesten« geflogen worden. Dort mussten sie zum Rücktransport nach *Wright Field* seltsame metallische Trümmer und einen großen Zylinder abholen, der ihn an eine »riesige Thermoskanne« erinnert habe. Sein Vater habe ihm gesagt, so Tiffany, dass das Metall ein sehr geringes Gewicht gehabt, aber eine sehr hohe Festigkeit besessen habe. Das Material war glatt und hatte eine »glasartige« Oberfläche, wobei es durch keine Maßnahme seitens der Flugzeugbesatzung, wie beispielsweise Schlagmarkieren, Biegen oder Brechen, verformt werden konnte. Was die Flieger jedoch am stärksten beschäftigte, war der ungewöhnliche Zylinder und dessen unbekannter Inhalt. Tiffany war sich nicht sicher, ob sein Vater tatsächlich etwas gesehen hatte, das auf den ersten Blick an Körper erinnerte, jedoch hatte dieser erklärt, dass **»zwei der Leichname unversehrt gewesen seien«**, was vermuten lässt, dass dies doch der Fall gewesen war. Nach dem Flug machte sich bei der Besatzung ein seltsames Gefühl breit – ein Gefühl, dass sie irgendwie »verunreinigt« sei. Laut Tiffany konnte sich die Besatzung nicht gegen »**[das Gefühl] wehren, es mit etwas Fremdem zu tun zu haben**«.[19]

Das Gebäude 18F auf Wright-Patterson besaß »Kühlräume«, von denen aus sich an warmen Sommertagen durchdringende, formaldehydähnliche Gerüche ausbreiteten.

Nach ihrer Ankunft in *Wright Field* wurde das Transportgut komplett auf Lastkraftwagen entladen, einschließlich der einer riesigen Thermoskanne ähnlichen Kapsel. Nachdem die Fahrzeuge abgefahren waren, wurde die Flugbesatzung von einem hochrangigen Offiziellen entlassen, der sie wissen ließ, dass der soeben beendete Flug niemals stattgefunden habe.[20] War dies der zweite Flug mit Körpern, der am 9. Juli 1947 unter Bewachung durch bewaffnete Sicherheitskräfte im Bombenschacht einer auf den Namen *Straight Flush* getauften B-29 mit einer großen Holzkiste in Roswell begonnen hatte und zum *Fort Worth Army Air Field*, Texas, gegangen war? Die große, hermetisch verschlossene Vorrichtung in Form einer Thermoskanne, die sich an Bord der Maschine von Tiffany befand, lässt vermuten, dass etwas sehr Außergewöhnliches transportiert wurde – etwas, das möglicherweise bei Menschen eine Epidemie hätte auslösen können oder das einfach nur übel roch (hier sei an das seltsame Gefühl der Besatzung nach dem Flug erinnert). Sein Vater hatte Tiffany erzählt, dass die Kapsel von ihnen in *Texas* abgeholt worden sei![21]

Ein ähnlich ungutes Gefühl in Bezug auf die Körper hatte auch der bereits erwähnte Captain Oliver »Pappy« Henderson, als er hierüber mit Dr. John Kromschroeder, einem guten Freund und Kameraden im Offiziersrang, sprach. Laut Kromschroeder hätten er und Henderson sich während einer Angeltour gegenseitig Geschichten erzählt, wobei nach einigen Stunden Henderson zu verstehen gab, dass er die Körper außerirdischer Besucher und die Reste ihres Raumfahrzeugs gesehen habe. Kromschroeder sagte, dass Henderson dabei nervös gewirkt habe. »**Es war ihm offensichtlich unangenehm, darüber zu sprechen.**«[22] Henderson, so Kromschroeder, habe sich nicht gern in der Nähe von Toten oder Verletzten aufgehalten und wollte so schnell wie möglich hiervon Abstand gewinnen. Kromschroeder zitierte Henderson wie folgt: »Wirklich anschauen konnte ich sie einfach nicht.« Er hatte aber genug gesehen, um sagen zu können, dass »**es sich um eine Art von kleinen Kerlen**« gehandelt habe.[23] Er erzählte Kromschroeder ebenfalls, dass die Körper tiefgefroren waren und dass er bis 1986 geglaubt habe, dass sie sich immer noch auf der *Wright-Patterson Air Force Base* befänden.[24] Natürlich wollte Kromschroeder mehr darüber wissen, jedoch wurden von Henderson nur die abgelieferten Beschreibungen wiederholt (graue kleine Männchen mit großen Köpfen, schräg stehenden Augen und winzigen Mündern), um dann das Gespräch mit dem Satz »**Ich kann einfach nicht darüber reden**« zu beenden.[25]

***

Helen Wachter erklärte, dass sie im Sommer 1947 Schwesternschülerin an einer Schule in Dayton, Ohio, gewesen sei. Ihr zufolge habe sie eine Freundin besucht, die gerade ein Kind geboren hatte. Während ihres Besuchs in dem kleinen Studioappartement des Paares sei der Ehemann der jungen Mutter in einem aufgewühlten Zustand nach Hause gekommen. Er sei mit seiner Frau in das gemeinsame Schlafzimmer gegangen und habe ihr mit kaum zu überhörender Stimme mitgeteilt, dass an jenem Tag auf dem Stützpunkt etwas passiert sei, das unter die höchste Geheimhaltungsstufe falle. Körper »außerirdischer Wesen« seien auf dem Stützpunkt angekommen – insgesamt vier. Er habe dies mitbekommen, da er einer der Sicherheitsleute gewesen sei, die die Ankunft des Flugzeugs mit den Körpern zu überwachen hatten. Das war alles, was darüber gesprochen wurde: Im Sommer 1947 seien eines Tages vier Körper zum Stützpunkt verbracht worden.[26]

Hätte einer der an diesem Tag zum Dienst eingeteilten Sicherheitsleute ein bekannter Bühnen-, Film- oder Plattenstar aus den 1940ern,

1950ern und 1960ern sein können? Falls ja, würden wir das heute kaum glauben, aber …

Eine interessante ähnliche Geschichte, die den bekannten Bühnen-, Film- und Plattenstar Gordon MacRae (*Oklahoma!, Carousel*) betrifft, erzählte uns dessen frühere Ehefrau, die Schauspielerin Sheila MacRae (*The HoneyMooners, Petticoat Junction*). Ihren Aussagen zufolge sei ihr früherer Ehemann in den 1940er-Jahren einer der bewaffneten Sicherheitsleute gewesen, die auf der *Wright-Patterson AFB* eine Holzpalette zu bewachen hatten. Auf der Palette lag etwas, das mit einer Zeltplane komplett abgedeckt war. Den Sicherheitsleuten wurde der Befehl erteilt, niemanden in die Nähe der Palette zu lassen und auch nicht selbst einen Blick unter die Plane zu werfen. Der erste Teil des Befehls wurde von MacRae befolgt, nicht aber der zweite Teil. Als sich ihm eine Möglichkeit bot, zog er die Zeltplane etwas zurück und erlitt den Schock seines jungen Lebens – denn auf der Palette lagen kleine Wesen mit großen Köpfen aus einer anderen Welt!

Kurz nach dem Tod von Gordon im Jahr 1986 brachte Sheila MacRae seine Geschichte in einer Late-Night-Talkshow im Fernsehen in die Öffentlichkeit. Bei einer zufälligen Begegnung nach einer Bühnenschau in New York City hörte Peter Robbins, der angesehene UFO-Forscher, vor einigen Jahren die Geschichte direkt aus dem Mund von Sheila MacRae.[27] Im Jahr 2010 versuchten wir mit Robbins Hilfe, ein Interview mit Sheila MacRae zu führen, um die an uns herangetragene Geschichte zu bestätigen, zu dementieren oder weitere Details zu erfahren. Auch wollten wir herausfinden, wie es dazu gekommen war, dass ihr ehemaliger Ehemann auf *Wright-Patterson* einen Blick auf die Außerirdischen werfen konnte, da uns bekannt war, dass Gordon MacRae zwar während des Zweiten Weltkriegs Angehöriger des *Air Corps* gewesen war, 1947 aber bereits am Broadway auf der Bühne stand und vermutlich wieder zu einem richtiggehenden Zivilisten geworden war. Diese Fragen bleiben unbeantwortet. Nach anfänglicher Bereitschaft zu einer Zusammenarbeit stoppte die Familie MacRae jegliche Kommunikation mit uns, sodass das Interview mit ihrer Mutter niemals stattgefunden hat. Die Familie wusste von der Geschichte um ihren ikonischen Vater und bestritt auch nicht deren Wahrheitsgehalt – man wollte aber einfach nicht mehr darüber sprechen. Anschließend konnten wir noch in Erfahrung bringen, dass diese Episode in den 1970er-Jahren in einer TV-Talkshow und vielleicht in *The Mike Douglas Show* möglicherweise von Gordon MacRae selbst erzählt worden sein könnte. Seine Witwe Sheila lebt noch, steht uns jedoch aus dem oben genannten Grund nicht für ein Interview zur Verfügung.[28]

***

Im Jahr 1957 vertraute ein Militärfotograf seinem Sohn an, dass er 1947 in *Wright Field* stationiert und im Fotolabor des Stützpunktes tätig gewesen sei. Eines Tages sei ihm und einem anderen Kameramann von einem Offizier, nachdem dieser sich zwei 16-Millimeter-Kameras geschnappt hatte, befohlen worden, ihm zu folgen. Sie wurden zu einem schwer bewachten Hangar geführt, mussten draußen kurz warten und durften dann eintreten. Im Innern des Hangars sahen die beiden Männer ein stark beschädigtes, kreisrundes Fahrzeug und dass der Hangarboden mit einer Zeltplane bedeckt war, auf der Wrackteile eines Metalls lagen, die dem des Fahrzeuges ähnelten. Der Offizier wies sie an, sofort mit dem Filmen des unbekannten Fahrzeugs und der Trümmer zu beginnen. Nach Beendigung der Filmaufnahmen wurden die beiden Männer zur Rückseite des Gebäudes geleitet, in dem eine Kühlanlage untergebracht war. Innerhalb der Anlage befand sich eine »Museumsvitrine« mit den Überresten zweier kleiner, dünner, grauer Wesen mit »großen Augen«. Eines dieser Wesen schien merklich schwer verletzt, während das bei dem anderen Körper offensichtlich nicht der Fall war. Ein Bewacher wurde aufgefordert, die Vitrine zu öffnen, um den zwei Männern mit ihren Kameras einen ungehinderten Einblick zu gewähren. Noch schockierender, als die zwei Körper zu sehen, war der starke Geruch. »[Es] **roch sehr stark nach totem Fisch**«, fügte der Fotograf im Gespräch mit seinem Sohn an. Die Kameras beider Männer wurden konfisziert; gleichzeitig wurden die zwei vor den Konsequenzen gewarnt, die sie zu erwarten hätten, wenn sie jemals darüber reden sollten, was sie gerade gefilmt hatten. Der Sohn des Fotografen merkte hierzu an: »Mein Vater war ein echter

Patriot und ein sehr religiöser Mann«[29] – Ideale, die an jenem schicksalhaften Tag wohl auf dem Prüfstand gestanden haben mussten!

***

Der verstorbene Reporter Carl Day, ein Nachrichtenmann der *FOX*-Niederlassung in Dayton, interviewte im Mai 1991 zwei Militärpolizisten. Beide beschrieben »**gefrorene Körper, Wrackteile und ein Fahrzeug**«, die sich in dem von ihnen bewachten Gebäude 21 befanden. Sie sagten aus, dass dies alles vor vielen Jahren mit Flugzeugen auf den Stützpunkt *(Wright-Patterson)* verbracht worden sei.[30]

***

Der UFO-Forscher Thomas Blann interviewte streng vertraulich einen aus dem Dienst auf *Wright-Patterson* ausgeschiedenen Oberst, der sich wie folgt äußerte: »**In den Anfangsjahren waren einige Körper zu diesem Stützpunkt verbracht worden, was später jedoch davon abhängig gewesen sei, wo man sie gefunden hatte. Man habe teuflisch viel Zeit gehabt, um Richtlinien für diese Operation [höchstwahrscheinlich *Operation Blue Fly* und/oder *Project Moon Dust*] auszuarbeiten und das Fahrzeug aus dem Areal herauszuholen, ohne dabei beobachtet zu werden. Normalerweise geschah dies zu nachtschlafender Zeit.**«[31]

***

Yanic Ritger (ein Pseudonym) schied aus Gesundheitsgründen aus dem Militärdienst aus. Während des Zweiten Weltkriegs war er als Fahrer für keinen Geringeren als General George S. Patton im Einsatz. Nach seiner Militärzeit arbeitete er für *General Electric*, jedoch war er aufgrund von Strahlungsschäden gezwungen, sich auf Dauer in den Ruhestand versetzen zu lassen. Der Strahlung war er unter einem äußerst ungewöhnlichen Umstand ausgesetzt gewesen.

Anfang der 1950er-Jahre war Ritger auf dem Stützpunkt *Wright-Patterson AFB* als Zivilperson beschäftigt, wobei er in dieser Zeit in Dayton wohnte. Seine (inzwischen verstorbene) Ehefrau erinnerte sich, wie er auf dem Stützpunkt mit einer Sonderaufgabe betraut wurde, die eine volle Woche dauerte. Es war ihm nicht möglich, ihr irgendetwas über seinen der Geheimhaltung unterliegenden Einsatz zu sagen. Erst viele Jahre später gab er Näheres über die »fehlende Woche« gegenüber seiner Tochter preis. Wie viele andere auch, die vereidigt wurden, um geheime Arbeiten für die Regierung auszuführen, befürchtete Ritger den Verlust seiner ihm aus Gesundheitsgründen zuerkannten Pension, die er für seine spezielle Behandlung unbedingt brauchte. Die folgende Aussage machte er gegenüber seiner Tochter nur nach langem Zögern und mit größter Zurückhaltung.[32]

Was bei anderen Gelegenheiten im Rahmen seiner Tätigkeit niemals notwendig war: Bei diesem Job ging es um die Installation einer nuklearen Einrichtung auf einer geheimen unterirdischen Ebene. Tatsächlich war alles, was mit dieser Aufgabe zusammenhing, sehr seltsam. Ihm und einem Kollegen wurden die Augen verbunden, um dann zu einem unbekannten Zielort gefahren, in ein Gebäude geleitet und in etwas geschoben zu werden, bei dem es sich (ihrer Ansicht nach) ganz offensichtlich um einen Aufzugschacht handelte, wobei der Aufzug dann nach unten zu ihrem Arbeitsplatz fuhr. Ihre Augenbinden wurden ihnen dann abgenommen, und die beiden Männer wurden, von Wachleuten begleitet, in einen anderen Raum geführt. Was ihnen dann sofort auffiel, waren die Kälte und – was noch schlimmer war – der widerliche Geruch. Einer der Vorgesetzten dort erteilte ihnen genaue Anweisungen bezüglich der zu erledigenden Aufgabe. Aber irgendetwas in diesem Raum, in dem sie arbeiten sollten, bereitete ihnen weiterhin Unbehagen. Ritger erblickte dort aus den Augenwinkeln heraus etwas, von dem er bisher nur gerüchteweise gehört hatte. An der Rückseite der Kammer befand sich eine Reihe von Glasvitrinen, und in jeder derselben war jeweils der Körper von etwas zu sehen, das nicht menschlich zu sein schien.[33] Jede Vitrine war auf einer Steinplatte positioniert. Bei seinem gelegentlichen Hinübersehen konnte Ritger Körper erkennen, die klein waren, einen großen Kopf hatten und eine »feuchte Haut« aufwiesen.[34] An jeder Vitrine waren Metallspulen angebracht, und manchmal war ihr Glas beschlagen. Einer der Wachleute bemerkte Ritgers neugierige Blicke und zog schnell wieder eine Abdeckung über die Glasbehälter. Gesagt wurde nichts, und es war auch keine sonstige Reaktion festzustellen.

Den Rest der Woche mussten Ritger und sein Arbeitskollege des Nachts in etwas verbringen, das im Grunde genommen eine Gefängniszelle war, da keinerlei Kommunikation nach außen stattfinden konnte. Ein besonderes Merkmal war der unausstehliche Gestank, der in ihren Nasen brannte.[35] Nach Abschluss des Projekts wurden beide Männer auf Nachwirkungen von Strahlung untersucht und aufgefordert, sich regelmäßig Nachkontrollen zu unterziehen. Nachdem der Job auf *Wright-Patterson* beendet war und er wieder nach Hause kam, berichtete Ritger seiner Familie von dem stechenden Geruch im Kühlraum. Seine Tochter erklärte, dass sie sich erinnerte, dass der Kleidung ihres Vaters ein starker Geruch von Ammoniak anhaftete. Später starben dann zuerst sein Arbeitskollege und dann auch Ritger selbst an Krebs.[36] Traurig für Ritger: Die Gerüchte wurden zur Realität und hinterließen auch bei seiner Tochter einen bleibenden Eindruck. Für eine kurze Begegnung mit einigen der auf *Wright-Patterson* verborgenen Geheimnisse musste ein sehr hoher Preis gezahlt werden. Handelte es sich dabei um eine Begegnung mit den »Außerirdischen auf Eis«, über die es lange Zeit Gerüchte gegeben hatte und die angeblich auf *Wright-Patterson* aufbewahrt wurden? Dies scheint uns der Fall zu sein.

***

Anhand all dieser Zeugenaussagen dürfte klar sein, dass, beginnend mit dem Roswell-Absturz im Juli 1947, neben aus dem Absturz stammenden physischen Wrackteilen auch Körper aus einer anderen Welt nach *Wright-Patterson* verbracht und dort aufbewahrt wurden. Die Hinweise lassen vermuten, dass die Körper in durchsichtigen Behältern durch eine Kombination aus Tieftemperatur (»auf Eis«) und Tieftemperaturgas oder -lösung in einem Kryo-Schwebezustand konserviert wurden. Von zumindest einem Teil der Körper ging selbst unter diesen Bedingungen immer noch ein fauliger Geruch aus, der erstmals bemerkt wurde, bevor die Körper aus Roswell zu einem anderen Ort

Kapitel 6

AeroMedical Center *auf dem Luftwaffenstützpunkt* Wright-Patterson.

transportiert wurden. Zumindest während der Zeit ihrer Untersuchung und Sektion wurden die Körper zweifelsohne in der *AeroMedical Facility* auf *Wright-Patterson* aufbewahrt. Die Langzeitaufbewahrung (»auf Eis«) erfolgte dann aber an einem anderen Ort auf dem Stützpunkt. Sind die Körper immer noch dort?

Dies können wir nicht mit Sicherheit sagen. Aber wir wissen, dass sie im Lauf der Jahre zur Untersuchung an andere Luftwaffenstützpunkte überall im Land »ausgeliehen« wurden.[37] Aufgrund einer Entwicklung aus jüngster Zeit glauben wir, dass die Körper sich zumindest während der 1970er-Jahre immer noch auf *Wright-Patterson* befanden. Ein zuverlässiger Informant, der im Raketenprogramm der USA tätig ist, trat 2012 an uns heran und berichtete von einem erstaunlichen Gespräch, das er 1976 mit einem früheren Leiter des *AeroMedical Laboratory* auf *Wright-Patterson* geführt hatte. Beide Männer lebten zur damaligen Zeit in Dayton, Ohio, und unsere Quelle war damals ebenfalls auf *Wright-Patterson* tätig. Während des Gesprächs gab der Leiter des *AeroMed* unserem Informanten zu verstehen, dass er ihm etwas Interessantes zu erzählen habe. Da er wusste, dass sich unser Informant für UFOs interessierte, bestätigte er ihm durch den folgenden Satz, was ihm über die Realität außerirdischer Besucher bekannt war: »**Die Air Force lässt auf *Wright-Patterson* kleine Kerle** einfach verschwinden.«[38] Das Einzige, was er hinzuzufügen vergaß, war das Eis.

Kapitel 7

»Mein Name ist June Crain«

»Ich bin 72 Jahre alt. Ich habe zwei Ehemänner überlebt und zweimal erfolgreich gegen Krebs gekämpft. Was werden sie also tun – mich erschießen oder mich ins Gefängnis stecken?«
Tell My Story: June Crain, the Air Force & UFO's (zu Deutsch: *Erzählen Sie meine Geschichte: June Crain, die Air Force und UFOs*) von James E. Clarkson

Sarah Holcomb wusste, dass die Körper auf *Wright-Patterson* angekommen waren. In vertraulicher Stellung als Sekretärin auf dem Stützpunkt tätig, hatte sie die Möglichkeit, verschiedene Dokumente vorzulegen, mit denen ihre Sicherheitsüberprüfungen und ihre Anwesenheitszeiten auf der Militärbasis im Verlauf von drei voneinander unabhängigen Beschäftigungsperioden zwischen 1942 und 1952 bestätigt wurden. Ihrer eigenen Aussage zufolge erzählte ihr ein ihr bekannter Sergeant, der mit einer ordnungsgemäßen Genehmigung das Büro betreten durfte, in dem sie arbeitete, dass er gerade mit einem Sonderflug angekommen sei. Er ließ sie und die anderen im Büro wissen, dass man gerade vom Absturz einer fliegenden Untertasse stammende Körper hierher gebracht habe. Er erzählte ihnen mit eindeutigen Worten, dass es die fliegenden Untertassen, über die alle anderen im Land sprachen, wirklich gebe. Da er die seltsamen kleinen Körper selbst gesehen habe, bestünden diesbezüglich keinerlei Zweifel. Nachdem der Sergeant gegangen war, erschien der Kommandeur des Stützpunktes mit einer Erklärung, die von allen unterzeichnet werden sollte. Er wies alle Anwesenden, einschließlich Holcomb, darauf hin, dass die von dem Sergeanten verbreitete Geschichte absolut nicht wahr sei, sie aber dennoch weder darüber sprechen noch die Geschichte auch nur erwähnen dürften. Anderenfalls hätten sie eine Gefängnisstrafe von 20 Jahren und eine Geldstrafe in Höhe von 20 000 Dollar zu erwarten![1]

Jahre später, als UFO-Zivilermittler vorstellig wurden, wollte Holcomb wissen, ob sie immer noch an die von ihr vor vier Jahrzehnten zuvor unterzeichnete eidesstattliche Geheimhaltungserklärung gebunden sei, da sie selbst nach so langer Zeit befürchtete, vom Militär und von der Regierung strafrechtlich verfolgt zu werden, falls sie ihr Schweigen brechen sollte. Sie war äußerst vorsichtig, entschied jedoch – nachdem Informationen über den Absturz von Roswell durchzusickern begannen –, dass auch Informationen über die Körper freigegeben werden sollten.[2]

In Wirklichkeit war der Name »Sarah Holcomb« ein Pseudonym. Sie hatte ursprünglich verlangt, dass ihr Anonymität zugesichert werde, als Kevin Randle und Don Schmitt sie zum ersten Mal im Jahr 1990 interviewten.[3] Eine Version ihrer Geschichte erschien unter ihrem Pseudonym in dem von Randle und Schmitt 1994 herausgegebenen Buch *The Truth About the UFO Crash at Roswell (Die Wahrheit über den UFO-Absturz in Roswell)* in der Absicht, die Bergung von Material aus dem Roswell-Absturz mit *Wright Field* in Verbindung zu bringen. Da es zu diesem Zeitpunkt anscheinend nichts mehr gab, was weitere Nachforschungen gerechtfertigt hätte, schlossen Randle und Schmitt dann ihre Akte »Sarah Holcomb«.

Drei Jahre später, also im Jahr 1993, trat ein Polizeibeamter namens James Clarkson aus Aberdeen, Washington, in Erscheinung. Clarkson stellte zufällig auch private Nachforschungen in Sachen UFOs an und fungierte als *Washington State Section Director* für das *Mutual UFO Network (MUFON)*. Zu den Aufgaben eines jeden *MUFON State Section Director* gehörte es, durch Präsentationen und dergleichen die Organisation im jeweiligen Heimatbundesstaat zu fördern. Wie jedem UFO-Forscher bekannt ist, werden anlässlich derartiger Präsentationen und Konferenzen Kontakte angebahnt, bisweilen sogar völlig unerwartet – wie dies bei James Clarkson und »Sarah Holcomb« der Fall war.

Eines Abends nach Beendigung seiner Präsentation zum Thema »UFOs« in einer örtlichen Bücherei in der am Meer gelegenen Stadt Ocean Shores, Washington, wurde Clarkson von der 68-jährigen »Sarah Holcomb« angesprochen. Sie gab Clarkson zu verstehen, dass sie *wisse*, dass er recht damit habe, dass unserer Regierung über UFOs wesentlich mehr bekannt ist, als sie dem Volk gegenüber zu wissen vorgibt. Als Clarkson sie fragte, wieso sie dies wissen könne, kam von Holcomb die

Kapitel 7

Der ehemalige Kriminalbeamte und Sicherheitsbeauftragte James Clarkson, dem die Geschichte von June Crain kurz vor deren Tod Ende der 1990er-Jahre zu Ohren kam.

einfache, aber nachdrückliche Antwort: »Weil ich dort gearbeitet habe.« Wie von einem geschulten Ermittler zu erwarten, der er mit Sicherheit war und immer noch ist, bat Clarkson um einige Details, um ihre Aussage zu untermauern. »**Ich kann und darf Ihnen nichts sagen – denn sonst kommen sie, um mich zu verhaften**«, so die Antwort Holcombs.[4] Clarkson wusste damals nicht, erfuhr aber später, dass sie 1952 eine Geheimhaltungsvereinbarung unterschreiben musste, als sie aus den Diensten der *US Air Force* ausschied. Gemäß diesem Dokument drohten ihr eine Geldstrafe und Gefängnis für den Fall, dass sie jemals etwas von ihrem Wissen weitergeben sollte.[5] Bei der Erörterung dieses Falls einige Zeit später im Jahr 2013 bekannte Clarkson gegenüber Mitautor Tom Carey, dass er damals gespürt habe, dass diese Zeugin befürchtete, von ihm, einem Polizeibeamten, möglicherweise verhaftet zu werden. Und genau dies sei der Grund gewesen, warum sie keinerlei Details von sich gegeben habe.[6] Anschließend wurde Holcomb von Clarkson dessen Visitenkarte überreicht, wobei er hoffte, dass sich alles zum Guten wenden werde. Er tat das, obwohl jedem Ermittler in Sachen »UFOs« bekannt ist, dass Chancen nur im Verhältnis von eins zu zehn bestehen, dass sich zögerliche Zeugen nochmals melden – selbst wenn sie auf einem Stapel *Bibeln* geschworen haben, dies zu tun. Und dennoch hatte Clarkson das Gefühl, dass es mit Holcomb etwas Besonderes auf sich habe; sie machte den Eindruck einer ernsthaften Person und wirkte nicht wie irgendein UFO-Fan, der einen Redner zu beeindrucken versuchte.[7]

Vier Jahre später dann, 1997, zum 50. Jahrestag des UFO-Absturzes von Roswell, gab die *US Air Force* im Rahmen einer Veranstaltung, bei der unter anderem Gelenkpuppen[8] an Fallschirmen aus dem Himmel herabschwebten, ihr viertes und letztes offizielles »Statement« zum Ereignis von Roswell ab, wobei ein *CNN*-Reporter mit geschickten Worten sein Publikum mahnte, keine weiteren Gedanken zum Thema »UFOs« zu verschwenden. Für Sarah Holcomb war dies der Knackpunkt. Sie hatte genug gehört. Und so kontaktierte sie James Clarkson, um trotzig den von ihr als »verdammte Lügen« bezeichneten »Ballon-« und »Puppen-Erklärungen« der *Air Force* zu widersprechen. Jahre später, so erinnerte sich Clarkson an das Gespräch, kaum, dass er »Hallo?!« gesagt hatte, hörte er am anderen Ende der Leitung die Stimme einer aufgebrachten Frau, die Folgendes von sich gab: »**Es ist eine verdammte Lüge! Haben Sie der Sendung auf *CNN* zugeschaut? Die Geschichte mit dem Ballon ist absolut gelogen. Die hat man uns schon einmal ›aufgetischt‹.**« Und was die Erklärung der *Air Force* zu den aus dem Himmel kommenden Puppen angeht, meinte sie: »**Es musste etwas gegeben haben, an dem sie befestigt waren …, hätte man eine Puppe an einem Fallschirm hängend abgeworfen, so hätte zumindest der Fallschirm da gewesen sein müssen. Jeder normale Mensch hätte dann gesagt: ›Okay, das Ding hat an einem Fallschirm gehangen.‹ Das ist absolut nichts Ungewöhnliches.**«[9] Wieso wusste sie Bescheid? Weil ihr wirklicher Name June M. Crain war und sie zum Zeitpunkt des Eintreffens der aus dem UFO-Absturz stammenden Wrackteile und Körper auf dem Luftwaffenstützpunkt *Wright-Patterson* gearbeitet hatte. »**Ich bin 72 Jahre alt. Ich habe zwei Ehemänner überlebt und zweimal erfolgreich gegen Krebs gekämpft. Was werden sie also tun – mich erschießen oder mich ins Gefängnis stecken?**«[10] Zum Glück und der geschichtlichen Wahrheit zuliebe hatte June Crain die Visitenkarte von James Clarkson aufbewahrt, und so war sie die Eins-zu-zehn-Chance, die sich verpflichtet fühlte, etwas zu unternehmen, und daher zurückrief. Daher wissen wir Folgendes über June Crain.

Ursprünglich vom *US War Department* (Kriegsministerium) auf *Wright-Patterson* angestellt, war Crain zwischen 1942 und 1952 dreimal mit Unterbrechungen auf dem Stützpunkt tätig.[11] Während ihrer Tätigkeit dort arbeitete sie als Sekretärin mit Sicherheitsüberprüfung, durch die es ihr möglich war, Zugang zu streng geheimen technischen Daten des Militärs zu erlangen. Aufgrund dieses Status begegnete sie zahlreichen Wissenschaftlern und Technikern, die offen ihr persönliches Wissen über eine Reihe von Abstürzen fliegender Untertassen darlegten und die Tatsache kannten, dass Wrackteile und Körper zum Stützpunkt transportiert worden waren. So erwähnte zum Beispiel ein Kollege ihr gegenüber, wie die Körper aus New Mexico »in die Eiskiste gelegt« – mit anderen Worten und genauer gesagt zum dortigen *Aero-Medical Lab* verbracht – worden waren. Er beschrieb sie als »**zwei tote kleine Männlein, die etwa 120 Zentimenter groß waren und eine grünlich blaue Farbe hatten**«.[12] (Von einer Anzahl von Zeugen, die behaupteten, die von dem Absturz in Roswell stammenden Körper gesehen zu haben, wurde uns gegenüber die Farbe der Körper als »grünlich blau« beschrieben. Andere wiederum hatten andere Färbungen in Erinnerung, was darauf schließen lässt, dass der Zersetzungszustand der Körper bei deren Inaugenscheinnahme durch die Zeugen für die unterschiedlichen Färbungen verantwortlich gewesen sein könnte.)

In einem an Kevin Randle gerichteten handschriftlichen Brief aus dem Jahr 1990, der in James Clarksons Buch abgedruckt wurde, beschrieb June Crain die helle Aufregung, die bei jedermann auf dem Stützpunkt herrschte, als die Körper dort ankamen. Kurz nachdem die Person, die über die Körper aus New Mexico gesprochen hatte – ein Master Sergeant (Oberfeldwebel) mit dem Vornamen Clarence (June konnte sich nicht an seinen Nachnamen erinnern) das Büro verlassen hatte, ging im Büro ein Memo von Hand zu Hand, das von jeder Person dort gelesen und unterzeichnet werden musste. Dieses Memo besagte im Wesentlichen, dass die vom Sergeant kurz zuvor erzählte Geschichte über von Außerirdischen stammende Körper, die gerade aus New Mexico eingeflogen worden seien und angeblich sich nunmehr in der *AeroMedical*-Einrichtung in *Wright-Patterson* befinden sollten, nicht wahr sei.

June Crain war als Büroangestellte bei der Foreign Technology Division auf Wright-Patterson tätig. Aufgrund ihrer hohen Sicherheitsklassifikation war es ihr möglich, durch Sehen und Hören einiges über die größten Geheimnisse des Stützpunktes zu erfahren.

Das Memo enthielt darüber hinaus den folgenden Passus: »**Jedem, der dieses Gerücht weiterverbreitet, drohen die Entlassung und/oder eine Geldbuße in Höhe von 20 000 Dollar sowie 20 Jahre Gefängnis als Strafe wegen Geheimnisverrats.**« June weiter: »**Unterschrieben war dieses Memo vom Stützpunktkommandanten. Natürlich hörte das ganze Gerede sofort auf, und danach ist mir auch nie wieder etwas darüber zu Ohren gekommen.**« Abgesehen von der Schweigepflichterklärung, die June bei Beendigung ihrer Anstellung auf dem Stützpunkt unterschrieb, war dies im Übrigen das einzige andere Mal, dass sie ihre Unterschrift unter ein solches Dokument setzen musste. Daraus ist zu schließen, dass seinerzeit etwas wirklich Einzigartiges und Wichtiges passiert war – etwas, was es im Keim zu ersticken galt.

Da dieses Ereignis in den Zeitrahmen von 1951 bis 1952, das heißt in die dritte Beschäftigungsperiode von June auf dem Stützpunkt fiel, ist es unwahrscheinlich, dass die infrage stehenden Körper vom Absturz in Roswell im Jahr 1947 stammten. June war sich jedoch sicher, dass es bis zu diesem Zeitpunkt drei bekannte Abstürze von UFOs gegeben hatte: den bei Roswell und zwei andere. An die beiden anderen konnte sie sich nicht erinnern, hatte dies aber aus Gesprächen von Wissenschaftlern und Technikern entnommen, in deren unmittelbarer Nähe sie täglich arbeitete. June dazu: »**Techniker sind ein bisschen verrückt. Sie erzählen keine Lügen. Sie machen keine Witze. Wenn sie also etwas sagen, so wissen sie, dass dies besser wahr wäre.**«[13] Dieses Vorkommnis lässt vermuten, dass unabhängig davon, ob es hierbei auch um den Roswell-Absturz gegangen sein mag oder nicht, als endgültiger Bestimmungsort für UFO-Wrackteile und Körper immer der Luftwaffenstützpunkt *Wright-Patterson AFB* in Dayton, Ohio, gewählt wurde. So drängt sich auch die Frage auf, warum – wenn eine von einem Oberfeldwebel namens Clarence beim Morgenkaffee ersonnene längere Geschichte nicht wahr sein sollte – zu einer solch außergewöhnlichen Maßnahme gegriffen wurde, Menschen Geldbußen, Gefängnisstrafen oder den Verlust ihres Arbeitsplatzes anzudrohen, um für immer wegen eines Gerüchts zu schweigen, obwohl allgemein bekannt war, dass zu den Bedingungen ihres Anstellungsverhältnisses ohnehin Schweigepflicht bestand. Dies ergibt keinen Sinn, es sei denn ...

Eine interessante Begleiterscheinung zu dem Vorfall mit dem Memo ergab sich nur einige Tage später. Laut June sei dies unmittelbar nach Eintreffen der Körper auf dem Stützpunkt geschehen.[14] Es handelte sich um ein Projekt mit dem seltsamen Codenamen *Project Caucasian* (Projekt Kaukasier) – das so geheim war, dass nur June in ihrer Arbeitsplatzklassifikation (»Büroangestellte/Stenotypistin«) an ihm arbeiten durfte. Der Grund hierfür war der, dass June eine sicherheitsrelevante Unbedenklichkeitsbescheinigung »Q« für strengste Geheimhaltung besaß. Hierbei besagte die Stufe »Q«, dass sie sich verwaltungstechnisch mit Vorgängen einschließlich Atomforschung, Atomwaffen, wie dies beispielsweise Wasserstoffbomben waren, oder Anträgen und Anforderungen seitens der Atomenergiebehörden befassen durfte. Die Zulassung nach Stufe »Q« entsprach dem zur damaligen Zeit höchsten Geheimhaltungslevel auf dem Stützpunkt. Und so wurde »Q« von June gegenüber James Clarkson beschrieben:

June: Jetzt erhielt ich die Zulassung nach Stufe »Q«, die so geheim war, dass noch nicht einmal ich alles lesen durfte. Nur einen sehr kleinen Teil – ich würde sagen einen Absatz – musste ich durchle-

sen, um danach einen weiteren Absatz hinzuzufügen. Dann musste ich das Dokument aus meiner Schreibmaschine nehmen. Ich legte das Blatt Kohlepapier in die Schublade, wodurch ich fast Schwierigkeiten bekommen hätte. Aber es war nun einmal alles streng geheim. Bis heute kann ich mich immer noch nicht daran erinnern, wie dieser besagte Absatz lautete. Ich glaube, dass von mir lediglich ein Nachsendepassus hinzugefügt wurde.

James: Wieso glauben Sie, dass *Project Caucasian* etwas mit den Körpern zu tun gehabt haben könnte?

June: Nun, das Ganze spielte sich unmittelbar nach Ankunft der Körper auf dem Stützpunkt ab. Ich sprach meinen direkten Vorgesetzten an, der mir sagen sollte, worum es dabei ging. Er blickte mich an, als ob er mehr als erschrocken sei. Er wirkte auf mich total verängstigt. Und er sagte: »June, ich kann und darf nicht darüber sprechen.« Ich meine, dass er nicht darüber reden wollte, denn normalerweise erzählte er mir alles, was ich wissen wollte. Und so war mir sogar bekannt, dass er eine Freundin hatte.

James: Wenn ich also diese Zulassung nach Stufe »Q« richtig verstehe: Wäre es ihr Job gewesen, an der Atombombe mitzuarbeiten, so hätten Sie diesen geheimen Ort mit der Zulassung »Q« ohne Weiteres betreten und verlassen können …

June: Jawohl.

James: Egal, was dies gewesen sein mag: Es fiel unter eine Geheimhaltungsstufe über …

June: der, für die ich die Zulassung hatte.

James: … der Zulassungsstufe Q …

June: Ja, so muss es wohl gewesen sein.[15]

Aus diesem Gespräch zwischen June Crain und James Clarkson ist zu schließen, dass – obwohl June die für den Stützpunkt höchste Zulassung nach der streng geheimen Stufe »Q« besaß – diese immer noch nicht ausreichte, um voll informiert am *Project Caucasian* zu arbeiten. Sie hätte an jedem Projekt oder jeder Sache mitwirken können, das/die ihr auf *Wright-Patterson* – und selbst Atomgeheimnisse betreffend – zugeteilt worden wäre, nicht jedoch am *Project Caucasian*. June glaubte nicht ohne Grund, dass dies etwas mit den Körpern Außerirdischer zu tun gehabt haben müsse, die einige Tage zuvor auf dem Stützpunkt angekommen waren.

Was June nicht wusste: Die Antwort zu dem sich ihr stellenden Rätsel hätte mehrere Jahre vorher – 1950 – ein Techniker der kanadischen Regierung geben können. Wilbert B. Smith leitete die erste streng geheime Untersuchung der kanadischen Regierung über UFOs. Nach einem Treffen in Washington, D. C., mit dem Physiker Robert Sarbacher vom *Research & Development Board* des *US Defense Department* (Forschungs- und Entwicklungsausschuss des US-Verteidigungsministeriums) unter der Leitung von Dr. Vannevar Bush, einem Treffen, bei dem auch über das Thema »UFOs« gesprochen wurde, kehrte Smith mit einigen sensationellen Informationen für seine Vorgesetzten nach Kanada zurück. In einem strengster Geheimhaltung unterliegenden Memorandum der US-Regierung zum Thema »UFOs«, so erklärte Smith, werde festgestellt: »**Die Sache unterliegt seitens der Regierung der Vereinigten Staaten allerhöchster Geheimhaltung, die noch über die die Wasserstoffbombe betreffende hinausgeht.**«[16] Einer noch strengeren Geheimhaltung, so sollten wir ergänzen, als die June Crain gewährte Zulassung nach Stufe »Q«.

Bei anderer Gelegenheit beobachtete June Crain einen Offizier, der lässig ein Stück Material vorzeigte, das als Memory-Material bekannt geworden ist und das an einer UFO-Absturzstelle geborgen wurde. Er legte das Stück Material auf ihren Schreibtisch und wollte sie auf den Arm nehmen, indem er ihr Folgendes sagte: »**Nun machen Sie schon. Versuchen Sie doch, es zu zerreißen!**« Nachdem sich ihr nun die seltene Gelegenheit bot, das Material anzufassen, beschrieb sie es als »leicht wie eine Feder« und dass alle ihre Bemühungen erfolglos geblieben seien, dieses metallartige Artefakt zu beschädigen. Der Verzweiflung nahe fragte sie schließlich den Offizier: »Nun sagen Sie schon, was ist das?« »**Dies ist ein Stück Material von einem Raumschiff**«, antwortete er. »**Ich bin gerade aus New Mexico zurückgekommen und habe es von dort mitgebracht.**«[17] June erinnerte sich an den Namen des Offiziers nur als einen »Captain Wheeler«. (ANMERKUNG: Unserem Kollegen Anthony Bragalia war es möglich, innerhalb des Zeitfensters um 1950 auf dem Luftwaffenstützpunkt *Wright-Patterson AFB* nach ihm zu suchen und entsprechende Hinweise auf einen »Richard V. Wheeler« zu finden. Er arbeitete in der *Engineering Division – Parachute Branch* – (Technische Abteilung, Bereich Fallschirme) des *Air Material Command* –, der gleichen Abteilung wie June Crain![18]

June versuchte Clarkson zu beschreiben, wie sie versucht hatte, das kleine aluminiumfarbige Metallstück mit einer Schere zu zerschneiden, jedoch sei die Schere immer wieder abgerutscht, ohne auch nur den kleinsten Kratzer zu hinterlassen. Sie faltete es auf verschiedenste Weise und versuchte es zu zerreißen, jedoch nahm es immer wieder die frühere Form an. »**Ich habe alles Erdenkliche versucht, um das Material zu zerreißen, aber es war mir einfach nicht möglich. Das Material war auch nicht zu verbeulen. Ich konnte auf ihm auch keinerlei Markierung aufbringen. Es fühlte sich komisch glatt an. Nicht wie irgendein anderes Metall, das ich jemals in den Händen hatte. Ich habe noch nie irgendetwas mit derartigen Eigenschaften gesehen. Und so was von *leicht*!**«[19] Es war ihr einfach unbegreiflich, wie etwas so Leichtes eine solche Festigkeit haben konnte. Dann, als jemand anderes den Raum betrat, verstaute Captain Wheeler das Stück Metall schnell in seiner Tasche, was darauf schließen lässt, dass andere nicht wussten, dass er dieses Stück besaß und auch nicht in seinem Besitz hätte haben dürfen.[20] Zu vermuten ist ebenfalls, dass mehrere Jahre nach dem Roswell-Ereignis solche von dem Absturz stammende »Souvenirs« außerhalb der Beobachtung und des Zugriffs der zuständigen Stellen immer noch in Umlauf waren. Was June Crain angeht, so war sie eine der wenigen Glücklichen, denen es vergönnt war, ein Stück des *Heiligen Grals von Roswell* aus der Nähe zu betrachten und ihm persönlich zu begegnen – etwas, nach dem wir immer noch suchen.

Crain beschrieb ebenfalls, die seltene Gelegenheit gehabt zu haben, ein Diktat vom herausragenden deutschen Raketenwissenschaftler Wernher von Braun aufzunehmen, einem der weltweit wichtigsten Raketenwissenschaftler und Weltmeister der modernen Raumfahrt; er war für den Bau der Rakete *Saturn V* verantwortlich, die unsere *Apollo*-Astronauten erfolgreich auf dem Mond landen ließ. Es kann dokumentiert werden, dass von Braun zum Zeitpunkt des Absturzes 1947 zu verschiedenen Anlässen in Roswell war. Als June Crain für ihn arbeitete, erzählte er ihr, dass er von *drei* Abstürzen außerirdischer Herkunft wisse. Von Braun wurde damals von einer militärischen Eskorte aus Fort Bliss in El Paso, Texas, begleitet (wo etwa 200 deutsche Raketenwissenschaftler untergebracht waren, die nach dem Zweiten Weltkrieg im Rahmen eines Geheimprogramms mit dem Namen *Operation Paperclip* in die Vereinigten Staaten verbracht worden waren) – was die Bedeutung der Angelegenheit und seiner Reise nach Dayton noch unterstreicht. Von anderen wurde ebenfalls bezeugt, dass der berühmte Wissenschaftler ihnen gegenüber bestätigt hatte, Kenntnisse über den Roswell-Absturz aus erster Hand zu besitzen.[21] Später dann, im Jahr 1959, würde er folgendes Statement abgeben: »**Wir sehen uns mit Mächten konfrontiert, die wesentlich bedeutender sind, als dies bisher von uns angenommen wurde, und deren Operationsbasis uns bis heute unbekannt ist.**«[22] An dieser Stelle sei darauf hingewiesen, dass *White Sands Missile Range* in der Nähe von Alamogordo, New Mexico, wo die frühe Raketenentwicklung und -erprobung stattfand, nur einen kurzen Flug von Roswell und der Stätte des UFO-Absturzes im Jahr 1947 entfernt war. Seine Anwesenheit auf *Wright-Patterson* und die Präsenz anderer Deutscher aus dem Projekt *Paperclip* sind ebenfalls bestätigt.[23] Laut Crain war die Realität der UFOs und Abstürze unter den Wissenschaftlern und Technikern auf *Wright-Patterson* »allgemein bekannt«. »**Es war tatsächlich so. Ich will damit sagen, dass so darüber gesprochen wurde, als ob jeder von den Abstürzen wusste …, man sagte, dass es hinsichtlich der Existenz einer, sagen wir, fliegenden Untertasse – oder wie immer man es nennen mag – überhaupt keinen Zweifel gebe.**«[24]

Was also sollen wir von June Crain als einer historischen Zeugin halten? Auf der Negativseite war die Tatsache zu verbuchen, dass ihre drei Anstellungsperioden innerhalb des Zeitrahmens von zehn Jahren in *Wright-Patterson* tatsächlich insgesamt nur zweieinhalb Jahre ausmachten und keine davon in die Zeit des Roswell-Ereignisses fiel. Auf der Positivseite der Gleichung steht jedoch die Tatsache, dass June sehr schnell zu einer respektierten und hoch geschätzten Mitarbeiterin wurde, was dadurch belegt ist, dass sie die Zulassung für die streng geheime Stufe »Q« erhielt. Sie war also in einer Position gewesen, die von ihr beschriebenen Ereignisse zu beobachten und von ihnen zu hören oder zu wissen. Auch war es ihr möglich, ihre Beschäftigungszeiten und ihre jeweilige Position in *Wright-Patterson* mit Dokumenten zu belegen. Aber was ist mit ihrer Geschichte?

Im Verlauf der Jahre sind wir einer Reihe von angeblichen Zeugen des Ereignisses von Roswell aus dem Jahr 1947 begegnet, die sowohl von der Zeit als auch von der Örtlichkeit her in einer günstigen Position waren, um sich fälschlicherweise als angebliche Beteiligte in die Roswell-Geschichte einzubringen, obwohl dies absolut nicht der Fall war. Diese angeblichen Zeugen sind am schwersten zu überprüfen, da sie durch ihre Kenntnisse des Umfeldes so klingen, als ob sie genau wüssten, wovon sie reden. In einigen Fällen hat es Jahre gedauert, bis sie entlarvt werden konnten. Erfahrung, Geschicklichkeit und Bestimmtheit der Ermittler sind von entscheidender Bedeutung, um die Wahrheit herauszufinden; wir müssen uns auf diese Ermittler verlassen können, um die richtigen Schlussfolgerungen zu ziehen.

Unter Berücksichtigung dieser Aspekte wollen wir uns nunmehr etwas näher mit James Clarkson befassen. Er ist Polizeibeamter im Ruhestand der Polizei in Aberdeen, Washington; während mindestens der Hälfte seiner Dienstzeit war er dort als Kriminalbeamter im Einsatz. Davor war er ziviler Ermittler der Militärpolizei der *US Army*. Die letzten acht Jahre arbeitete er als Ermittler im Betrugsdezernat der Konzessionsvergabestelle im Bundesstaat Washington. Rechnet man all dies zusammen, so hat Clarkson über 30 Jahre damit verbracht, Ermittlungen zu führen, Befragungen vorzunehmen und Menschen hinsichtlich Ehrlichkeit, Schuld und Unschuld zu beurteilen. Seine Einschätzungen in Bezug auf June Crain sind daher ungewöhnlich klar und von Gewicht sowie unserer Meinung nach absolut zuverlässig.

June (Crain) Kaba verstarb 1998 im Alter von 73 Jahren an Krebs – etwas mehr als ein Jahr nachdem sie James Clarkson zum zweiten Mal kontaktiert und ihm die Erlaubnis erteilt hatte, ihre Geschichte öffentlich zu machen. Im Gegensatz zu Trittbrettfahrern und Märchenerzählern blieb die Geschichte von June seit der ersten Kontaktnahme mit Randle und Schmitt im Jahr 1990 unverändert. Hierzu Clarkson: **»Sie war sehr vorsichtig und sagte mir, wenn sie sich an bestimmte Details nicht erinnern konnte. Sie wolle mir nur das erzählen, was in ihrer Erinnerung die Wahrheit war – nur dies und nichts anderes. Ich glaube, dass June wusste, dass sie ihr Leben betreffend Bilanz ziehen musste. Und so entschied sie sich, ihr Schweigen zu brechen. Auf der Welt gibt es kein Gericht, das denen, die glauben, dass sie nicht mehr lange zu leben haben, nicht ein Mehr an Glaubwürdigkeit zugesteht.«**[25] An anderer Stelle sind solche Situationen von uns als »Bekenntnisse auf dem Totenbett« bezeichnet worden. Eine rechtmäßig bessere Definition jedoch ist die von James Clarkson gewählte Bezeichnung »Erklärung von Sterbenden« insbesondere im Hinblick auf deren Ausnahme von der »Gerüchteregel«, gemäß der normalerweise Zeugenaussagen aus zweiter Hand in Gerichtsverfahren nicht zugelassen sind.[26] Diese Doktrin würde im Fall »June« bei ihren Aussagen aus zweiter Hand greifen, dass sie in ihrem Job und an ihrem Arbeitsplatz andere über abgestürzte UFOs und kleine Körper reden gehört habe. Am Ende ihrer Tage war June schließlich ein aufrichtiger Mensch gewesen, so James Clarkson, »der zwischen Patriotismus und Sachlichkeit hin- und hergerissen war und der niemals gewillt war, Lügner, Dummköpfe und Narren sowie Heuchler und Scheinheilige zu ertragen«[27]. Und dies drückte sie so aus: **»Ich habe immer ein sauberes Leben geführt und mir nichts zuschulden kommen lassen. Ich bin eine Kämpferin, und ich glaube an die Wahrheit. Und ich mag es absolut nicht, wenn jemand versucht, mir irgendetwas anzuhängen.«**[28]

Nein, June Crain ist keine Zeugin mit »rauchendem Colt«, sondern eine wichtige Zeugin zur Untermauerung von Insiderwissen über die geheime Geschichte von *Wright-Patterson*. So ruhe denn in Frieden, June!

Kapitel 8

Jagdflieger-Ass begegnet etwas Glitschigem und Verrunzeltem

»Es lebte. Aber wir töteten es!«
Nightfighter: Radar Intercept Killer (zu Deutsch: *Nachtjäger: Radarabfangkiller*) von Mark A. Magruder

Für die ganze Welt sah er aus wie Tyrone Power in jungen Jahren in seiner Fliegermontur und bereit, mit seiner Maschine zu starten und gegen die deutsche Luftwaffe zu kämpfen – wie im Spielfilm *A Yank in the RAF* (zu Deutsch: *Ein Amerikaner in der Royal Air Force*) aus dem Jahr 1941 oder der im Film *Eagle Squadron* (zu Deutsch: *Adlerstaffel*) von 1942 ähnlich auftretende und motivierte Robert Stack. Als Realität gegenüber der Filmkunst und nicht umgekehrt waren derartige Kinostreifen für Leutnant Colonel Marion Milton »Black Mac« Magruder das Abbild seines wahren Lebens. Nach der Ausarbeitung von taktischen Einsatzplänen, die er als Nachtjäger bei den Briten kennengelernt hatte, sollte er als Pilot im Zweiten Weltkrieg ein Jagdflieger-Ass werden und zum Staffelführer der legendären »Black Mac's Killers« avancieren. Seiner Staffel wurde eine *Presidential Unit Citation* (eine besondere Auszeichnung für Tapferkeit) zuerkannt, nachdem sie 1945 in einer der größten und blutigsten Schlachten im Pazifik während des Krieges die japanischen Flugzeuge aus dem Nachthimmel über Okinawa weggefegt hatten. Außerdem wurden »Black Mac« zwei *Bronze Stars*, die *Air Medal with Gold Stars*, die *American Defense Service Medal with Base Clasp*, die *European-African-Middle Eastern Area Campaign Medal*, die *American Area Campaign Medal*, die *World War II Victory Medal* und die *National Defense Service Medal* verliehen.[1]

Im Sommer 1947 besuchte der 36 Jahre alte Magruder ein Seminar am *Air War College (AWC)* in *Maxwell Field* in Montgomery, Alabama. Es war dies das zweite Seminar dieser Art, das nach dem Krieg veranstaltet wurde,[2] und Magruder sollte die Ehre zuteil werden, als erster Marineoffizier die *Air University* des *Air War College* zu besuchen und dort seinen Abschluss zu machen.[3] Die Teilnehmer an diesem Seminar waren Offiziere im Rang eines Generals bis hinunter zum

Marion »Black Mac« Magruder, Nachtjagdflieger und Staffelführer im Zweiten Weltkrieg, beim Anlegen seiner Fliegermontur als Vorbereitung zu einem Einsatz irgendwo in der Nähe von Okinawa.

Oberstleutnant als dem niedrigsten Dienstgrad, der zur Teilnahme am Programm berechtigt war. Die für das Seminar ausgewählten Offiziere galten als die »besten und intelligentesten« auf ihrem jeweiligen militärischen Gebiet und waren als die künftigen Führer und Spitzen der US-Militärdoktrin zu Beginn der Nachkriegsära auserkoren.

Magruders Seminar am *Air War College* sollte ungefähr ein Jahr – von Juli 1947 bis Juni 1948 – dauern. In dieser Zeit sollten die Offiziere eine moderne Ausbildung in Militärgeschichte, Entscheidungsfällung und geopolitischer Strategie erhalten. Neun Monate des Seminars waren bereits vergangen, als im April 1948 alle Teilnehmer zu einem einwöchigen Seminarpraktikum mit Schulung vor Ort zu dem neu fusionierten Luftwaffenstützpunkt *Wright-Patterson Air Force Base* geflogen wurden.[4] Zu einer Sache von höchster Eile und Bedeutung war die »Meinung« der Seminarteilnehmer gefragt. Laut Mark Magruder, dem Sohn von Marion, wollte das Militär die Rückmeldung der Seminarteilnehmer zu einer im Hinblick auf militärische und politische Planung strategischen Entscheidung. »Im Grunde suchten die Spitzen des Militärs nach Rat und Orientierungshilfen zu einer von ihnen zu treffenden kritischen Entscheidung.«[5]

Ohne zu wissen, was sie erwartete, wurden die wissbegierigen Offiziere in einen Raum geführt, wo man sie über die Bergung eines außerirdischen Raumschiffs, das nahe der Stadt Roswell, New Mexico, im Sommer zuvor abgestürzt war, nach dem damaligen *Wright Field* informierte.[6] Den meisten Offizieren war nichts über den Absturz bekannt, und so standen sie vor einem Rätsel, als ihnen einige der fremdartigen Wrackteile zur Untersuchung vorgelegt wurden.[7] Nach Aussage von Mark habe sein Vater die Wrackteile als »nicht von dieser Welt« beschrieben. Am interessantesten war ein Teil, das sein Vater als »metallisches Tuchgewebe« bezeichnete, das leicht war, eine hohe Festigkeit besaß und zu einem Ball zusammengedrückt werden konnte, der nach dem Loslassen wieder in seine ursprüngliche flache Form zurückkehrte. Bei dieser Beschreibung benutzte sein Vater auch den Begriff »folienartig«. (Wir würden dieses Material heute natürlich ein Stück Memory-Metall nennen.) Sein Vater sprach ebenfalls von Wrackteilen, die fremdartige und seltsame Markierungen aufwiesen, die er wegen des Fehlens eines treffenderen Begriffs als »Hieroglyphen« bezeichnete und die für ihn keinen Sinn ergaben.[8] Marion erzählte seinem Sohn außerdem, dass man seiner Gruppe Fotos des abgestürzten Fahrzeugs gezeigt habe und dass Letzteres definitiv nicht halbmondförmig gewesen sei (wie von Kennedy Arnold die Form der Objekte beschrieben wurde, die er im Juni 1947 in der Nähe des Berges Mt. Rainier gesehen hatte) und auch nicht die Form eines Dreiecks gehabt habe (wie von dem nicht glaubhaften Monteur Frank Kaufmann Anfang der 1990er-Jahre beschrieben), sondern vielmehr einer Scheibe geähnelt habe. Für »Black Mac« stammte das Material, das von ihm eingehend untersucht worden war, eindeutig »aus einer anderen Welt«, wobei er niemals zuvor etwas dieser Art gesehen oder in den Händen gehalten hatte.[9]

Der wirkliche Schock sollte jedoch erst noch kommen. Nachdem jeder aus der Gruppe eine Möglichkeit erhalten hatte, die fremdartigen Wrackteile näher zu untersuchen und in die Hand zu nehmen, wurden die Seminarteilnehmer in einen anderen Raum geleitet. Dort wurde ihnen *etwas anderes* gezeigt, das Marion Magruder für den Rest seines Lebens als Albtraum verfolgen sollte.[10] Irgendwie aber schaffte er es,

Kapitel 8 147

das Gesehene in den folgenden 20 Jahren für sich zu behalten. Aber am 20. Juli 1969 – dem Tag, an dem Neil Armstrong und Buzz Aldrin mit *Apollo 11* als erste Menschen auf dem Mond landeten – gestand »Black Mac« Magruder schließlich seinen fünf Söhnen – Mark, Mike, Merritt, Marshall und Marion jun. –, dass er aufgrund einer Begebenheit in seiner Vergangenheit wisse, dass es ET (Außerirdische) wirklich gebe. Und die obligatorische Frage eines seiner Söhne nach »kleinen grünen Männchen« beantwortete er kurz und bündig wie folgt: »**Sie waren nicht grün.**«[11] »Black Mac« ging nicht weiter auf die seinen Söhnen gegenüber gemachten Äußerungen ein, wieso ihr Vater zu diesem Zeitpunkt über diese Dinge Bescheid wusste. Im darauf folgenden Vierteljahrhundert und insbesondere nachdem in den 1980er- und 1990er-Jahren Bücher und TV-Sendungen über Roswell auf den Markt kamen und ausgestrahlt wurden, legte er allmählich sein zögerliches Verhalten ab, mit ihnen über »den Rest der Geschichte« zu diskutieren, womit er und die übrigen Teilnehmer an seinem Seminar am *Air War College* bei einer Reise zum Luftwaffenstützpunkt *Wright-Patterson Air Force Base* im Jahr 1948 konfrontiert worden waren.[12]

Viele Jahre später, und zwar auf seinem Totenbett, erinnerte sich »Black Mac« Magruder an seine Begegnung mit einer anderen Welt während seiner Reise nach *Wright-Patterson* im Jahr 1948 zusammen mit den anderen Teilnehmern seines Seminars am *Air War College*: Nachdem man sie über den Absturz und die Bergung bei Roswell informiert hatte und ihnen die Möglichkeit geboten worden war, einige der Wrackteile zu untersuchen, wurde den Seminarteilnehmern mitgeteilt, dass es einen Überlebenden des Absturzes gegeben habe; man habe sie dann in einen anderen Raum geführt. Genau wie seine vier Brüder hatte auch Magruders Sohn Mike bereits die Geschichte gehört, aber dieses Mal war sie für Natalie, die Tochter von Mike, bestimmt, die sich für das Thema »UFOs« interessierte.[13] Marion erzählte ihr, dass die »Kreatur«, wie er sie nannte, etwa 120 Zentimeter groß gewesen sei und ein im Allgemeinen menschliches Aussehen gehabt habe, jedoch mit dünnen Armen und einem übergroßen Kopf für die kleine Gestalt. Ihre anderen Merkmale, so die Beschreibung von Mark Magruder, hätten denen der Darstellungen anderer geähnelt, die behauptet hatten, die Roswell-

Körper gesehen zu haben: ein schmaler Spalt von etwa zweieinhalb Zentimetern Länge als Mund, nur zwei kleine Öffnungen dort, wo die Nase hätte sein sollen, anstelle der Ohren eine kleine Öffnung auf jeder Seite des Kopfes und große, breit auseinanderlaufende Augen.[14] Ein großer Unterschied gegenüber den meisten anderen Beschreibungen jedoch war die Hautfarbe der Kreatur. Sie war nicht nur nicht grün, wie »Black Mac« bereits festgestellt hatte, sondern sie war auch nicht grau. Laut Mark Magruder habe sein Vater gesagt, dass die Haut des Wesens eine »fleischähnliche« Färbung gehabt habe.[15] (Anmerkung: Der rosa Farbton könnte durch die Tatsache erklärbar sein, dass das Wesen immer noch lebte, während die meisten anderen Zeugen, die die Farbe beschrieben, die Körper in verschiedenen Stadien der Verwesung gesehen hatten.) Sich aus der Erinnerung nochmals ein Bild von der Kreatur machend, erklärte Magruder, dass – obwohl er nie darüber gesprochen habe – damals eine Art von Verbindung dadurch entstanden sei, dass er eine große Empathie für das Wesen zu empfinden glaubte. Dies hatte zur Folge, dass er im Laufe der Jahre immer darauf achtete, die »menschenähnlichen« Eigenschaften des kleinen, kindlich erscheinenden Wesens zu unterstreichen.[16] Von einem ähnlichen Gefühl berichtete ein anderer Augenzeuge, der eine nahe Begegnung mit dem lebenden außerirdischen Wesen von Roswell hatte: Dan Dwyer von der Feuerwehr in Roswell hatte die Absturzstelle noch vor dem Militär erreicht, als er von Angesicht zu Angesicht einem lebenden, gehfähigen, außerirdischen Wesen gegenüberstand. Er erzählte seiner Familie, dass das Wesen – obwohl er es nicht angesprochen habe – »gedanklich« mit ihm in Kontakt getreten sei, sodass ihn ein starkes Gefühl der Sympathie für dieses Wesen übermannt habe, das offensichtlich allein auf einem fremden Planeten gestrandet zu sein schien.[17] Nach seiner letzten Erinnerung für seine Enkelin musste »Black Mac« dennoch ihr gegenüber zugeben, dass die Kreatur, die er gesehen hatte, trotz ihrer menschenähnlichen Eigenschaften für ihn *glitschig* (gummiartig) aussah und dass es außer Frage stand, dass »**sie eindeutig nicht von diesem Planeten stammte**«.[18]

Colonel Magruder war selbst auf dem Totenbett, wo er an seinem 86. Geburtstag am 27. Juni 1997 friedlich einschlief, nicht bekannt, dass die gleichen allgemeinen Begriffe, die er zur Beschreibung des »Überlebenden« von Roswell gewählt hatte, auch von anderen Offizieren des Militärs benutzt worden waren, die die Möglichkeit hatten, die aus dem Roswell-Absturz stammenden Körper näher in Augenschein zu nehmen. Im Jahr vor Magruders Seminarreise nach Dayton waren von Captain Oliver »Pappy« Henderson am 8. Juli 1947 nicht nur Wrackteile, sondern auch die erste Gruppe von Körpern Außerirdischer nach dem damaligen *Wright Field* geflogen worden (siehe Kapitel 6). Nachdem er die auf dem Boden des Hangars liegenden Körper unmittelbar vor deren Verladen für den Flug gesehen hatte, würde Captain Henderson deren Aussehen später so beschreiben, dass sie ihn an die Comicfigur »Casper, der kleine Geist« erinnert hätten.[19] Major Jesse Marcel sen., der Nachrichten- und Geheimdienstoffizier auf dem Stützpunkt Roswell, der am 6. Juli 1947 zur Absturzstelle entsandt wurde und der 30 Jahre später das Interesse an der Roswell-Geschichte neu entfachte, indem er sein Schweigen zu diesem Thema brach, erzählte einem seiner Untergebenen, dass die Außerirdischen von Roswell das Aussehen »weißer gummiartiger Figuren« gehabt hätten.[20] Man braucht nicht viel zu überlegen, um zu dem Schluss zu kommen, dass von allen drei Männern das Gleiche beschrieben wurde, wenn auch jeweils aus eigener Sicht und mit entsprechenden Termini.

Nach Aussage von Mike Magruder erfuhr sein Vater später, dass das Militär Experimente an dem Wesen, das er sah, durchgeführt hatte, das Wesen dabei aber zu Tode gekommen war. »Black Mac« Magruder, dessen Augen sich bei dem Gedanken an den kleinen Außerirdischen, dem er auf *Wright-Patterson* begegnet war, mit Tränen füllten, meinte dazu: **»Es war eine Schande, dass diese Kreatur durch das Militär vernichtet wurde, indem man an ihr Experimente durchführte … Sie haben dieses Wesen getötet!«**

Marion »Black Mac« Magruder machte im Juni 1948 seinen Abschluss am *Air War College* als Mitautor einer Abhandlung mit folgendem Titel: *The Impact and Role of Missiles in a War During the Foreseeable Future (5–10 years)* (zu Deutsch: *Auswirkung und Rolle von Marschflugkörpern in einem in absehbarer Zukunft – in einem Zeitraum von fünf bis zehn Jahren – stattfindenden Krieg)*. Im Jahr 1950 wurde Magruder vom *Secretary of the Navy* (Marineminister) persönlich ausgewählt und nach Deutschland entsandt. Als einziger Marinesoldat auf dem Schauplatz Europa wurde er damit betraut, für den Fall eines russischen Angriffs einen Plan für den Einsatz taktischer Atomwaffen auszuarbeiten. Dieser Plan behielt auch während des Kalten Krieges seine Gültigkeit.[22] In der Zeit von 1954/55 besuchte er das *National War College*, wo er auch seinen Abschluss machte und wo seine These »Nuclear Weapons – An Instrument of National Policy« (zu Deutsch: »Atomwaffen – ein Instrument der nationalen Politik«) wegen ihrer Auswirkungen auf die Zukunft eine besondere Auszeichnung erhielt. Im Rahmen seiner nach oben führenden militärischen Karriere war er außerdem mit einer Reihe von Sonderaufgaben in aller Welt mit hohem Prestigewert betraut, wozu auch seine Bestellung als Stabschef der *G-4 Fleet Marine Force Pacific* und seine Ernennung zum Befehlshaber der *Marine Air Station* in Kaneohe, Oahu, Hawaii, gehörten. In der letztgenannten Funktion betreute er Präsident Eisenhower während eines fünftägigen Besuchs.[23] Bis 1961 hatte Magruder dann zehn Jahre lang den Rang eines Oberst bekleidet, wobei ihm dann jedoch angesichts der Tatsache, dass er sich wegen einer Kleinigkeit den bleibenden Groll eines Kommandanten des *Marine Corps* zugezogen hatte, bewusst wurde, dass seine Beförderung in den Rang eines Generals

Das Seminar 1947/48 des Air War College *auf dem Luftwaffenstützpunkt* Maxwell Air Force Base *in Montgomery, Alabama. Marine Leutnant Colonel Magruder steht genau in der Mitte der ersten Reihe.*

Seminar 1947/48 – Gruppe 1 des Air War College.

Kapitel 8 151

niemals stattfinden würde. Deshalb beschloss Marion M. »Black Mac« Magruder, zum 31. August 1961 nach 26 Jahren vorbildlichen Einsatzes für sein geliebtes *Marine Corps* und sein Land aus dem Dienst auszuscheiden.[24]

Da er sich aber nicht nur einfach zurücklehnen und von seiner ihm vom Militär gezahlten Pension leben wollte, wagte der Neuzivilist Mac Magruder nunmehr auf höchster Ebene den Einstieg ins Geschäftsleben mit der gleichen Geschicklichkeit, Aggressivität und Professionalität, die ihn bereits auszeichnete, als er im Pazifik japanische *Zeros* vom Himmel geholt hatte. Nachdem er schon sehr bald für sich die Entscheidung getroffen hatte, dass es für ihn besser sei, als privater Geschäftsmann zu agieren, anstatt für andere tätig zu werden, erwarb er im Bundesstaat Colorado eine Konzession als Franchisenehmer von *McDonald's*. Bevor er sich zum zweiten Mal in den Ruhestand begab, besaß er 30 *McDonald's*-Konzessionen in Colorado, Arizona und Kalifornien.[25] Zieht man sein Selbstvertrauen, seine Weitsicht, seine persönlichen Fähigkeiten und sein Streben nach Erfolg in Betracht, so waren die von »Black Mac« Magruder als Zivilist erbrachten Leistungen für niemanden, der ihn kannte, eine wirkliche Überraschung.

Ein die Seminarreise des *Air War College* nach *Wright-Patterson* im April 1948 betreffendes wichtigeres Argument lautet dahin gehend, dass zum damaligen Zeitpunkt die *Air Force* in Abstimmung mit der Regierung immer noch keine Entscheidung getroffen hatte, wie mit dem Geheimnis umgegangen werden sollte, das sie den Bürgern, denen sie dienen sollte, sowie ihren eigenen Dienstgraden verschwieg. Nachdem neun Monate zuvor die Roswell-Geschichte aus dem Fokus genommen und eine möglicherweise chaotische Situation vermieden worden war, indem diesbezüglich alle Informationen geleugnet und abgestritten wurden, hatte die *Air Force* letztendlich wieder zu Atem kommen können. Sie war nun bemüht, von ihren aufstrebenden »besten und hellsten Köpfen« vernünftige Ratschläge zu bekommen. Wie würden Soldaten reagieren, wenn sie wüssten, dass sie im Universum nicht allein waren? Würden sie in Panik geraten oder diese Tatsache einfach »aus ihrem Gedächtnis streichen«, wie dies bei einigen Offizieren in Roswell der Fall war? Würde man ihnen dieses Wissen anvertrauen können, und – was noch wichtiger ist – würden sie dieses Geheimnis gegenüber allen andere wahren? Die allgemeine Meinung der Teilnehmer am Seminar des *AWC* zu diesen Fragen ist uns nicht bekannt, jedoch erzählte Magruder seinen Söhnen, dass das Militär die Seminarteilnehmer nach ihrer Meinung befragen wollte, was getan werden könnte. Was würden die Seminarteilnehmer strategisch (und soziologisch) für den besten Weg halten, und würden sie selbst mit dieser Wahrheit umgehen können?[26]

Die *Air Force* und/oder die Regierung waren sich offensichtlich *immer noch nicht* über ihre Vorgehensweise im Klaren, denn auch das nächste Seminar des *Air War College* – das von 1948/49 – wurde ebenfalls nach *Wright-Patterson* eingeladen, um die Roswell-Wrackteile zu untersuchen und mit ET Bekanntschaft zu machen.[27] Kevin Randle, ein angesehener Roswell-Forscher und selbst ein ehemaliger Nachrichten- und Geheimdienstoffizier bei der *Army*, schrieb hierzu: »[S]ieht man sich beim Militär einer bereits aufgeklärten, talentierten und älteren Gruppe gegenüber, so könnte man diese Erfahrung nutzen, weil …, nun, weil sie einfach vorhanden ist.«[28] Dies wäre das zweite und letzte Seminar des *AWC*, das diese Reise macht. Eine Entscheidung war gefallen: Die *Air Force* und die US-Regierung würden »das Geheimnis« weiterhin vor jedermann geheim halten« und bestreiten, dass das Roswell-Ereignis (was den Absturz und die Bergung eines UFOs nebst Besatzung angeht) irgendetwas anderes gewesen sei als ein Ballon mit einer einfachen Gliederpuppe, und so lange leugnen, dass UFOs existieren, bis eines auf dem Rasen des Weißen Hauses gelandet wäre.

Von der Familie Magruder sind ausreichende und überzeugende Beweise in Form von Dokumenten beigebracht worden, dass ihr Vater während der ersten Aprilwoche 1948 mit den anderen Teilnehmern seines Seminars des *Air War College* zu dem von ihm genannten Zeitpunkt an dem von ihm angegebenen Ort gewesen war. Skeptiker würden sagen, dass – auch wenn dies wahr sein sollte – dies immer noch nicht beweist, dass der die Außerirdischen betreffende Teil der Geschichte stimmt. Diese Skeptiker wären erst dann zufrieden, wenn ihnen ein beglaubigtes Foto vorgelegt würde, auf dem »Black Mac« und ET sich mit Handschlag begrüßen, oder auf dem Stundenplan des Seminars des *AWC* der folgende Vermerk zu sehen sei: »Reise zur *Wright-Patterson AFB* zwecks Treffen mit ET«. Für die Übrigen von uns ergibt sich der Wahrheitsgehalt der Geschichte nicht zuletzt auch wegen der vorliegenden Unterlagen aus der Art von Persönlichkeit, die »Black Mac« Magruder zu Lebzeiten war und die auch in der Glaubwürdigkeit seiner überlebenden Familienmitglieder ihren Niederschlag findet. Wie im Fall früherer Trittbrettfahrer wird der Grund für das Erzählen von Märchen allgemein zu irgendeinem Zeitpunkt der Nachforschungen erkennbar – ein Grund, bei dem es normalerweise darum geht, ein Bedürfnis nach Beachtung zu stillen in der Hoffnung, dass am Ende des Regenbogens letztendlich eine finanzielle Belohnung wartet. Im vorliegenden Fall »Magruder« scheinen angesichts seiner militärischen Leistungen während des Krieges und seines geschäftlichen Erfolges nach Ausscheiden aus dem Militärdienst weder das Bedürfnis nach Beachtung noch die Hoffnung auf einen finanziellen Vorteil zuzutreffen. Nachdem sie sich des »*McDonald's*-Imperiums« des Vaters entledigt hatte, steht die Familie Magruder heute mehr als gut da. Aus unserer Erfahrung wissen wir ebenfalls, dass überlebende Familienmitglieder der »Reichen und Berühmten« sowie bedeutender Persönlichkeiten aller Schattierungen darauf bedacht sind, dass ihrer Verstorbenen in der Öffentlichkeit mit Würde und Respekt gedacht wird. Dabei ist der Begriff »UFO« kein Wort, das mit diesem Gedächtnis in Verbindung gebracht werden oder in einem Nachruf zu lesen sein sollte. In Anbetracht dessen, was uns in diesem Fall über die Hauptperson und die überlebenden Familienmitglieder bekannt ist, gibt es keinen logischen Grund, über ihren geliebten Vater eine Geschichte der in diesem Kapitel beschriebenen Art zu erfinden. So, wie es war, bedurfte das wirkliche Leben von »Black Mac« keinerlei Beschönigung, was er auch nicht zugelassen hätte. Er wird ihnen immer als einer der Größten der »großartigsten Generation« Amerikas in Erinnerung bleiben.

Kapitel 9

Projekt *Sign:* »Die Einschätzung der Situation«

Am 23. September 1947 verfasste Leutnant General Nathan Twining ein Schreiben an Brigadier General George Schulgen, aus dem hervorging, dass »Untertassen« tatsächlich existieren. In dem historischen Schriftstück erläuterte Twining die erste offizielle Beurteilung zum Thema »UFOs«. Hierbei ging es im Wesentlichen um die folgenden Punkte:

1. Das Phänomen ist etwas Reales und keine Halluzination, kein Hirngespinst und keine falsch interpretierte Naturerscheinung – sondern »etwas, das wirklich herumfliegt«.

2. Die Oberfläche der Objekte ist metallisch oder aus irgendeiner anderen reflektierenden Substanz hergestellt.

3. Die Objekte hinterlassen kaum eine Spur, es sei denn bei Hochleistungsoperationen.

4. Die Objekte sind von runder oder elliptischer Form; sie sind an ihrer Unterseite glatt und an ihrer Oberseite mit einer flachen Kuppel versehen.

5. Flüge können in gut geordneten und eingehaltenen Formationen von drei bis neun Scheiben stattfinden.

6. Die Geschwindigkeiten werden auf mehr als 300 Knoten geschätzt.

7. Ihre geschätzte Größe entspricht in etwa derjenigen der »von Menschenhand gebauter« Flugzeuge.[1]

Was selbst innerhalb von UFO-Kreisen nicht allgemein bekannt ist, ist die Tatsache, dass am Ende des Schreibens eine handschriftliche Auflistung von ranghohen Offizieren und Wissenschaftlern zu finden ist, die an der »Koordination« des Schriftstücks mitgewirkt hatten – insbesondere Leute aus den Laboratorien für Flugzeugbau, Propeller und Antriebsaggregate sowie aus der Technischen Abteilung T-3 in *Wright Field*. Nach eingehenden Beratungen hatten seine führenden Luft- und Raumfahrttechniker von dort im Wesentlichen Folgendes erklärt: »**Das Phänomen ist real und stammt nicht von uns.**« Damit hatte Twining sein Wissen um die Realität der fliegenden Untertassen eindeutig bekundet. Was wusste der General über etwas, das für seine Berater aus dem Nachrichten- und Geheimdienst nicht zugänglich war? Was war damals geschehen, das die hohen Tiere im Pentagon und in *Wright Field* gezwungen hatte, ein solches definitives Statement zur Bestätigung der Realität von UFOs abzugeben? Gewiss wurde diese Schlussfolgerung im Verlauf von einigen Monaten getroffen. Wie beschrieben, gestalteten sich Nachforschungen langwierig, gab es kaum Fotobeweise und wurden die meisten Sichtungen nicht weiterverfolgt. Nur etwas physisch Handfestes wäre als Beweise unwiderlegbar gewesen. Also nur ein Ereignis wie die Bergung derartiger physischer Beweise … Ein Wetterballon wäre dieser Forderung kaum gerecht geworden. Es liegt auf der Hand, dass in New Mexico zwei Monate vor der erstaunlichen Beurteilung durch Twining etwas Außergewöhnliches passiert sein musste. Und wohin waren die vom angeblichen Absturz einer fliegenden Untertasse stammenden Wrackteile gebracht worden? Nach *Wright Field* – dem Hauptquartier von Twining.

***

Twinings Schreiben muss für fast jeden Nachrichten- und Geheimdienstler der *Air Force* außerhalb von *Wright Field* ein Schock gewesen sein – vor allem aber für den Empfänger Brigadegeneral Schulgen, der gerne gehört hätte, dass alles unter Kontrolle sei und es sich um einen eigenen geheimen Flugkörper gehandelt habe. Anstatt die Empfehlung zu geben, künftige Anfragen auszusitzen, machte Twining die Angelegenheit zu einem offiziellen zentralen Geheimprojekt, um Informationen über UFOs zu sammeln. Was aber noch wichtiger ist: Die Sache wurde nicht nur gegenüber der Öffentlichkeit und den Medien, sondern auch gegenüber den Nachrichten- und Geheimdienstlern zensiert, die im Außendienst die Daten über die wirkliche Art des neuen Phänomens erfassen sollten. Die gesammelten Informationen sollten als geheime Verschlusssache an entsprechende Personen des Militärs, der *Atomic Energy Commission* (Atomenergiekommission), des *Joint Research and Development Board* (Gemeinsamer Forschungs- und Entwicklungsausschuss), der *Air Force Scientific Advisory Group* (Wissenschaftliche Beratungsgruppe der *Air Force*), das *National Advisory Committee on Aeronautics* (Nationales Beratungskomitee für Luft- und Raumfahrt), der *NACA* (die Vorgängerin der *NASA*), des Projekts *RAND* (Research and Development = Forschung und Entwicklung) und des Projekts *Nuclear Energy for Propulsion of Aircraft* (NEPA = Nuklearenergie für Flugzeugantriebe) weitergeleitet werden. Jedes dieser Projekte war als streng geheime Verschlusssache eingestuft; außerdem gehörten zu ihnen die besten Wissenschaftler aus der Regierung, alles Experten auf ihren jeweiligen Fachgebieten, was eindeutig zeigt, wie dringend seitens des Pentagon und des *Air Material Command (AMC)* in *Wright Field* Antworten benötigt wurden.

Einer dieser Spitzenwissenschaftler war der Zivilist Alfred C. Loedding, ein Luft- und Raumfahrtingenieur, von dem das erste *Jet Propulsion Laboratory* (Labor für Düsentriebwerke) in *Wright Field* in Betrieb genommen wurde. Als Luftfahrtexperte hatte Loedding bei der *Bellanca Aircraft Company* gearbeitet, bevor er 1938 die Position bei T-3 (Technik) in *Wright Field* übernahm. Auf der Grundlage aller in dieser Funktion gegebenen Hinweise war die Welle der UFO-Sichtungen im Sommer 1947 für ihn von besonderer Faszination, sodass er unbedingt entsprechende Zeugen interviewen wollte. Schon bald war er selbst ein Hauptermittler für derartige Ereignisse geworden. Zu dieser Zeit gingen während der gesamten zweiwöchigen Welle von Sichtungen, die mit dem Absturz des unbekannten Objekts in New Mexico endeten, alle Berichte an das *Air Force Office of Intelligence* (Nachrichten- und Geheimdienst der *Air Force*) im Pentagon.[2]

General Howard McCoy entsandte einen von Loeddings Kollegen, den Zivilisten und Ingenieur George W. Towles, nach Roswell, um das aus dem Absturz stammende »Material« zu untersuchen und um sicherzugehen, dass »er über die ganze Geschichte« voll im Bilde sein würde.[3] Zahlreiche Zeugen des Militärs in *Roswell Army Air*

Field beschrieben die vielen Personen »in Zivilkleidung«, von denen die Bergungsoperation überwacht wurde, wobei Towles die Trümmer und das Absturzmaterial katalogisierte und bei der Vorbereitung zum Weitertransport dieser Dinge nach *Wright Field* half. Hochrangige Offiziere sowie Nachrichten- und Geheimdienstleute wie auch Agenten des *Secret Service* nicht nur aus *Wright Field*, sondern auch aus Washington, Los Alamos und *White Sands Proving Grounds* fanden sich in Roswell ein. So wie Earl Zimmerman anmerkte, der damals der Radiostation des Stützpunktes zugeteilt war: »Etwas außerordentlich Wichtiges lief da ab.«[4]

Eine weitere außerplanmäßige Ankunft in Roswell war die von Major General Laurence C. Craige, Chef der *Army Air Force Research and Engineering Division* unter der von LeMay geleiteten R&D-Abteilung im Pentagon. Craige wurde von LeMay von *Wright Field* geschickt, um die ganze Geschichte persönlich kennenzulernen. Nach einem einige Stunden dauernden Aufenthalt auf dem Stützpunkt in Roswell wurde Craige direkt nach Washington, D. C., geflogen, wo er und LeMay Präsident Truman ausführlich Bericht erstatten mussten. Unmittelbar nach dieser Berichterstattung lud das *Oval Office* zu einer ganzen Reihe von Treffen ein – offensichtlich um darüber zu diskutieren, was gerade in New Mexico bekannt geworden war.[5] Nach allen gemachten Beobachtungen hatten die Ereignisse bei Roswell die Nationale Sicherheit verletzt, sodass das Pentagon verzweifelt nach Antworten suchte. LeMay teilte der Presse Folgendes mit: »**Die *Army Air Force* betreibt kein Projekt mit Besonderheiten ähnlich der Art, wie diese uns in Verbindung mit den fliegenden Scheiben aufgefallen sind.**«

SECRET
COPY

TSDIN/HMM/1g/6-4100
23 September 1947

TSDIN

SUBJECT: AMC Opinion Concerning "Flying Discs"

TO: Commanding General
Army Air Forces
Washington 25, D. C.
ATTENTION: Brig. General George Schulgen
AC/AS-2

    1. As requested by AC/AS-2 there is presented below the considered opinion of this Command concerning the so-called "Flying Discs". This opinion is based on interrogation report data furnished by AC/AS-2 and preliminary studies by personnel of T-2 and Aircraft Laboratory, Engineering Division T-3. This opinion was arrived at in a conference between personnel from the Air Institute of Technology, Intelligence T-2, Office, Chief of Engineering Division, and the Aircraft, Power Plant and Propeller Laboratories of Engineering Division T-3.

    2. It is the opinion that:

        a. The phenomenon reported is something real and not visionary or fictitious.

        b. There are objects probably approximating the shape of a disc, of such appreciable size as to appear to be as large as man-made aircraft.

        c. There is a possibility that some of the incidents may be caused by natural phenomena, such as meteors.

        d. The reported operating characteristics such as extreme rates of climb, maneuverability (particularly in roll), and action which must be considered evasive when sighted or contacted by friendly aircraft and radar, lend belief to the possibility that some of the objects are controlled either manually, automatically or remotely.

        e. The apparent common description of the objects is as follows:

            (1) Metallic or light reflecting surface.

SECRET COPY

U-39552

Twining-Schreiben, Seite 1.

SECRET

Basic Ltr fr CG, AMC, WF to CG, AAF, Wash. D.C. subj "AMC Opinion Concerning "Flying Discs".

 (2) Absence of trail, except in a few instances when the object apparently was operating under high performance conditions.

 (3) Circular or elliptical in shape, flat on bottom and domed on top.

 (4) Several reports of well kept formation flights varying from three to nine objects.

 (5) Normally no associated sound, except in three instances a substantial rumbling roar was noted.

 (6) Level flight speeds normally above 300 knots are estimated.

f. It is possible within the present U. S. knowledge -- provided extensive detailed development is undertaken -- to construct a piloted aircraft which has the general description of the object in subparagraph (e) above which would be capable of an approximate range of 7000 miles at subsonic speeds.

g. Any developments in this country along the lines indicated would be extremely expensive, time consuming and at the considerable expense of current projects and therefore, if directed, should be set up independently of existing projects.

h. Due consideration must be given the following:-

 (1) The possibility that these objects are of domestic origin - the product of some high security project not known to AC/AS-2 or this Command.

 (2) The lack of physical evidence in the shape of crash recovered exhibits which would undeniably prove the existance of these objects.

 (3) The possibility that some foreign nation has a form of propulsion possibly nuclear, which is outside of our domestic knowledge.

3. It is recommended that:-

 a. Headquarters, Army Air Forces issue a directive assigning a priority, security classification and Code Name for a detailed study of this matter to include the preparation of complete sets of all available and pertinent data which will then be made available to the Army, Navy, Atomic Energy Commission, JRDB, the Air Force Scientific Advisory Group, NACA, and the RAND and NEPA projects for comments and recommendations, with a preliminary report to be forwarded within 15 days of receipt of the data and a detailed report thereafter every 30 days as the investi-

C O P Y   **SECRET**   U-39552

Twining-Schreiben, Seite 2.

Basic Ltr fr CG, AMC, WF to CG, AAF, Wash. D.C. Subj "AMC Opinion Concerning "Flying Discs"

gation develope. A complete interchange of data should be effected.

    4. Awaiting a specific directive AMC will continue the investigation within its current resources in order to more closely define the nature of the pehnomenon. Detailed Essential Elements of Information will be formulated immediately for transmittal thru channels.

                                          N. F. TWINING
                                          Lieutenant General, U.S.A.
                                          Commanding

Twining-Schreiben, Seite 3.

General Nathan Twining. *Brigadegeneral George Schulgen.*

Am Dienstagnachmittag, dem 8. Juli, als offizielle Vertreter des Militärs mit ihrer Ballonerklärung den von Roswell ausgehenden Brand löschten, sollte in Bezug auf Presse und Öffentlichkeit wieder Normalität eintreten. Komischerweise setzte am nächsten Tag in *Wright Field* eine Flut von Berichten aus erster Hand über fliegende Scheiben ein, während seitens T-2 alles versucht wurde festzustellen, ob das Phänomen irgendetwas mit sowjetischer Technologie zu tun haben könnte. Major Victor H. Bilek, Stellvertretender Chef von *ATIC* und Stellvertretender Leiter des Fachbereichs Analyse in T-2, würde den Absturz und die Bergung von Körpern bestätigen.[6] Nach Roswell sollte der Begriff »fremder Herkunft« in *Wright Field* die Codebezeichnung für »außerirdisch« werden. Durch weitere Schadensbegrenzung in Bezug auf die Ereignisse von Roswell sank das Ausmaß öffentlichen Interesses auf ein Minimum, wobei dann um den 12. Juli herum Berichte über Beobachtungen oder Sichtungen abrupt weniger wurden. Hinter verschlossenen Türen jedoch versuchte T-2 verzweifelt, die Herkunft des »Flugkörpers unbekannten Ursprungs« von Roswell ausfindig zu machen.

Loedding war einer der Wissenschaftler, die General Twining zu überzeugen vermochten, nur zwei Monate nach dem Absturz in Roswell eine offizielle Untersuchung durch die *Air Force* zu verlangen. General Craige, nunmehr Chef der *USAF* R&D, ordnete die Durchführung einer ersten offiziellen Studie der *Air Force* zum Thema »UFOs« im Rahmen des Projekts *Sign* an. Loedding konnte das Pentagon schnell davon überzeugen, die meisten Berichte über fliegende Scheiben nach *Wright Field* weiterzuleiten, und hatte großen Einfluss auf T-2, sich speziell der Berichte anzunehmen, die mit Flugaerodynamik zu tun hatten.[7]

Nach Aussage von Ruppelt wurden nur Leute in allerhöchsten Positionen der *ATIC* dem Projekt *Sign* zugeteilt, wobei ihre Hauptaufgabe darin bestand festzustellen, ob UFOs sowjetischer oder interplanetarischer Herkunft waren. Sicherlich gehörte er nicht zu dem inneren Kreis, sodass er nicht wissen konnte, dass das Element des sowjetischen Ursprungs bereits fallengelassen worden war. Die Möglichkeit russischer Technologie immer noch im Sinn habend, erklärte er: »Geheimbefehle wurden erteilt, alle Beobachtungen und Sichtungen von UFOs zu untersuchen. Alle Details zu erfassen und direkt an *ATIC* in *Wright Field* weiterzugeben. Die Befehle enthielten keine Erklärung, warum diese Informationen verlangt wurden. Das Fehlen einer solchen Erklärung und die Tatsache, dass die Informationen an eine mächtige Nachrichten- und Geheimdienstgruppe innerhalb des Hauptquartiers der *Air Force* gehen sollten, regte die Fantasie an …«[8]

Das Projekt *Sign* war dazu gedacht, »alle Informationen über Sichtungen und Phänomene in der Atmosphäre, die als für die Nationale Sicherheit relevant angesehen werden konnten, zu sammeln, zu sortieren, auszuwerten und an interessierte Regierungsstellen und Unternehmer zu verteilen.« Captain Robert R. Sneider diente als Stabsoffizier unter dem Kommando von General McCoy und T-2. Als Verbindungsstelle für Zivilisten war Loedding Colonel Albert Bonnell Deyarmond unterstellt, der bei der Einrichtung der technischen Datenbank in *Wright Field* nach dem Zweiten Weltkrieg mit McCoy zusammengearbeitet hatte. Als Zivilist wurde er dann auf ausdrücklichen Wunsch von McCoy wieder hinzugezogen, um ihm einen persönlichen Gefallen zu tun. Dem Projekt *Sign* wurde die Prioritätsstufe 2A zuerkannt, wobei 1A in der *Air Force* das höchste Ranking ist. Das Projekt wurde von den Leuten sowohl innerhalb als auch außerhalb des Programms häufig als »Projekt Untertasse« bezeichnet.[9]

Das *Air Material Command* unter General Twining auf *Wright-Patterson* hatte die Aufgabe, die komplette Abwicklung des Projekts zu gewährleisten. Darüber hinaus wurde die Zusammenarbeit zwischen *Army*, *Navy*, *Coast Guard* und *FBI* gefördert, um die Weiterleitung und Prüfung aller Berichte zu beschleunigen. Mit einem Memorandum vom 6. August 1948 mit dem Titel *Flying Saucers* (zu Deutsch: *Fliegende Untertassen*) wurde die *Air Intelligence Division* aufgefordert, das taktische Konzept der gemeldeten UFOs zu untersuchen und hinsichtlich dessen Wahrscheinlichkeit entsprechende Schlussfolgerungen zu ziehen.[10]

Während der gesamten Laufzeit von *Sign* blieb Loedding die treibende Kraft für die *AMC*-Untersuchung. In Zusammenarbeit mit dem Pentagon sollte er bei Treffen mit General Schulgen wie auch mit Dr. Charles Carroll, einem Mathematiker und Raketenspezialisten, Bericht erstatten. So waren es Loedding und Carroll, von denen die Fokussierung festgelegt wurde, nach der im Rahmen von Projekt *Sign* die entsprechenden Untersuchungen durchgeführt werden sollten.

Berichte über Sichtungen wurden nach vier Gesichtspunkten in Kategorien eingeteilt:

1. Fliegende Scheiben.

2. Zigarren-/torpedoförmige Flugkörper.

3. Ballons/Runde Flugkörper.

4. Lichtkugeln.

Wie Hynek es beschreiben würde, ist eindeutig, dass im Rahmen von Projekt *Sign* »die Eigenschaften und Merkmale eines Phänomens« untersucht wurden.[11] Es ist eigenartig, dass die Wissenschaftler auf *Wright-Patterson* nicht nach einer psychologischen Erklärung gesucht haben sollen. Vielmehr untersuchte man Hardware, die sich im Luftraum der Vereinigten Staaten austobte, und zwar unabhängig davon, ob diese amerikanischer oder russischer Herkunft war oder vom Mars stammte. Leider jedoch, wie Loedding dies manchmal anmerkte, habe man nur wenig Unterstützung seitens des Militärs erhalten. Besonders offensichtlich würde dies mit Blick auf eines der geheimnisvollsten Dokumente in der Geschichte der USA, das unter seiner Mitwirkung verfasst wurde: die unglückliche »Einschätzung der Situation«, die etwa im September 1947 größtenteils von Loedding und Sneider, dem Direktor von *Sign*, zu Papier gebracht wurde – zwei Monate nach dem Roswell-Ereignis.[12] Laut Ruppelt: »Die Situation waren die UFOs; die Einschätzung war die, dass sie interplanetarischer Herkunft waren.«[13]

Der größte Teil des am Projekt beteiligten Personals war zu der weitgehend gleichen Interpretation der Daten gekommen, wobei ausgehend von nur den Aussagen von Augenzeugen und einer Reihe von Fotos allerseits eine weitreichende Hoffnung bestand, dass wir es wirklich nur mit einer fortschrittlichen Technologie zu tun hatten.

Von Skeptikern wird damit argumentiert, dass derartige technische Denker keine Ermittler und nicht geschult waren, prosaische Erklärungen zu erkennen. Für Skeptiker bleibt das ganze Thema weiterhin an den Rand der »mentalen Gesundheit« verbannt. Weitaus aussagekräftiger als alles andere ist die Tatsache, dass sich sofort nach dem Ereignis von Roswell die zu erwartende Meute »verrückter« Wissenschaftler auf das Thema stürzte. Man suchte nach den technologischen Fortschritten, die ein solches Phänomen bieten könnte. Nochmals sei festgestellt, dass das Projekt *Sign* in keinster Weise als eine psychologische Studie gedacht war.

Letztendlich gibt es absolut keinen Grund zu der Annahme, dass die zum Projekt *Sign* gehörigen Forscher irgendeinen Zugang zu wesentlichen Beweisen für Roswell gehabt haben könnten. Hätte T-2 physische Beweise besessen, so wären diese zu geheim gewesen, als dass man sie mit anderen als den höchsten Kreisen hätte teilen können. Das Pentagon vertrat den Standpunkt: *Wir haben ein Wrack*; und *Sign* hatte die Aufgabe abzuklären, wie der abgestürzte Flugkörper funktioniert haben könnte und – was noch wichtiger war – ob er eine Bedrohung hätte darstellen können.[14]

Die von Loedding und Sneider erarbeitete »Einschätzung der Situation« wurde im September/Oktober 1948 entsprechend der offiziellen Befehlskette nach oben weitergeleitet und von Colonel McCoy und seiner Nummer 2 in T-2, dem Chef des Nachrichten- und Geheimdienstes William Clingerman, genehmigt. Eine Genehmigung wurde ebenfalls vom Chef des Nachrichten- und Geheimdienstes der *Air Force* im Pentagon, Major General Charles P. Cabell, erteilt.[15] Genau wie bei dem durch die erste Erklärung von Roswell und der Pressemitteilung über die Erbeutung einer »fliegenden Scheibe« geschaffenen ursprünglichen »Strohmann« hätte man Lust, die Frage zu stellen, ob die »Einschätzung« dazu gedacht war, den gleichen Effekt zu erzielen. Nämlich den, die Situation zuzugeben und sie dann zu demontieren. Und genau das tat General Vandenberg, als der Bericht auf seinem Schreibtisch landete. Er ließ sofort erklären, dass Beweise fehlten. Anstatt aber den Bericht zurückzuweisen und seinen Vorstellungen entsprechend umschreiben und neu vorlegen zu lassen, verhielt er sich äußerst seltsam: Er befahl, den Bericht zu vernichten.[16] Die Frage bleibt: Warum wurde der mit ihrer Unterschrift versehene Bericht von Cabell, McCoy und den anderen Offizieren nach oben weitergeleitet? Hatten sie gewusst, dass ihr Chef der wachsenden UFO-Aufregung auf *Wright-Patterson* entgegentreten würde? Jetzt brauchten nur noch das Projekt demontiert und die ET-Befürworter beruhigt zu werden, die nur allzu gerne »Feuer!« geschrien hätten, während vom Pentagon bestenfalls Rauch akzeptiert worden wäre.

Eine besser zu akzeptierende, endgültige Zusammenfassung wurde von Deyarmond und Truettner ausgearbeitet und im Februar 1949 freigegeben. Die neue und an bestimmten Stellen bereinigte Version besagte, dass zwar einige nicht identifizierte Flugkörper wirkliche Flugobjekte zu sein schienen, es aber nicht genug Daten gebe, um deren Herkunft zu bestimmen.[17] Sosehr im Rahmen des Projektes auch versucht wurde, im Laufe des Jahres 1948 die Fakten ans Tageslicht zu

Colonel Howard »Mac« McCoy.

bringen, umso ratsamer erschien es, die Wahrheit erneut (im übertragenen Sinne) durch einen Wetterballon zu ersetzen. Viele der Schlüsselfiguren des Projekts *Sign* waren jedoch durch ein weiteres offizielles Dementi nicht zu überzeugen. Seltsamerweise war in einem der Anhänge zum Bericht ein Beitrag mehr der philosophischen als der autoritären Art zu finden, den Dr. George E. Valley jun., ein Mitglied des Aufsichtsrates der *Air Force* sowie Physiker und Projektleiter und hochrangiger Stabsangehöriger des *Radiation Laboratory* am *Massachusetts Institute of Technology (MIT)*, verfasst hatte und der Folgendes besagte: »**Sollte es eine außerirdische Zivilisation geben, von der Objekte der gemeldeten Art gebaut werden können, so ist höchstwahrscheinlich davon auszugehen, dass deren Entwicklung der unsrigen weit voraus ist …, und eine solche Zivilisation könnte beobachten, dass wir auf der Erde jetzt die Atombombe haben und die Entwicklung von Raketen schnell vorantreiben. Angesichts der Vergangenheit der Menschheit könnte dies bei einer solchen Zivilisation Alarm ausgelöst haben. Wir sollten daher zum jetzigen Zeitpunkt vor allem erwarten, dass derartige Besuche auf uns zukommen.**«[18]

Trotzdem ging ihre Zeit vorbei, und sie wurden fast als irrelevant dargestellt, nachdem ihre Ergebnisse nicht der offiziellen Meinung entsprachen. Die vielen Leute, die »Nägel mit Köpfen« sehen wollten, wurden auf *Wright-Patterson* zu laut, sodass es galt, den Brand zu löschen, bevor er einen bestimmten Hangar erreichen konnte.

***

Im Jahr nach dem Sommer 1947 besuchte Alfred Loeddings Bruder Fred ihn auf dem Stützpunkt in Dayton, Ohio. Beim Rundgang über die Einrichtung machte Alfred seinem Bruder gegenüber eine aufschlussreiche Bemerkung. Fred fragte ihn, was er denn »von diesem ganzen Gerede und Getue um fliegende Untertassen halte«. Alfred machte auf Unwissenheit, zeigte aber gleichzeitig auf einen der Hangars. Er legte eine Pause ein und erklärte dann leicht frustriert, dass er keine Ahnung habe, was sich im Inneren abspiele. Er gab lediglich zu verstehen, dass sogar er keine Zugangsberechtigung habe. Alfred war davon ausgegangen, dass die Antwort auf das Geheimnis der fliegenden Untertassen im Innern dieses Hangars unter Verschluss gehalten würde.[19]

Kapitel 10

Projekt *Grudge* bringt die Untertassen aus der Schusslinie

Dem berühmten deutschen Philosophen Dr. Arthur Schopenhauer wird das folgende Zitat zugeschrieben: »Zu jeder Wahrheit führen drei Stufen. Erst einmal wird sie verspottet und verlacht; in der zweiten Stufe wird ihr heftig widersprochen; und drittens wird sie als selbstverständlich akzeptiert.«[1] Mit der Aufgabe des Projekts *Sign* war die *Air Force* strategisch zur Stufe eins nach Schopenhauer übergegangen.

Lassen Sie uns nun einmal die Geschichte des zum Projekt *Sign* gehörigen postexistenziellen UFO-Edikts und die Metamorphose auf Wright-Patterson etwas näher betrachten, durch die eine ernst gemeinte proaktive Anfrage in ihr genaues Gegenteil mit dem dazu passenden Namen *Grudge* verkehrt wurde. Ihre andauernde Auswirkung hat bei der Behandlung des UFO-Themas zu einem Rätselfaktor als Selbstläufer geführt, der sich auch heute noch manifestiert.

Die zweite offizielle UFO-Studie auf *Wright-Patterson* (nach dem Projekt *Sign*) war vom Umfang her so reduziert worden, dass man sie nicht einmal mehr als ein Sonderprojekt hätte bezeichnen können. Unter dem Codenamen *Project Grudge* führte die neue, personell unterbesetzte und mit zu geringen Mitteln ausgestattete Antwort auf das Vorgängerprojekt zu dem völligen Verzicht jeglicher objektiver Nachforschungen in Sachen fliegende Untertassen. Die unmittelbare Sorge der Nachrichten- und Geheimdienste galt einer Hysterie wegen fliegender Scheiben auf *Wright-Patterson* und im Pentagon sowie der Frage, ob die Forschungen sich zu weit auf planetarisches Gebiet wagten. Die abschließende Zusammenfassung von *Sign* mit der neuen Denkweise wies in eine Richtung, die so schnell wie möglich keinerlei Anerkennung mehr finden durfte und die dann endgültig unter Verschluss zu halten war. Dies machte die gemeinschaftliche Entlassung fast aller am Projekt beteiligten UFO-Fürsprecher erforderlich. An deren Stelle wurden dann in der Kunst der Entlarvung ausgebildete Spitzenleute des Militärs eingesetzt. Allein dies wäre schon ein völlig neues Thema für das Projekt mit dem neuen Namen *Grudge* gewesen. Ruppelt selbst merkte an: »Seltsame Dinge finden hier statt.«[2]

Kapitel 10 171

Eine kleinere Anzahl von zivilen Mitarbeitern des Projekts *Sign* blieb übrig. So zum Beispiel Deyarmond, Loedding und Towles. Bewusst gewollte oder als Endergebnis entstandene Meinungsverschiedenheiten führten zu einer vollständigen Entmachtung der ehemals an *Sign* beteiligen Wissenschaftler. Durch das Ausmaß der ihnen und anderen Befürwortern gegenüber offen an den Tag gelegten Feindseligkeiten entwickelte sich eine Periode, in der es dieses Thema betreffend keinerlei Untersuchungen, Fortschritte oder Hoffnungen auf entsprechende Lösungen gab. Von Ruppelt wurde die Laufzeit von *Grudge* treffend mit dem Begriff »Finstere Zeiten« der UFO-Untersuchungen der *USAF* bezeichnet.[3]

Für J. Allen Hynek, den wissenschaftlichen Berater des Militärs bei allen seinen Studien über UFOs, lief die Frage immer wieder auf Folgendes hinaus: Warum an einem Projekt festhalten, das seine Zielsetzungen einfach nicht erreichen will? Zu seinem Glück war er immer noch ein Vollzeitbeschäftigter des Bundesstaates Ohio, wobei seine Mitwirkung an *Grudge* lediglich eine Nebentätigkeit war – eine Nebentätigkeit, die im Begriff war, zu einer Zirkusveranstaltung zu werden.

Bei *Grudge* stand eindeutig ein Punkt auf der Tagesordnung: herunterspielen der wahren Art des Phänomens, bis dieses verschwunden war. Der Leser braucht sich dabei nur eine Frage zu stellen: *Warum?* Mit dem Projekt war in keiner Weise beabsichtigt, rechtmäßige Nachforschungen anzustellen. *Sign* war zu dem Schluss gekommen, dass es das UFO-Phänomen wirklich gibt und dass der Flugkörper (von Roswell) nicht auf diesem Planeten Erde gebaut worden sein konnte. Ganz plötzlich aber wurde von *Grudge* ohne eigene Untersuchungen oder irgendwelche substanzielle gegenteilige Beweise bereits die bloße Vorstellung eines solchen Sachverhalts torpediert.

Als Teil der internen Witzelei über eine seriöse Weiterverfolgung des Themas von *Sign* ließen offizielle Stellen des Pentagon verlauten, dass *Grudge* die gleiche Politik wieder aufnehmen werde. Hierzu wurde von Ruppelt jedoch angemerkt: »**Hierbei sollte nach den normalen Richtlinien des Nachrichten- und Geheimdienstes verfahren wer-**

den. Dies bedeutet allgemein eine unvoreingenommene Überprüfung von Daten des Nachrichten- und Geheimdienstes. Es bedarf jedoch keines eingehenden Studiums der alten UFO-Akten, um festzustellen, dass das Projekt *Grudge* sich absolut nicht an die normalen Richtlinien des Nachrichten- und Geheimdienstes hielt. Denn alles wurde ausgehend von der Annahme bewertet, dass es UFOs einfach nicht geben könne. Egal, was Sie sehen oder hören – Sie dürfen einfach nichts glauben oder für wahr halten.«[4]

Ruppelt machte auch darauf aufmerksam, dass einige der einflussreichsten Nachrichten- und Geheimdienstspezialisten der *ATIC*, die sich im Rahmen des Projekts *Sign* für eine unvoreingenommene Vorgehensweise engagiert hatten, beim Projekt *Grudge* nirgendwo mehr zu finden waren. Einige gingen sogar so weit, dass sie zu ausgesprochenen Kritikern der Realität des Rätsels wurden. Da Beförderungen und künftige Pensionen auf dem Spiel standen, wurden von Offizieren des Militärs Befehle befolgt, wobei die neue offizielle Einstellung nunmehr die war, dass das Thema »UFOs« heruntergespielt werden musste in der Hoffnung, dass man es einfach aus dem Blick verlieren würde. Im Pentagon vertraten Major Aaron J. Boggs als der für die Analyse von UFO-Berichten zuständige Offizier und Colonel Harold Watson, Chef des Nachrichten- und Geheimdienstes des *Air Material Command (AMC)* auf *Wright-Patterson*, öffentlich die Position, dass die ganze UFO-Sache absoluter Unsinn sei. Dies hatte zur Folge, dass *Grudge* lediglich eine Front bildete, um das Thema aus dem Fokus zu nehmen, und vom Nachrichten- und Geheimdienst T-2 das Buch über die Umgehung der Wahrheit geschrieben wurde. Tatsächlich agierte Major Boggs bei seiner gegen UFOs gerichteten Kampagne mit einem solchen Überschwang, dass General Cabell im Pentagon den Befehl erteilte, selbst im Rahmen der die Wahrheit betreffenden Agenda eine »respektvollere« Atmosphäre zu schaffen – um das Thema bis zur Lächerlichkeit in Misskredit zu bringen. Erst später sollte Cabell erfahren, dass die Liste der Getäuschten und Betrogenen bis hinauf zu seinem eigenen Büro reichte.[5]

Kapitel 10

Colonel Howard »Mac« McCoy.

Neben der unrühmlichen Pressekonferenz, die im Büro von General Ramey stattfand, um die ganze Roswell-Geschichte als nichts anderes als einen zur Erde zurückgekehrten Wetterballon abzutun, stellte ein am 30. April 1949 in der *Saturday Evening Post* erschienener Artikel mit dem Titel »What You Can Believe About Flying Saucers« (zu Deutsch: »Was Sie beim Thema ›Fliegende Untertassen‹ glauben können«) von Sidney Shalett den umfassendsten Versuch der *Air Force* dar, das Thema endlich vom Tisch zu bekommen. Die *Post* war damals das im Land meistgelesene Magazin und hatte mehr Gewicht als irgendeine andere namhafte Zeitung. In einem Artikel vom 7. Mai 1949 wurde die Position vertreten, dass die meisten UFO-Sichtungen ohne Weiteres mit prosaischen Worten erklärbar seien und dass es sich dabei lediglich um eine falsche Identifizierung durch die unerfahrene Öffentlichkeit handele. Ebenfalls wurde vermutet, dass der Hauptgrund in einer von den Medien geförderten Massenhysterie zu suchen sei. Von Shalett wurde außerdem die irrige Anschuldigung erhoben, dass die überwiegende Mehrheit der Reporter aus Witzbolden und Zeitungsenten produzierenden Leuten bestehe. Um den Deckel sogar noch fester anzuziehen, wurde der einseitig gefärbte Bericht von militärischen Koryphäen wie LeMay, Vandenberg, Nordstad und McCoy mit allen nur erdenklichen negativen Anmerkungen versehen. Auch

Shalett wich von seinem eingeschlagenen Weg ab, um die *Air Force* freizusprechen, indem er schriftlich niederlegte, dass sie ein solches kontroverses Thema niemals ernst genommen hätte, wenn nicht seitens der Öffentlichkeit durch die Forderung nach einer vernünftigen Erklärung starker Druck ausgeübt worden wäre.

Durch den Hinweis, dass ein winziger Bruchteil der UFO-Fälle immer noch nicht geklärt sei, ließ der Artikel zumindest für einige Leute die Tür einen Spalt breit offen. Und tatsächlich: Trotz aller Bemühungen, alle auf dem Schreibtisch dieses Projekts landenden Sichtungsberichte wegzudiskutieren, schrien vereinzelte Fälle immer noch nach fundierten Nachforschungen. So blieb dem Projekt nichts anderes übrig, als eine eigene »offizielle« Zusammenfassung der weitergehenden Untersuchungen des UFO-Phänomens durch die *Air Force* zu veröffentlichen: Mit der vom Zivilbediensteten George Towles und Leutnant Howard Smith im August 1949 herausgegebenen 600-seitigen Zusammenfassung wurde bekannt gegeben, dass mit der Nichtweiterverfolgung des Rätsels der Fall abgeschlossen und seine Aufgabe erfüllt sei. Was der Presse dabei entgangen war, war die Tatsache, dass es Hunderter von Seiten mit den gleichen Verlautbarungen bedurfte, die man ihr im Jahr zuvor hatte zukommen lassen, um zu solch einer Schlussfolgerung zu gelangen. General Cabell war darüber nicht gerade erfreut, und er bezeichnete die Studie als »Quatsch«. Viele andere hochrangige Offiziere im Pentagon waren über die Ablehnung des gesamten Themas überrascht. Ohne auch nur ein Wort darüber zu verlieren, wie fehlerhaft, ineffizient und inkompetent beim Projekt *Grudge* gearbeitet worden war, wurde von den Medien die offizielle Erklärung mit folgendem Wortlaut weitgehend akzeptiert:

»Es gibt keinerlei Beweise, dass Objekte, über die berichtet wurde, das Ergebnis einer fortschrittlichen wissenschaftlichen, fremden Entwicklung sind; demgemäß stellen sie also keine direkte Bedrohung für die nationale Sicherheit dar. In Anbetracht dieser Situation wird empfohlen, den Umfang der Untersuchungen und des Studiums von Berichten über nicht identifizierte fliegende Objekte zu verringern. Das Hauptquartier des *AMC [Air Material Com-*

mand, Wright-Patterson] wird sich weiterhin mit der Untersuchung von Berichten befassen, die eindeutig auf realistische technische Anwendungsmöglichkeiten hinweisen. Anmerkung: Es liegt auf der Hand, dass eine Fortführung der Studien nach den derzeitigen Richtlinien die hierin gemachten Feststellungen lediglich bestätigen würde. Des Weiteren wird angeraten, einschlägige Direktiven für die Erfassung der geänderten Politik anzupassen. Alle Beweise und Analysen zeigen, dass Berichte über nicht identifizierte fliegende Objekte das Ergebnis folgender Faktoren sind: Fehlinterpretation verschiedener konventioneller Objekte; einer leichten Form von Massenhysterie und Kriegsangst; Einzelpersonen, die derartige Berichte produzieren, um sich einen Scherz zu erlauben, oder die die Öffentlichkeit suchen; psychopathisch veranlagte Personen.«[6]

Ohne großes Aufheben wurde Leutnant Gerry Cumming als neuer Projektdirektor bestellt, wobei er in den nächsten beiden Jahren hauptsächlich eine oder zwei Erklärungen an weiterhin neugierige Reporter abzugeben hatte. Einer dieser Reporter war zufällig Robert Ginna vom *Life*-Magazin, der von New York nach *Wright-Patterson* reiste, um die *Grudge*-Akten zu studieren. Bereits nach kurzer Zeit stellte er fest: »Die Projekte sind mit Mängeln behaftet.« Akten von öffentlich bekannt gewordenen Fällen fehlten und Sichtungsberichte waren nicht weiterverfolgt worden – und dies alles mit Absicht! Ginna fand keine Hinweise auf fliegende Untertassen in den unsinnigen *Grudge*-Berichten. So suchte er also Antworten im Pentagon, und es sollte ein weiteres Jahr vergehen, bis er mit seiner die Augen öffnenden Geschichte »Have We Visitors from Space?« (zu Deutsch: »Haben wir Besucher aus dem Weltall?«) in *Life* herauskommen konnte.[7] Diese Arbeit war bis dahin die bei weitem pro UFO ausgerichtetste Medienuntersuchung – und da das Projekt *Grudge* nichts Wesentliches zu diesem Bericht beigetragen hatte, war Ruppelt nunmehr gezwungen, auf den Artikel zu reagieren: »**Mir war bekannt, dass die *Air Force* inoffiziell den Anstoß zu dem Artikel in *Life* gegeben hatte. Das ›vielleicht sind die interplanetarisch‹, wobei das ›vielleicht‹ näher an ›sie sind‹ heranreicht, war die persönliche Meinung mehrerer sehr hochrangiger Offiziere im Pentagon – in so hohen Stellungen, dass** ihre Meinung schon fast Politik war. Ich kannte die Leute, und ich wusste, dass einer von ihnen, ein General, seine Ansichten an Bob Ginna weitergegeben hatte.«[8] Für die etwas perplexen *Grudge*-Leute jedoch war der Tiefpunkt immer noch nicht erreicht.

Grudge wurde vom Pentagon angewiesen, über die Ergebnisse einer der im Rahmen des Projekts tatsächlich unternommenen seltenen Untersuchungen in Verbindung mit einem UFO-Bericht vom 10. September 1951 in Fort Monmouth, New Jersey, Bericht zu erstatten. General Cabell, der Chef des Nachrichten- und Geheimdienstes der *Air Force* im Pentagon, war nicht zufrieden. Er beschuldigte das für das Projekt zuständige Personal, Verfahren regelrecht beiseitezuschieben und zu sabotieren. Cabell war der Überzeugung, dass dem Thema wirklich Aufmerksamkeit geschenkt werden sollte, wobei *Grudge* in seinen Augen für die *Air Force* eine Peinlichkeit darstellte. Ganz besonders erbost war er über das nach außen wirkende Bild von *Grudge*, keinerlei Respekt vor Zeugen aus dem Kreis der Zivilbediensteten zu haben. Projektleiter Cumming wandte sich an das Forum mit der Erklärung, dass jeder UFO-Bericht als ein »absoluter Witz« angesehen werden sollte und dass *Grudge* alles andere als ein irrelevantes Projekt geworden sei. Sofort ging Cabell sowohl auf *Grudge* als auch das *AMC* los, die beide ihr Hauptquartier auf *Wright-Patterson* hatten. Wütend erklärte er: »Ich will Aufgeschlossenheit; um genau zu sein: Ich erteile sogar den Befehl, Aufgeschlossenheit an den Tag zu legen! Jeder, der eine solche Aufgeschlossenheit vermissen lässt, darf jetzt seinen Hut nehmen und sich verabschieden! Warum muss ich mich dieser Sache annehmen? Für jedermann ist doch klar ersichtlich, dass wir keine zufriedenstellende Antwort auf die Untertassenfrage haben.«

Anlässlich eines späteren Treffens hochrangiger Offiziere beklagte sich Cabell: »**Ich bin belogen worden und immer wieder belogen worden. Ich möchte, dass dies aufhört. Ich will eine Antwort zu dem Thema ›Untertassen‹, und ich will eine gute Antwort.**«[9] Cabell war nicht daran gelegen, seine persönliche Meinung zu diesem Thema in die Öffentlichkeit zu tragen, wobei er gleichzeitig darauf hinwies, dass das Projekt zwar mit größerer Ernsthaftigkeit vorangebracht werden, in den Augen der Presse und der Öffentlichkeit jedoch unauffällig bleiben sollte.

Theoretisch wurde im Rahmen des Projekts *Grudge* eine Politik des Zuvorkommens verfolgt, wie diese vom russischen Romanschriftsteller Leo Tolstoi wie folgt beschrieben wurde: »Die schwierigsten Themen können dem begriffsstutzigsten Menschen erklärt werden, sofern er diesbezüglich noch keine vorgefasste Meinung hat. Aber auch einfachste Dinge lassen sich dem intelligentesten Menschen nicht erklären, wenn er der festen Überzeugung ist, ohne jede Einschränkung mit dem ihm vorgelegten Thema bereits vertraut zu sein.«[10] Nur vier Jahre nach Roswell blieben Presse und Öffentlichkeit zum Thema »unbekannte Flugobjekte« uninformiert. Man verließ sich voll auf die Bürokratie, um von dieser über die der Wahrheit am nächsten kommende plausibelste Lösung zu diesem zunehmend überraschenderen Geheimnis informiert zu werden. Wie immer die Antworten lauteten oder auch, wenn es keine Antworten gab – irgendjemand hatte dies entschieden, und zwar nicht unter Zwang, nicht aus Vorsicht, sondern zum Zwecke der vorsätzlichen Täuschung. Irgendjemand, der die Wahrheit kannte …

Aber lassen Sie uns mit dem Spielchen fortfahren.

Innerhalb der nächsten Monate wurde das Projekt *Grudge* von 1st Leutnant Edward J. Ruppelt als Chef übernommen. Und wirklich: Mit der Schaffung des *Aerial Phenomenon Branch* vermochte er eine Verbesserung der Zielsetzungen zu erreichen.[11] Die offizielle Untersuchung der UFOs sollte wieder mit dem nötigen Respekt durchgeführt werden, und der neue Direktor hatte nicht die Absicht, den General anzulügen, der von Washington aus die Sache weiterhin im Auge behielt. Leider war die Grünphase der Ampel für die offene Suche nach der Wahrheit aber dann doch viel zu kurz.

Kapitel 11

Projekt *Stork:* Das Geheimprojekt, das es niemals gegeben hat

Am 26. Dezember 1951 trafen sich der neu ernannte Capitän Edward Ruppelt und der Leiter der *ATIC Technical Analysis Division*, Colonel S. H. Kirkland, mit Verwaltungsbeamten im *Battelle*, um einen Vorschlag für eine neue Studie zu unterbreiten. In den Gesprächen ging es darum, ob es genügend Daten für eine statistische Analyse der zunehmenden Anzahl von Berichten über UFO-Sichtungen gebe. Mit der Behauptung, dass »irgendeine Art von ungewöhnlichen Objekten oder Phänomenen« beobachtet würde, wurde *Battelle* beauftragt, einen Ausschuss aus Beratern für die Fachgebiete Astronomie, Psychologie, Physik und andere Disziplinen zu bilden, um Muster und Trends in Verbindung mit diesem Thema festzustellen. Der Codename dieses Projekts lautete »*Stork*«.[1]

Oberflächlich betrachtet wurde das Projekt *Stork* mit der Aufgabe betraut, die Möglichkeiten der Sowjetunion bei einer technologischen Konfrontation herauszufinden. Die klare Frage lautete: Warum sollte *ATIC* auf *Wright-Patterson Battelle* zu einer solchen Studie heranziehen, die ganz klar außerhalb des normalen Aufgabenbereichs dieses Instituts lag? Einfach gesagt. Das Projekt *Stork* diente der Beschaffung von Mitteln für etwas außerhalb der öffentlichen Domäne. Schließlich unterlag das Projekt strengster Geheimhaltung, sodass die meisten Offiziere des Militärs nicht im Geringsten über die Existenz des Projektes informiert waren. Was die Historiker des Militärs angeht, so hatte das Projekt viele Jahrzehnte lang nach Erfassung des letzten UFO-Vorfalls in einer Geheimstudie niemals existiert.

Der vorläufige Statusbericht zum Projekt *Stork* wurde am 25. April 1952 an *ATIC* auf *Wright-Patterson* geschickt. Er war mit dem Stempel »Geheim« versehen. Zu diesem Bericht von *Battelle* gehörten folgende Unterlagen:

- Eine Liste der vorgeschlagenen Berater, von denen die vorhandenen UFO-Berichte analysiert werden sollten.

- Pläne zum Abonnieren eines Lieferservice für Ausschnitte aus den Printmedien, um Berichte von Zivilpersonen zu überwachen.

- Pläne zur Ausarbeitung eines Befragungsformulars für technische Beobachter.

- Eine Zusicherung, *ATIC* auf monatlicher Basis auf dem Laufenden zu halten.

Im Rahmen einer seiner Aufgaben bei diesem Geheimprojekt führte J. Allen Hynek Interviews mit Gruppen von Profi- und Amateurastronomen zu folgenden Zwecken:

- Um herauszufinden, ob von kompetenten Leuten dieses Fachbereichs entsprechende Beobachtungen gemacht, aber nicht gemeldet wurden.

- Um die Meinungen der auf diesem Gebiet kompetenten Leute in Bezug auf das breite Thema »Unbekannte Flugobjekte« zusammenzufassen.

- Um Informationen und Empfehlungen einzuholen, die sich bei der Abwicklung künftiger Phasen der mit den Untersuchungen verbundenen Arbeiten als nützlich erweisen könnten.[2]

Am 6. August 1952 legte Hynek dem *ATIC* auf der *Wright-Patterson AFB* einen Sonderbericht über Konferenzen mit Astronomen zum Thema »Unbekannte Flugobjekte« vor. Im Gegensatz zu den Presseverlautbarungen der *Air Force* hatten Astronomen im Verlauf ihrer professionellen Beobachtungen Unbekanntes zu Gesicht bekommen. Diese Tatsache sollte in den anderen Wissenschaftsbereichen beträchtlich Gewicht gehabt haben. Aber dennoch wurde sie nicht nur ignoriert, sondern von anderen Astronomen sogar in Abrede gestellt.[3]

Einer der im Bericht genannten berühmteren Astronomen war Dr. Lincoln LaPaz, Direktor des *Institute of Meteoritics* an der *University*

Kapitel 11

Dr. Lincoln LaPaz.

of New Mexico in Albuquerque. LaPaz war nicht nur heimlich am Manhattan-Projekt beteiligt, sondern – was für diese Geschichte noch wichtiger ist – man hatte ihn im September 1947 von Washington, D. C., aus damit beauftragt, den Absturz von Roswell zu untersuchen sowie »Geschwindigkeit und Flugbahn« des unbekannten Flugkörpers zu bestimmen.[4] Zum Zeitpunkt des von Hynek verfassten Berichts war LaPaz in seinem Heimatstaat mit der Untersuchung geheimnisvoller Sichtungen von »grünen Feuerbällen« befasst – einer Art von unbekannten Flugobjekten, die nur allzu oft im Bereich streng geheimer militärischer Stützpunkte insbesondere im Südwesten gesichtet worden waren. Hynek merkte hierzu an: »**Die mit vielen Astronomen geführten Diskussionen über grüne Feuerbälle ergaben, dass die meisten von ihnen der Ansicht waren, dass es sich dabei um ein natürliches Phänomen handele. Eingehendere Befragungen machten jedoch deutlich, dass sie nichts von den aktuellen Sichtungen, deren Häufigkeit oder sonst irgendetwas damit im Zusammenhang Stehendem wussten, sodass sie nicht ernst genommen werden konnten.**«

Er fügte hinzu: »**Dies ist ganz allgemein ein Charakteristikum von Wissenschaftlern, wenn sie über Themen sprechen, die sie nicht direkt betreffen.**« Nach einer detaillierten Darstellung der zahlreichen Sichtungen aus New Mexico gelangte Hynek dann zu der Ansicht, dass sie nur wenig Ähnlichkeit mit Meteoren hätten, die nach Eintauchen in die Erdatmosphäre in der Regel großräumig und bisweilen sogar über Tausende von Meilen hinweg zu beobachten sind. Er erklärte: »**Es gibt keinen Grund, dass alle diese Erscheinungen in New Mexico auftauchen ... Wenn die von LaPaz stammenden Daten stimmen, dann haben wir es hier in der Tat mit einem fremdartigen oder rätselhaften Phänomen zu tun.**«[5]

Vor dieser Untersuchung hatte Hynek bereits seine eigene private Umfrage unter seinen Kollegen gestartet und »interessante Informationen« von professionellen Astronomen erhalten, die in einigen Fällen die »grünen Feuerbälle« selbst beobachtet hatten. Um die Oberhand zu behalten, zauberte die *Air Force* eigene Schwergewichte aus dem Hut: den Astrophysiker Dr. Donald Menzel vom *Harvard*-Observatorium, der laut Hynek die Angewohnheit hatte, einige der spektakuläreren Filme über Formationsflüge von UFOs mit der Bemerkung »Vögel, bloß Vögel« abzutun. Menzel sollte öffentlich die fehlende Zugänglichkeit zu Sichtungsberichten anprangern und mit dem nächsten Atemzug alle UFO-Sichtungen als Unsinn hinstellen.[6] Dies ermutigte einen von Hyneks Kollegen an der *Ohio State University*, Dr. Paul M. Fitts, Professor für Psychologie und Luftfahrtdirektor, zusammen mit einigen Kollegen das für das Projekt *Stork* bestimmte Sichtungsformular zu ändern, um auf diese Weise ein Maximum an Informationen im Hinblick auf künftige Sichtungen zu erlangen. Dann folgte ein Versuch, vorhandene und bis einschließlich 1948 zurückreichende Sichtungsberichte zu analysieren.

Neben dem systematischer gestalteten Berichtsformular empfahl Hynek der *Air Force* die folgende Verfahrensänderung:

»... dem Problem unbekannter fliegender Objekte sollte ein wissenschaftlicher Status zuerkannt werden. Es wird daher empfohlen, eine angesehene Gruppe von Wissenschaftlern zu bitten, Sichtungen aus jüngerer Zeit zu untersuchen, die bereits ein- oder zweimal überprüft worden sind. Sollte diese Gruppe zu der Überzeugung gelangen, dass die Daten wirklich als Grundlage für ein wissenschaftliches Problem herangezogen werden können, das heißt, dass die Sichtungen Tatsache sind und dass es unerklärliche Phänomene wirklich gibt, so sollte sie gebeten werden, sich zu verbürgen, dass diese Daten es wert sind, vor Gericht anerkannt zu werden.«[7]

Er fuhr fort:

»In der Öffentlichkeit herrscht Verwirrung darüber, wie die Situation angegangen werden sollte, wobei die *Air Force* sehr viel an überflüssiger Kritik wegen des ›Versuchs der Vertuschung‹ oder wegen ›des Abtuns der ganzen Geschichte‹ einstecken muss. Die ernst gemeinte Erklärung an die öffentliche Presse, dass kompetente Wissenschaftler der verschiedenen Fachrichtungen sich des Problems annehmen werden, sollte wesentlich dazu beitragen, das öffentliche Geschrei zu besänftigen.«

Gleichzeitig sah sich Hynek aber wie zuvor mit den genau gleichen Hindernissen konfrontiert: Die *Air Force* hatte kein Interesse an einer wissenschaftlichen Bestätigung von UFOs. Ganz im Gegenteil: Man versuchte weiterhin und ständig, solche Wissenschaftler zu unterstützen, die dieses Thema betreffend nicht nur negativ eingestellt waren, sondern sogar ihre eigenen Kollegen anklagten, das Thema wie früher bei der Inquisition verfolgen zu wollen. Donald Menzel war das beste Beispiel für diese Politik. Obwohl von Natur aus Skeptiker, war Hynek einer der wenigen Wissenschaftler, der das Grundprinzip wissenschaftlichen Denkens an den Tag legte: Neugier und Wissbegierde. Er argumentierte weiterhin damit, dass es nicht allzu schwierig sein dürfte, eine solchen Studie innerhalb des Projekts *Stork* zu befürworten, nachdem »**die Anzahl der wirklich rätselhaften Ereignisse jetzt beeindruckt«**. Der Teil der Gleichung, der nach Ansicht von Hynek einen wesentlich größeren Aufwand an Zeit und Mühe erforderlich machen würde, war der, »**mit ziemlicher Genauigkeit festzustel-**

len, worum es sich bei den zu erklärenden Phänomenen wirklich handelt, und die Realität so zu untermauern, dass hierzu keinerlei Fragen mehr übrig bleiben«.

Letztendlich gab Hynek den Anstoß zur eventuellen Veröffentlichung der Ergebnisse des wissenschaftlichen Ausschusses. Hierbei ließ er aus taktischen Gründen die sich aus dem Projekt *Grudge* ergebende Schlussfolgerung unberücksichtigt, in der fälschlicherweise behauptet worden war, dass die Sichtungen von fliegenden Untertassen nachgelassen hätten. Er widersprach *Grudge* mit folgender Aussage: »**... die Sichtungen von fliegenden Untertassen haben nicht nachgelassen, wie dies voller Zuversicht noch vor Jahren vorhergesagt worden war, als die erste Flut der Sichtungen als Massenhysterie abgetan wurde.**« Er wiederholte, dass wir versuchen müssten, »dies zu verstehen«.[8]

***

Das Projekt *Stork* (als Projekt Nummer 9974 bezeichnet) begann offiziell am 31. März 1952, als vier Wissenschaftler mit dem geheimen UFO-Projekt im *Battelle* betraut wurden. Die Studie sollte zur ausgeklügelsten Analyse von Sichtungsmeldungen werden, die bis zu diesem Zeitpunkt jemals von einer Forschungsgruppe vorgenommen wurde. Erreicht wurde dies unter Einsatz neuer *IBM*-Datenverarbeitungsanlagen, in denen die eingegebenen Daten codiert wurden. Die Meldungen über Sichtungen wurden in getrennte Klassifizierungen unterteilt – »bekannt«, »unbekannt« und »unzureichende Information«. Jeder Fall sollte darüber hinaus von der Qualität her nach einer Skala, die von »ausgezeichnet« bis »schlecht« reichte, bewertet werden. Sieben Statusberichte wurden an das *ATIC* auf *Wright-Patterson* geschickt; hierzu gehörten Boden- und Vegetationsproben von UFO-Landeplätzen. Strahlenmesswerte wurden ebenfalls angegeben – harte Wissenschaft auf der Suche nach physikalischen Beweisen. Während dieser Zeit wurden 168 Fragebögen zu Sichtungen von Augenzeugen ausgefüllt und einer ganzen Reihe von 30 speziellen Eigenschaften der UFO-Sichtungen zugeordnet. Diese wurden dann mit dem größten Teil der von der *Air Force* seit 1948 verzeichneten Meldungen kom-

Kapitel 11   185

biniert. Bei *Stork* wurden mehr als 3000 Fallmeldungen elektronisch verarbeitet, die dann entsprechend dem Codiersystem als »unbekannt« oder »unzureichende Information« ausgeworfen wurden.[9] Viel wichtiger aber ist, dass die endgültigen Ergebnisse aufzeigten, dass die Konstruktion der UFOs nicht aus dem Ausland und von dieser Erde (mit anderen Worten: russischer Herkunft) war. *ATIC* erwartete einen Abschlussbericht für den Herbst 1953, wobei die Analyse bei *Battelle* dennoch über das Jahr 1954 hinweg fortgeführt wurde; der Grund hierfür war offensichtlich der, die Daten so zu gestalten, dass sie immer besser zu den Informationen passten, die von der *Air Force* an die Öffentlichkeit gegeben wurden.

Als ehemalige Sekretärin von Hynek und Angestellte des *Battelle*-Instituts merkte Jennie Zeidman an: »**Die Beteiligung von *Battelle* an dem Randthema der UFOs war daher für das Institut äußerst peinlich – ein Familiengeheimnis, ein Skelett, das im Keller lag ähnlich einem Eingeständnis der Alkoholsucht des Großvaters oder Onkel Rays Schwäche für kleine Jungs. UFOs durften in keinem Fall mit dem Namen *Battelle* in Verbindung gebracht werden.**« So begeistert Hynek auch gewesen sein mag, zu einer unabhängigen wissenschaftlichen Studie des Phänomens außerhalb der auf *Wright-Patterson* aufgestellten Barrieren zu gelangen, so wurden die *Battelle*-Aktivitäten seitens der US-Regierung dennoch stark eingeschränkt. Später gab es für das Projekt *Stork* kaum noch eine Möglichkeit, irgendwelche Durchbrüche zu schaffen, sodass sich das Institut durch die Qualität der von der *Air Force* zur Verfügung gestellten Daten als an den Rand gedrückt fühlen musste.[10]

Nach monatelanger Verzögerung wurde die von *Stork* erarbeitete endgültige UFO-Studie am 25. Oktober 1955 als *Blue-Book*-Sonderbericht 14 freigegeben. Im Einleitungsteil zum Bericht wurde erläutert, dass er von der *Air Force* veranlasst worden sei, »**um festzustellen, ob es sich bei fliegenden Untertassen um technologische Entwicklungen handelt, die in diesem Land nicht bekannt sind**«. Im Bericht wurde zum größten Teil das Thema als »natürliche Phänomene, die noch nicht vollständig geklärt sind, als psychologische Phänomene oder als eindringende Flugkörper einer Art abgetan, die sich in so ausreichend großer Anzahl im Besitz einer Quelle befanden, dass sie mehr als nur einmal zum Einsatz gebracht und beobachtet werden konnten«[11.] Hynek war wieder einmal in die Irre geführt und zum Grübeln gebracht worden, wie einfach durch die Eingabe von UFO-Daten auf Lochkarten im *Battelle* das ganze Rätsel gelöst werden konnte. Ruppelt schrieb damals: »**Dies war ein Schock für mich, nachdem ich derjenige gewesen war, der diese Studie veranlasst hatte …, die Antwort war die, dass statistische Methoden für eine solche Studie einfach nicht taugten. Mit ihnen ließ sich nichts beweisen … Ich hatte sie als wertlos abgeschrieben.**« Von der *Air Force* wurde behauptet, dass nur drei Prozent der von *Stork* untersuchten Fälle ungeklärt geblieben waren. Dies war eine seitens der *Air Force* produzierte eigene Erfindung, da der tatsächliche Prozentsatz bei 22 lag. Auch sollte darauf hingewiesen werden, dass die Wahrscheinlichkeit einer Klassifizierung der Fälle als »unbekannt« umso größer wurde, je mehr Informationen zu den einzelnen Fällen vorlagen und je besser deren Qualität war.

***

Jennie Zeidman traf sich damals mit LaPaz in dessen Büro an der Universität und informierte ihn über die seitens Hynek unternommenen Bemühungen, zu denen auch das Projekt *Stork* gehörte. Zeidman erinnerte sich lebhaft, wie der beeindruckende Wissenschaftler »sie mit ernstem Blick anstarrte«. »**UFOs sind der Fünfte Reiter der Apokalypse**«, sagte er.[12] Pest, Krieg, Hungersnot, Tod und UFOs?

Kapitel 12

Absturz des Projekts *Blue Book* in die absolute Bedeutungslosigkeit

Nach dem frühen Ende von Projekt *Grudge* wurde das Projekt *Blue Book* gestartet in der Absicht, eine neue akademische Studie des Phänomens in die Wege zu leiten. In dem Bemühen, der Studie zu dem ihr gebührenden Respekt zu verhelfen, wurde von Captain Edward Ruppelt, dem Projektleiter, verfügt, dass »fliegende Untertassen« und »fliegende Scheiben« ab sofort »Unidentified Flying Objects« (Unbekannte Flugobjekte) genannt werden sollten.[1] Von Ende 1951 bis Mitte 1953 sollte unter der Leitung Ruppelts die UFO-Untersuchung ihre letzte legitime öffentliche Analyse erfahren. Der verstorbene Astrophysiker Dr. James E. McDonald sagte einmal: »**Die Ruppelt-Ära war eine heroische Periode ..., der Zeitraum, in dem UFOs ernst genommen und relativ intensiv untersucht wurden.**«[2]

Ursprünglich hatte Ruppelt die Aufgabe, das in der Öffentlichkeit negative Stigma herunterzuspielen, mit dem das Thema behaftet war. Die breite Öffentlichkeit wurde wieder einmal ermutigt, über ihre persönlichen Erfahrungen zum Stützpunkt der *Air Force* als freundlichen Nachbarn zu berichten. Im Rahmen des Projekts *Blue Book* sollten Ermittler zu Einrichtungen überall im Land entsendet werden. Es sollte konzertierte Bemühungen geben, um zusätzlich von Zivilpersonen gemachte Beobachtungen in den täglichen Dienstplan aufzunehmen, wobei alle von außen kommenden Berichte zur Bewertung und möglichen Weiterverfolgung nach *Wright-Patterson* geschickt werden sollten. Von Ruppelt sollte sogar der absolut erste Untersuchungsfragebogen ausgearbeitet werden; alle Daten sollten dann am *Battelle Memoriam Institute* zugänglich sein und mittels Computer verarbeitet werden. Objektivität war gefordert, und persönliche Meinungen sollten besser unausgesprochen bleiben. Mit der neuen Studie wurde nach Antworten gesucht, wobei zahlreiche Wissenschaftler verschiedener Fachrichtungen angeworben wurden und J. Allen Hynek weiterhin als oberster wissenschaftlicher Berater fungierte. Den Medien gegenüber wurden die Türen etwas weiter geöffnet, und Hynek veranstaltete regelmäßige Treffen, um die Presse über die jeweils aktuellen Untersuchun-

Kapitel 12

Captain Edward Ruppelt.

gen von Sichtungen auf dem Laufenden zu halten. »Wir sind an der Sache dran«, so lautete der neue Tagesbefehl, und Ruppelt war der dafür zuständige Mann – oder so hatte man ihn glauben gemacht.

Beim Projekt *Blue Book* wurde die offizielle Studie des Phänomens auf zwei grundsätzliche Zielsetzungen vereinfacht:

1. Herauszufinden, ob UFOs eine Bedrohung für die nationale Sicherheit darstellen.

2. Wissenschaftliche Analyse von UFO-Berichten und -Meldungen.[3]

Das Fundament war gelegt, *Grudge* war ein kleiner Schritt, der fehlgeschlagen war, und Ruppelt hatte General Cabell versprochen, ihm »Antworten« zu liefern. Wie vorhersehbar gewesen war, hatten andere im Pentagon die Vorstellung einer Fortsetzung der gleichen alten Taktik für das neue Projekt; sie brauchten lediglich die richtigen Bedingungen, um das alte *Grudge*-Projekt unter dem neuen *Blue-Book*-Banner laufen zu lassen. Solange die Sichtungen überschaubar blieben und nichts Außergewöhnliches geschah, würden Offizielle sowohl im Pentagon als auch im *Air Material Command* auf *Wright-Patterson* ohne den prüfenden Blick der Öffentlichkeit weiter nach Lösungen suchen. Bei *Grudge* war drei volle Jahre lang »alles ruhig geblieben«. Nichts von größerer Bedeutung war an der Front der fliegenden Scheiben geschehen, um die Medien erneut aufmerksam zu machen – und all dies während das *Battelle Memoriam Institute*, die *Rand Corporation*, *Hughs Aircraft*, *General Electric* und *The Bureau of Standards*, um nur einige Namen zu nennen, verzweifelt versuchten, das Rätsel um die in Roswell geborgenen Trümmer zu entschlüsseln. Die Zeit war nicht auf ihrer Seite.

***

Im Sommer 1952 war ähnlich wie 1947 eine der größten Wellen an UFO-Aktivitäten zu verzeichnen, die Amerika jemals gesehen hatte. Neben vielen Meldungen von Zivilpersonen wurden von Stützpunkten der *Air Force* im ganzen Land im Mai beginnend eindringende, unbekannte Flugobjekte beobachtet und weiterverfolgt, wobei dann an zwei aufeinanderfolgenden Samstagen im Juli das Unerwartete geschah: nicht nur, dass die UFOs *in Massen* zurückkehrten, sondern dass sie in beiden Nächten buchstäblich um das Weiße Haus schwirrten. Jagdflugzeuge vom Typ F-94 flogen von der *Andrews AFB* aus Soforteinsätze und verfolgten acht der Eindringlinge in den Luftraum; was dann folgte, war eine öffentliche Demonstration, wer über die überlegene Technologie verfügte. Erfahrene Piloten versuchten ohne Erfolg, die Eindringlinge abzufangen, während auf dem Radar zu sehen war, wie unsere schnellsten Düsenjäger total übertrumpft wurden. Über der Hauptstadt des Landes selbst hatte sich die Situation weit über die Erwartungen von *Blue Book* und Captain Ruppelt hinaus verschärft. Zum ersten Mal hatten UFOs unsere obersten Verteidiger der nationalen Sicherheit erreicht, wobei wir bestenfalls in der Lage waren, sie zu verjagen. Laut allen Aussagen waren dabei die UFOs die Jäger, die letztendlich auch das Katz-und-Maus-Spielen beendeten. Schlagzeilen nach der ersten Nacht des Dramas riefen die Präsidentschaftsversammlung der Republikaner auf den Plan, sodass das Pentagon schnell handeln musste, um die ärgsten Ängste der Öffentlichkeit zu zerstreuen.

»The Washington Nationals« (»Die Washingtoner Staatsbürger«), wie die UFOs von den Medien getauft wurden, erforderten eine sofortige

Kapitel 12

Rückkehr zur beim Projekt *Grudge* verfolgten Taktik. Trotz bester Absichten seitens Ruppelt, der die Genehmigung erteilte, alle mit dem Vorfall befassten Personen in Schlüsselstellungen zu interviewen, ohne dass dies für die Befehlskette bindend gewesen wäre, übernahm *AF Intelligence* (Nachrichten- und Geheimdienst der *Air Force*) im Pentagon schnell das Kommando. Zeugen wurden genötigt, ihre Aussagen zu ändern: Filme, Fotos und offizielle Berichte wurden beschlagnahmt. Durch seine unabhängigen Nachforschungen und Untersuchungen stieß Ruppelt jedoch auf eine ziemlich aufregende Tatsache:

»**Wir stellten fest, dass die UFOs häufig in Washington auftauchten. Am 23. Mai [1952] waren von 20.00 Uhr bis Mitternacht 50 Ziele erfasst worden. Sie kamen an dem zwischen den beiden berühmten Sichtungen an Samstagabenden liegenden Mittwoch, dem darauffolgenden Sonntagabend und dem Abend zurück, an dem die Pressekonferenz stattfand [abgehalten am Dienstag, dem 29. Juli, im Pentagon, wobei bei dieser Gelegenheit Major General John A. Samford, Chef der *Air Force Intelligence*, die »Washingtoner Staatsbürger« als natürliche Phänomene abtat]; dann wurden sie im Laufe des Monats August noch achtmal gesichtet. Bei mehreren Gelegenheiten sahen Piloten des Militärs und als Zivilpersonen Lichter dort, wo auf dem Radar die Position der UFOs angezeigt wurde.**«[4]

Von den 24 militärischen Stützpunkten an den verschiedensten Orten Amerikas wurden während dieser Welle zusätzliche UFO-Vorfälle gemeldet. Und wieder einmal geriet die Situation völlig außer Kontrolle, und es wurde vom Pentagon Alarm ausgelöst. Das Thema »UFOs« wurde zur Verschlusssache. Über Nacht wurde das Projekt *Blue Book* zu genau der Studiengruppe, die es eigentlich zu Grabe tragen sollte. Die finsteren Zeiten waren zurückgekehrt, und das Projekt sollte sich davon nie mehr erholen. Die Zeit war abgelaufen, und jegliche Hoffnung auf eine legitime Untersuchung wurde schon bald zunichtegemacht.

Einstieg der *CIA*: Nach einer längeren Zeit mit vielen ungeklärten Meldungen und Berichten kam die *Air Force* in große Verlegenheit – die Medien forderten Antworten, die es immer noch nicht gab. Die *CIA* erschien als Ritter auf einem großen schwarzen Pferd und wies das *Office of Scientific Intelligence* (OSI = den Wissenschaftlichen Nachrichten- und Geheimdienst) an, die Akten über UFO-Meldungen auf *Wright-Patterson* zu überprüfen und eine Empfehlung auszuarbeiten. In Fortführung der von Ruppelt im Rahmen von *Blue Book* angewandten Methodik wurde von *OSI* empfohlen, das Thema »UFOs« weiter zu untersuchen. Mit dieser Empfehlung gründete die *CIA* einen Sonderausschuss unter der Leitung von Dr. Howard P. Robertson, einem Physiker des *California Institute of Technology*.[5] Die großes Prestige genießende Gruppe bestand aus weiteren Physikern, Meteorwissenschaftlern, Ingenieuren und Technikern sowie einem Astronomen: Hynek, der zusammen mit Ruppelt als bester Beweis für ein echtes Phänomen angesehen wurde. Es gibt keinen Zweifel, dass der Rest des eingesetzten Ausschusses einer Zusammenfassung der UFO-Daten aus sechs Jahren mit einer skeptischen Einstellung begegnete. Hynek würde später einmal lamentieren: »**Es spielte keine Rolle, welcher Art die vorgelegten Beweise waren …, es war so, obwohl ich noch nicht einmal einen Blick in den Raum hatte werfen können.**«[6]

Nach insgesamt zwölf Stunden Diskussion innerhalb einer viertägigen Überprüfung in der Zeit vom 14. bis 17. Januar 1953 gelang es dem Robertson-Ausschuss, etwas zu erreichen, wozu die *Air Force* fünf Jahre lang nicht imstande gewesen war: für die meisten Sichtungen eine Erklärung zu finden. Die restlichen wurden als »zu oberflächliche, nicht ausgewertete Meldungen« abgetan. Der Ausschuss unterbreitete drei Empfehlungen: »**Dass die für die Nationale Sicherheit zuständigen Stellen sofortige Schritte unternehmen sollten, um den den unbekannten Flugobjekten eingeräumten Sonderstatus und die ihnen leider zugestandene Aura des Geheimnisvollen aufzuheben.**« Auch wurde die Besorgnis geäußert, dass durch Meldungen von unzureichender Qualität die normalen Kanäle des Militärs (des militärischen Nachrichten- und Geheimdienstes) »überlastet« und im Ergebnis dazu führen würden, dass dadurch die Bedrohung für unsere Nationale Sicherheit größer als durch das Phänomen selbst wäre. Die Verschiebung oder auch Umkehrung des Drucks bedeutete für die *Air Force*, das Thema erneut über die Medien in den Hintergrund zu drängen, wobei mit psychologischen Lösungen gearbeitet wurde, um sich über die Zeugen lustig zu machen und deren Meldungen durch einfache Erklärungen abzutun. Aus Zivilpersonen bestehende UFO-Gruppen wurden als Spinner bezeichnet, und genau der Begriff »UFO« diente dazu, Bilder von ungebildeten, mit weit aufgerissenen Augen staunenden Befürwortern zu zeichnen, die wegen ihrer mentalen Schwankungen Aufmerksamkeit zu erregen versuchten. Dessen ungeachtet schlug der Ausschuss vor, derartige Gruppen zu überwachen.[7]

In gerade einmal nur vier Tagen wurde das größte Geheimnis aller Zeiten von einer Hand voll Männer gelüftet.

In Wirklichkeit aber hatte die *Air Force* die *CIA* verpflichtet, um einem Nachrichten- und Geheimdienst aus der Patsche zu helfen, und wieder einmal versteckten sich die Medien im hohen Gras. Nur wenige Tage nach der endgültigen Empfehlung schrieb der Vorsitzende Robertson Folgendes an den Stellvertretenden Direktor des Wissenschaftlichen Nachrichten- und Geheimdienstes, Dr. H. Marshall Chadwell, der einen Großteil der UFO-Daten dem Ausschuss zur Verfügung gestellt hatte: **»Möglicherweise wird dies die Fortianer [Unterstützer von Charles Fort, einem Pionier der UFO-Studien] für eine Weile beruhigen.«**[8]

CIA-Direktor Allen Dulles lieferte die beste Zusammenfassung: »**Wenn Sie ein Geheimnis bewahren wollen, dann müssen Sie so tun, als ob sie daran beteiligt wären.**« An Dulles erinnert am stärksten die aktive Einführung einer Einstellungs- und Vertuschungspolitik seitens der obersten Ebene journalistischer Institutionen, und von Beginn an war die *CIA* bei der Manipulation der Medien erfolgreich. Tatsächlich arbeiteten seit Anfang der 1950er-Jahre mehr als 400 amerikanische Journalisten entweder offiziell oder inoffiziell für die *CIA*.[9] John le Carré, der ehemalige britische Agent der Abteilung *MI6*, erinnerte uns in seinem Bestseller *Der Spion, der aus der Kälte kam* an Folgendes: »Die meisten Menschen wären total überrascht, wenn sie wüssten, wie viele Leute der amerikanischen Nachrichten- und Geheimdienste herumsitzen und nichts anderes tun, als sich Möglichkeiten auszudenken, wie die öffentliche Meinung beeinflusst werden kann.«

Damit wäre also das Thema »Öffentlichkeit und Presse« abgehakt. Im krassen Gegensatz dazu wurden von der *Air Force* sofort die Vorschriften 200–2 und JANAP 146 implementiert, nach denen es jedem militärischen Mitarbeiter als Verbrechen anzulasten wäre, wenn von ihm Informationen über UFOs weitergegeben würden.[10] Damit war gewährleistet, dass das Thema umfassend in Schach gehalten wurde.

***

Vor dem Robertson-Ausschuss war das Projekt *Blue Book* mit Ruppelt an der Spitze dazu gedacht, eine seriöse und sachliche Untersuchung des UFO-Themas durchzuführen. Während der ersten fünf Jahre bis gegen Ende 1952 gab es in den Projektakten 394 nicht identifizierte Sichtungen. In den restlichen 15 Jahren bis zur Beendigung der Studie im Jahr 1969 kamen in der Liste der nicht geklärten Beobachtungen nur noch 308 weitere Fälle hinzu. Auf Anraten des *CIA*-Ausschusses wurde das Projekt *Blue Book* völlig demoralisiert und weitgehend von seinen Untersuchungsaufgaben entbunden. Mit der Vorschrift 200–2 der *Air Force* wurden Offiziere angewiesen, nur über »identifizierte« Sichtungen öffentlich zu reden; die Vorkommnisse, die ungeklärt blieben, sollten keinesfalls der Öffentlichkeit bekannt werden. Und so wurde dies von Hynek beschrieben: **»Wenn die *Air Force* Erklärungen für eine Sichtung geben konnte, um den Vorfall dann zu den Akten zu nehmen, hätte man sich am liebsten überschlagen, um die Information an die Öffentlichkeit zu geben.«** Dazu fügte er an: **»Alle zum harten Kern gehörigen Fälle wurden [zur damaligen Zeit] nach oben weitergeleitet. Damit hatten wir keinen Zugriff mehr auf irgendwelche wichtigen Fälle.«** *Blue Book* hatte sich nunmehr nur noch um die profaneren Sichtungsmeldungen zu kümmern.[11] Die neu gegründete *4602nd Air Intelligence Squadron (AISS)* des *Air Defense Command*, von der sogar schwerwiegendere Meldungen untersucht wurden, übernahm die volle Verantwortlichkeit für alle Nachforschungen. Diese geheime Einheit befand sich auf der *Ent Air Force Base* in Colorado Springs, Colorado. Die *4602nd* hatte die folgenden Aufgaben:

Kapitel 12

Der ehemalige CIA-Direktor Allen Dulles.

1. Bergung der Besatzungen von heruntergeholten feindlichen Flugkörpern.

2. Bergung des Materials von heruntergeholten feindlichen Flugkörpern.

3. Bergung und Sicherung von Dokumenten aus heruntergeholten feindlichen Flugkörpern.[12]

Gemäß Absatz (a) der Vorschrift 200-2 ist es allen Angehörigen der *Air Force* gestattet, erste Untersuchungen selbst durchzuführen, wobei aber gleichzeitig davor gewarnt wird, dass zusätzliche Fragen hierüber »nicht über diesen Punkt hinausgehen sollten, es sei denn, dass entsprechende Maßnahmen von der *4602nd AISS* verlangt werden«.[13]

In einem späteren Bericht vom 3. Januar 1953 beschreibt die *Air-Force-*Vorschrift 24-4 die spezielle Ausbildung und Schulung der *4602nd* als »allgemeine nachrichten- und geheimdienstliche Verfahrensweisen, Fremdsprachen in Wort und Schrift, technische nachrichten- und geheimdienstliche Untersuchungen, Fotografie und Fotoauswertung und sonstige Aktivitäten, wie diese zur Erfüllung der jeweiligen Mission erforderlich sein mögen«. Eine der Richtlinien lautete: »**Bei irgendwelchen physischen [UFO-] Beweisen sind Sie gehalten, diese zu sichern und uns zu informieren. Wir sagen Ihnen dann, wie Sie weiter zu verfahren haben.**«[14]

Das Projekt *Blue Book* unterlag außerdem den Beschränkungen durch die Vorschrift 200–2 der *Air Force* und durfte nur Informationen über geklärte UFO-Untersuchungen freigeben. Die ganze Zeit über wurden die Medien getäuscht, um sie glauben zu machen, dass das Projekt *Blue Book* immer noch mit der Durchführung aktueller legitimer Untersuchungen befasst sei, obwohl es in Wirklichkeit schon bald zu einer Institution der Öffentlichkeitsarbeit und zu einem Vertuschungsinstrument der *Air Force* geworden war. Der langzeitige Hynek-Partner und auf dem Gebiet der Astronomie tätige Kollege Walter N. Webb kommentierte: »**… die Roswell-Enthüllungen liefern nun einen ausreichenden Beweis, dass es neben *Blue Book* eine strengster Geheimhaltung unterliegende UFO-Studie gibt.**«[15] Eine großartige Analogie zur Beschreibung der letzten Jahre des Projekts *Blue Book* wurde in Verbindung mit einem ähnlichen Thema von Douglas P. Horne, Autor und Analyst des *State Department*, gewählt: »**[Es ist so,] als ob Sie ein Puzzle mit 500 Teilen vor sich haben. Es kommt jemand, der 250 Teile einfach wegnimmt, und als Nächstes taucht dann jemand auf, der diese fehlenden Teile durch 250 Teile aus einem anderen Puzzle ersetzt.**« So stellte sich alles in allem die totale Verschleierung des UFO-Rätsels im Rahmen des Projekts nach Ruppelt dar.

Nachdem die Finanzierung und die öffentliche Unterstützung zurückgefahren worden waren und das Projekt *Blue Book* nur noch ein Schatten dessen war, was es ursprünglich sein sollte, trat Ruppelt zurück. Er hatte ein ungutes Gefühl, nachdem er erkennen musste, im welchem Umfang nicht einmal er über die Wahrheit informiert war. Genau so, wie König Artus den Fall von Camelot beklagte: »Diese trüben, finsteren Tage, die wir zu Grabe tragen wollten, sind nun wieder über uns hereingebrochen.« Inzwischen hatten diese trüben, finsteren Tage aus der Zeit von *Grudge*, die Ruppelt zu beenden versucht hatte, das Projekt *Blue Book* wieder erreicht. Hynek lamentierte: »**Alles floss** [in *Blue Book*] ein, ohne dass irgendetwas dabei herausgekommen wäre.« Von der *Air Force* wurde ihr wissenschaftlicher Leiter in dieser Zeit kaum gebraucht. Als Captain Joseph Cybulski vom Hauptquartier der *4602nd* per Flugzeug nach *Wright-Patterson* kam, drohte Hynek mit seinem Rücktritt. Dabei brachte er Folgendes zum Ausdruck: »**Es ist mir nicht gelungen, von der *Air Force* Unterstützung zu erhalten. Es hat den Anschein, dass jeder nur daran denkt, dass dies ein heißes Thema ist …, man will es einfach fallenlassen …, will nichts damit zu tun haben. Niemand möchte zitiert werden.**«[16] Nachdem Cybulski versichert hatte, dass die Dinge im Begriff waren, sich zum Besseren zu wenden, nahm Hynek sein Rücktrittsgesuch zurück. Und tatsächlich änderten sich die Dinge – zum noch Schlechteren!

Captain George T. Gregory, Angehöriger der Luftwaffe und hartgesottener Skeptiker, war persönlich der Meinung, es sei unfair, dass sich die *Air Force* der Konkurrenz durch zivile UFO-Organisationen stellen müsse. Denn wie sollte man letztendlich durch entsprechende Erklärungen die ganzen Sichtungen beiseite tun, wenn von diesen externen Gruppen ständig gut recherchierte und äußerst rätselhafte Fälle publiziert wurden. Angesichts der »persönlichen Eindrücke und Interpretationen« der Zeugen, von denen Beobachtungen und Sichtungen an diese nicht militärischen Forscher und Ermittler gemeldet wurden, stellte er fest: »**Es muss bezweifelt werden, dass die Anzahl der ›Unbekannten‹ jemals wieder auf null zurückgehen wird.**«[17] Es erscheint wie Ironie, dass Hynek dies als ausgezeichnete Gelegenheit ansah, um sich mit derartigen externen Forschern und Ermittlern in Verbindung zu setzen, durch die aufgrund ihrer größeren Seriosität viele neue und dem Wissenschaftler bisher unbekannte Fälle gemeldet wurden.[18] Dessen ungeachtet wurde *Blue Book* als Sonderprojekt fallengelassen und sollten Sichtungen unabhängig von der Sachlage als »identifiziert« klassifiziert werden – obwohl die physischen Beweise auf *Wright-Patterson* direkt unter den Füßen der Projektmitarbeiter zu finden gewesen wären. *Air Force Intelligence* brauchte immer noch mehr Zeit, um die Fakten zu ermitteln, wobei die neue Rolle von *Blue Book* in der einfachen Mitwirkung zu sehen war.

Bis 1955 hatte das Pentagon dann entschieden, dass die mit dem Projekt verfolgte Mission nicht die Untersuchung des UFO-Phänomens, sondern die Verringerung der Anzahl ungeklärter Meldungen sein sollte. Als neue Aufgabe galt es, bei Informationen über legitime Sichtungen oder Beobachtungen, die an die Öffentlichkeit durchgesickert waren, Schadensbegrenzung zu betreiben. Zur gleichen Zeit wurde die *4602nd* aufgelöst und durch die *1066th Air Intelligence Service Squadron* ersetzt, die sich um die wirklichen Fragen kümmern sollte.[19] Das Pentagon war mit *Blue Book* aber noch nicht fertig. Im Jahr 1956 wurde von Captain Gregory als dem zuständigen Offiziellen die Vorschrift AFR-200–2 dahin gehend geändert, dass in alle früheren Meldungen und Berichte die Worte »möglich« oder »wahrscheinlich« eingefügt werden sollten. Das war der massive Angriff auf die Wahrheit, mit dem die bloße Vorstellung, dass es sich bei UFOs um Fahrzeuge einer außerirdischen Intelligenz handeln könnte, zerschlagen und in das Reich der Klapsmühle verwiesen werden sollte. Gegen Ende des Jahres 1956 ging die Anzahl der ungeklärten Fälle auf lediglich zwei Prozent und bis Ende 1957 sogar auf nur noch 1,4 Prozent zurück.[20]

Zur Verfolgung unbekannter Flugobjekte hatte die *Air Force* Spektralkameras, Teleskope und andere hoch entwickelte Instrumente zur Verfügung, jedoch wurden Aufzeichnungsversuche mit derartigen Instrumenten erst 1953 und Anfang 1954 gestartet. In diesem Zusammenhang behauptete Gregory gegenüber Walter Webb in einem 1956 geführten Interview: »**Für uns [*Blue Book*] sind Wissenschaftler überall in den USA tätig.**« In Wirklichkeit aber war zur damaligen Zeit Hynek das Projekt betreffend der einzige bezahlte wissenschaftliche Berater.[21]

Auf Gregory folgte Captain Charles Hardin, ein anderer niedrigrangiger Offizier, der – wie von Ruppelt später beschrieben – »... **jeden, der auch nur im Geringsten [an UFOs] interessiert war, für verrückt hielt**«. Der Historiker Dr. David Jacobs fügte hinzu: »**Während seiner [Hardins] Amtszeit gab er sich von allen Leitern des Projekts *Blue Book* die größte Mühe, UFO-Meldungen unabhängig von den darin enthaltenen Informationen zu klären.**« Ging es dabei um besondere

Meldungen oder Berichte, die nicht ohne Weiteres zu erklären waren, so wurde es innerhalb des Projekts *Blue Book* Standard, diese in der Schublade »unzureichende Daten« abzulegen.[22]

Der *Air Force* rannte wieder einmal die Zeit davon, als im November 1957 eine große Welle von UFO-Sichtungen begann. Als Antwort erklärte der *Assistant Air Force Secretary* Richard Horne: **»Die *Air Force* versteckt keine Informationen über UFOs, wobei ich dies in keinster Weise relativieren möchte.«**[23] Sichtungen wurden als »falsch identifizierte natürliche Phänomene« bezeichnet, und dennoch stürzten sich die Medien darauf, sobald etwas über ein ungewöhnliches Vorkommnis durchsickerte. Die *Air Force* sah sich erneut als Ziel der öffentlichen Beobachtung und negativer Publicity. Daher gab es einen Versuch, einen anderen Dienst der *Air Force* und speziell den *Secretary of the Air Force, Office of Information (SAFOI)*, eine Regierungsstelle für Öffentlichkeitsarbeit, mit dem Projekt *Blue Book* zu betrauen. In weiteren Dokumentationen, wie zum Beispiel einem an das Pentagon gerichteten Schreiben des für das Projekt zuständigen wissenschaftlichen Beraters A. Francis Arcier vom April 1960, wurde ein Memo kommentiert, das von Colonel Philip Evans, einem hochrangigen Offizier des *ATIC* auf *Wright-Patterson*, verfasst worden war. Er sagte Folgendes: **»… [Ich] habe zehn Jahre lang versucht, dem *ATIC* das Projekt *Blue Book* aus den Händen zu nehmen …, und ich vertrete nicht die Meinung, dass der Prestigeverlust des UFO-Projekts ein Nachteil ist.«**[24]

Ganz gleich, was hochrangige Offizielle auch von den im Licht der Öffentlichkeit stehenden und sich mit der Untersuchung der *Air Force* abquälenden Personen halten mochten, Major Robert Friend, der als nächster Direktor des Projekts *Blue Book* agierte, unterbreitete seinen Vorgesetzten den Vorschlag, das Programm auf eine zivile Institution zu übertragen. Im Jahr 1962 begann der Plan zur Übergabe der von der *Air Force* ausgearbeiteten Studie an einen zivilen Ausschuss Gestalt anzunehmen. Der Trick dabei war jedoch der, diesen Ausschuss dazu zu bringen, die gleichen Schlussfolgerungen wie bisher das Militär zu ziehen, und jegliche Schuld wegen einer falschen Handhabung der derzeitigen UFO-Situation von der *Air Force* fernzuhalten.[25] Die Suche nach dem »Ausweg« hatte begonnen, obwohl es nur noch eine Frage der Zeit sein konnte, bevor eine weitere Flut von Sichtungen einsetzen würde.

Major Hector Quintanilla sollte Friend 1963 ersetzen und das Projekt die letzten Jahre betreuen. Mit einem einzigen einfachen Soldaten an seiner Seite war Quintanilla das Spiegelbild eines arroganten, fiesen Offiziers – perfekt als letztes Geleit für die endgültige Demontage von *Blue Book* geeignet. Augenzeugen von Sichtungen pflegte er telefonisch wie folgt zu begegnen: »**Nun sagen Sie mir schon, welche Fata Morgana Sie gesehen haben wollen.**« Er reagierte automatisch dahin gehend, die Aussagen von Zeugen zu verdrehen und zu manipulieren und die Fakten zu verzerren – entsprechend der offiziell vorgegebenen Politik für das zum Scheitern verurteilte Projekt *Blue Book*.[26] Trotzdem schienen die Phänomene immer den Plänen der *Air Force* entgegenwirken zu wollen.

Die UFOs kamen während des Sommers von 1964 bis einschließlich des Jahres 1968 noch einmal *in großer Anzahl* zurück. In vielen anderen Büchern wird über die bekanntesten Fälle dieser Periode berichtet, zu denen auch die Landung in Socorro, New Mexico, und die Sichtungen in Dexter/Ann Arbor, Michigan, zu zählen sind. In jedem dieser Fälle war nicht nur das unterbesetzte Projekt *Blue Book* weit überfordert, sondern es waren auch die örtlichen Gesetzeshüter und sogar das FBI nicht in der Lage, einen der Vorfälle aufzuklären. Was Socorro angeht, so war dies das erste Mal, dass in einem Bericht der *Air Force* das von der Polizei als Zeugen gesichtete UFO als ein wirkliches »Vehikel« bezeichnet wurde[27] – wohl kaum ein Wort, das man für etwas Imaginäres oder Fiktives benutzen würde. Die Sichtungen in Michigan jedoch hatten den größten Einfluss auf die Presse. Wie so oft in der Vergangenheit musste Hynek in Erscheinung treten, um eine der üblichen Lösungen anzubieten. Er war einfach überwältigt, wie Kameraleute und Zeitungsreporter buchstäblich an ihm zogen und zerrten, um ein Statement zu erhalten. Und so beschrieb er den ganzen Zirkus: »**Von jedermann wurde lautstark eine einzige spek-**

takuläre Erklärung für die Sichtungen gefordert. **Sie wollten kleine grüne Männchen.**« Als der Wissenschaftler die Vermutung äußerte, dass *eine* der Sichtungen auf »Sumpfgas« zurückzuführen sein könnte, kam es zur Empörung und zu Ausschreitungen seitens der Presse und der Öffentlichkeit sowie Anschuldigungen und Vorwürfen durch niemand anderen als Gerald Ford, das Kongressmitglied aus Michigan.[28]

Als eine noch nie da gewesene Maßnahme wurden sogar Vorgespräche auf dem Capitol Hill geplant: Der Kongress zog einen Antrag in Erwägung, um öffentliche Anhörungen durchzuführen, die die Situation und das Andauern der Sichtungen erklären sollten. Dies stand absolut im Gegensatz zu dem, was das Pentagon und das Projekt *Blue Book* öffentlich bekannt gaben. Das Gerede über eine Vertuschung geriet außer Kontrolle, und die amerikanischen Medien hatten Blut geleckt. Im April 1966 drängte das *House Armed Services Committee* die *Air Force*, eine Universität zu beauftragen, eine wissenschaftliche Studie zu dieser Sache zu erarbeiten.[29] Damit war es der *Air Force* möglich, zu ihrem ursprünglichen Plan zurückzufinden: einer unvoreingenommenen Gruppe von zivilen Wissenschaftlern die Genehmigung zu erteilen, die offiziellen Akten zu prüfen und eine unabhängige Beurteilung vorzunehmen sowie eine endgültige Entscheidung zur gesamten UFO-Geschichte zu treffen.

Im Oktober 1966 wurde dann ein Vertrag mit der Universität von Colorado in Boulder geschlossen, diese privaten Nachforschungen anzustellen. Im Gegensatz zum Robertson-Ausschuss, der sich insgesamt nur vier Tage lang mit diesem Thema befasst hatte, sollte diese Studie die nächsten 18 Monate beanspruchen.[30] Der Kongress wollte absolut nicht als Erster das durch UFOs entstandene Unbehagen angehen. Nach Ansicht des Kongresses handelte es sich um eine militärische Angelegenheit, während man selbst für die nationale Verteidigung zuständig war. Hätten UFOs eine Bedrohung für die Sicherheit des Landes dargestellt, so wäre dies dem Kongress sicherlich durch das Pentagon und die offizielle UFO-Untersuchung auf *Wright-Patterson* mitgeteilt worden. Und hätte der Kongress gewusst, dass UFOs eine Technologie von außerhalb unseres Planeten darstellten, so hätte man dies mit Sicherheit an die Presse gegeben. Und nicht zuletzt wäre man an die Öffentlichkeit herangetreten, wenn es immer noch keine Antworten gegeben und sich der Kongress weiterhin darin geübt hätte, die Wahrheit zu ignorieren. All dies, *falls* es nichts zu verbergen gab. Im Jahr 1967 sagte Senator Barry Goldwater aus Arizona einem Reporter des *Bradenton Herald* in Florida: »**Die *Air Force* verfolgt die Politik, niemanden Einsicht in die UFO-Akten auf dem Stützpunkt *Wright-Patterson* zu gewähren.**«[31]

Kapitel 13

Ein General enthüllt die wahren Pläne der *Air Force*

»… innerhalb von 24 Stunden nach unserem Fund wusste jedermann von Truman bis ganz unten, dass das, was wir gefunden hatten, nicht von dieser Welt stammen konnte.« (General Arthur Exon)

Die meisten Veteranen des Militärs vom *Roswell Army Air Field*, die an der Bergung beteiligt gewesen waren, wussten oder hatten von anderen gehört, dass die aus dem Absturz stammenden Wrackteile nach *Wright Field* in Dayton, Ohio, verbracht worden waren. Kleinere Mengen der Wrackteile könnten an andere Standorte in New Mexico (wie zum Beispiel *Alamogordo AAF, Kirtland AAF* oder Los Alamos) oder einen Stützpunkt in Florida gegangen sein; der größte Teil aber war für einen »Ort im Osten« bestimmt, wie einige *Wright Field* nannten. Uns ist bekannt, dass von Captain Oliver »Pappy« Henderson eine Ladung Wrackteile (und möglicherweise *auch etwas anderes*) per Frachtflugzeug nach dort transportiert wurde.[1] Colonel Thomas DuBose, Adjutant von General Roger Ramey auf dem *Fort Worth AAF* in Texas, der angeordnet hatte, einige der seltsamen Wrackteile, die der Rancher Mark Brazel ihm nach Roswell gebracht hatte, zu einer kurzen Inaugenscheinnahme durch die ASAP-Oberen nach Washington, D. C., zu fliegen, teilte uns mit, dass *Wright Field* der endgültige Bestimmungsort des unter Verschluss gehaltenen »Pakets« gewesen sei.[2] Und auch aus einem per Fernschreiber übermittelten *FBI*-Memorandum, das am gleichen Tag an J. Edgar Hoover gerichtet wurde, an dem die von General Ramey inszenierte Pressekonferenz mit der Wetterballongeschichte abgehalten wurde, ging hervor, dass sowohl der Wetterballon als auch die [echten] Wrackteile zur Untersuchung auf dem Weg nach *Wright Field* waren.[3]

Im Jahr 1980 wurde in dem Buch *The Roswell Incident* die Vermutung geäußert, dass die nach dem Absturz geborgenen Körper per Bahn zu dem jetzt unter dem Namen *Edwards Air Force Base* bekannten Luftwaffenstützpunkt *Muroc AAF* in Kalifornien transportiert wurden. Durch unsere seitdem durchgeführten Befragungen von Hunderten von Zeugen haben wir festgestellt, dass fast jeder, der etwas von den

Körpern wusste, annahm, dass die supergeheime militärische Einrichtung auf *Wright Field* in Dayton, Ohio, der endgültige Bestimmungsort für die Überreste gewesen sei. Der Pilot des ersten von zwei von Roswell ausgehenden vermutlichen »Körpertransportflügen« erzählte seinen guten Freunden, dass er die Körper »nonstop dorthin geflogen habe«. John Tiffany sagte aus, dass sein Vater von *Wright Field* aus geschickt worden war, um die seltsamen Körper in Fort Worth abzuholen, nachdem diese mit dem – wie wir heute wissen – zweiten »Körpertransportflug« von Roswell aus nach dort verbracht worden waren.[5] Und es gab auch Leute wie Norma Gardner und June Crain, die vermuteten, dass die Körper noch Jahre später in Ohio aufbewahrt wurden. Eine Unzahl von Indizienbeweisen hatte sich angesammelt, und eine wachsende Anzahl von Erster- und Zweiter-Hand-Augenzeugen war aufgespürt worden. Aber immer noch fehlte der letzte Beweis.

Auftritt von Brigadier General Arthur E. Exon.

Exon war ein Pilot, der 135 Kampfeinsätze geflogen war und die Erfahrung von mehr als 300 Stunden Kampfeinsatzzeit auf dem Kriegsschauplatz Europa während des Zweiten Weltkriegs mitbrachte. Als sein Flugzeug durch ein explodierendes Munitionslager, auf das er gerade zuvor Bomben abgeworfen hatte, schwer beschädigt wurde, musste er über feindlichem Territorium abspringen, wo er dann in Gefangenschaft geriet. Er verbrachte mehr als ein Jahr in mehreren deutschen Kriegsgefangenenlagern, bevor er im April 1945 befreit werden konnte. Zu seinen Auszeichnungen gehören das *Distinguished Service Cross, Legion of Merit, Distinguished Flying Cross, Air Medal with 15 Oak Leaf Clusters, Air Force Commendation Medal with Oak Leaf Cluster, British Distinguished Flying Cross* und das französische *Croix de Guerre* mit Palme und Stern.[6]

Nach dem Krieg machte er 1948 den Abschluss zu einem zweijährigen Industrieverwaltungskursus am *Air Force Institute of Technology (AFIT)*, um dann die nächsten drei Jahre dem Hauptquartier des *Air Material Command (AMC)* anzugehören. Beide Institutionen befanden sich auf dem Luftwaffenstützpunkt mit dem neuen Namen

Wright-Patterson Air Force Base.[7] Leutnant General Nathan F. Twining war der Kommandierende Offizier des *Air Material Command*, das für die Aufgaben des 1947 als T-2 bekannten und dann 1951 in *Air Technical Intelligence Center (ATIC)* und danach 1961 in *Foreign Technology Division (FTDF)* umbenannten Nachrichten- und Geheimdienstes der *Air Force* verantwortlich war.

Im Verlauf der Jahre bekleidete Exon eine Vielzahl von Positionen, wobei er das *Air War College* auf der *Maxwell AFB* in Montgomery, Alabama, besuchte, um 1955 dann schließlich mit dem höchsten Rang eines Oberst im Pentagon zu landen, wo er die nächsten fünf Jahre bleiben sollte. Im Jahr 1960 wurde er Leiter des Fachbereichs »Ballistische Raketen« und übernahm die Verantwortung für die Einrichtung des ballistischen *Jupiter*-Raketensystems für die *NATO* in Italien und in der Türkei. Im Juli 1963 verließ er Europa, um eine Aufgabe auf der *Olmsted Air Force Base* in Pennsylvania anzutreten. Im August 1964 wurde er zum Stützpunktkommandeur der *Wright-Patterson Air Force Base* ernannt, um dann ein Jahr später in den Flaggenrang als Brigadegeneral befördert zu werden.[8] Es kann also festgestellt werden, dass die militärische Laufbahn von General Exon sehr beeindruckend verlaufen ist. Offiziere werden nur dann in den Flaggenrang (Generalsrang) befördert, wenn ihre Gesamtkompetenz erwiesen ist. Nur einer Minderheit gelingt dies während ihrer aktiven Dienstzeit (mit anderen Worten: nicht denjenigen, die mit der Beförderung erst bei ihrem Ausscheiden in den Ruhestand »belohnt« werden). Nur Offiziere in höchsten Stellungen erhalten das Privileg, Sterne tragen zu dürfen. General Exon war daher in der Lage, über bestimmte Dinge Bescheid zu wissen. Auch wenn er selbst zum Beispiel keinen Zugang zu den Roswell-Artefakten hatte, so kannte er dennoch Leute, denen dies möglich war.

Im Jahr 1988 wurde Whitley Strieber, der Autor von *Communion, Transformation, Breakthrough* und *Majestic* (einer fiktionalen Wiedergabe des Absturzes von Roswell) sowie anderer Bücher, einem »alten Freund« eines seiner Onkel, einem im Ruhestand befindlichen General der *Air Force* mit dem Namen *Art Exon*, vorgestellt, der »Komman-

Der verstorbene General Arthur Exon auf einem von Tom Carey gemachten Foto, das ungefähr aus dem Jahr 2000 stammt. Zu dieser Zeit war der General noch zurückhaltender, wenn es darum ging, über seine Tage als Kommandierender Offizier auf Wright-Patterson *zu sprechen.*

dant« der Wright-Patterson AFB gewesen war.[9] Strieber hatte mit dem General eine Reihe von Gesprächen über Roswell geführt, in deren Verlauf er Folgendes erfuhr[10]:

1. Die Air Force hatte sich mit der Veröffentlichung des sogenannten Condon-Reports im Jahr 1969 nicht wirklich aus der UFO-Sache zurückgezogen.

2. Immer noch waren seit dem Absturz wissenschaftliche Bestrebungen im Gange, um zu versuchen, die Roswell-Trümmer verstehen und einordnen zu können.

3. Weiteres UFO-Material war inzwischen angefallen.

1988 war auch das Jahr, in dem von Kevin Randle und Don Schmitt der Fall »Roswell« neu aufgerollt und mit einer umfassenden Neuuntersuchung begonnen wurde. Informationen über die von Strieber mit General Exon geführten Gespräche machten die Runde, und etwa 1990 interviewten Randle und Schmitt dann selbst den General. Sie erfuhren, dass Exon zur Zeit der Ereignisse von Roswell im Jahr 1947 den Rang eines Oberstleutnants bekleidet und als Student an einem zweijährigen Industrieverwaltungskursus auf dem Stützpunkt *(Wright Field)* teilgenommen hatte. Eine Aussage von Exon dazu lautete:

»Wir hörten, dass das [Roswell-]Material nach *Wright Field* kommen sollte. Die Untersuchungen wurden in verschiedenen Labors durchgeführt – und zwar auf jede nur erdenkliche Art, von der chemischen Analyse über Spannungsprüfungen und Druckversuche bis hin zu Biegeprüfungen. Das Material wurde in unsere Materialprüflabors verbracht. Ich weiß nicht, wie es dorthin gelangte, jedoch war von den für die Prüfungen zuständigen Jungs zu erfahren, dass es sich um etwas ganz Außergewöhnliches gehandelt habe.«[11]

Exon lieferte auch eine Beschreibung des Materials: »[**Das Material war teilweise] leicht zu zerreißen oder zu verändern … Dann wiederum gab es andere Teile, die sehr dünn waren, aber eine extrem große Festigkeit besaßen und in die nicht einmal mit schweren Hämmern Dellen geschlagen werden konnten … Das Material war bis zu einem gewissen Grad elastisch.**« Und er fuhr fort: »**Einige Teile waren locker und dünn, legten aber eine teuflisch große Zähigkeit an den Tag; der Rest war fast wie eine Folie, besaß jedoch eine hohe Festigkeit. Die Labors standen vor einem ziemlichen Rätsel.**« Von den Laborleitern in *Wright Field* wurde ein Sonderprogramm zur Untersuchung des Materials ausgearbeitet. »**Ihnen war bewusst, dass sie etwas Neues in ihren Händen hielten. Das Metall und das sonstige Material waren niemandem bekannt, mit dem ich gesprochen habe. Aber egal, was man auch gefunden haben mag – von irgendwelchen Ergebnissen habe ich nie gehört. Einige dachten, dass das Material russischer Herkunft sein könnte, jedoch war die überwiegende Mehrheit der Meinung, dass der Ursprung der Teile das Weltall sein musste.**[12] **Innerhalb von 24 Stunden nach unserem Fund wusste jedermann vom Weißen Haus bis ganz unten, dass das, was wir gefunden hatten, nicht von dieser Welt stammen konnte.**«[13] Bei der Frage nach dem physischen Erscheinungsbild der Wrackteile sagte er, dass er nicht wisse, ob es sich um Titan oder irgendein anderes ihm bekanntes Metall handele, dass er aber gehört habe, dass die *Verarbeitung* des Materials schwierig sei (siehe Kapitel 4).

Erinnern wir uns daran, dass John Tiffany ausgesagt hatte, dass sein Vater zum Zeitpunkt des Ereignisses auf *Wright Field* stationiert war und

Kapitel 13

Der Buchautor Whitley Strieber war der erste Forscher, der Arthur Exon interviewen durfte, da Exon ein guter Freund von Striebers Onkel war.

dass von seiner Einheit im Rahmen ihrer Aufgaben die *509th Bomb Group* in Roswell sowie die *8th Air Force* als deren Dachorganisation mit Hauptquartier auf dem *Fort Worth Army Air Field* in Texas unterstützt wurden. Wie aus einem der vorhergehenden Kapitel ersichtlich, war laut Tiffany sein Vater zu einem Bestimmungsort in Texas (höchstwahrscheinlich dem *Fort Worth AAF*) entsandt worden. Dort habe man seltsame metallische Wrackteile und einen großen zylindrischen Container abgeholt, der ihn an eine riesige Thermoskanne erinnert habe. Tiffany beschrieb das Metall als leicht und fest. Es wies eine glatte, glasartige Oberfläche auf, wobei alles, was die Besatzung auf dem Rückflug auch unternahm, um das Material mit Markierungen zu versehen, zu biegen oder zu zerbrechen, ohne jeden Erfolg geblieben war. [15]

Als er zu den Körpern befragt wurde, erklärte Exon: »**Ich kenne Leute, die mit dem Fotografieren einiger der Überbleibsel aus dem Ereignis in New Mexico in der Nähe von Roswell zu tun hatten. Es gab noch eine Stelle [dies dürfte das Aufschlagsgelände gewesen sein, das von dem Trümmerfeld auf der Foster-Ranch getrennt ist], auf der anscheinend das Hauptteil des Raumflugkörpers gefunden wurde ..., wo es, wie gesagt wurde, Körper gab. Sie wurden offensichtlich alle außerhalb des eigentlichen Flugkörpers in einem relativ gut erhaltenen Zustand entdeckt. Mit anderen Worten: Die Körper waren nicht stark zerrissen.**«[15] Bei einem Flug über das Gebiet einige Monate nach dem Ereignis habe er, so Exon, zwei getrennte, aber dennoch zusammenhängende Zonen anhand der vielen dorthin führenden Reifenspuren erkennen können. Er erklärte ebenfalls, dass ihm »klar ausgeprägte Furchen im Gelände« aufgefallen seien, über die uns auch von Bill Brazel, Bud Payne und anderen berichtet wurde.[16] Auf die spezielle Frage, ob die in Verbindung mit dem Absturz von Roswell geborgenen Körper nach *Wright Field* verbracht worden seien, antwortete Exon: »**Das ist die mir vorliegende Information. Einer der Körper ging jedoch an eine Pathologie mit Leichenhalle, die sich damals in Denver befand. Die wichtigsten Informationen besagten jedoch, dass die Körper nach *Wright-Patt* gingen. Mir bekannte Leute hatten damit zu tun.**«[17] Was die Körper angeht, so hatte John Tiffany gesagt, dass der große ungewöhnliche Zylinder und dessen unbekannter Inhalt für die Flugzeugbesatzung auf dem ganzen Rückweg von Fort Worth nach *Wright Field* etwas Bedrückendes gewesen sei. Nach dem Flug fühlte sich die Besatzung irgendwie kontaminiert – ganz so, als ob sie nicht sauber werden konnte. Die Mitglieder der Besatzung »kamen einfach nicht darüber hinweg, etwas so Fremdes transportiert zu haben«. Zu irgendeinem Zeitpunkt während oder kurz nach seiner Reise musste der Vater von Tiffany gesehen haben, was sich in dem Zylinder befand, denn später erzählte er seinem Sohn, dass zwei [der Körper] unversehrt gewesen seien. Nach der Ankunft in *Wright Field* wurde alles einschließlich der riesigen Kanne ausgeladen und auf Lastkraftwagen abtransportiert. Unmittelbar nach der Abfahrt der Lkw wurde den Mitgliedern der Flugzeugbesatzung von einem hochrangigen Offiziellen mitgeteilt, dass der Flug niemals stattgefunden habe.[18]

Exon wusste anscheinend nichts von dem außerirdischen Wesen, das bei dem Absturz von Roswell angeblich lebend geborgen worden war, da er niemals darüber sprach. Es gibt jedoch eine Reihe von Geschichten, nach denen es entweder nach White Sands oder Los Alamos verbracht worden oder sogar eine bestimmte Zeit in Roswell geblieben war. Kurz gesagt: Der Aufenthalt des Wesens unmittelbar nach der Bergung ist immer noch rätselhaft, wobei es 1948 dann aber schließlich auf *Wright-Patterson* auftauchte (siehe Kapitel 8).

Als wir in den 1990er-Jahren das Interview mit General Exon führten, war er sich sicher, dass sich zumindest ein Teil des außerirdischen »Raummaterials« immer noch auf Wright-Patterson befand. Er erzählte uns, dass es immer noch Berichte – möglicherweise in den Akten im Gebäude der *Foreign Technology Division (FTD)* – gebe, in denen alles festgehalten sei, was in den inzwischen vergangenen mehr als 60 Jahren bei den Untersuchungen des exotischen Materials herausgefunden wurde. Auch gebe es Fotos, die jeden und alle Aspekte des Absturzes einschließlich Bergungen an verschiedenen Orten, des Transports der Überbleibsel und aller mit der Bergung zusammenhängender Aktivitäten auf dem Stützpunkt Roswell und die endgültige Verbringung aller physischen Beweise dokumentierten.[19] Um es kurz zu machen: Alles, was erforderlich war, um den Beweis zu liefern, dass Roswell der Ort des Absturzes eines außerirdischen Raumschiffes und seiner Besatzung war, befand sich einmal auf der *Wright-Patterson AFB* … und befindet sich vielleicht immer noch dort.[20] Denn schließlich bleibt der Stützpunkt von einem Geheimnis umhüllt – auch mehr als 60 Jahre voller Gerüchte und Getuschel. Und genau wie alle früheren Stützpunkte des *Strategic Air Command* (die Stützpunkte zur Durchführung von Atomschlägen) ist *Wright-Patt* ein unterirdisches Labyrinth aus geheimen Gewölben, Tunnels und mehrgeschossigen Hangars. In Bodenhöhe ist Beton frisch vergossen worden, um Eingänge zu verschließen und Hangars mit einem neuen Bodenbelag zu versehen – zu dem schon lange vermuteten Zweck, die größten Geheimnisse des Stützpunkts zu sichern (zum Beispiel speziell Hangar 23). Von ehemaligen Stützpunktkommandanten konnten wir erfahren, dass es auf der Basis bestimmte Bereiche gab, zu denen nicht einmal sie Zugang hatten. Einer von ihnen war General Arthur Exon.

***

An Nachforschungen über Roswell Interessierten dürfte bekannt sein, dass dort mit der Vertuschung bereits am ersten Tag begonnen wurde, an dem die Geschichte in die nationalen Pressemedien gelangt war. Sogar noch vor der von General Ramey abgehaltenen unrühmlichen Pressekonferenz mit der Wetterballonerklärung hatte die Geschichte auf dem Stützpunkt von Roswell schon ihren Anfang genommen, nachdem die Leute, die von den Medien wegen Antworten zu dem Absturz angesprochen werden konnten, so schnell wie möglich aus der Stadt verschwanden: Major Jesse Marcel, die erste militärische Person an der Absturzstelle, wurde nach Fort Worth, Texas, abkommandiert; Leutnant Walter Haut, der Offizier für Öffentlichkeitsarbeit auf dem Stützpunkt, der die erste Pressemitteilung über die »Erbeutung« einer fliegenden Untertasse auf dem *RAAF* herausgegeben hatte, wurde nach Hause geschickt, um unterzutauchen; und seitens des Stützpunktkommandanten Colonel William Blanchard verlautete, dass er in Urlaub gehen werde.[21] Da er diesen kannte, so Exon, »sei Blanchards Urlaub eine reine Schutzbehauptung gewesen. Er hatte die Aufgabe, die [Absturz-] Stelle zu besuchen und Feststellungen zu treffen. Blanchard hätte sich um einen Wetterballon absolut nicht gekümmert«[22]. Ohne dass Exon davon wusste, hatte uns auch jemand anderes das Gleiche erzählt. Nach Angaben des aus dem Dienst ausgeschiedenen Colonel Joe Briley, der 1947 auf dem Stützpunkt Roswell ein für die Einsatzplanung zuständiger Offizier war, ging es um Folgendes: »**Blanchards Urlaub war ein Täuschungsmanöver. In Wirklichkeit war er damit beschäftigt, an der Absturzstelle nördlich der Stadt eine Operationsbasis einzurichten.**«[23] Exon machte ebenfalls deutlich, dass es keine geheimen Ballons oder Wetterbeobachtungseinrichtungen gegeben habe, von denen die Wrackteile hätten stammen können, von denen er gehört hatte. »**Die Laborleute und Offiziere in *Wright Field* hätten allein schon aufgrund ihrer Tätigkeit gewusst, ob die Trümmer in diese Kategorien passen oder nicht.**«[24] Abgesehen von seinem eigenen *spontan* durchgeführten Flug über die Absturzstellen von Roswell stellte Exon klar, dass er nur wiederhole, was ihm Freunde und Kollegen auf *Wright-Patterson* erzählt hätten.

Exon wusste von der UFO-Vertuschung, die bereits mit der Roswell-Geschichte begonnen hatte. »**Mir ist bekannt, dass zum Zeitpunkt des Geschehnisses die Sache an General Ramey ging …, der seinerseits zusammen mit den Leuten aus Roswell entschied, die Geschichte unter Übung einer gewissen Zurückhaltung zu verändern und die Information dann an das Pentagon und den Präsidenten**

weiterzugeben.«[25] Laut Exon habe Ramey (nachdem er von Colonel Blanchard unterrichtet worden war) in dem Augenblick, in dem man wusste, um welche Art von verunfalltem Objekt es sich handelte, Stabschef General Eisenhower alarmiert. (Dies wäre nicht durch Ramey direkt geschehen, sondern über die innerhalb seiner direkten Kommandokette nach oben führende Leiter.) Sobald die Information in Washington angekommen war, hätte das Pentagon die Kontrolle über die Operation übernommen. Die Leute in Roswell wären mit den Aufräumarbeiten betraut worden, weil sie vor Ort waren, wobei jedoch die Verantwortlichkeit dafür bei der Kommandokette noch oben bis zum Pentagon und zum Weißen Haus gelegen habe. Heute wissen wir durch das unter Verschluss gehaltene Statement des verstorbenen Walter Haut, des ehemaligen Offiziers für Öffentlichkeitsarbeit auf dem Stützpunkt Roswell im Jahr 1947, dass dieses von Exon beschriebene Szenario genau dem Geschehenen entspricht.[26] Die Männer der auf dem *Roswell Army Air Field* stationierten *509th Bomb Group* waren tatsächlich in die Wildnis geschickt worden, um die Räumungsarbeiten durchzuführen, zu denen die Bergung der Wrackteile und der Körper gehörte, während die Gesamtoperation einschließlich Presseverlautbarungen vom Pentagon aus vom Stellvertretenden Stabschef der *Air Force*, Leutnant General Hoyt Vandenberg, geleitet wurde.[27]

All dies hatte laut Exon zur Folge, dass ein offizieller Aufsichtsausschuss gegründet wurde, um das Phänomen zu untersuchen und den Zugang zu den Wrackteilen, Körpern und Unterlagen in Verbindung mit dem Roswell-Absturz zu kontrollieren. Er bezeichnete diese Gruppe als »Die bösen Dreizehn« nur aus dem Grund, dass ihm der wirkliche Name der Gruppe nicht bekannt war.[28] Ihre Verantwortlichkeit sollte ebenfalls dem Schutz der gesammelten Daten dienen, den Zugang zu ihnen kontrollieren und die Durchführung von Untersuchungen zu ihrer Auswertung umfassen. Von Exon konnten uns die Namen einiger Mitglieder dieser Gruppe genannt werden – Namen, die Studenten der amerikanischen Geschichte aus den späten 1940er-Jahren bekannt sein dürften, wie zum Beispiel Truman, Eisenhower, Symington und Hillenkoetter. Hierzu die Aussage von Exon: »**… die höheren Ränge des Nachrichten- und Geheimdienstes waren vertreten,** das Präsidialamt war vertreten, und das Verteidigungsministerium war vertreten …« Eines aber stellte Exon klar: Abgesehen vom Präsidenten waren keine Abgeordneten jemals involviert. Gewählte Abgeordnete waren davon ausgenommen, jemals etwas über die Sache zu erfahren.[29] Diese Politik würde erklären, warum Barry Goldwater in den 1960ern der Zugang zum »Blue Room« auf *Wright-Patterson* verweigert wurde, als er darum bat, einen Blick in diesen Raum werfen und die Gerüchten zufolge dort aufbewahrten UFO-Artefakte in Augenschein nehmen zu dürfen. Obwohl Goldwater zur damaligen Zeit den Rang eines Generalmajors der *Air Force Reserve* bekleidete und ein guter Freund von General Curtis LeMay, Stabschef der *Air Force*, war, war er gleichzeitig Senator und somit nicht qualifiziert, den Raum zu betreten oder zu erfahren, was sich in dem Raum befand (siehe Kapitel 5).

Zum Zeitpunkt unserer Interviews mit Exon Anfang der 1990er-Jahre war er sich sicher, dass das meiste, wenn nicht sogar das ganze Roswell-Material sich immer noch auf *Wright-Patterson* befinde. Er glaubte, dass es neben den physischen Wrackteilen und Körpern auch Berichte in den im *FTD*-Gebäude gelagerten Akten gebe, aus denen alle bisher gewonnenen Erkenntnisse der Untersuchungen zu ersehen seien. Es gebe Fotos vom Trümmerfeld, der Aufschlagstelle, der Dee-Proctor-Körperfundstelle sowie der Körper und der Autopsien.[30] Danach muss von der Möglichkeit ausgegangen werden, dass einige Teile oder der größte Teil des Roswell-Materials wegen der den Fall umgebenden Publicity und der Fokussierung auf *Wright-Patterson* als gewähltes Ziel des Materials an andere Orte irgendwo im ganzen Land verbracht wurden. Und weil wir dies nicht *wirklich* mit Sicherheit wissen, ist es gleichermaßen möglich, dass alles Material im »Blue Room« untergebracht wurde und dort in Ruhe lagern kann.

Als Exon in der Zeit von 1955 bis 1960 als Oberst im Pentagon Dienst tat, traf er zufällig auf den nach dem Roswell-Ereignis gebildeten Kontroll-/Aufsichtsausschuss. Dieser war immer noch tätig und befasste sich auch immer noch mit UFOs. Und selbst als er 1964 im Rang eines Brigadegenerals mit einem Stern als Kommandeur zum Stützpunkt *Wright-Patterson* zurückkehrte, war das Thema »UFOs« für den Ausschuss in Washington immer noch von großem Interesse. Er sagte, dass er Anrufe aus Washington bekommen habe, dass aus acht bis 15 uniformierten Offizieren bestehende Teams zu einem bestimmten Datum auf *Wright-Patterson* eintreffen würden und dass diesen ein geeignetes Flugzeug für normalerweise drei bis sieben Tage dauernde geheime Missionen zu unbekannten Zielorten zur Verfügung zu stellen seien. »**Nie sind wir über irgendwelche Berichte [zu diesen Missionen] informiert worden. Alle diese Berichte gingen direkt nach Washington.**«[31] Exon war der Überzeugung, dass vom Ausschuss in Washington nicht nur der Zugang zu Roswell, sondern auch alle streng geheimen UFO-Berichte kontrolliert wurden. Genau dies hatte uns auch J. Allen Hynek, wissenschaftlicher Berater beim Projekt *Blue Book*, einmal zu verstehen gegeben: »Alle problematischen Fälle wurden nach oben [nach Washington] weitergegeben.« Exon vermutete, dass der Leiter des Projekts *Blue Book*, das damals von *Wright-Patterson* aus immer noch weiterlief, über den Ausschuss in Washington hätte Bescheid wissen müssen oder sogar Teil des Ausschusses war. (Tatsache aber ist, dass sie verschiedenen operativen Kommandos der *Air Force* angehörten.) Exon kam letztendlich zu dem Schluss, dass die wirklichen UFO-Untersuchungen von Washington und nicht von *Wright-Patterson* aus als Hauptquartier für das Projekt *Blue Book* kontrolliert würden. Die letztgenannte Einheit, so das Gefühl von Exon, habe mehr die Aufgabe von Öffentlichkeitsarbeit als eine Untersuchungsfunktion wahrgenommen.[32] Diese wichtige Erkenntnis steht im krassen Widerspruch zu der von unserer Regierung zum Thema »UFOs« in der Öffentlichkeit vertretenen Position. Exons überraschende Aussage bestätigt, was viele Forscher schon immer geglaubt haben: dass das Projekt *Blue Book* lediglich als Fassade für die anderenorts durchgeführte tatsächliche UFO-Untersuchung diente und dass ein Sonderausschuss gegründet wurde, um den Zugang zu den Überbleibseln von Roswell und deren Studium zu kontrollieren. Exons Scharmützel mit dem Kontrollausschuss – er kannte weder dessen Namen noch dessen Codewort – hielt sich in Grenzen, war aber auch die erste externe Bestätigung für einen solchen Ausschuss, die gefunden werden konnte.

Exons Ansichten und Schlussfolgerungen hinsichtlich der Handhabung der UFO-Angelegenheiten erwiesen sich als richtig. Wir wissen heute, dass 1953 zur Untersuchung des UFO-Phänomens ein Geheimprojekt ins Leben gerufen wurde, das mit dem Projekt *Blue Book* absolut nichts zu tun hatte.[33] Die auf der *Ent AFB* in Colorado Springs, Colorado, stationierte *4602nd Air Intelligence Service Squadron* mit ihren Projekten *Moon Dust* und *Operation Blue Fly* war dazu gedacht, UFO-Material zu bergen.[34] Es steht außer Zweifel, dass es dem Projekt *Moon Dust* zugehörige Teams waren, für die Exon zu seiner Zeit als befehlsgebender Offizier auf *Wright-Patt* ein Flugzeug bereitstellen sollte. Alle UFO-Berichte und Meldungen gleich welcher Art sollten zuerst an die *4602nd* anstatt an das Projekt *Blue Book* gehen. Nach 1953 und bis zu seiner Einstellung im Jahr 1969 war das Projekt *Blue Book* nur noch für reine Öffentlichkeitsarbeit zuständig. Schon seit damals führt die *Air Force* die Öffentlichkeit in die Irre, indem sie erklärt, dass sie nicht mehr mit der Untersuchung von UFOs befasst ist. Während auf der einen Seite von Ohio aus positive Presseverlautbarungen kamen, dass die *Air Force* »aus der Sache ausgestiegen sei«, war sie auf der anderen Seite in Colorado mit der Fortführung der Untersuchungen der UFOs unter dem Deckmantel strengster Geheimhaltung beschäftigt. Die Dokumente, die Regierungsstellen abgerungen werden konnten, ergeben ein klares Bild von Unterdrückung, Täuschung und Fehlinformationen zu einem Thema, von dem uns die *Air Force* und die Regierung glauben machen wollen, dass es ein solches gar nicht gibt.[35]

Angesichts der Tatsache, dass sich Exon – ein hochrangiger Offizier der *Air Force* – so freimütig zu dem Ereignis von Roswell äußern konnte, wurde von uns irgendeine Reaktion seitens Washington erwartet. Im Rahmen der vom *Federal General Accounting Office* in den Jahren 1994 und 1995 durchgeführten Überprüfungen wurde Exon von einer Reihe hochgestellter Mitarbeiter des Kongresses befragt. Eine dieser Diskussionen fand am 2. Dezember 1994 bei ihm zu Hause statt. Während der Gespräche war Exon sehr vorsichtig, wobei einer aus dem Befragungsteam in seinen Bericht Folgendes eintrug: »**General Exon hat Angst. Er befürchtete, zu diesem Zeitpunkt überwacht zu werden. Und er wollte wahrscheinlich auch nicht ausschließen, dass**

möglicherweise sogar sein ganzes Haus ›verwanzt‹ war.«[36] Das letzte Mal besuchten wir General Exon und seine hübsche Frau im Jahr 2000 auf ihrem Ruhesitz in Irvine, Kalifornien. Bei uns war Denise, die Enkelin von Jesse Marcel sen. Uns war von Anfang an klar, dass selbst im Beisein der Enkelin eine der Hauptfiguren der Roswell-Geschichte, der General, zu diesem Zeitpunkt bereit war, über jedes nur erdenkliche Thema zu sprechen – außer über Roswell. Aber trotz unserer Enttäuschung ließen wir uns das angebotene Mittagessen dann doch gut schmecken.

Ähnlich den Aussagen anderer Zeugen, die nach dem Absturz an der Bergung eines Flugkörpers und von Körpern unbekannter Herkunft beteiligt waren, deuteten die immer gleich bleibenden Erklärungen von Exon in Richtung der *Wright-Patterson Air Force Base* als endgültigem Aufbewahrungsort solcher »Artefakte«. Und Arthur Exon war damals zum Zeitpunkt des Roswell-Ereignisses *dort* gewesen. Nach verfügbaren Unterlagen und seinen eigenen Worten war er in einer Position und in der Lage, etwas über den Absturz zu hören und zu erfahren, dass die Überbleibsel zum Zwecke der Analyse nach dort verbracht werden sollten. Er hörte ebenfalls von der in Washington heute immer noch laufenden geheimen UFO-Studie der *Air Force*. Kurz gesagt: Er war zur richtigen Zeit am richtigen Ort. Für uns heute ist jedoch die Tatsache am wichtigsten, dass *Air-Force*-General Arthur Exon sich im Gegensatz zu so vielen anderen hochrangigen Personen vor und nach ihm nicht fürchtete, über den historischen Ablauf dessen zu sprechen, was ihm als Wahrheit bekannt war. Bis zu seinem Tod am 23. Juli 2005 blieb er bei seiner festen Überzeugung, dass es in Wahrheit *um etwas ging, was auf dieser unserer Erde nicht gebaut worden war.* Am Ende des Tages erklärte der General: »**Roswell stand für die Bergung eines Raumschiffes.**«[37]

Kapitel 14

Die *Air Force* wäscht sich rein

Im Jahr 1966 wurde an der Universität von Colorado in Boulder ein aus Mitteln der *Air Force* finanzierter Sonderausschuss gebildet, um aus dem Projekt *Blue Book* und von zivilen Forschungsorganisationen, wie zum Beispiel *NICAP* (*National Investigations Committee on Aerial Phenomena*), stammende Berichte des UFO-Phänomens zu untersuchen und festzustellen, ob sich ein weiteres eingehendes Studium der UFOs lohnen würde. Der Direktor dieses Ausschusses war der hoch angesehene Physiker Dr. Edward Condon von der *University of California*.

Auf Kosten der amerikanischen Steuerzahler in Höhe von 525 905 Dollar wurde zwei Jahre später, also 1968, dann der unrühmliche Condon-Bericht mit einem Umfang von 1485 Seiten fertiggestellt. Die Schlussfolgerung des sogenannten Condon-Ausschusses besagte, dass **»[e]ine abschließende umfassende Studie nicht zu rechtfertigen ist …, das Studium von UFOs in den vergangenen 21 Jahren nichts gebracht habe, was den Stand der Wissenschaft hätte erweitern können«** – trotz der Tatsache, dass der Ausschuss zugegebenermaßen nicht in der Lage gewesen sei, für 25 Prozent der untersuchten Fälle eine Erklärung zu finden. Condon lobte die *Air Force* für ihre über 22 Jahre hinweg unternommenen Bemühungen und erklärte, dass die Maßnahmen nunmehr abgeschlossen seien, da sich kein Grund ergeben hätte, der ein weiteres Studium rechtfertigen würde. Im Dezember des gleichen Jahres wurde das Projekt *Blue Book* mit einer einseitigen Verlautbarung offiziell abgeschlossen. Ihr war zu entnehmen: **»Kein UFO, das jemals gemeldet und von der *Air Force* untersucht und ausgewertet wurde, war für unsere Nationale Sicherheit als Bedrohung anzusehen. Beweise wurden der *Air Force* niemals vorgelegt oder von der *Air Force* entdeckt, dass die als ›unbekannt‹ kategorisierten Sichtungen irgendwelche technologischen Entwicklungen oder Grundlagen darstellten, die über den Rahmen der modernen wissenschaftlichen Erkenntnisse hinausgegangen wären. Es fehlten jegliche Beweise, dass es sich bei den als ›unbekannt‹ eingestuften Sichtungen um außerirdische Raumflugkörper gehandelt haben könnte.«**

Dr. Edward Condon.

Eine der zivilen Gruppen, das *National Investigations Committee on Aerial Phenomenon (NICAP)* unter der Leitung von Major Donald Keyhoe, stellte ihre sogenannten »besten Beweise« dem Condon-Ausschuss zur Verfügung. Diese Fallstudien spielten sich oft im Bereich von militärischen Einrichtungen ab und betrafen diese sowie entsprechende ausgebildete Leute. Viele dieser Fälle hatten die tiefgreifendsten UFO-Sichtungen zum Gegenstand, die ihre klassische Überlegenheit gegenüber unseren eigenen konventionellen Flugzeugen zu demonstrieren vermochten. Das war die Gelegenheit für *NICAP*, seinen Fall vor Gericht zu bringen, wobei jedoch nur wenige, wenn überhaupt irgendwelche dieser bedeutsamen Berichte in Betracht gezogen wurden.[1] Der Ausschuss suchte nicht nach physischen Beweisen, sondern versuchte ausfindig zu machen, wer solche absonderlichen Behauptungen aufstellte und warum. Während ein rechtmäßiges Gericht oder eine entsprechende Studie eine Beweisphase der Anhörungen gewürdigt hätte, weigerten sich Condon und sein Ausschuss, auch nur die mögliche Rechtmäßigkeit derartiger Berichte anzuerkennen. Stattdessen hielt man sich strikt an einige Beispiele von profanen Fällen der *Air Force*. Unabhängig von den wirklichen Zielsetzungen des Projekts hatten die hohen Tiere im Pentagon niemals die Absicht, ihre »besten Beweise«

öffentlich zu machen. Schauen Sie, aber schauen Sie nicht zu genau hin. Denken Sie, aber denken Sie nicht zu laut.

Wir halten fest: Der Condon-Ausschuss war das Fahrzeug, gefahren wurde der Wagen aber von der *Air Force*. Das Vehikel wurde genau zu dem vorbestimmten und vom Pentagon gewünschten Zielort manövriert, gelenkt und gefahren. Und genau wie bei der Situation, in der General Ramey die Wetterballonerklärung als Ersatz inszenierte, um sich die Presse in Sachen Roswell-Ereignis vom Hals zu halten, gab es nun eine banale Antwort, sodass die Presse sich wieder Geschichten wie städtischen Etats und Straßenbau widmen konnte. Es war wieder einmal gelungen, einen »Strohmann« vorzuschieben. Wir sollten nun acht weitere Jahre bis zur Freigabe der Akten zum Projekt *Blue Book* warten müssen, um aufzudecken, in welchem Umfang das Projekt einer Vernebelung und Irreführung unterlegen war.

So fehlten irgendwie zum Beispiel viele der allgemein bekanntesten und häufig publizierten Fälle in den Akten des Condon-Ausschusses. Dies allein ist kein Hinweis auf Inkompetenz. Was diese aber unterstreicht, ist die Behauptung, dass es sich dabei um eine gut koordinierte und gut versteckte Vertuschungsaktion gehandelt hatte. In vielen der in den Akten befindlichen Berichte wird das Thema »UFOs« ganz einfach nur gestreift, wobei die »identifizierten« UFO-Fälle Hinweise auf offenkundige Versuche beinhalten, die Öffentlichkeit zu täuschen.[2] Und dennoch – die Medien schienen dies nicht bemerkt zu haben.

Wie sicherlich geplant, sollten die exorbitante Länge des Condon-Berichts und die dafür benutzte technische Terminologie den größten Teil der Presse davon abhalten, die einzelnen Seiten eingehend zu studieren. Nur hartgesottene zivile Forscher und Ermittler fühlten sich »gefoult«, als sie sich durch den Bericht durchkämpften, um Gründe zu finden, warum ihr Anteil an »ungeklärten Fällen« höher war als der der *Air Force*. Dieses Verhältnis war mit den aus der Studie gezogenen Schlussfolgerungen kaum vereinbar – hier gibt es nichts zu sehen …, also weiter – und ließ vermuten, dass es um eine gut koordinierte und gut getarnte Vertuschung der wahren UFOs ging. Lassen Sie uns diese Widersprüchlichkeit einmal wie folgt betrachten: Eine externe Gruppe, die vom *Commissioner of Major League Baseball* (Präsidenten der 1. Baseballliga) beauftragt wurde, Berichte über die Einnahme leistungssteigender Substanzen zu überprüfen, vermag nicht festzustellen, dass 25 Prozent der Sportler möglicherweise solche Ergänzungsmittel zu sich nehmen, und kommt dann zu dem Schluss, dass es keine derartigen Fälle gibt und somit keine weiteren Nachforschungen erforderlich sind. Diese Analogie zum Condon-Bericht lässt sich nicht eindeutiger und klarer formulieren.

Bedenkt man einmal die Vielzahl spektakulärer UFO-Fälle, die an Dr. Condon und seine Kollegen hätten gehen können und müssen, so wäre bei der Erfassung von Beweisen ein so großer Stau entstanden, dass er vom Ausschuss nicht hätte ignoriert werden können. So ist zum Beispiel in Verbindung mit dem Projekt *Blue Book* von mindestens 20 verschiedenen, mit Kamerakanonen von Abfangjägern aufgenommenen Filmen die Rede, die aber gemäß dem Hauptinhaltsverzeichnis überhaupt nicht existieren.[3] Insbesondere ist im Bericht Folgendes vermerkt: »**… und es wurde von Spezialisten für Spektroskopie ein Ausschnitt aus einem mit Kamerakanonen aufgenommenen spektrografischen Film untersucht, der von der *Air Force* zu Analysezwecken zur Verfügung gestellt worden war.**« Dies würde Anlass zu der Vermutung geben, dass die Kamerakanonen mit Spezialfiltern ausgestattet waren, um zu versuchen, UFOs während der Verfolgung durch US-Flugzeuge zu filmen. Zeitlich gesehen hatten derartige Bemühungen ihren Ursprung im Sommer 1947, als Zeitungen von Piloten berichteten, die vorgeschlagen hatten, an den Nasen ihrer P-51 *Mustangs* 35-Millimeter-Kameras anzubringen. Die Anzahl derartiger Filme, die Condon für eine Prüfung zur Verfügung gestellt wurden, war null. Die Bereitstellung von Quellen und Methoden durch die *Air Force* zwecks Überprüfung durch den Ausschuss ist eine Sache – aber das absichtliche Zurückhalten von Filmmaterial, wie es bekanntermaßen in bestimmten UFO-Fällen des Militärs erwähnt wird, eine andere. Das Ganze ist als eine Behinderung der Wahrheitsfindung anzusehen oder möglicherweise sogar als Bestandteil einer Vorvereinbarung mit dem Ausschuss in Form einer getroffenen Übereinkunft zu werten.

In allen Akten des Projekts *Blue Book* sind Presseveröffentlichungen zu finden, die jedermann daran erinnern sollen, dass es kein UFO-Geheimnis gibt – und zwar überall auf den gleichen Seiten, auf denen Inhalte geändert oder vollständig gelöscht worden sind.[4] Irgendjemand muss diese Änderungen angeordnet haben. Aber wer das und zu welchem Zweck tat er das?

Von dem bekannten UFO-Forscher Dr. Leutnant Colonel Kevin D. Randle ist auf ein wichtiges Argument hingewiesen worden, mit dem die Lügen und verzerrten Darstellungen der *Air Force* sowie die Schuld des Condon-Ausschusses offenkundig werden. Hierzu erklärte er: »**Eine weitere Tatsache, die auf eine Vertuschung schließen lässt, wird durch einen Blick in die Akten des Projekts *Blue Book* offensichtlich – es gab fast keine Berichte oder Meldungen, die von den anderen Diensten stammten. Hunderte von Angehörigen der *Air Force* hatten Sichtungen an *Blue Book* gemeldet, jedoch sind die anderen Dienste – *Army*, *Navy* und *Marine Corps* – nur auf einer oder zwei Auflistungen zu finden. Bedeutet dies, dass nur Angehörige der *Air Force* Objekte sehen, die sie nicht identifizieren können, oder wurden die Berichte und Meldungen der anderen Dienste an einen anderen Empfänger weitergegeben?**«[5]

Die Antwort? Ja. Die anderen Streitkräfte verfolgten nicht nur eigene UFO-Projekte mit eigenen Ermittlern, sondern im Rahmen des Projekts *Blue Book* finden sich auch Hinweise, dass Berichte und Meldungen sowohl an das *Office of Naval Research* als auch das *Office of Naval Intelligence* gegangen sind. Komischerweise sind Berichte der *Army* entsprechend JANAP 146 und AFR 200–2 nirgendwo erwähnt. Diese sollten an eine andere Stelle als an das Projekt *Blue Book* geschickt werden. Müssen wir Sie als Leser da noch daran erinnern, dass es sich bei Roswell um ein Ereignis handelte, das die *Army* betraf?

***

Nach seiner Fertigstellung im November 1968 sollte der Condon-Bericht zwecks Überprüfung zuerst an die *National Academy of*

Sciences (Nationale Akademie der Wissenschaften) und dann an das *US Department of Defense* (US-Verteidigungsministerium) gehen. Die Akademie bildete einen aus elf hoch angesehenen Wissenschaftlern bestehenden Prüfungssonderausschuss mit Dr. Gerald M. Clemance als Vorsitzenden. Die anderen kamen von *Yale*, der *University of California, Stanford,* der *Rockefeller University,* der *University of Rochester* und der *Michigan State University*. Im Anschluss an eine standardmäßige verfahrenstechnische Überprüfung der Studie des Condon-Ausschusses schickte Dr. Frederick Seitz, der Präsident der Akademie, eine Kopie an Dr. Alexander H. Flax, den Stellvertretenden Sekretär der *Air Force*. Dr. Seitz stellte dazu fest:

»Von der Akademie wurde diese Aufgabe übernommen, weil sie es für wichtig erachtete, der Regierung und der Öffentlichkeit eine sorgfältige Bewertung der wissenschaftlichen Bedeutung des UFO-Phänomens zu liefern, das sowohl hier im Land als auch im Ausland unterschiedlich interpretiert worden ist. Wesentliche Fragen wurden dahin gehend gestellt, ob unsere Forschungs- und Untersuchungsprogramme ausreichen, um die Art dieser rätselhaften Berichte und Meldungen des beobachteten Phänomens zu erklären oder zu bestimmen. Ich hoffe, dass der Colorado-Bericht und unser Prüfungsausschuss Ihnen und anderen verantwortlichen Offiziellen dabei helfen können, eine Entscheidung hinsichtlich Art und Umfang eventueller weiterer Forschungsbemühungen auf diesem Gebiet zu treffen.«

Dies sollte die letzte Karte sein, die zum Thema »UFOs« an die Öffentlichkeit ausgeteilt wurde. Dr. Seitz, der Ausschussvorsitzende, war früher Wissenschaftlicher Direktor des *US Naval Observatory*. Dr. James E. McDonald war einer der wenigen Wissenschaftler, die damals eine andere Meinung vertreten hatten. Seine Sorge war die, dass »**[der Ausschuss] nicht ausreichend vorbereitet sei, um eine Bewertung des Condon-Berichts vorzunehmen**«. Vom Ausschuss wurde das UFO-Phänomen niemals selbst untersucht; von ihm wurde den Schlussfolgerungen des Condon-Ausschusses lediglich zugestimmt.[6]

Dr. James McDonald.

An genau dem gleichen Tag, an dem der Bericht Anfang 1969 freigegeben wurde, wurde er auf schockierende Weise widerlegt: Dr. David R. Saunders, ein ehemaliges Mitglied des Condon-Ausschusses, veröffentlichte ein explosives Exposé mit dem Titel: »**UFOs? Ja. Und hier lag der Condon-Ausschuss falsch: die Insidergeschichte eines ehemaligen Mitglieds der offiziellen Untersuchungsgruppe**«. Mit diesem Exposé wurde die hinter den Kulissen abgelaufene Geschichte über die wahre Zielsetzung des Projekts erzählt.

Dr. Saunders, Professor der Psychologie und Stellvertretender Direktor der Fakultät für Prüfung und Beratung an der Universität, und Dr. Norman E. Levine, ein Elektroingenieur, waren ein Jahr vor Abschluss des Projekts von Condon wegen »Inkompetenz« entlassen worden.[7] Was Condon jedoch in Wirklichkeit zu einer solchen Maßnahme veranlasst hatte, war die offene Missbilligung eines internen Memos durch Saunders und Levine, auf das diese in den Akten des Projekts gestoßen waren. Saunders und Levine fertigten Kopien des Memos an, die sie dann Dr. James McDonald zugehen ließen.[8] Innerhalb kurzer Zeit gelangten die Kopien dann in die Hände von John

Fuller von der *Saturday Review*. Als Folge davon verfasste Fuller dann einen Sonderbericht im *Look Magazine* mit dem Titel »Flying Saucer Fiasco« (zu Deutsch: »Das Fiasko der fliegenden Untertassen«).[9] Diese Geschichte verärgerte Condon und Robert L. Low, den Koordinator des Projekts, so sehr, dass Saunders und Levine sofort den Blauen Brief (die Kündigung) erhielten. Abgeordnete auf Capitol Hill waren ebenfalls wenig erfreut, und Kongressmitglieder fragten sich, ob die Studie eine Verschwendung von Steuergeldern gewesen sei.

Das Memo, das diese Kontroversen ausgelöst hatte und das bereits verfasst worden war, bevor der Ausschuss von der Universität überhaupt akzeptiert wurde, warf die Frage auf, ob das Thema UFOs für das Ansehen der Institution gut sei. Andere Universitäten waren ebenfalls angesprochen worden und hatten bereits abgelehnt, auch nur einen einzigen Gedanken daran zu verschwenden, als Low klar wurde, dass die Mehrzahl seiner Kollegen das Thema »UFOs« als unwissenschaftlich und ziemlich »radioaktiv« ansah. Aber die *Air Force* war auf der verzweifelten Suche nach einem Sündenbock und hatte enge Beziehungen speziell zu Condon. Angeblich war der Plan wohl der gewesen, eine anscheinend objektive Gruppe in Akademien auszuwählen, die ohne Einflussnahme durch die Regierung eine unparteiische Studie auf der Grundlage der Akten sowohl zum Projekt *Blue Book* als auch der zivilen UFO-Organisationen erarbeiten sollte. Der Abschlussbericht der Gruppe sollte dann nicht zurück an die *Air Force* gehen, sondern für die Öffentlichkeit freigegeben werden. Das versteckte Memo verdeutlichte jedoch einen verruchten Plan, der wie folgt aussah:

»Der Trick war der, so glaube ich, das Projekt so zu beschreiben, dass es der Öffentlichkeit gegenüber wie eine absolut objektive Studie wirkte, Wissenschaftskreisen aber das Bild einer Gruppe von Skeptikern vermittelte, die ihr Bestes versuchen würden, ihre Objektivität zu wahren, aber so gut wie überhaupt nicht erwarteten, eine Untertasse zu finden.

Eine Möglichkeit, dies zu erreichen, wäre die, den Schwerpunkt der Untersuchungen nicht auf das physische Phänomen, sondern auf

die Leute zu legen, von denen die Beobachtungen gemacht werden – die Psychologie und Soziologie von Personen oder Gruppen, die meldeten, UFOs gesehen zu haben.

Wäre dies das Ziel der Fokussierung und läge der Schwerpunkt nicht auf der Untersuchung der alten Frage der physischen Realität der Untertassen, so wäre der Wissenschaft schnell klar geworden, worum es geht.«[10]

Nachdem also die Katze aus dem Sack gelassen worden war, ging Condon sogar noch einen Schritt weiter, um Saunders in Misskredit zu bringen. Er redete davon, dass er »beruflich ruiniert« werden sollte. Warum sollte man nicht außerdem Hynek ins Spiel bringen, um eine gute Aktion durchzuziehen? Condon nannte ihn einen »Komiker und Verrückten«.

Der Plan hatte funktioniert, und das Pentagon feierte im kleinen Kreis, sich niemals wieder öffentlich zum Thema »UFOs« äußern zu müssen. Die Lichter in Verbindung mit den »finsteren Zeiten« der *Air Force* waren endgültig ausgegangen. Die Regierung genießt die Verwendung des Begriffs »Case Closed« (»Fall abgeschlossen«) gerade so, als ob sie irgendein Vermittler der Wahrheit wäre. Wie bei Moses, nachdem er mit den Steintafeln vom Berg herabgestiegen war, werden Regeln aufgestellt – und häufig gebrochen. Von vielen wurde der Condon-Bericht als »Schönfärberei« bezeichnet, wobei der Fall abgeschlossen wurde, bevor er überhaupt aufgegriffen worden war. Die *Air Force* hatte ihren Sündenbock.[11]

***

In den frühen Jahren der militärischen Exkursionen in den Bereich der UFO-Forschung, als Ruppelt am Ruder war, hatte es eine Reihe von Statusberichten mit den Nummern 1 bis 14 gegeben. Neben dem Sonderbericht Nummer 14 dienten die anderen als Zusammenfassungen von Sichtungen zu jener Zeit, wobei es allerdings eine Besonderheit gibt, die wir bis zum heutigen Tage immer noch hinnehmen müssen: Bericht Nummer 13 fehlt, und von der *Air Force* wurde für dieses Fehlen niemals eine vernünftige Begründung geliefert. Wurde der Bericht vernichtet?[12] Vielleicht können wir uns daran erinnern, wie General Vandenberg befahl, den Abschlussbericht zum Projekt *Sign* zu verbrennen. Und denken wir daran, dass es allein in Washington, D. C., überall geheime Gewölbe und Lagerräume gibt, die bis zur Decke mit unter Verschluss gehaltenen Dokumenten gefüllt sind. Experten schätzen, dass sich allein bei der *CIA* über 150 Millionen nicht geheime Dokumente befinden.[13] Schon der reine Akt der Zerstörung, des Schredderns oder des Verbrennens von Dokumenten der Regierung ist ein Akt der Zensur vor allem, wenn es um das Thema »UFOs« geht. Der Leser sollte sich einmal die Frage stellen: *Warum ist eine solche Geheimhaltung bei einem Thema erforderlich, das von den Behörden so gegeißelt wird? Haben wir es dabei mit etwas zu tun, das in seinen Auswirkungen weit unheilvoller sein könnte?* Einige nicht gewählte Einzelpersonen kümmern sich darum, dass bestimmte Wahrheiten gleich welcher Art nicht in die Öffentlichkeit gelangen. Die Existenz eines geheimen Regierungssystems, das militärisches Personal für seine eigenen Zwecke einsetzt, ist seit Unterzeichnung des »*National Security Act of 1947*« (Gesetz aus dem Jahre 1947 über die Nationale Sicherheit) bewiesen. In jüngerer Zeit, konkret während der Anhörungen des gegen den Iran eingestellten Senats 1987, machte der verstorbene Senator Daniel Inouye die folgende Aussage: »**Es existiert eine Schattenregierung mit einer eigenen Luftwaffe, einer eigenen Marine, eigenen Mechanismen zur Beschaffung von Geldern und der Fähigkeit, eigene Ideen von nationalem Interesse ohne Prüfungen und Bilanzierungen unter Außerachtlassung gesetzlicher Bestimmungen zu verfolgen.**«[14]

Es könnte damit argumentiert werden, dass vor allem in den 1960er-Jahren, als die *Air Force* sich kurzerhand von der UFO-Szene zurückgezogen hatte, der Kommunismus eine wachsende Bedrohung für die Demokratie darstellte. Zu dieser Zeit bemühten sich Regierungsstellen und militärische Institutionen, die schon damals nicht bereit waren, Informationen untereinander auszutauschen, um noch größere Geheimhaltung und Irreführung. In einer solchen geheimnisvollen

Atmosphäre gingen Verdächtigungen immer weiter, nachdem die Bürokratie in noch stärkerem Maße in den einzelnen Bereichen Einzug gehalten hatte. Doch schon sehr früh kam es innerhalb des UFO-Komplexes der *Air Force* zu einer Rekordmaxime: »Nichts fragen, nichts weitergeben.« Diese Politik galt als Leitlinie schon lange, bevor Schule beim Militär zu einem Thema wurde.

***

Um es kurz zu machen: Im Rahmen des Projekts *Blue Book* wurden dem Condon-Ausschuss wissentlich gefälschte Beweise vorgelegt, wichtige Fälle vorenthalten, Namen geändert und Schlussfolgerungen von Fällen abgewandelt, wie dies durch die Offenlegung der Akten zehn Jahre später dokumentiert ist.[15] Jetzt müssen wir uns also fragen, wer dieser Edward Uhler Condon war und welchen Anteil er daran hatte, die wahren Erkenntnisse in Bezug auf UFOs gegenüber seinen Wissenschaftskollegen zu sabotieren. Condon war Atomphysiker und ein Pionier auf dem Gebiet der Quantenmechanik. Er ist von niemandem Geringerem als Albert Einstein akzeptiert worden, und ihm zu Ehren wurde sogar auf dem Mond ein Krater benannt. Als Condon nach Freigabe des vom Condon-Ausschuss verfassten Berichts gefragt wurde, warum er ein solch riskantes Projekt übernommen habe, antwortete er: »Aus Pflichtbewusstsein …, um der Öffentlichkeit einen notwendigen Dienst zu erweisen.« Wir können heute mutmaßen, dass ein solcher Dienst bis zum Roswell-Ereignis zurückreichte: Denn im Jahr 1947 waren Proben der echten Wrackteile zwecks Analyse und Identifizierung an das *National Bureau of Standards* geschickt worden – dessen damaliger Direktor Edward U. Condon war. Dies war der gleiche Edward Condon, der als unvoreingenommen, objektiv und Beweisen gegenüber offen galt und der sich direkt am Anfang des UFO-Projekts bei den *Corning Glass Works* öffentlich wie folgt geäußert hatte: »**Ich bin zum jetzigen Zeitpunkt geneigt, der Regierung den Ausstieg aus dieser Sache zu empfehlen. Meine augenblickliche Einstellung ist die, dass an der Sache nichts dran ist …, wobei aber nicht anzunehmen ist, dass ich in einem weiteren Jahr zu der gleichen Schlussfolgerung gelangen werde.**«[16]

Einige Jahre nach dem abschließenden UFO-Bericht und ohne auf irgendein künftiges wissenschaftliches Interesse am Thema »UFOs« fixiert zu sein, sollten J. Allen Hynek und Edward Condon an einem Bankett in Colorado teilnehmen. Dort trat Frau Condon an Frau Hynek heran, um sich zu deren Überraschung privat bei ihr zu entschuldigen. »Wofür?«, fragte Mimi Hynek. Frau Condon antwortete: »**Ich hoffe, dass Ihr Mann versteht, dass mein Gatte nur das getan hat, was von ihm erwartet wurde.**« Mimi nickte höflich und lächelte nur.[17] Wusste der Ehemann von Frau Condon, dass trotz seines Berichts Hynek mit seiner Arbeit für die *Air Force* in Bezug auf UFO-Ermittlungen noch nicht am Ende war? Der Sargdeckel war immer noch weit geöffnet.

Kapitel 15

Dr. R. J. Allen Hynek: Betrogener oder Komplize?

Der legendäre Volksschriftsteller Mark Twain war nicht der einzige berühmte Amerikaner, der im Jahr des Halleyschen Kometen geboren wurde und im Jahr der nächsten Rückkehr des Kometen starb. Genau wie der Halleysche Komet bewegte sich Dr. J. Allen Hynek auf einer astronomischen Bahn, wobei seine Geschichte für die Ufologie ihre Bedeutung behält – indem er ausgehend von einer Rolle als Skeptiker zu der Überzeugung gelangte, dass sich am Himmel über uns tatsächlich etwas Außergewöhnliches abspielte. Erstaunlicherweise könnte seine Arbeit als wissenschaftlicher Berater bei der von der *US Air Force* (1948–1969) durchgeführten Studie von UFOs ein geografischer Unfall gewesen sein: Zu der Zeit, als die Wahl auf ihn fiel, war er Professor der Astronomie und Physik an der *Ohio State University* in Columbus, Ohio. Die Universität liegt in unmittelbarer Nähe der *Wright-Patterson AFB*. Diese Möglichkeit der Bestellung veränderte sein Leben.

Er unterstützte immer die Idee einer wissenschaftlichen Analyse von UFO-Berichten und -Meldungen, obwohl er ursprünglich nach einer psychologischen Erklärung gesucht hatte. Nach einigen Jahren war er Wissenschaftler genug, um zu erkennen, dass er den Beweisen

Dr. J. Allen Hynek.

folgen würde, und zwar unabhängig davon, wo diese auch hinführen mochten, wobei er dann schon bald feststellte, dass viele der Fälle nicht so einfach erklärbar waren. Seine nachdrückliche Forderungen zuerst nach Beweisen und dann auf die Untersuchung der »charakteristischen Merkmale« eines Phänomens beeinflusst auch heute immer noch seine lebenden Kollegen.

Während seiner Tätigkeit bei der Regierung wurde Hynek klar, dass nicht alles weitergegeben wurde, was das Pentagon über die wahre Art der Anomalie wusste. Er sollte oftmals beschreiben, wie von ihm UFO-Berichte und Meldungen bei *Blue Book* geprüft wurden und wie häufig keiner der »schwierigen« Fälle zu finden war. Alle von erfahrenen SAC-Offizieren sowie von Piloten von Militär- und Zivilflugzeugen gemachten Augenzeugenaussagen, die er selbst zu den Akten genommen hatte, waren seltsamerweise später aus diesen verschwunden. Von der *USAF* wurden derartige Fälle selbst dem eigenen wissenschaftlichen Chefsprecher vorenthalten. Das schon allein hätte den Kreis der Wissenschaftler alarmieren müssen. Ihnen wurden Scheuklappen verpasst, die in Form von Regierungsgeldern und Sondervergütungen bezahlt wurden. Darüber hinaus wurde sich Hynek nur allzu bald bewusst, welchen Spott jede öffentliche Studie des Themas zu erwarten hatte. Er erklärte: »**Spott und Lächerlichkeit gehören nicht zu einer wissenschaftlichen Methode, und Menschen sollte nicht das Gegenteil gelehrt werden.**« Für seine Kollegen war es absolut in Ordnung, dass die Regierung das Thema »UFOs« fast 20 Jahre lang untersuchen sollte – denn schließlich war Washington der Ausgangspunkt für viele unsinnige Dinge. Und dennoch wehrte sich Hynek nicht gegen das Teeren und Federn von Kollegen, die unaufhörlich darauf hinwiesen, dass das Thema aus irgendeinem Grund unter ihrem Niveau liege. Dieser Grund war der, dass die Regierung ihnen erzählte, dass alles Unsinn sei, wobei die Regierung sie durch besondere Vergünstigungen und Sonderfinanzierungen zu bestechen wusste. Hynek hatte jedoch Zugang zu den Ausgangsdaten und musste mit Widerwillen einen wirklichen »Knaller« in dem Phänomen erkennen. Einmal gestand er: »**Ich habe mich weit aus dem Fenster gelehnt, um für etwas eine natürliche Erklärung zu** finden, obwohl es eine solche in Wirklichkeit manchmal überhaupt nicht gab.«

Als die Berichte und Meldungen weiter anhielten und bei Hynek die Überzeugung wuchs, dass das UFO-Phänomen Realität war, nahm auch seitens der *Air Force* die Notwendigkeit zu, die Aufmerksamkeit der Öffentlichkeit zu verlagern. Hynek hatte die *Air Force* wiederholt gebeten, mehr Mittel bereitzustellen und externe Studien erarbeiten zu lassen. Aber was noch schlimmer war: In den letzten Jahren seiner Amtszeit trug er seinen Fall in die Öffentlichkeit. Ende der 1960er-Jahre war er zu einem ausgesprochenen Kritiker sowohl des Projekts *Blue Book* als auch des Condon-Berichts geworden. Die Zeichen auf der Wand wurden sichtbar, und für ihn war absehbar, dass die *Air Force* im Begriff war, das Handtuch zu werfen. Somit hatte er nichts zu verlieren.

Nach Beendigung des Projekts *Blue Book* hatte Hynek nunmehr freie Fahrt, ohne Scheuklappen nach den Antworten zu suchen. Er wusste, dass nicht alle der von ihm persönlich interviewten Hunderten von Zeugen Lügner sein konnten. Er wusste es besser – und (was noch wichtiger ist) die US-Regierung ebenfalls.

Der erste konkrete Versuch, die Öffentlichkeit in irgendeiner Form zu informieren, wurde während der Amtszeit von Gerald Ford nach dem Rücktritt von Richard Nixon unternommen. Wegen der bekannten Dexter-/Ann-Arbor-Sichtungen im Jahr 1966 hatte sich Ford während seiner Amtszeit als Kongressabgeordneter des Staates Michigan aktiv für UFO-Berichte und -Meldungen interessiert. Damals hatte Hynek während seiner Tätigkeit für das Projekt *Blue Book* vermutet, dass *eine* der zahlreichen Meldungen auf »Sumpfgas« zurückzuführen sein könnte; diese Phrase haftete ihm für den Rest seines Lebens an und verlieh von ihm stammenden Wahrnehmungen sowohl innerhalb als auch außerhalb der UFO-Gemeinde eine bestimmte Note. Vor allem Ford war von der nonchalanten Einstellung zu seinen Wählern und deren Behandlung durch die *Air Force* wenig erfreut, und der künftige Präsident würde niemals den Wissenschaftler vergessen, der eine in seinen Augen solch unglaubliche Vermutung geäußert hatte.[1]

Kapitel 15   235

*Der ehemalige Verteidigungsminister
Donald Rumsfeld.*

Ungefähr fünf Jahre nachdem das Projekt *Blue Book* teilweise wegen solcher widersprüchlicher Aussagen auch den Rest an Glaubwürdigkeit verloren hatte, den ihm die amerikanische Öffentlichkeit noch zugestanden hatte, traf sich Hynek in Washington privat mit Donald Rumsfeld, dem Verteidigungsminister des damaligen Präsidenten Ford. Hynek sprach klare Worte und verlangte, die Wahrheit zu erfahren, nachdem er nach 20 Jahren Dienstzeit einfach entlassen worden war, ohne vom Pentagon irgendwelche Antworten zu bekommen. Hynek war der Meinung, den Status quo der *Air Force* getreu aufrechterhalten und somit das Recht erworben zu haben, die Wahrheit zu erfahren. Selbstverständlich hatte der gute Professor das Gefühl, aus dem inneren Kreis absichtlich herausgehalten worden zu sein und dass der Zugang zur Wahrheit über das UFO-Phänomen von irgendjemandem kontrolliert würde. Ohne auch nur das geringste Entgegenkommen wurde Hynek von Rumsfeld zu verstehen gegeben, dass er »**kein Recht habe, irgendetwas zu erfahren**«. Zumindest lässt sich die von Rumsfeld gemachte Bemerkung so interpretieren, dass es immer noch etwas gibt, »was man wissen sollte«.[2] Der Tadel verstärkte nur Hyneks Wunsch nach Antworten.

Als ehemaliger Berater der Regierung bei einem so kontroversen Thema wie dem der UFOs stänkerte Hynek so lange, bis er ungefähr ein Jahr später von einem guten Freund aus der Chicagoer Medienszene angerufen wurde, der gerade einen Tipp bekommen hatte, dass eine Verlautbarung zu diesem Thema kurz bevorstand und dass man Hynek zwecks einer sofortigen Reaktion im TV-Studio haben wolle. Er wartete einige Stunden, bis sich dann diese plötzliche Einladung in Luft auflöste. Es gab niemals eine Entschuldigung. Selbst dann nicht, nachdem festgestellt worden war, dass es sich bei der Originalnachrichtenquelle um einen Informanten von Rang in der US-Regierung gehandelt hatte. Weitere Nachforschungen durch die Chicagoer Medien brachten keinerlei Hinweise auf den Originalinformanten. Es war entweder ein falscher Alarm oder ein möglicher Test für irgendeine Aktion in der Zukunft.[3] Hynek musste sich weiter in Geduld üben.

Die nächste Gelegenheit ergab sich einige Zeit später im Jahr 1977 unter Präsident Jimmy Carter. Während seiner Präsidentschaftskampagne hatte Carter bei zahlreichen Anlässen erklärt, dass er für den Fall seiner Wahl die UFO-Akten der Regierung offenlegen würde, »sofern sie keine Bedrohung für die nationale Sicherheit darstellten«. Wie zuvor erhielt Hynek an einem frühen Abend einen Anruf, dieses Mal aber direkter und genauer – und zuverlässig. Der TV-/Radiosender *WGN* (im Besitz der *Tribune Company*, von der auch die *Chicago Tribune* herausgegeben wird) war von einer geprüften Quelle in Washington angerufen worden, gemäß der der Präsident oder ein Vertreter des Präsidenten für eine Sonderverlautbarung zum Thema »UFOs« sehr bald live im Fernsehen erscheinen würde! Für den alternden Hynek, der als Wissenschaftler schon immer neugierig war, war dies eine weitere Chance, die er einfach wahrnehmen musste. Noch in der gleichen Stunde wurde er von einem Taxi abgeholt und in die City von Chicago gefahren, um dort Platz zu nehmen und zu warten …, zu warten und weiter zu warten, da der Sender auf Stand-by oder in Wartestellung geschaltet war. Während des Wartens fragte sich Hynek, ob dies alles echt sei. Warum wartete er mit Reportern hier in Chicago und nicht auf einer Pressekonferenz im Pentagon? Rumsfelds Worte machten sich wieder in seinem Kopf breit. Nachdem eine Anzahl von Stunden vergangen war, wurde der verärgerte Hynek in sein Haus in Evanston zurückgebracht. Die letzten Worte, die er vom TV-Studio zu hören bekam, waren: »Alles ist abgeblasen. Sie können die Sache vergessen.«[4] Dennoch würden dies Hynek und bestimmte Kräfte in Washington nicht vergessen.

***

Die Vorstellung, dass die herrschenden Kräfte zu irgendeinem Zeitpunkt daran gedacht haben könnten, an die Öffentlichkeit zu gehen und die Geheimnistuerei nicht fortzusetzen, basiert auf einem alten Gerücht, das einfach nicht verstummen will: Jeder, der auf irgendeine Weise mit der Untersuchung des UFO-Phänomens zu tun hat, kennt die Geschichte, dass Walt Disney einmal gebeten worden sei, eine Dokumentation über UFOs zu produzieren. Die Theorie war die, dass für den Fall, dass die Regierung aufgrund irgendeines unvorhergesehenen Ereignisses ausgepackt hätte, man etwas zur Verfügung hätte, das umgehend in die Öffentlichkeit gebracht werden konnte. Diese Geschichte steht seit etwa 50 Jahren im Raum. Wird sie jedoch im Detail von einem Informanten erzählt, der einer von Disneys engsten Mitarbeitern war, so sollten wir alle genau hinhören – vor allem mit dem Fokus darauf, dass sie mit den vorstehend beschriebenen Erfahrungen Hyneks in Zusammenhang steht.

Während seines Lebens wäre es schwierig gewesen, irgendeinen anderen Menschen zu nennen, der nicht nur den amerikanischen Traum, sondern auch die amerikanische Lebensart besser symbolisiert hätte als Walt Disney. Eltern brauchten sich keine Sorgen darüber zu machen, welchen Eindruck eine Disney-Produktion bei ihren Kindern hinterlassen würde; Disney hatte auf den Nachwuchs der Generation des Zweiten Weltkriegs einen größeren Einfluss als irgendjemand sonst, wobei er zudem stets einen bleibenden Eindruck hinterließ. Allein schon aus diesem Grund wurde er unserer Meinung nach von der US-Regierung in der gleichen Weise gesehen: als jemand, der die Wucht schockierender Nachrichten mildern konnte.

In den 1950er-Jahren waren für Walt Disney die ersten und begabtesten Zeichner von Zeichentrickfiguren tätig. Er nannte sie liebevoll die »Neun alten Männer«. Einer von ihnen, Ward Kimball, war der Künstler, der Jiminy Cricket zeichnete und später auch für die Animation in *Mary Poppins* zuständig sein sollte. Im Jahr 1955 war Kimball einer der Illustratoren für den Dokumentarbeitrag *Man in Space* (zu Deutsch: *Der Mensch im Weltraum*), in dem Animation mit Live-Action-Filmmaterial kombiniert wurde. Als Beweis für den Einfluss, den eine Disney-Produktion damals hatte, schauten sich 42 Millionen Menschen dieses Special zu Hause an. Wenn die amerikanische Öffentlichkeit also etwas erträumen konnte, so konnte Disney dies zur Wirklichkeit werden lassen. Und Kimball konnte diesen Traum dann zum Leben erwecken.

Auf einem im Jahr 1979 in San Francisco, Kalifornien, veranstalteten *Mutual-UFO-Network*-Symposium machte Kimball eine Enthüllung, die die Gerüchte um seinen früheren Chef untermauern sollte. Er erklärte, dass Walt Disney in den Jahren 1955 und 1956 von der *Air Force* kontaktiert worden sei mit der Bitte, einen Dokumentarsonderbeitrag über UFOs zu produzieren. Sie erinnern sich? – Dies war die Zeit nach dem Robertson-Ausschuss der *CIA* und nach Ruppelt! Es war dies die Zeit, während der von der *Air Force* eine neue Politik verfolgt wurde, in deren Rahmen alle offensichtlich legitimen UFO-Berichte und -Meldungen »aufgespürt und vernichtet werden sollten«. Wollte die *Air Force* Disney unter Vertrag nehmen, um die gleiche Art von Propagandamaterial zu produzieren, wie er dies meisterhaft schon während des Zweiten Weltkriegs getan hatte? Laut Kimball, der als einer der Zeichner an dem Projekt hätte mitwirken sollen, sei dies nicht der Fall gewesen. Er war der Meinung, dass die *Air Force* Filmmaterial zur Verfügung stellen würde, das den Beweis für die Existenz der UFOs lieferte. Tatsächlich hatte Kimball bei einem Gespräch mit Offiziellen der *Air Force* mitbekommen, dass man »eine große Menge von Filmmaterial über UFOs« besitze. Schon als die Zeichner einschließlich Kimball damit begannen, Entwürfe zu Außerirdischen kurz zu skizzieren, zog sich die *Air Force* still und leise zurück. Es schien so, als ob man sich niemals begegnet sei.[5]

Im Gegensatz zu Disney war Hynek auf vielerlei Weise ein Staatsmann, dessen Portfolio voll von UFOs war. Vermutlich war das zum Teil auf all die Zeit zurückzuführen, die er in Washington verbracht hatte. Auch war er wie ein Diplomat gezwungen, bei vielen Gelegenheiten gebrochene Versprechen zu tolerieren, einen kühlen Kopf zu bewahren und auf Distanz zu gehen, wenn Ärger in ihm hochkam. Als Wissenschaftler muss es für ihn zum Verrücktwerden gewesen sein, es mit nicht informierten Bürokraten und Militärdiensten zu tun zu haben, die alle der Kontrolle der gleichen Bürokratie unterstanden. Aber er wusste auch, wie das Spiel gespielt werden musste, und widerstrebend wurde ihm klar, dass er für seine abschließenden Nachforschungen in Bezug auf diese immer anstrengender werdenden neuen wissenschaftlichen Bemühungen aktiv kämpfen musste. Als Außenstehender würde er nun keinen Zugang mehr zu offiziellen Daten haben. Von Washington würden keine Mittel bereitgestellt, und seitens der wissenschaftlichen Gesellschaft wurde sein Umgang mit diesem Thema – wie schon zu Zeiten seiner Tätigkeit als bezahlter Berater der Regierung – als eine Art von Verrat an ihrer heiligen »wahren Wissenschaft« erachtet. UFO-Forschung ist und bleibt für viele Leute ein Randgebiet der Wissenschaft.

Und 1973 musste er als führende Autorität zum Thema »UFOs« dann immer mehr Zeit aufwenden, um für das von ihm in Chicago neu gegründete *Center of UFO Studies* (CUFOS = Zentrum für UFO-Studien) Gelder zu beschaffen und um Unterstützung zu werben. Seine Referenzen, zu denen auch seine Tätigkeit als emeritierter Leiter der Astronomischen Fakultät an der *Northwestern University* in Evanston, Illinois, gehörte, halfen ihm dabei. Aber wie sollte er ohne finanzielle Unterstützung mit den Mächtigen konkurrieren können, die ihn verraten und ihm die Wahrheit vorenthalten hatten, nachdem er so viele Jahre nach ihren Regeln für sie tätig gewesen war? Diesen Mächtigen, die ihm seine Loyalität über mehr als 20 Jahre hinweg lediglich mit einem Scheinangebot gelohnt hatten? In ihren Augen hatte er keinerlei Recht, etwas über die Sache zu erfahren oder zu wissen, der er sein lebenslanges Studium gewidmet hatte. So betrogen, wusste er, dass er von sich aus die Weiterverfolgung betreiben musste. »Ich bin schon bald ein alter Mann«, sagte er.[6]

In jenen Tagen, in denen sich der Stress zu einem emotionalen Tiger entwickelte, der Hynek dazu brachte, Logik und Gründe gelegentlich beiseitezuschieben, beklagte er sich darüber regelmäßig. Zu häufig glaubte er den absonderlichsten Versprechen Einzelner von außerhalb der UFO-Gemeinde, von denen ihm »mit Mitteln ausgestattete Forschungsprojekte« angeboten wurden. Der zahlungskräftige Unternehmer »wartete schon an der nächsten Ecke«. Und wie von einer kaputten Schaltplatte wurde immer und immer wieder bekundet, dass die Wahrheit »innerhalb des nächsten Jahres« öffentlich gemacht werden würde. Auch reagierte Hynek, dem die Zeit langsam davonlief, oftmals mehr als naiv auf derartige falsche Versprechungen. Aber er wollte dabei sein. Er hatte es verdient, dabei zu sein. Genau wie Mark Twain hatte er immer geglaubt, mit dem Kometen gekommen zu sein, und dass er somit auch mit dem Kometen gehen würde. Er befürchtete, dass ihm leider nur noch wenig Zeit blieb.

Er gab niemals die Hoffnung auf, dass die Welt die Wahrheit durch einen unstrittigen und unwiderlegbaren Fall selbst oder im Zusammenhang damit erfahren würde, dass die Wahrheit direkt vor unseren Füßen liegt, wie er dies aus der jahrelangen Zusammenarbeit mit den Leuten gelernt hatte, die über die Wahrheit voll informiert waren. Offensichtlich war diese Hoffnung einer der Gründe, warum er sich immer stärker für das ganze Thema der Bergung nach dem Roswell-UFO-Absturz interessierte. Nachdem er seine Rolle als ehemaliger Berater des Projekts *Blue Book* voll akzeptiert hatte, das – wie er zugeben musste – »doch ziemlich weit unter dem Maß aller Dinge lag«, war es für Hynek kein Problem, die Vorstellung zu akzeptieren, dass hochrangige Offiziere des Nachrichten- und Geheimdienstes über die geborgenen UFOs Bescheid wussten. Einmal hatte er sogar vorgeschlagen, eine Pressekonferenz abzuhalten, um Zeugen mit Aussagen aus erster Hand gemeinsam vortreten zu lassen. »Dann hätte man etwas, was niemand abstreiten kann«, fügte er hinzu. Er begann Anfang der 1980er-Jahre mit den Nachforschungen über Roswell, indem er Nachbarn interviewte, die in der Nähe des berühmten Ortes gewohnt hatten, bei dem laut Aussage eines Ranchers 1947 ein UFO abgestürzt sein sollte. Persönliche handschriftliche Anmerkungen und Notizen, die bei mit Zeugen geführten Interviews entstanden waren, nährten bei ihm die Hoffnung (die ihm bereits verloren gegangen schien), in Bezug auf das Thema weiterzukommen, und ließen bei ihm einen neuen Enthusiasmus wie bei einem kleinen Jungen aufkommen. Von diesen Einzelpersonen wurden ihm die gleichen Eigenschaften und Merkmale beschrieben, die uns schon lange in Verbindung mit den fremdartigen Trümmern bekannt sind.[7] Keiner dieser Zeugen erzählte ihm irgendwelche Geschichten von Wetterballons. Und dennoch war er weise genug zu erkennen, dass ihm selbst schon da die Zeit immer schneller davonlief.

Rufmord, Schmierereien und alle sonstigen Aktionen, die von Skeptikern und leider auch von wissenschaftlichen Kollegen, die es hätten besser wissen müssen, zu erwarten waren – all dies hatte Hynek erfahren müssen. Hyneks Gegner und Kritiker wurden von der Regierung mit besonderen Vergünstigungen und speziellen Projektfinanzierungen bei Laune gehalten. SETI (Search for Extra-Terrestrial Intelligence), die Suche nach außerirdischer Intelligenz, ist hierfür ein wichtiges Beispiel. Wie bereits zum Ausdruck gebracht, können ironischerweise aufgrund der gegenwärtigen Wirtschaftslage nicht einmal derartige heilige Kühe vor dem Schlachthof gerettet werden. Sollte das UFO-Geheimnis von Hynek oder irgendeinem anderen jemals gelöst worden sein, so wären sie dennoch durch die Existenz von SETI schon viel früher aus dem Spiel gewesen. So einfach ist das, und Hynek war dies stärker bewusst als den meisten anderen.

»Warum können sie mir jetzt nichts sagen? Warum kann ich nicht einmal jetzt die Wahrheit von ihnen erfahren?«, stöhnte der sterbende Astronom auf, als er nach Entfernung eines Gehirntumors im Aufwachraum eines Krankenhauses lag.[8] Sein Appell traf auf Ohren, die nach Jahren der Täuschung und des Leugnens taub geworden waren. Auch hatten Hynek genauso wie die meisten von uns ihnen einmal vertraut. Auf ähnliche Weise war mit Major Jesse Marcel in Roswell verfahren worden: »Seien Sie nur noch ein paar Jahre ein guter Soldat und warten Sie, bis alles ans Licht kommt und offengelegt wird.«

Während seines Lebens hatte J. Allen Hynek öfter als nur einige Male feststellen müssen, dass die Untersuchung von UFOs zu einem Zirkus geworden war. Er bemerkte, dass einige Leute, für die er gearbeitet hatte, mit P. T. Barnum mehr gemeinsam hatten als mit Abraham Lincoln – wie Hynek ebenfalls ein Sohn des Staates Illinois. Er war einem Fehlverhalten geduldig begegnet. In den restlichen Monaten seines Lebens konzentrierte sich Hyneks Familie darauf, ihm seinen letzten Wunsch zu erfüllen. Er wollte nur die Wahrheit erfahren, um das Gefühl mit in sein Grab zu nehmen, dass er sein Leben im Dienst der Geschichte gelebt hatte.

Er wurde abschlägig beschieden. Es kamen keine anonym abgeschickten geheimen Unterlagen über unbekannte Teile an. Es erschienen keine Sonderkuriere aus Washington. Kein für die Öffentlichkeit zuständiger leitender Offizieller machte seine Aufwartung mit irgendwelchen abschließenden Eingeständnissen. Das Pentagon ließ die Uhr einfach ablaufen.

Hyneks letzter Wunsch lautete wie folgt: »**Lasst mich den Kometen sehen, bevor es zu spät ist.**«[9] Diejenigen von uns, die mit ihm zusammengearbeitet hatten, hatten über eine Reise nach Neuseeland gesprochen, um ihm den bestmöglichen Blick auf den Kometen zu verschaffen, jedoch war er durch die Chemotherapie und die verheerende Wirkung der Krebserkrankung selbst so sehr geschwächt, dass eine längere Reise mit ihm zu dem angedachten Zweck überhaupt nicht infrage kam. Das Leben entwich nun schnell aus seinem Körper, sodass er täglich fast 23 Stunden im Dämmerschlaf lag.[10]

Eines Nachts im Jahr 1986 fuhr eine kleine Gruppe mit der auf der Welt bekanntesten UFO-Autorität in die schwarze Wüste von Arizona – nicht, um nach dem Unbekannten zu suchen, sondern um nach einem alten Freund zu schauen. Die Gruppe hielt an einer guten offenen Stelle und half dem gebrechlichen alten Gelehrten aus dem Wagen. Sie lehnten ihn dann an die Seite des Fahrzeugs an und warteten.[11]

Der Komet erschien zum vorgesehenen Zeitpunkt: 76 Jahre nachdem er das Ableben von Mark Twain und die Ankunft von Josef Allen Hynek angekündigt hatte. »Halley, mein guter alter Reisebegleiter«, sagte er, nachdem man seinen Kopf etwas angehoben hatte, damit er den Kometen besser sehen konnte.[12] Er nickte dem sich ihm bietenden Bild zustimmend zu. Nichts sonst schien für ihn jetzt noch eine Rolle zu spielen. Eine Träne lief über sein zufriedenes Gesicht.

Schon bald wurde es Zeit zurückzufahren. Dr. J. Allen Hynek war zur Heimkehr bereit.

Kapitel 16

»Sie machen uns wieder einmal zum Sündenbock!«

Lassen Sie uns aus Gründen der Argumentation einfach annehmen, dass uns die US-Regierung schon immer die Wahrheit über UFOs gesagt hat. Denn schließlich möchten Offizielle der Bundesregierung uns glauben machen, dass sie im Interesse des amerikanischen Volkes stets ihr Bestes geben. Als ehemaliger Sprecher des Hauses pflegte Jim Wright zu sagen: »Wir wollen Ihnen nur helfen.« – Jetzt aber zu denen von Ihnen, die entweder von Uncle Sam bezahlt werden oder sich einfach nicht vorstellen können, jemals von unseren gewählten Repräsentanten getäuscht und betrogen zu werden. Ihnen ist es egal, was im Rest dieses Kapitels geschrieben ist. Sollten Sie jedoch gelegentlich einige Zweifel gehabt haben und aufgeschlossen genug für die Feststellung sein, dass wir nur über das informiert werden, was »sie« uns wissen lassen möchten, dann sollten Sie weiterlesen.

Beginnen wir mit dem Roswell-Ereignis. Zwei Tage nachdem der Absturz militärischen Stellen einschließlich Offiziellen im Pentagon gemeldet worden war, wurde vom *Roswell Army Air Field* eines der überraschendsten Eingeständnisse gemacht, von der die Welt jemals gehört hatte: Man habe eine wirkliche fliegende Untertasse in Besitz genommen. Innerhalb von nur fünf Stunden wurde die ganze Aufmerksamkeit von Roswell weg verlagert, als General Ramey in Fort Worth, Texas, erklärte, dass die zur damaligen Zeit einzige Atombomberstaffel auf der Welt nicht in der Lage sei, den Unterschied zwischen einem normalen Wetterballon aus Gummi und fortschrittlicher Technik, die gegebenenfalls auch aus dem Weltraum stammen konnte, zu erkennen. Zeugen wurden eingeschüchtert und lächerlich gemacht und Offiziere des Militärs, die lediglich Befehle befolgt hatten, zu Sündenböcken gestempelt, um sicherzustellen, dass mit der zweitrangigen Geschichte der Fall abgeschlossen wurde.

Schnell weiter zum September 1994. Das Pentagon beraumt auf Drängen des verstorbenen Kongressmitglieds Steven Schiff aus New Mexico eine seltene »UFO«-Pressekonferenz an, um Roswell betreffend eine neue Verlautbarung zu verkünden. Darin erklärte Colonel Richard

Weaver, dass im Jahr 1947 das Militär gezwungen war, über die damalige Situation zu lügen, um ein anderes Szenario zu vertuschen. Die neue Theorie lautete dahin gehend, dass es zwar die gleiche Art von Ballon gewesen sei, dieser jedoch zu einem streng geheimen Projekt mit dem Namen *Mogul* gehört hätte, das dem Zweck diente, in der Atmosphäre oberhalb der Troposphäre Stoßwellen zu erfassen, falls die Sowjets ihre erste Atombombe zur Explosion bringen sollten. Es handelte sich also um das gleiche Standardmaterial, nur dass es als Geheimprojekt verkauft wurde – in den Medien kam das gut an.[1]

Vollziehen wir noch einen Sprung drei Jahre weiter bis in den Mai 1997. Auf einer Veranstaltung mit dem Namen *The Roswell Report: Case Closed* (zu Deutsch: *Der Roswell-Bericht: Fall abgeschlossen*) räumte die *Air Force* ein, dass Zeugen 1947 Körper gesehen haben könnten, dies aber tatsächlich erst fünf bis zehn Jahre später der Fall gewesen sei, und dass es sich dabei um Gelenkpuppen aus Holz für Unfalluntersuchungen gehandelt habe. Dies klang *nicht einmal* für die sonst so entgegenkommende Presse wie die Wahrheit. Ein Sprecher des Pentagon gab zu bedenken, dass die neueste Verlautbarung von der Öffentlichkeit möglicherweise nicht akzeptiert werden würde: **»Ich denke, dass wir uns dann in einigen weiteren Jahren mit einer wieder andersgearteten Erklärung wieder hier treffen werden.«**

***

Nun aber zu den von der *Air Force* im Verlauf der Zeit nach ihren Roswell-Untersuchungen abgegebenen Parallelerklärungen: Erfolgten diese nach einem bestimmten Muster?

Innerhalb von drei Monaten nach der Bergung bei Roswell ging General Twining eine Bewertung und eine fundierte Stellungnahme von seinen an der Spitze von T-3 stehenden Ingenieuren zu, die Folgendes aussagten: **»Das Phänomen ist Realität.«** Diese äußerst erfahrenen Techniker sollten an der Analyse der physischen Beweise zur Untermauerung einer solchen Bewertung mitgewirkt haben. Ein Jahr später – nach einer längeren Untersuchung des Phänomens – wurde

Kapitel 16

im Rahmen des Projekts *Sign* die abschließende Zusammenfassung zur Genehmigung an das Pentagon eingereicht. Von dort wurde sie an General Vandenberg weitergeleitet, um von diesem abgesegnet zu werden. Er aber widersprach der Schlussfolgerung des Pentagon und ordnete an, den Bericht zu vernichten.

Projekt *Grudge* wurde ins Leben gerufen aufgrund der Notwendigkeit, eine Gegenerklärung zu *Sign* abgeben zu müssen. Aus der neuen Studie fielen fast alle als UFO-Befürworter geltenden Forscher heraus, um eine alternative Lösung zu gewährleisten. Wie zu erwarten war, stellte *Grudge* fest, dass es »hier nichts zu sehen gibt«. Bei fliegenden Untertassen handele es sich um nichts anderes als falsch identifizierte normale Flugobjekte. Diese endgültige Bewertung wurde von den wichtigsten Medien groß publiziert und akzeptiert.

Nach der UFO-Welle des Jahres 1952 änderte sich der Umgangston überall im Land, da sich die Menschen erneut mit der Möglichkeit konfrontiert sahen, dass etwas anderes hinter dem Rätsel stecken könnte. Die Erinnerung an Roswell war noch nicht völlig verschwunden, und das amerikanische Volk musste sich sicher sein, dass seine Vertreter in der Regierungsspitze für alles die Gründe finden würden. So kam für die nächsten zwei Jahre das Projekt *Blue Book* ins Spiel, wobei es schien, dass Antworten schon bald zu erwarten seien. Die Hinhaltetaktik war erfolgreich, als *Blue Book* ins Schwimmen und in Vergessenheit geriet, bis es dann 1969 seinen letzten Atemzug tat – Fall abgeschlossen.

Die jeweilige Taktik ist klar definiert, und das Schema für die Behandlung von Regierungsangelegenheiten wiederholt sich bis zum heutigen Tage aus einem Grund: Sie gewährleisten eine hohe Erfolgsquote. Unabhängig von seiner Dauer läuft der Prozess so ab, dass zunächst eine ernste Absicht bekundet wird, sich um die Belange der Öffentlichkeit zu kümmern. Wird die Presse ungeduldig, so gibt man ihr einfach zu verstehen, »dass man daran arbeite«.

Neben der Öffentlichkeit muss unsere Regierung insbesondere bei Themen, die die nationale Sicherheit betreffen, unseren Gegnern zuvorkommen. Während der gesamten Zeit der Untersuchung des UFO-Phänomens durch die *Air Force* wütete der Kalte Krieg. Versteckte Aktionen wurden dann zu einem Muss, wobei das Thema von in unserem Luftraum ungestraft kreuzenden UFOs sicherlich von größerer Bedeutung als nationale Unsicherheit zu gelten hatte. Mit der Bergung bei Roswell intensivierte sich das Schachspiel innerhalb der Nachrichten- und Geheimdienste. Darüber hinaus wurde von den Generälen an der Spitze als Erstes jedes Durchsickern der Wahrheit zu den Befehlsempfängern verhindert. Keines der drei UFO-Projekte stand unter der Leitung eines höherrangigen Offiziers als der eines Majors – was in der Geschäftswelt dem mittleren Management entspricht. Die dabei verfolgte gleich bleibende Strategie bestand darin, diese Leute absichtlich dann im Dunkeln zu lassen aus Angst, dass sie sich sonst einmal versprechen könnten.

Befassen wir uns nun mit dem jüngeren Beispiel der zwei von der *Air Force* kürzlich zu Roswell gelieferten Erklärungen. In beiden Fällen wurde vom Pentagon der der mittleren Laufbahn angehörige Captain James McAndrew ausgewählt, um Nachforschungen anzustellen und dann den Bericht zu verfassen. Unsererseits besteht nicht der geringste Zweifel, dass McAndrew nicht einmal ein Minimum der Wahrheit über das Ereignis aus dem Jahr 1947 bekannt ist. Aber er weiß zweifelsohne mehr über das Projekt *Mogul* und das Projekt der zur Unfalluntersuchung dienenden Gelenkpuppen als die meisten anderen Militärs.[2] Aus diesem Grund ist es absolut unmöglich, dass er von sich aus irgendetwas Unbedachtes zu dem eigentlichen Ereignis sagen könnte. Jedermann, der zu den Projekten *Sign*, *Grudge* und *Blue Book* gehörte, blieb völlig außen vor – wobei insbesondere Dr. J. Allen Hynek, ihr wissenschaftlicher Berater, für das Militär die größte Gefahr darstellte. Wann immer das Militär Zivilbedienstete einstellt, bleibt bei den Letzteren die Verbindung zur Öffentlichkeit erhalten.

Ein anderes Beispiel wäre der Pressereferent eines US-Präsidenten. Da diese Referenten »nicht alles zu wissen brauchen«, erhalten sie lediglich Instruktionen, um die Position der Administration zu den auf der jeweiligen Tagesordnung stehenden Fragen richtig zu vertreten. Sie

Kapitel 16

sind als Mitarbeiter vereidigt und müssen die vom Präsidenten vorgegebenen Richtlinien der Politik verteidigen und schützen. Sie vertreten die offizielle Linie der Partei des amtierenden Präsidenten und hatten und haben stets die Folgen zu tragen, wenn ihre Aussagen dem Thema nicht gerecht werden sollten.

Hynek fungierte in vielerlei Hinsicht als »Pressereferent« der *Air Force* zum Thema »UFOs«. Es war Hynek, der oftmals nicht nur die Reaktion der Presse auf einen besonderen Bericht dämpfen sollte, sondern des Öfteren bemerkenswerte Fälle durch bestimmte Erklärungen aus dem Fokus zu nehmen hatte, sodass die *Air Force* in einem guten Licht dastand. Der Öffentlichkeit gegenüber blieb man bei seiner Einstellung: Es gibt nichts Ernsthaftes zu berichten, und sollte dies einmal der Fall sein, so würde man dies von der *Air Force* erfahren. Zu seinem Nachteil passte sich Hynek dieser Linie an, sodass er in den Augen des Militärs als zuverlässig galt. Durch die Vermeidung von Konfrontationen wurde er nicht als Gefahrenquelle angesehen, von der aus Geheimnisse in die Öffentlichkeit gelangen könnten, für die sie nicht bestimmt waren. Mit dem Wunsch, den Zugriff auf die ihm im begrenzten Umfang zur Verfügung stehenden Daten zu behalten, entschied er sich, die Autorität nur selten herauszufordern und dabeizubleiben – für den Fall, dass sich etwas Großes ereignen sollte.

Wie zu erwarten war, passte dies einer Reihe seiner Kollegen – wie beispielsweise Dr. James McDonald – nicht wirklich. Im Jahr 1966 schlug McDonald, Professor für atmosphärische Physik an der *University of Arizona* und angesehenes Mitglied der *National Academy of Sciences* (Nationale Akademie der Wissenschaften), mit der Faust auf den Schreibtisch von Hynek und verlangte von ihm, dieses Thema betreffend zumindest seinen wissenschaftlichen Kollegen gegenüber offen zu sein. Für McDonald war das Thema wirklicher Ernst. Das Einzige aber, was Hynek zu tun vermochte, war ein Versuch, zu erklären, dass man als Berater der Regierung strengen Einschränkungen unterliegt. Und wieder einmal musste Hynek zugeben, dass er in diesem Spiel ein Bauer war, der nach den Regeln eines anderen spielen musste.[3]

In der Zeit nach dem Zweiten Weltkrieg gab es nur wenige Politiker, die dem Militär vorschreiben wollten, was es zu tun hatte. Und genau aus diesem Grund beließen sie das Thema »UFOs« in der Zuständigkeit der Uniformträger. Wie aber von Thomas E. Ricks in seinem Buch *The Generals* beschrieben, stehen an der Spitze der *US Army* oftmals Generäle, die Meister der Kampfstrategie und der Planung des Einsatzes von Bataillonen an vereinbarten Feindzielen, bedauerlicherweise aber nicht in der Lage sind, Veränderungen auf dem Schlachtfeld zu erkennen. Das Aufkommen des UFO-Phänomens führte zu einer vollständigen Veränderung der Denkweise beim Militär. Außerdem war Hynek nur allzu oft der einzige wirkliche Erwachsene im Raum, wobei aber seine wissenschaftlichen Einstellungen nur selten geteilt wurden. Darüber hinaus wuchs seine Frustration wegen der schwindenden Anzahl von legitimen Berichten und Meldungen, die für ihn zugänglich waren. Natürlich gab es Ausnahmen, wie zum Beispiel Socorro und Dexter/Ann Arbor, wie schon so viele Male zuvor erwartete die *Air Force* jedoch auch hier von ihm, dass er diese beiden Sichtungen verschleiern würde. Zu Socorro merkte Hynek an:»**Ich wünschte mir, dass ich allein meines Seelenfriedens wegen die Sichtungen von Socorro als blinden Alarm oder als Halluzination abtun könnte, aber das – um ganz ehrlich zu sein – kann ich nicht.**« Seine Erklärung, dass es sich um ein »Sumpfgas« wie bei einem Ereignis in Verbindung mit den Sichtungen von Michigan gehandelt habe, ging ins Auge und brachte die *Air Force* in Verlegenheit. Die Folge waren Anhörungen im Kongress, die schon bald zur Bildung des Condon-Ausschusses führten.

Wiederholt demonstrierte der Astronom die unanfechtbare wissenschaftliche Methodik, die in militärischen Kreisen ignoriert wurde. Am bemerkenswertesten ist, dass ihm auch das alte Sprichwort nicht unbekannt war, das da heißt: »Ein lockeres Mundwerk kann Schiffe versenken.« Genau das geschah ja dann auch. Hynek war ein ebenso guter Soldat wie die meisten, die eine Uniform trugen. Bei allem aber behielt er die kritische Aufmerksamkeit eines Akademikers, der sich seiner Kurzsichtigkeit bei der anfänglichen Ablehnung des UFO-Phänomens bewusst war, der sich für die Fortführung der Untersuchungen starkmachte und der dann in seinen späteren Jahren einfach im Rennen bleiben wollte.

Hynek hatte seit Jahren gewusst, dass das Projekt *Blue Book* vor dem Aus stand und dass die öffentliche Untersuchung des UFO-Rätsels durch die *Air Force* reine Heuchelei war. Wie im Vorstehenden beschrieben, war der einzige Ausweg für ihn, auf den eigenen Ruf zu setzen und seinen Fall öffentlich bekannt zu machen. Er plante, weiter mit beiden Beinen im Leben zu stehen, wenn die *Air Force* das Projekt aufgab – und ihn entließ. Es bleibt die Frage: Wusste er vor der unvermeidlichen Beendigung des Projekts *Blue Book*, dass die Jagd nach dem UFO-Phänomen weiter anhalten würde – dass die von der Regierung durchgeführte geheime Untersuchung über das Projektende hinaus weitergehen und er daran beteiligt sein würde? Hätten wir von seiner geheimen Berufung vor seinem Tod gewusst, so hätten wir ihn sicherlich danach gefragt – und ihm hundert weitere Fragen gestellt.[4]

***

Nachdem inzwischen fast 50 Jahre vergangen sind, seitdem von der *US Air Force* zugegeben wurde, dass sie bei der Fortführung der UFO-Untersuchungen eine aktive Rolle gespielt hat, möchten wir unseren Lesern vorschlagen, einmal einen einfachen Test durchzuführen: Setzen Sie sich mit einem Stützpunkt des Militärs in Verbindung und fragen Sie nach UFO-Untersuchungen. Sie erhalten dann eine vorverfasste Antwort mit folgendem Wortlaut: »**Von der *Air Force* ist die Untersuchung von UFOs mit Beendigung des Projekts *Blue Book* im Jahr 1969 eingestellt worden. Sollten Sie eine Sichtung melden wollen, so bitten wir Sie, sich an Ihre vor Ort zuständige Polizeidienststelle zu wenden.**« Klick. Von Mitgliedern der Presse und den meisten Wissenschaftlern wird diese Antwort geschluckt, ohne sich über den eigentlichen Hintergrund der Geschichte im Klaren zu sein. Dieses apathische Verhalten zweier der einflussreichsten Gruppen in unserer Gesellschaft ist genau das, was das Pentagon mit aller Macht erreichen wollte – Pressekonferenzen sind nicht mehr notwendig, um Meldungen von Sichtungen durch billige Erklärungen abzutun. Keine

Chance für akademische Studien, sich mit dem Thema zu befassen; dafür sorgte der Condon-Ausschuss. Nach allen Aussagen hat sich die US-Regierung offiziell aus der UFO-Sache verabschiedet.

Jetzt aber wollen wir einmal annehmen, dass die Regierung *nicht* die Wahrheit über UFOs gesagt hat. Gehen wir davon aus, dass die *Air Force* ihre Untersuchungen in Sachen »UFOs« 1969 *nicht* eingestellt hat und dass es selbst jetzt, da Sie dieses Buch lesen, immer noch streng geheime Bemühungen dieser Art geben könnte. Was wäre, wenn immer noch geheime und als Verschlusssache gehandhabte UFO-Untersuchungen durchgeführt würden – versteckte Studien, über deren Lösungen wir möglicherweise niemals etwas erfahren werden? Was wäre, wenn es den Absturz eines außerirdischen Raumschiffs bei Roswell tatsächlich gegeben und damit eine 22-jährige Periode der Täuschungen und Bemühungen seitens der Nachrichten- und Geheimdienste begonnen hätte, die nicht dazu gedacht waren, das Rätsel der UFOs zu lösen, sondern die Öffentlichkeit zu manipulieren und glauben zu machen, dass Bürokratie und Beamtentum die Situation unter Kontrolle haben, obwohl dies in Wirklichkeit überhaupt nicht der Fall ist?

In den vorhergehenden Kapiteln haben wir beschrieben, wie von externen Einheiten wie der *4602nd Air Intelligence Squadron* und der *1066th Air Intelligence Service Squadron* im Rahmen des Projekts *Blue Book* UFO-Berichte und -Meldungen von höherer Priorität untersucht wurden. Der ehemalige Stützpunktkommandeur General Exon beschrieb, wie im Rahmen eines anderen Projekts, das mit *Blue Book* nichts zu tun hatte, ausschließlich Offiziere von Washington zur *Wright-Patterson AFB* gekommen waren, um die heikleren Fälle zu untersuchen. Die Akten zu *Blue Book* wurden 1977 freigegeben – aber wo sind die Unterlagen über die getrennten und unabhängigen Untersuchungen all dieser anderen Fälle? Vielleicht hatte Brigadier General Carroll H. Bolander, Stabschef der *Air Force* für Forschung und Entwicklung, zu der Zeit, als *Blue Book* beendet wurde, recht, als er Folgendes sagte: **»Berichte und Meldungen über unbekannte Flugobjekte, die Auswirkungen auf die nationale Sicherheit haben könnten, erfolgen nach JANAP 146 oder *Air Force* Manual 55–11 und sind nicht**

Kapitel 16

Bestandteil des Systems *Blue Book*.«[5] Und da wir nun schon einmal dabei sind, sollten wir auch die Hunderte von Fallstudien des *Air Force Intelligence*, des *FBI*, der *CIA* und der *NSA* über eigene unabhängige Untersuchungen nicht unerwähnt lassen, die gemäß dem Urteil von Bundesgerichten im Rahmen einzelner Prozesse 1977/78 freigegeben werden sollten. Von allen diesen Diensten und Organisationen ist jahrelang behauptet worden, dass man sich nie mit dem Thema befasst habe. Genauso wie *Army* und *Navy*, von denen ebenfalls getrennte Untersuchungen durchgeführt wurden. Es bleibt uns die Frage, warum auch zum Zeitpunkt unserer Arbeit an diesem Buch der Hinweis auf JANAP 146 immer noch zu finden ist. Es hat den Anschein, dass die Verdunkelung der Wahrheit über UFOs weiterhin anhält.

***

Im letzten Jahr des Zweiten Weltkriegs war Colonel George R. Weinbrenner im *USAAF*-Hauptquartier in London stationiert. Dort arbeitete er an einem streng geheimen Projekt zur Entwicklung von senkrecht startenden Raketen zur Abwehr von feindlichen Flugzeugen. Im Jahr 1950 war er befehlshabender Offizier der *439th Airlift Wing Squadron*. Für dieses Kapitel relevant war seine Position als Commander der *Foreign Technology Division* auf *Wright-Patterson* von November 1966 bis Juni 1974. Er wurde außerdem, schon bald nachdem die *Air Force* der Presse mitgeteilt hatte, dass alle UFO-Untersuchungen offiziell eingestellt würden, Hyneks nächster Chef.[6] Seit Ende 1969 wird der Öffentlichkeit gesagt, dass diese Untersuchungen beendet und nicht wieder aufgenommen worden seien. Das Projekt *Blue Book* endete ohne großes Aufsehen kurzerhand am 31. Januar 1970.

Und dennoch wurde J. Allen Hynek unter strengster Geheimhaltung 1977 als Berater für kontroverse atmosphärische Phänomene für die *FTD* bestellt.

In den nächsten vier Jahren sollte Hynek regelmäßig zwischen seinem Zuhause in Evanston, Illinois, und *Wright-Patterson* pendeln – nicht, um eine Hand voll Berichte und Meldungen über Lichter am Himmel durchzusehen, sondern um sich heimlich mit Personen einschließlich Weinbrenner in der supergeheimen *FTD* zu treffen. Nur die ihm am nächsten stehenden Menschen wussten von diesen Reisen.[7] Erst nach seinem Tod 1986 fanden wir die uns völlig schockierenden Dokumente, die er für uns zusammengetragen hatte und die wir erst nach seinem Ableben finden sollten. Ich nehme an, dass man diese Papiere im übertragenen Sinne als die fehlenden Jahre von J. Allen Hynek bezeichnen könnte – die Zeit zwischen dem Projekt *Blue Book* und der Gründung seiner eigenen zivilen Organisation, des *Center for UFO Studies* (Zentrum für UFO-Untersuchungen) im Oktober 1973.

Von vielen wurde darüber spekuliert, was Hynek wirklich wusste und ab wann er es wusste. Trat er persönlich für die *Air Force* ein, weil er als ziviler Wissenschaftler für die Öffentlichkeit glaubwürdiger war?[8] Seine Verbindung zur *Air Force* war umgeben von gegenseitigem Misstrauen, und in seinen persönlichen Unterlagen ist nur wenig zu finden, was vermuten lassen könnte, dass er etwas geheim gehalten hatte. Die Ausnahme war die Tatsache, dass er es weiterhin als seine Lebensaufgabe ansah, das Rätsel der UFOs zu lösen. Er hatte den Verdacht, dass die *Air Force* ihm in der ganzen Zeit seiner 20-jährigen »Ehe« mit ihr Informationen vorenthalten hatte. So überrascht es nicht, dass er weiterhin versuchen würde, ihr Vertrauen zu gewinnen. Da Hyneks Verdächtigungen anhielten, schien die *Air Force* sich dazu entschlossen zu haben, ihn an der kurzen Leine zu halten. Wir glauben, dass die *Air Force* wirklich das fürchtete, was Hynek ohne die ihm von ihr angelegten Fesseln hätte erreichen können – hierdurch wird für uns die ganze Dynamik deutlich, die hier im Spiel war. Die uns von Hynek hinterlassene Dokumentation zeigt, dass – obwohl er seinerzeit ein williger Komplize gewesen war – Hyneks größtes Vermächtnis darin bestehen könnte, dass er zu einem echten »Whistleblower« wurde, der bereit war, über die Täuschung seitens der Regierung und die nach Abschluss von *Blue Book* weitergehende Vertuschung auszupacken.[9] Genauso, wie *Wright-Patterson* selbst im Untergrund verschwunden war, würde auch das Projekt zur Untersuchung kontroverser atmosphärischer Phänomene aus dem Fokus genommen werden.[10]

Am letzten bekannten Treffen zwischen General Weinbrenner und Hynek nahm auch Colonel Robert Friend teil, ein früherer Leiter des Projekts *Blue Book*. Es fand Anfang 1974 statt. Nach einem hitzigen Meinungsaustausch stürmte Hynek aus dem Raum und schrie: »**Sündenböcke! Sündenböcke! Sie versuchen wieder einmal, uns zu Sündenböcken zu stempeln!**«[11] Seine Privatsekretärin Jennie Zeidman wartete auf ihn, als er in ihren Wagen stieg. Er war sehr empört, und es wurde eine lange, angespannte Rückfahrt nach Illinois. Hynek sprach kein einziges Wort.[12]

Indem er die Dokumente aufbewahrte und so versteckte, dass wir sie später finden würden, wollte er uns im Wesentlichen sagen, dass wir alle die Nachforschungen fortführen sollten, dass er auf dem richtigen Weg war, dass die *Air Force* sich darüber im Klaren war, dass er Bescheid wusste, und dass es nur eine Frage der Zeit sei, bis er die entsprechenden Beweise liefern würde – wobei man mit von der Partie sein wollte, wenn dies geschah.

Kurz nach dem letzten »Meinungsaustausch« mit Hynek wurde Weinbrenner das Kommando auf der *Brooks AFB* in San Antonia, Texas, übertragen. Neun Jahre zuvor, am 21. November 1963, hatte Präsident Kennedy die *School for Aerospace Medicine* in Brooks eingeweiht, die die *NASA* bei der Untersuchung der physischen Auswirkungen von Flugzeugabstürzen unterstützen sollte.[13] Zum Zeitpunkt der Einweihung hatte sich Kennedy mit Major General Theodore C. Bedwell jun. getroffen, der von Februar 1946 bis März 1948 der First Deputy Surgeon (Erster Stellvertretende Chirurg) und Chef der Abteilung Industriemedizin und schließlich Kommandierender Chirurg auf *Wright-Patterson* gewesen war. Nach seiner Ankunft in Brooks leitete Weinbrenner ebenfalls die Untersuchungen im medizinischen Laboratorium.[14]

Nach seinem Ausscheiden aus der *Air Force* blieb Weinbrenner in San Antonio, wobei er dann nach einem Bruch der Hüfte zur ärztlichen Behandlung und Rehabilitation in das *Army Residence Community Center* verlegt wurde. Er hatte keine Kinder, und seine Ehefrau war absolut nicht in der Lage, ihn zu pflegen. So freundete er sich mit seiner Oberschwester und deren Ehemann an. Seine Leiden waren rein körperlicher Art, und nach Aussagen anderer Familienmitglieder sei er bis zu seinem Ende bei klarem Verstand gewesen. Dennoch machte er nicht einmal auf seinem Totenbett irgendeinem Familienmitglied gegenüber irgendwelche Bemerkungen. Wie so oft in der Geschichte werden entsprechende Geständnisse gegenüber einem Vertrauten abgelegt. In diesem Fall war dies seine Krankenschwester. Nur wenige Tage vor seinem Ableben gab er eine Bemerkung ähnlich der von Clark Kent von sich, indem er schrie: »Ich bin Superman!« Er sagte seiner Betreuerin: »**Wir haben in Utah fünf Außerirdische.**«[15] Das war das Einzige, was er zugeben wollte, wobei er danach dann sofort das Thema fallenließ. Letztendlich aber hatte sich Weinbrenner von der ihn bedrückenden Frage befreit, ob UFOs außerirdischer Herkunft waren. Sein Bewusstseinszustand verbesserte sich nach der Preisgabe dieser Information, und am 7. März 2010 verstarb er dann friedlich.

In der Zeit, als Weinbrenner 1979 immer noch auf *Wright-Patterson* war, wurde der Filmproduzent und Autor Robert Emenegger vom Verteidigungsministerium kontaktiert, um einen Dokumentarstreifen über UFOs zu drehen. Man sagte ihm, dass man seine früheren Arbeiten schätze und dass zur Erörterung des Projekts ein erster Kontakt mit dem Militär im Büro von Colonel George Weinbrenner aufgenommen werden solle. »**Was ist UFOs betreffend die Wahrheit?**«, fragte Emenegger. Weinbrenner machte einige unzusammenhängende Bemerkungen über die Russen und deren Luftfahrttechnologie, stand von seinem Stuhl auf und ging zu einem Bücherschrank. Er nahm ein Buch aus dem Regal und übergab es dem Filmemacher. »**Da steht alles drin**«, äußerte sich der Offizier spontan. Beim kurzen Durchsehen des Buches wurde Emenegger bewusst, dass er den Autor und seine Arbeit gut kannte. Bei dem Werk handelte es sich um *The UFO Experience* (zu Deutsch: *Erfahrungen mit UFOs*) von Dr. J. Allen Hynek. Im Inneren befand sich eine Widmung mit folgendem Wortlaut: »**To my good friend George**«. (»**Für meinen guten Freund George**«.)[16]

Kapitel 16

Standard Form 61-B
December 1966
U.S. Civil Service Commission
FPM Chapter 295

DECLARATION OF APPOINTEE
(Data needed for appointment or conversion)

INSTRUCTIONS TO APPOINTEE.—Answer all questions. Your answers will be considered together with other information in your record in determining your present fitness for Federal employment. A false statement or dishonest answer to any question may be grounds for dismissal after appointment or conversion and is punishable by law.

1. NAME (Last—First—Middle)	2. BIRTH DATE	3. PLACE OF BIRTH (City and State or city and foreign country)
Hynek, Joseph Allen	May 1, 1910	Chicago, Illinois

4. PRESENT ADDRESS (Street and number, city, State, and ZIP code)
2623 Ridge Avenue, Evanston, Illinois 60201

5. (A) IN CASE OF EMERGENCY, PLEASE NOTIFY	(B) RELATIONSHIP	(C) STREET AND NUMBER, CITY, STATE, AND ZIP CODE	(D) TELEPHONE NO.
(Mrs.) Mimi Hynek	wife	2623 Ridge Ave, Evanston, Ill 60201	864-1861

6. DOES THE UNITED STATES GOVERNMENT EMPLOY, IN A CIVILIAN CAPACITY, ANY RELATIVE OF YOURS (EITHER BY BLOOD OR MARRIAGE) WITH WHOM YOU LIVE OR HAVE LIVED WITHIN THE PAST 12 MONTHS? ☐ YES ☒ NO
If "Yes," for each such relative fill in the blank below. If additional space is necessary, complete under Item 14.

ANSWER BY PLACING "X" IN PROPER COLUMN	YES	NO
7. ARE YOU A CITIZEN OF THE UNITED STATES OF AMERICA? If "No," give country of which you are a citizen:	X	
8. ARE YOU AN OFFICIAL OR EMPLOYEE OF ANY STATE, TERRITORY, COUNTY, OR MUNICIPALITY? If your answer is "Yes," give details in Item 14.		X
9. DO YOU RECEIVE OR HAVE YOU APPLIED FOR AN ANNUITY FROM THE UNITED STATES OR DISTRICT OF COLUMBIA GOVERNMENT UNDER ANY RETIREMENT ACT OR ANY PENSION OR OTHER COMPENSATION FOR MILITARY OR NAVAL SERVICE? If your answer is "Yes," give details in Item 14.		X
10. SINCE YOU FILED APPLICATION FOR THIS EMPLOYMENT, HAVE YOU: A. BEEN CONVICTED OF AN OFFENSE AGAINST THE LAW OR FORFEITED COLLATERAL, OR ARE YOU NOW UNDER CHARGES FOR ANY OFFENSE AGAINST THE LAW? (You may omit: (1) traffic violations for which you paid a fine of $30.00 or less; and (2) any offense committed before your 21st birthday which was finally adjudicated in a juvenile court or under a youth offender law.)		X
B. BEEN CONVICTED BY GENERAL COURT-MARTIAL WHILE IN THE MILITARY SERVICE? If your answer to A or B is "Yes," give details in Item 14. Show for each offense: (1) date, (2) charge, (3) place, (4) court, and (5) action taken.		X

ANSWER BY PLACING "X" IN PROPER COLUMN	YES	NO
11. SINCE YOU FILED APPLICATION FOR THIS EMPLOYMENT, HAVE YOU A. BEEN DISCHARGED (FIRED) FROM EMPLOYMENT FOR ANY REASON?		X
B. RESIGNED (QUIT) AFTER BEING INFORMED THAT YOUR EMPLOYER INTENDED TO DISCHARGE (FIRE) YOU FOR ANY REASON?		X
C. BEEN DISCHARGED FROM THE ARMED SERVICES UNDER OTHER THAN HONORABLE CONDITIONS?		X
If your answer to A, B, or C is "Yes," give details in Item 14. Show the name and address (including ZIP code) of the employer, approximate date, and reason in each case.		
12. SINCE YOU FILED APPLICATION FOR THIS EMPLOYMENT HAVE YOU BEEN BARRED BY THE U.S. CIVIL SERVICE COMMISSION FROM TAKING EXAMINATIONS OR ACCEPTING CIVIL SERVICE APPOINTMENTS? If your answer is "Yes," give dates of and reasons for such debarment in Item 14.		X
13. (A) HAVE YOU EVER FILED A WAIVER OF LIFE INSURANCE COVERAGE UNDER THE FEDERAL EMPLOYEES' GROUP LIFE INSURANCE ACT?		X
(B) IF YOUR ANSWER IS "YES," DID YOU CANCEL THE WAIVER?		

14. SPACE FOR DETAILED ANSWERS TO OTHER QUESTIONS (Indicate item numbers to which answers apply) (Continue on reverse if necessary)

ITEM NO.		ITEM NO.	

CERTIFICATION.—I certify that all of the answers to the questions above are true, complete, and correct to the best of my knowledge and belief and are made in good faith.

Signature of appointee J. Allen Hynek   Date of signature 6 April 1970

APPOINTING OFFICER—Enter date of appointment or conversion 05-05-70
(This form is to be completed before entrance on duty under the appointment or conversion.)

AFLC-WPAFB-JULY 68 1M

STANDARD FORM 50—Rev. December 1961	NOTIFICATION OF PERSONNEL ACTION
U.S. Civil Service Commission	
FPM Chap. 295	

(FOR AGENCY USE) H-84420 PAS: WWHB6KY

1. NAME (CAPS) LAST—FIRST—MIDDLE MR.–MISS–MRS.	2. (FOR AGENCY USE)	3. BIRTH DATE (Mo., Day, Year)	4. SOCIAL SECURITY NO.
HYNEK, J. ALLEN, MR.		05-01-10	295-34-5228
5. VETERAN PREFERENCE	6. TENURE GROUP	7. SERVICE COMP. DATE	
N/A 1—NO 3—10 PT. DISAB 5—10 PT. OTHER 2—5 PT. 4—10 PT. COMP	0	0	
9 FEGLI	10. RETIREMENT		11. (FOR CSC USE)
2 1—COVERED (Regular only—declined Optional) 2—INELIGIBLE 3—WAIVED 4—COVERED (Reg. & Opt.)	2 1—CS 3—FS 5—OTHER 2—FICA 4—NONE		
12. CODE	NATURE OF ACTION	13. EFFECTIVE DATE (Mo., Day, Year)	14. CIVIL SERVICE OR OTHER LEGAL AUTHORITY
171	Exc Appt NTE 05-04-71	05-05-70	Sec 15, PL-600, 79th Congress and Current Approp Act
15. FROM: POSITION TITLE AND NUMBER	16. PAY PLAN AND OCCUPATION CODE	17. (a) GRADE (b) STEP OR OR LEVEL RATE	18. SALARY

19. NAME AND LOCATION OF EMPLOYING OFFICE

20. TO: POSITION TITLE AND NUMBER	21. PAY PLAN AND OCCUPATION CODE	22. (a) GRADE (b) STEP OR OR LEVEL RATE	23. SALARY
Consultant AA: TDG	EC		PD $107.00

24. NAME AND LOCATION OF EMPLOYING OFFICE
USAF, AFSC, FTD
Commander, Wright-Patterson AFB, Ohio 45433

25. DUTY STATION (City—county—State)	26. LOCATION CODE
Wright-Patterson AFB, Ohio	34-9165-113

27. APPROPRIATION	FUNCTIONAL CODE	AFSC	28. POSITION OCCUPIED 1—COMPETITIVE SERVICE 2—EXCEPTED SERVICE	29. APPORTIONED POSITION FROM 1—PROVED-1 2—WAIVED-2 TO STATE
3DL	1010	02695Z	2	

30. REMARKS: A SUBJECT TO COMPLETION OF 1 YEAR PROBATIONARY (OR TRIAL) PERIOD COMMENCING ____
B SERVICE COUNTING TOWARD CAREER (OR PERMANENT) TENURE FROM: ____
SEPARATIONS SHOW PERSONS BELOW, AS REQUIRED. CHECK IF APPLICABLE: ☐ C. DURING PROBATION

POSITION SENSITIVITY	Ineligible for Health Benefits.
2 1—NONSENSITIVE 2—SENSITIVE IAW AFR 40-202	Subject to conflict of interest laws and regulations as a special Government employee.

"Special Government Employee"

Total work under this appointment is limited to 10 days during period of employment.

31. DATE OF APPOINTMENT AFFIDAVIT (Accessions only)	34. SIGNATURE (Or other authentication) AND TITLE FOR THE APPOINTING OFFICER
04-06-70	
32. OFFICE MAINTAINING PERSONNEL FOLDER (If different from employing office)	Supervisory Personnel Clerk Records, Awards & Benefits Branch
33. CODE EMPLOYING DEPARTMENT OR AGENCY	35. DATE 05-05-70 2520
AF 06 DEPARTMENT OF THE AIR FORCE	
6 PART 50-131-21	4. PERSONNEL FOLDER COPY

Kapitel 16

STANDARD FORM 50—Rev. December 1961
U.S. Civil Service Commission
FPM Chap. 295

NOTIFICATION OF PERSONNEL ACTION
(EMPLOYEE — See General Information on Reverse)

(FOR AGENCY USE)
B-84420 PAS: UWHB6KY

1. NAME (CAPS) LAST—FIRST—MIDDLE MR.—MISS—MRS.	HYNEK, J. ALLEN, MR.
2. (FOR AGENCY USE)	
3. BIRTH DATE (Mo., Day, Year)	05-01-10
4. SOCIAL SECURITY NO.	295-34-3228
5. VETERAN PREFERENCE	N/A 1—NO 2—5 PT. 3—10 PT. DISAB. 4—10 PT. COMP. 5—10 PT. OTHER
6. TENURE GROUP	0
7. SERVICE COMP. DATE	0
9. FEGLI	2 1—COVERED (Regular only—declined Optional) 2—INELIGIBLE 3—WAIVED 4—COVERED (Reg. & Opt.)
10. RETIREMENT	2 1—CS 2—FICA 3—FS 4—NONE 5—OTHER
11. (FOR CSC USE)	
12. CODE NATURE OF ACTION	651 Conv to Exc Appt NTE 05-04-72 INT
13. EFFECTIVE DATE (Mo., Day, Year)	05-05-71
14. CIVIL SERVICE OR OTHER LEGAL AUTHORITY	Sec 3109, Title 5, USC

15. FROM: POSITION TITLE AND NUMBER
16. PAY PLAN AND OCCUPATION CODE
17. (a) GRADE OR LEVEL (b) STEP OR RATE
18. SALARY

19. NAME AND LOCATION OF EMPLOYING OFFICE

20. TO: POSITION TITLE AND NUMBER
Consultant
AA: CC

21. PAY PLAN AND OCCUPATION CODE
EC

22. (a) GRADE OR LEVEL (b) STEP OR RATE

23. SALARY
pd $107.00

24. NAME AND LOCATION OF EMPLOYING OFFICE
USAF, AFSC, FTD, Commander
Wright-Patterson AFB, Ohio 45433

25. DUTY STATION (City—county—State)
Wright-Patterson AFB, Ohio

26. LOCATION CODE
39-9165-113

27. APPROPRIATION 3L
FUNCTIONAL CODE 1010
AFSC 026952

28. POSITION OCCUPIED
1—COMPETITIVE SERVICE
2—EXCEPTED SERVICE 2

29. APPORTIONED POSITION FROM: TO: STATE
1—PROVED—1
2—WAIVED—2

30. REMARKS:
A. SUBJECT TO COMPLETION OF 1 YEAR PROBATIONARY (OR TRIAL) PERIOD COMMENCING
B. SERVICE COUNTING TOWARD CAREER (OR PERMANENT) TENURE FROM:
C. DURING PROBATION
SEPARATIONS: SHOW REASONS BELOW, AS REQUIRED. CHECK IF APPLICABLE:

POSITION SENSITIVITY
2 1—NONSENSITIVE 2—SENSITIVE IAW AFR 40-202

Ineligible for Health Benefits

"Special Government Employee"

Subject to conflict of interest laws and regulations as a special Government employee.
Employment totaled 4 days from 05-05-70 to 05-04-71.

Intermittent-no prescheduled regular tour of duty.

Total work under this appointment is limited to 20 days during period of employment.

31. DATE OF APPOINTMENT AFFIDAVIT (Accessions Only)
32. OFFICE MAINTAINING PERSONNEL FOLDER (If different from employing office)
33. CODE EMPLOYING DEPARTMENT OR AGENCY
AF 18 DEPARTMENT OF THE AIR FORCE

34. SIGNATURE (Or other authentication) AND TITLE
FOR THE APPOINTING OFFICER
Margareta E. ......
Personnel Clerk
Records, Awards & Benefits Branch

35. DATE 05-05-71
2520

6 PART
30-131-21
4. PERSONNEL FOLDER COPY
* U.S. GOVERNMENT PRINTING OFFICE 1970 431-597/17

STANDARD FORM 50—Rev. December 1961
U.S. Civil Service Commission
FPM Chap. 295

NOTIFICATION OF PERSONNEL ACTION

(FOR AGENCY USE)
H-84420 PAS: ms

1. NAME (CAPS) LAST—FIRST—MIDDLE MR.—MISS—MRS.	2. (FOR AGENCY USE)	3. BIRTH DATE (Mo., Day, Year)	4. SOCIAL SECURITY NO.
HYNEK, J. ALLEN, MR.		05-01-10	295-34-5228

5. VETERAN PREFERENCE	6. TENURE GROUP	7. SERVICE COMP. DATE
N/A 1—NO   3—10 PT. DISAB.   5—10 PT. OTHER
2—5 PT. 4—10 PT. COMP.	0	0

9. FEGLI	10. RETIREMENT	11. (FOR CSC USE)
2   1—COVERED (Regular only—declined Optional)
2—INELIGIBLE 3—WAIVED 4—COVERED (Reg. & Opt.)	2 1—CS 3—FS 5—OTHER
2—FICA 4—NONE	

12. CODE	NATURE OF ACTION	13. EFFECTIVE DATE (Mo., Day, Year)	14. CIVIL SERVICE OR OTHER LEGAL AUTHORITY
651	Conv to Exc Appt NTE 05-04-73 INT	05-05-72	Sec 3109, Title 5, USC

15. FROM: POSITION TITLE AND NUMBER	16. PAY PLAN AND OCCUPATION CODE	17. (a) GRADE OR LEVEL (b) STEP OR RATE	18. SALARY

19. NAME AND LOCATION OF EMPLOYING OFFICE

20. TO: POSITION TITLE AND NUMBER	21. PAY PLAN AND OCCUPATION CODE	22. (a) GRADE OR LEVEL (b) STEP OR RATE	23. SALARY
Consultant
AA: 0 CC	EC-1310(031)		pd $107.00

24. NAME AND LOCATION OF EMPLOYING OFFICE
AFSC, FTD, Commander,
Wright-Patterson AFB, Ohio 45433

25. DUTY STATION (City—county—State)	26. LOCATION CODE
Wright-Patterson AFB, Ohio	39-9165-113

27. APPROPRIATION	FUNCTIONAL CODE	AFSC	28. POSITION OCCUPIED	29. APPORTIONED POSITION
3X	1010	2695Z	2 1—COMPETITIVE SERVICE
2—EXCEPTED SERVICE	FROM: TO: STATE
1—PROVED—1
2—WAIVED—2

30. REMARKS   A. SUBJECT TO COMPLETION OF 1 YEAR PROBATIONARY (OR TRIAL) PERIOD COMMENCING
              B. SERVICE COUNTING TOWARD CAREER (OR PERMANENT) TENURE FROM:
SEPARATIONS: SHOW REASONS BELOW, AS REQUIRED. CHECK IF APPLICABLE: C. DURING PROBATION

POSITION SENSITIVITY
2   1—NONSENSITIVE
2—SENSITIVE IAW AFR 40-202

Ineligible for Health Benefits.

"Special Government Employee"

Intermittent-no prescheduled regular tour of duty.

Subject to conflict of interest laws and regulations as a special Government employee.

Employment totaled 6 days in a pay status.

Total work under this appointment is limited to 20 days during period of employment.

31. DATE OF APPOINTMENT AFFIDAVIT (Accessions only)	34. SIGNATURE (Or other authentication) AND TITLE FOR THE APPOINTING OFFICER
32. OFFICE MAINTAINING PERSONNEL FOLDER (If different from employing office)	Personnel Clerk
Records, Awards & Benefits Branch
33. CODE   EMPLOYING DEPARTMENT OR AGENCY
AF 1H DEPARTMENT OF THE AIR FORCE	35. DATE 05-05-72 2520

6 PART
50-131-21   4. PERSONNEL FOLDER COPY   * U.S. GOVERNMENT PRINTING OFFICE 1969-381-526

Kapitel 16

HIER DIE ORIGINALSEITEN 206 BIS 214 EINFÜGEN!!!

STANDARD FORM 50—Rev. December 1961
NOTIFICATION OF PERSONNEL ACTION
U.S. Civil Service Commission
FPM Chap. 295

(FOR AGENCY USE) H-84420	PAS: WEHB6KY		gjz
1. NAME (CAPS) LAST–FIRST–MIDDLE MR.–MISS–MRS. HYNEK, J. ALLEN, MR.	2. (FOR AGENCY USE)	3. BIRTH DATE (Mo., Day, Year) 05-01-10	4. SOCIAL SECURITY NO. 295-34-5228
5. VETERAN PREFERENCE 1 1–NO 3–10 PT. DISAB. 5–10 PT. OTHER 2–5 PT. 4–10 PT. COMP.	6. TENURE GROUP 0	7. SERVICE COMP. DATE 0	
9. FEGLI 2 1–COVERED (Regular only–declined Optional) 2–INELIGIBLE 3–WAIVED 4–COVERED (Req. & Opt.)	10. RETIREMENT 2 1–CS 3–FS 5–OTHER 2–FICA 4–NONE		11. (FOR CSC USE)
12. CODE 651	NATURE OF ACTION Conv to Exc Appt NTE 05-04-74 - INT	13. EFFECTIVE DATE (Mo., Day, Year) 05-05-73	14. CIVIL SERVICE OR OTHER LEGAL AUTHORITY Sec 3109, Title 5, USC
15. FROM: POSITION TITLE AND NUMBER	16. PAY PLAN AND OCCUPATION CODE	17. (a) GRADE (b) STEP OR OR LEVEL RATE	18. SALARY
19. NAME AND LOCATION OF EMPLOYING OFFICE			
20. TO: POSITION TITLE AND NUMBER Consultant AA: CC	21. PAY PLAN AND OCCUPATION CODE EC-1310 (031)	22. (a) GRADE (b) STEP OR OR LEVEL RATE	23. SALARY pd $107.00
24. NAME AND LOCATION OF EMPLOYING OFFICE USAF, AFSC, FTD, Commander, Wright-Patterson AFB, Ohio 45433			
25. DUTY STATION (City–county–State) Wright-Patterson AFB, Ohio			26. LOCATION CODE 39-9165-113
27. APPROPRIATION 3U	FUNCTIONAL CODE 1010	AFSC 2695Z	28. POSITION OCCUPIED 1–COMPETITIVE SERVICE 2 2–EXCEPTED SERVICE	29. APPORTIONED POSITION FROM TO STATE 1–PROVED–1 2–WAIVED–2

30. REMARKS
A. SUBJECT TO COMPLETION OF 1 YEAR PROBATIONARY (OR TRIAL) PERIOD COMMENCING _____
B. SERVICE COUNTING TOWARD CAREER (OR PERMANENT) TENURE FROM: _____
SEPARATIONS SHOW REASONS BELOW, AS REQUIRED CHECK IF APPLICABLE: ☐ C. DURING PROBATION

POSITION SENSITIVITY
2 1–NONSENSITIVE
   2–SENSITIVE IAW
   AFR 40-202

Ineligible for Health Benefits.
"Special Government Employee".
Intermittent - no prescheduled regular tour of duty.

Subject to conflict of interest laws and regulations as a special Government employee. Total work under this appointment is limited to 20 days during period of employment. Intermittent employment totaled 3 days in pay status.

31. DATE OF APPOINTMENT AFFIDAVIT (Accessions only)	34. SIGNATURE (Or other authentication) AND TITLE FOR THE APPOINTING OFFICER	
32. OFFICE MAINTAINING PERSONNEL FOLDER (If different from employing office)	PERSONNEL CLERK RECORDS, AWARDS & BENEFITS BRANCH	
33. CODE EMPLOYING DEPARTMENT OR AGENCY AF 1H DEPARTMENT OF THE AIR FORCE	35. DATE 06-07-73	2520

6 PART 50-131-21
4. PERSONNEL FOLDER COPY
* U.S. GOVERNMENT PRINTING OFFICE 1969-391-528

STANDARD FORM 50-Rev. December 1961
U.S. Civil Service Commission
FPM Chap. 295

NOTIFICATION OF PERSONNEL ACTION

(FOR AGENCY USE)

H-84420 CL: 0 WEHB6KY mes

1. NAME (CAPS) LAST-FIRST-MIDDLE   MR.-MISS-MRS.
HYNEK, J. ALLEN   MR.

2. (FOR AGENCY USE)

3. BIRTH DATE (Mo., Day, Year)
05-01-10

4. SOCIAL SECURITY NO.
295-34-5228

5. VETERAN PREFERENCE
1 — 1-NO   3-10 PT. DISAB.   5-10 PT. OTHER
    2-5 PT. 4-10 PT. COMP.

6. TENURE GROUP
0

7. SERVICE COMP. DATE
0

9. FEGLI
2 — 1-COVERED (Regular only-declined Optional)
    2-INELIGIBLE 3-WAIVED 4-COVERED (Reg. & Opt.)

10. RETIREMENT
2 — 1-CS 3-FS 5-OTHER
    2-FICA 4-NONE

11. (FOR CSC USE)

12. CODE NATURE OF ACTION
352   Termination - Exp of Appt - I

13. EFFECTIVE DATE (Mo., Day, Year)
05-04-74

14. CIVIL SERVICE OR OTHER LEGAL AUTHORITY

15. FROM: POSITION TITLE AND NUMBER
Consultant

AA: 0 CC

16. PAY PLAN AND OCCUPATION CODE
EC-1310(031)

17. (a) GRADE (b) STEP OR OR LEVEL RATE

18. SALARY
pd $107.00

19. NAME AND LOCATION OF EMPLOYING OFFICE
USAF, AFSC, FTD, Commander,
Wright-Patterson AFB, Ohio 45433

20. TO: POSITION TITLE AND NUMBER

21. PAY PLAN AND OCCUPATION CODE

22. (a) GRADE (b) STEP OR OR LEVEL RATE

23. SALARY

24. NAME AND LOCATION OF EMPLOYING OFFICE

25. DUTY STATION (City-county-State)
Wright-Patterson AFB, Ohio

26. LOCATION CODE

27. APPROPRIATION
3DL

FUNCTIONAL CODE
1010

AFSC
2695Z

28. POSITION OCCUPIED
2 — 1-COMPETITIVE SERVICE
    2-EXCEPTED SERVICE

29. APPORTIONED POSITION
FROM: TO: STATE
1-PROVED-1
2-WAIVED-2

30. REMARKS:
A. SUBJECT TO COMPLETION OF 1 YEAR PROBATIONARY (OR TRIAL) PERIOD COMMENCING
B. SERVICE COUNTING TOWARD CAREER (OR PERMANENT) TENURE FROM:
C. DURING PROBATION
SEPARATIONS: SHOW REASONS BELOW AS REQUIRED CHECK IF APPLICABLE

POSITION SENSITIVITY
1-NONSENSITIVE
2-SENSITIVE I AW
AFR 40-202

AD - No other work available.

Intermittent employment totaled 1 day in a pay status.

Mailing Address: 2623 Ridge Ave.
                  Evanston, Illinois 60201

31. DATE OF APPOINTMENT AFFIDAVIT (Accessions only)

34. SIGNATURE (Or other authentication) AND TITLE
FOR THE APPOINTING OFFICER
Personnel Clerk
Records, Awards & Benefits Branch

32. OFFICE MAINTAINING PERSONNEL FOLDER (if different from employing office)

33. CODE EMPLOYING DEPARTMENT OR AGENCY
AF   1H   DEPARTMENT OF THE AIR FORCE

35. DATE 05-03-74   2520

6 PART   4. PERSONNEL FOLDER COPY   * U.S. GOVERNMENT PRINTING OFFICE 1971-481-131

Kapitel 16

HIER DIE ORIGINALSEITEN 206 BIS 214 EINFÜGEN!!!

APPOINTMENT AFFIDAVITS

IMPORTANT.—Before swearing or affirming to these appointment affidavits, you should read and understand the attached information for appointee

Consultant — (Position to which appointed)   5 May 1970 (Date of appointment)

USAF, AFSC, Foreign Technology Division, Wright-Patterson AFB, Ohio 45433
(Department or agency) (Bureau or division) (Place of employment)

I, Joseph Allen Hynek, do solemnly swear (or affirm) that—

A. OATH OF OFFICE

I will support and defend the Constitution of the United States against all enemies, foreign and domestic; that I will bear true faith and allegiance to the same; that I take this obligation freely, without any mental reservation or purpose of evasion; and that I will well and faithfully discharge the duties of the office on which I am about to enter. SO HELP ME GOD.

B. AFFIDAVIT AS TO SUBVERSIVE ACTIVITY AND AFFILIATION

I am not a Communist or Fascist. I do not advocate nor am I knowingly a member of any organization that advocates the overthrow of the constitutional form of the Government of the United States, or which seeks by force or violence to deny other persons their rights under the Constitution of the United States. I do further swear (or affirm) that I will not so advocate, nor will I knowingly become a member of such organization during the period that I am an employee of the Federal Government or any agency thereof.

C. AFFIDAVIT AS TO STRIKING AGAINST THE FEDERAL GOVERNMENT

I am not participating in any strike against the Government of the United States or any agency thereof, and I will not so participate while an employee of the Government of the United States or any agency thereof. I do not and will not assert the right to strike against the Government of the United States or any agency thereof while an employee of the Government of the United States or any agency thereof. I do further swear (or affirm) that I am not knowingly a member of an organization of Government employees that asserts the right to strike against the Government of the United States or any agency thereof and I will not, while an employee of the Government of the United States or any agency thereof, knowingly become a member of such an organization.

D. AFFIDAVIT AS TO PURCHASE AND SALE OF OFFICE

I have not, nor has anyone acting in my behalf, given, transferred, promised or paid any consideration for or in expectation or hope of receiving assistance in securing this appointment.

Joseph A. Hynek
(Signature of appointee)

Subscribed and sworn (or affirmed) before me this 6th day of April A.D. 19 70,
at Evanston, Illinois
(City) (State)

[SEAL]

Lillian Hansen
(Signature of officer)
Notary Public
(Title)

Commission expires April 7, 1971
(If by a Notary Public, the date of expiration of his Commission should be shown)

NOTE.—The oath of office must be administered by a person specified in 5 U.S.C. 2903. The words "SO HELP ME GOD" in the oath and the word "swear" wherever it appears above should be stricken out when the appointee elects to affirm rather than swear to the affidavits; only these words may be stricken and only when the appointee elects to affirm the affidavits.

WORK STATEMENT

Dr. Hynek will provide expert advice to the Commander and Chief Scientist in resolving highly complex and controversial problems requiring unusual in-depth technical competence in the physical sciences.

Field of Specialized Knowledge: Specialized knowledge possessed by Dr. Hynek is in the areas of orbital bodies and atmospheric phenomena.

Circumstances Justifying Consultant: There is no one, either civilian or military, with the Foreign Technology Division who possesses the collective qualifications of Dr. Hynek. Therefore, the services and expertise required cannot be obtained through other means, such as detail, promotion, or reassignment. Normal recruitment efforts have not identified any other equally qualified applicant who is willing to accept a short-term appointment. Accordingly, the required expertise can only be obtained by appointing Dr. Hynek as a Consultant.

ning

Kapitel 17

Im Einsatz auf dem Stützpunkt *Wright-Patterson*

Falls es 1947 in New Mexico den Absturz und die Bergung einer fliegenden Untertasse wirklich gegeben hatte, müssten dann nicht zuverlässigere Aussagen aus glaubwürdigen Quellen zu finden sein? Die Antwort lautet ja. Es müssten viele fundierte Berichte und Meldungen von Bürgern vorliegen, von Männern und Frauen mit tadellosen Referenzen, Männern und Frauen, die nichts davon haben, einfach zu behaupten, ein UFO gesehen zu haben. Und einige derartige Sichtungen dürften von hoch angesehenen Persönlichkeiten angezeigt worden sein.

Brigadier General Vorley »Mike« Rexrold gab zu verstehen, dass er den verstorbenen Chester W. Lytle sen. als einen der großen unbesungenen Helden der amerikanischen Geschichte angesehen habe – ein großes Kompliment von einem Mann, dem eine Ehrendoktorwürde der medizinischen Wissenschaften verliehen worden war und der während des Zweiten Weltkriegs im *Office of Special Investigation/Counter Intelligence* tätig war.[1]

Lytle spielte eine Schlüsselrolle beim Manhattan-Projekt, als er 1945 bei der *Motorola Electronics Company* in Chicago arbeitete, wo er an der Entwicklung des Funksenders zum Zünden der ersten Atombombe beteiligt war. Für die *United States Air Force* wurden von ihm technische Anleitungen für den Bereich der Spezialwaffen sowie für Forschung, Entwicklung und Bau von elektronischen und elektromechanischen Geräten ausgearbeitet. Darüber hinaus war er aktiver militärischer Berater für Atomwaffen einschließlich Sprengköpfen und deren Anpassung an Raketen und Raketensysteme. Als ziviler Wissenschaftler war Lytle als Berater für die *CIA* tätig, wobei er außerdem eine Zulassung nach GS 16 erhielt, die beim Militär dem Rang eines Generals entspricht. Lytle hatte sich zweifelsohne den Status verdient, »gemäß dem er hätte Bescheid wissen müssen«.

In den Jahren nach dem Zweiten Weltkrieg arbeitete Lyle für die Regierung an der Planung und Konstruktion von Kommunikationssystemen für die Atomenergiebehörde.[2] In dieser Funktion

Kapitel 17

wurden er und Major General Kenner F. Hertford, der damalige Kommandeur des *US Army Atomic Energy Department*, gute Freunde. Im Jahr 1952 gehörte Hertford zum Generalstab der *Research and Development Division*.[3] Lytle war an zahlreichen streng geheimen Projekten, die von der Abteilung Forschung und Entwicklung betrieben wurden, einschließlich der Konfiguration von Radaranlagen und der Konstruktion von Flugzeugen und Autopiloten beteiligt. Das Militär zog ihn häufig zu Projekten der nationalen Sicherheit an wichtigen Standorten in aller Welt hinzu – zu denen auch *Wright-Patterson* zu zählen ist.[4]

Von diesem unwiderlegbaren Informanten wurde uns ein Nachmittag in den späten 1950er-Jahren beschrieben, als er für die *CIA* tätig und auf *Wright-Patterson* im Einsatz war. Ganz plötzlich war der Stützpunkt in voller Alarmbereitschaft, als Sirenen wegen eines Eindringlings in den Luftraum aufheulten. Lytle und eine Anzahl von Offizieren wurden in einen speziellen Funkraum in einem der Betriebsgebäude geleitet. Während des Aufenthalts dort, wo militärisches Personal professionell Posten an Radaranlagen und Kommunikationseinrichtungen bezogen hatte und arbeitete, konnte Lytle den Funkverkehr des Staffelführers einiger einen Soforteinsatz fliegenden Düsenjäger mithören. Auch lieferte ein einsamer Radarbildschirm ein Bild dessen, was gerade passierte. Lytle schaute gespannt zu, als die Blips auf dem Bildschirm auf ein einzelnes Objekt zuliefen, das sich dem gesperrten Luftraum über dem SAC-Stützpunkt näherte. Als die Abfangjäger Sichtkontakt mit

Von links nach rechts: Chester Lytle, Don Schmitt und Nathan Twining jun.

dem UFO hatten, wurde dieses dann als eine »glatte metallische Scheibe« identifiziert, die immer noch in ihre Richtung flog.

Die Jäger richteten alle Waffensysteme auf den Eindringling und bereiteten sich auf den Angriff vor, als das Objekt Ausweichmanöver startete gerade so, als ob es die Absicht der Jäger erkannt hätte. Lytle war der Meinung, dass es sich dabei um eine Art von Übung gehandelt habe, weil alles wie aus einem Science-Fiction-Roman zu sein schien. Gleichzeitig aber war dieser Zivilist ein sehr erfahrener Pilot, der mit Zustimmung von Leuten wie William Lear (Erfinder des Lear-Jets) und Howard Hughes Spionageflüge durchgeführt hatte. Es gab keinen Zweifel, dass diese Situation Wirklichkeit war, wobei dennoch jeder im Raum während des Schauspiels gelassen und ruhig blieb. Während der nächsten Minuten entwickelte sich ein frustrierendes Katz-und-Maus-Spiel zwischen den Jagdmaschinen und dem UFO; alle Funk- und Radardaten bestätigten die Anwesenheit eines unbekannten Flugobjekts, das ohne Weiteres in der Lage war, unsere Flugzeuge auszumanövrieren. Nach den Spielchen mit unseren Abfangjägern verließ das überlegene Objekt ganz einfach die Szene, um sowohl die Piloten als auch die Beobachter im Funkraum mit einem Gefühl der Ehrfurcht zurückzulassen.

Abgesehen von der Aufregung über das soeben Erlebte war Lytle wirklich beeindruckt von der Art und Weise, in der sich das ausgebildete Personal verhalten hatte. Jeder um ihn herum agierte so, als ob das Ganze Routine sei. Und dennoch war dies keine Generalprobe. Gemäß allen Aussagen und allen Beteiligten, mit denen Lytle während des Alarms oder danach sprechen konnte, habe es sich dabei um ein normales Ereignis gehandelt. Der Stützpunktkommandant ging sogar so weit, Lytle gegenüber zu erklären, dass diese Art von Aktivität über dem Stützpunkt *Wright-Patterson* regelmäßig beobachtet werden könne.

Im Laufe der Jahre sollte Lytle sowohl von Offizieren des Militärs als auch Abgeordneten immer wieder hören, dass – ja – dies wirklich der Fall gewesen sei. Aus irgendeinem »unbekannten« Grund hatte sich das UFO-Phänomen auf *Wright-Patterson* fokussiert. Dies an sich stand im Widerspruch zu der von niemand anderem als Edward Ruppelt gemachten Beobachtung. Dieser sagte:

»UFOs wurden normalerweise aus Gegenden um ›technisch interessante‹ Orte, wie zum Beispiel unsere Atomenergieeinrichtungen, Häfen und kritischen Fertigungs- und Produktionsstätten, herum gemeldet. Unsere Untersuchungen haben gezeigt, dass an lebendigen Militärbereiche, wie dies beispielsweise die Stützpunkte des *Strategic Air Command* und des *Air Defense Command*, einige Atombombenlagerstätten und große Militärdepots sind, tatsächlich weniger Meldungen zu verzeichnen waren, als dies für ein bestimmtes Gebiet in den USA zu erwarten gewesen wäre. Auch in Zentren mit vielen Einwohnern und ohne größere ›technisch interessante‹ Einrichtungen war die Anzahl der Berichte und Meldungen geringer. Sollten UFOs keine intelligent gesteuerten Luftfahrzeuge sein, so hätte nach den einschlägigen Gesetzmäßigkeiten die Verteilung der Meldungen auch der Verteilung der Bevölkerung der USA entsprechen müssen – was aber nicht der Fall ist.«

Es hat den Anschein, dass *Wright-Patterson* eine Ausnahme von dieser Regel darstellte.

Chester Lytle war häufig für die Regierung auf dem Stützpunkt *Wright-Patterson* tätig, sodass er im Laufe der Jahre zu einem guten Freund von General Nathan Twining wurde. Bei vielen Gelegenheiten auf Abendgesellschaften im Hause von Nathan jun., dem Sohn des Generals, pflegte Lytle mit uns persönliche Erinnerungen über mit General Twining geführte UFO-Diskussionen zu teilen. Dabei ging er stets davon aus, dass das Phänomen real existierte und dass alle Geheimnisse auf *Wright-Patterson* bewahrt würden. Lytle erklärte dann, wie ihm selbst der Rang eines Generals zuerkannt worden war und dass er, wenn er darum bat, einige der unterirdischen Ebenen besuchen zu dürfen, und sich laut über deren Verbindung zu dem Phänomen äußerte, immer mit einem gestrengen »Nicht fragen!« beschieden wurde.

General William Blanchard.

Abgesehen von seinen eigenen persönlichen Erfahrungen war das eine, das wirklich sein Interesse an dem Thema weckte, ein zufälliges Gespräch, das er mit keinem Geringeren als William Blanchard, dem ehemaligen Kommandeur des Stützpunkes Roswell, führen konnte. Im Februar 1953 waren er und Blanchard, der damals im Rang eines Generals war, auf der *Eielson AFB* in der Nähe von Fairbanks, Alaska, im Einsatz. General Blanchard war dort als Deputy Director of Operations der *Eighth Air Force* eingesetzt, um das Waffentraining von Flugbesatzungen der Interkontinentalbomber B-36 zu leiten, während Lytle den Transport von Atomwaffen vom *Sandia Laboratory* auf der *Kirtland AFB* in Albuquerque zu überwachen hatte. Nach Erledigung der Aufgaben wollte Lytle unbedingt schnell zurück nach Chicago, da seine Frau Shirley dort kurz vor der Geburt ihres ersten Sohnes Chet stand. Blanchard, ein »sehr guter Freund«, wusste dies und bot Lytle persönlich an, in einem Bomber zum Flugplatz der *Air Force* zu fliegen, der dem Zuhause von Lytle am nächsten lag. Während des langen Fluges kam zwischen den beiden Männern das Thema »UFOs« auf. Die aus Washington, D. C., gemeldeten Sichtungen hatte es erst im zurückliegenden Juli gegeben, und außerdem waren auch einige Sichtungen erst vor Kurzem in der Nähe der *Elmendorf AFB* bei Anchorage, Alaska, zu verzeichnen gewesen. Dann, ganz plötzlich, kam der General auf Roswell zu sprechen. Dabei gab er dem etwas überraschten Lytle zu verstehen, dass ein außerirdisches Raumschiff mit vier toten humanoiden Wesen an Bord dort im Juli 1947 geborgen worden sei.[5]

Lytle erfuhr später von einem anderen der *Air Force* angehörigen hochrangigen Informanten, dass einige der geborgenen Körper zunächst nach *Muroc Field* (jetzt *Edwards Air Force Base*) in Kalifornien verbracht worden waren, bevor sie schließlich nach *Wright Field* in Dayton, Ohio, transportiert wurden. Er erklärte ebenfalls, dass er von Zeugen aus erster Hand von an den Überbleibseln durchgeführten Autopsien erfahren und auch gehört habe, dass das geborgene Flugobjekt in *Wright* gelagert sei – in Hangar 5, nicht aber in dem berüchtigten Hangar 18. »**Ich besaß die Unbedenklichkeitsbescheinigung für die höchste Geheimhaltungsstufe**«, ergänzte Lytle bedauernd, »**aber dennoch wurde mir niemals gestattet, auch nur einen Fuß in dieses ›verdammte‹ Gebäude zu setzen.**«[6]

Um dieser höchst unglaublichen Quelle zusätzliches Gewicht zu verleihen, sei festgehalten, dass es sich dabei um einen ehemaligen Hauptreferenten von Bürgermeister Henry Meyer handelte, der in Milwaukee 20 Jahre lang im Amt war und von dem wir Lytle bereits im Februar 1989 erstmals vorgestellt worden waren. Dieser Mann war Richard Budelman, und er war ein persönlicher Rechtsberater von niemandem Geringeren als Dr. J. Allen Hynek. Hynek beschrieb Lytle als einen »guten Freund« und einen »äußerst zuverlässigen Informanten« zum Thema »UFOs«. In den 1950er-Jahren hatte man zusammen auf *Wright-Patterson* gearbeitet.[7]

Chester W. Lytle sollte dann Gründer und Präsident der *Communications Diversified*, einer Telekommunikationsgesellschaft, in Albuquerque, New Mexico, werden. Da er sich viele Jahre lang auf Projekte der Nationalen Sicherheit und auf Satellitenprojekte spezialisiert hatte, zeichnete ihn ebenfalls besonders aus, dass er jeden Präsidenten der Vereinigten Staaten – von Franklin Roosevelt bis George W. Bush – persönlich kannte. Seine Geschichten über John F. Kennedy waren unbezahlbar. Aber was immer im Gedächtnis bleiben wird, ist die bis zu seinem Tod im Jahr 2004 im Alter von 92 Jahren unbeantwortet gebliebene Frage, wie hartnäckig er denn wirklich gewesen war, wenn es darum ging, nicht nur über die Wahrheit über Roswell, sondern die zum Thema der UFOs herauszufinden. Ihm war jedenfalls persönlich bekannt, wer für die Vertuschung verantwortlich war, er lehnte es jedoch ab, den Namen zu nennen. Zugegeben aber hatte er, dass während seiner Tätigkeit bei der *AEC* auf *Wright-Patterson* Anfang der 1950er-Jahre die Frau seines Sicherheitsberaters bei der *Air Force* als Sekretärin für den Offiziersstab arbeitete. Es sei darauf hingewiesen, dass Lytle während der letzten fünf Jahre seines Lebens immer mehr Zeit im Haus von Nathan Twining jun. in Albuquerque verbrachte. Zufall?[8]

Als General Rexrold im Jahr 2002 starb, zollte Senator Strom Thurmond diesem großen Mann Anerkennung im Kongress. Denn es war Rexrold, der seinerseits Lytle mit der gebotenen Anerkennung gewürdigt hatte. Mehr können wir nicht sagen, als dass für uns seine Aussage unanfechtbar und unbestritten bleiben wird.[9]

In diesem Kapitel bereits ebenfalls erwähnt wurde Major General Kenner F. Heartford, den zu treffen wir durch Vermittlung von Chester Lytle 1992 die Ehre hatten. Hertford sollte uns dann später eine Erklärung zugehen lassen, mit der er Folgendes bestätigte: »**Ich bin fast vollständig davon überzeugt, dass das in der Nähe von Roswell abgestürzte Objekt aus Materialien bestand, die auf der Erde so gut wie nicht bekannt sind. Ich verstehe immer noch nicht, warum auch nach den vergangenen 45 Jahren nach Ankunft eines Objekts mit menschenähnlichen Lebewesen auf der Erde auch weiterhin der Schleier eines Geheimnisses über dem Ereignis liegen muss.**«[10]

Und auch nach 66 Jahren hat sich bis heute noch kein einziger Zeuge der Ereignisse von 1947 gemeldet, um gegenteilige Beweise zu liefern.

Kapitel 18

Versuchte Zeugenbeeinflussung bis in die Nähe eines Herzanfalls

Wie in der Verfassung festgeschrieben, hat das Militär die besondere Aufgabe, als eine Institution der Regierung mit der alleinigen Kompetenz zur Umsetzung – nicht aber zur *Formulierung* – von politischen Richtlinien zu agieren, bei denen die Anwendung physischer Gewalt erforderlich ist. Militärpersonen sind aufgrund ihrer ausschließlich auf die Kriegsführung ausgerichteten Ausbildung schneller gewillt, Gewalt anzuwenden, wenn es darum geht, Auseinandersetzungen mit der Zivilbevölkerung beizulegen. Und genau aus diesem Grund wurde 1878 das Gesetz »*Posse Comitatus Act*« erlassen: Es verbietet der *Army* (und später der *Air Force*), sich im Inland in Maßnahmen zur Vollstreckung von Gesetzen einzumischen, es sei denn, dass sie per Gesetz dazu ermächtigt wird. Diese gesetzliche Ermächtigung ist nur durch eine einzige Person möglich: den Präsidenten der Vereinigten Staaten von Amerika.

Mit der Einführung des »*National Security Act of 1947*« (Gesetz aus dem Jahr 1947 über die nationale Sicherheit) ist ein großer Teil dieser Autorität wieder an das Militär zurückgegangen. Mit der Unterschrift von Präsident Truman wurden mit diesem Gesetz ebenfalls die Position des Secretary of Defense (Verteidigungsministers) genau definiert und zusammen mit der *Central Intelligence Agency* der *National Security Council* geschaffen. Das Gesetz liest sich in der eigenen Definition wie folgt: »... die nationale Sicherheit durch Einsetzung eines Secretary of Defense (früher Secretary of War), durch Schaffung eines *National Military Establishment* ... und durch Koordination der Aktivitäten des *National Military Establishment* mit anderen für die nationale Sicherheit relevanten Ministerien und Stellen der Regierung zu fördern«.[1] Klar ausgedrückt bedeutet das: Wird ein Ereignis als eine Bedrohung für unsere nationale Sicherheit angesehen, so ist das Militär seitens der Regierung ermächtigt, »politische Richtlinien umzusetzen«. Mit anderen Worten: Falls erforderlich, Anwendung von physischer Gewalt, um die nationale Sicherheit zu gewährleisten. Vergessen Sie das Ganze, es sei denn, dass die nationale Sicherheit auf dem Spiel steht. Es bleibt die Frage: Fiel das UFO-Phänomen unter diese Ermächtigung, und machte der Absturz in Roswell derartige Maßnahmen seitens des Militärs erforderlich?

Bei einem Absturz/Abschuss eines feindlichen Flugzeuges wäre – wie von uns in einem vorhergehenden Kapitel beschrieben – *T-2 Intelligence* am besten für die Abwicklung eines solchen Vorfalls geeignet – auch im Hinblick auf die Vertuschung der Tatsache, dass es ein solches Ereignis jemals gegeben hat. Aber dennoch sieht sich das Militär immer mit einem Problem konfrontiert, wenn es um Situationen geht, in die Zivilpersonen verwickelt sind: Diese Zivilisten können nicht zur Zusammenarbeit gezwungen werden. Sofern vom Präsidenten nicht das Kriegsrecht ausgerufen wird, hat das US-Militär gemäß unserer Verfassung absolut keine Befugnisse gegenüber amerikanischen Staatsbürgern. Auch sind amerikanische Polizeibehörden auf Bundes- und Lokalebene gegenüber allen Militärangehörigen einschließlich der Offiziere zum völlig autonomen Handeln autorisiert. Durch die Uniform erhält niemand eine Freikarte zum Verlassen des Gefängnisses – alle Uniformträger unterliegen den gleichen Gesetzen und haben die gleichen Rechte wie jeder andere amerikanische Staatsbürger. Dies macht für das US-Militär alles noch verwirrender – das Gesetz in die Hand zu nehmen, die eigenen Gesetze aber auch auf Zivilisten anzuwenden, um diese zu beruhigen –, in einer Art und Weise, bei der nach Ansicht des Militärs die nationale Sicherheit unberücksichtigt bleibt! Nach allen vorliegenden Aussagen ist dies genau das, was nach dem Ereignis von Roswell geschah, als der lange Arm T-2 von *Wright Field* bis ganz tief nach New Mexico hinein ausgestreckt wurde.[2]

Eine Art und Weise, die man schon als einiges mehr als nur ein bisschen Groberwerden gegenüber den Menschen bezeichnen könnte, war die eines Offiziers der *Army Air Force* namens Colonel Hunter G. Penn. Während des Zweiten Weltkriegs war Penn Bombenschütze eines Bombers der *303rd Bomb Group*, die bezeichnenderweise den Namen »Engel der Hölle« trug. Nach dem Krieg »gehörte« er im Sommer 1947 zu *Wright Field*, und vor seinem Ableben beschrieb er seiner Familie, wie er in besagtem Sommer eine todlangweilige Mission übernommen habe. Er erläuterte seinen Familienangehörigen, dass er bei seiner Entsendung nach *Wright Field* den Befehl bekommen habe, **»sich bestimmte Zonen in der Nähe von Roswell, New Mexico, anzuschauen, wo ein UFO abgestürzt war«**. Beschönigend gesagt erhielt Penn den Auftrag, **»nach dem Absturz bei der Bewältigung von Problemen zwischen Zivilisten und Militär mitzuhelfen«**. Er sollte sicherstellen, dass das Ereignis betreffend eine »Informationssperre« verhängt und aufrechterhalten werde. Also ganz offen gesagt: Er sollte diejenigen befragen, die möglicherweise etwas über den Absturz und vor allem über geborgene Körper wussten, und »sicherstellen, dass sie nicht redeten«. Er erhielt Weisung, sich auf Zivilisten und insbesondere Rancher, Hilfskräfte und »einfache Typen« zu konzentrieren, die in etwas abgelegenen Gegenden lebten und etwas gesehen oder gehört haben konnten, das im Widerspruch zur »offiziellen« Verlautbarung stand. Durch gegebenenfalls anzuwendende Einschüchterungen und Drohungen scheute sich Penn nicht, Angst zu säen, um das Schweigen sogar von Kindern und älteren Menschen zu erzwingen. Die Sache wurde als so wichtig erachtet, dass Penn – falls er unschuldige Zivilisten nicht im Guten zum Schweigen überreden konnte – physische Gewalt einschließlich der Bedrohung mit der Waffe anwenden sollte, um sein Ziel zu erreichen. Er bestätigte gegenüber seiner Familie, dass das nahe Roswell abgestürzte Objekt außerirdischer Herkunft war und dass man damals wegen unbekannter Gefahren oder Probleme, mit denen man durch die Ankunft der unbekannten Besucher hätte rechnen müssen, besorgt gewesen sei. Unabhängig davon, ob es um eine Invasion oder um etwas Gutes ging – Spezialagenten wie Penn waren verantwortlich, Zeit zu gewinnen. Alle Gerüchte und alle Arten von Gerede, die zu öffentlichen Verlautbarungen im Widerspruch standen, waren unverzüglich im Keim zu ersticken.

Es hat den Anschein, dass »in der Hitze des Gefechts« zu der Zeit, als das Roswell-Ereignis während der ersten beiden Wochen im Juli 1947 weite Kreise zog, die damaligen militärischen Kräfte beschlossen, sich als »Freunde«, das heißt als autoritäre Personen in der Rolle des örtlichen Sheriffs und des Sicherheitsverbindungsoffiziers des Stützpunkts *Roswell Army Air Field,* zur Stadt Roswell, gegenüber den Einwohnern von Roswell und im ganzen Land zu geben, um zu versuchen, die ortsansässigen Bürger zu beruhigen. In den Wochen und Monaten unmittelbar nach dem Absturz und nachdem sich die anfängliche Aufregung gelegt hatte, wurde jedoch die Frage immer wichtiger, wie das Schweigen derjenigen, die die Wahrheit kannten, gewahrt oder erzwungen werden könnte. Offensichtlich hatte man das Gefühl, dass Appelle an nationale Sicherheit und Patriotismus nicht ausreichen würden, um das gewünschte Ergebnis des völligen Totschweigens insbesondere der Rancher von außerhalb, die nicht der Gerichtsbarkeit von Roswell unterstanden, zu erzielen. Nach der damaligen Denkweise des Militärs und vor allem der Abteilung T-2 in *Wright Field* war die Antwort die, »in diesen Menschen Gottesfurcht zu säen«. Nun zu Hunter Penn. Es ergibt absolut einen Sinn, dass vom Nachrichten- und Geheimdienst in *Wright Field* ein Fremder wie Penn nach New Mexico geschickt wurde, um die wirklich schmutzige Arbeit zu tun, das heißt für Einschüchterung oder Schlimmeres zu sorgen: Ein Offizier des *RAAF* wäre sicherlich nicht zu Maßnahmen wie der Bedrohung von Zivilisten fähig gewesen. Ein solcher Offizier hätte sich immer noch innerhalb der Gemeinde in Koexistenz üben müssen – und für ihn hätte die Gefahr bestanden, identifiziert und zur Rechenschaft gezogen, verhaftet und wegen krimineller Handlungen angeklagt zu werden. Deshalb wäre also eine Person von außerhalb unbedingt zu bevorzugen gewesen: irgendjemand, der keinerlei Gewissensbisse gehabt hätte, alle ihm zur Verfügung stehenden Möglichkeiten zu nutzen, um seine Arbeit zu erledigen – irgendjemand ohne persönliche Bindungen an die Stadt, irgendjemand, der völlig überzeugend alles leugnen konnte, irgendjemand, der sich wieder wie unter einem Stein verkriechen konnte, irgendjemand wie Colonel Hunter Penn.

Während ihres Erwachsenwerdens, so Michelle, die Pflegetochter von Penn, habe sie sich vor ihrem alkoholsüchtigen Vater gefürchtet. »Er war ein brutaler Mensch«, sagte sie. Und man habe ihr nicht zu sagen brauchen, niemals etwas davon weiterzugeben, was er ihr über seinen »Geheimauftrag« in New Mexico im Jahr 1947 erzählt hatte. Bis heute ist sie sich immer noch nicht sicher, warum dies überhaupt geschehen war. Sie hatte jedoch das Gefühl, dass er versuchte, durch Angst und

Einschüchterung ihr Verhalten zu kontrollieren – genau so, als sie ihn als noch junges Mädchen immer mit »Sir« ansprechen musste. Laut Michelle hatte ihr Pflegevater keinerlei Bedenken und Skrupel, dass er in Roswell den »bösen Polizisten« spielen sollte. Sie brachte dies in drastischeren Worten zum Ausdruck: **»Er versuchte, auf Menschen einzuwirken, bis sie kurz vor einem Herzanfall standen!«** Michelle meinte, dass ihr Vater manchmal wie eine militärische Spitzhacke (ein Eispickel) gewirkt habe. Sie erinnerte sich daran, dass er von solchen Werkzeugen besessen war, und sie war davon überzeugt, dass er diese beim Besuch der Leute in Roswell benutzt haben könnte, die einen Wetterballon einfach falsch identifiziert hatten.[3] Natürlich funktionierte diese Vorgehensweise, nachdem seit damals vom Stützpunkt *Wright-Patterson* die meisten UFO-Sichtungen im Verlauf der darauf folgenden 20 Jahre als Beobachtungen von – Sie haben richtig geraten – Wetterballons abgetan wurden.

Kapitel 19

Leonard Stringfield und die kleinen grünen Männchen

Unser verstorbener Kollege und Freund Leonard H. Stringfield war der erste Forscher, von dem Bergungsmaßnahmen bei UFO-Abstürzen als legitim angesehen wurden. Er traf sich mit einem Doktor, den er als seinen »medizinischen Hauptansprechpartner« beschrieb.[1] Was ihm von dieser Einzelperson erläutert wurde, waren die physischen Merkmale der nicht menschlichen Opfer solcher Abstürze.

Bei einem weiteren Anlass hatte Stringfield Gelegenheit, mit einem anderen Doktor zu sprechen, der angeblich an einer Autopsie eines außerirdischen Wesens auf *Wright-Patterson* teilgenommen hatte. Von dieser Quelle, so Stringfield, habe er eine Menge zusätzlicher Daten erhalten. »**Durch ihn war es mir mit der Zeit möglich, mir den Körper als Ganzes vorzustellen**«, so Stringfield. »**Ich erfuhr etwas über die Chemie im Innern des Körpers und einige seiner Organe – oder was den Körpern im Vergleich zum Menschen fehlte.**«

Ausgehend von den Aussagen seiner Arztkontakte gelang es Stringfield, eine Reihe von Schlussfolgerungen zu ziehen. Nach ihm war das Wesen humanoider Natur und etwa 100 bis 120 Zentimeter groß. Es wog etwa elf Kilogramm. Die Schädelproportionen waren größer als bei einem Menschen. Die beiden Augen waren groß, rund, tief liegend und standen weit auseinander. Diese Nase war vage ausgebildet und nur leicht vorstehend, und der Mund war ein kleiner Spalt, der beim Öffnen nur eine tiefe Aushöhlung freigab. Er diente offensichtlich nicht »**zu Kommunikationszwecken oder als Öffnung zur Nahrungsaufnahme. Außerdem waren keine Zähne vorhanden. Es fehlten Ohrläppchen, und es gab keine vorstehenden Fleischteile außerhalb von Öffnungen auf jeder Seite des Kopfes**«. Der Kopf und der Rest des Körpers waren nicht behaart. Der Hals war ebenso wie der Leib schlank. Die Arme waren lang und dünn und reichten fast bis an die Knie; und an den Händen befanden sich kleine Hautlappen zwischen den Fingern. »**Die Färbung der Haut ist nicht grün**«, fuhr Stringfield fort. »**Einige behaupten, sie sei beige, hellbraun, braun oder … rötlich-grau gewesen, und einer meinte, die Haut habe unter Tief-**

Leonard Stringfield.

kühlbeleuchtung fast ›bläulich-grau‹ ausgesehen ... Die Hautstruktur wurde als ›schuppig‹ oder ›reptilienähnlich‹ sowie als ›dehnbar, elastisch oder auf einem glatten Muskel beweglich‹ beschrieben.« Er bemerkte hierzu: »Mir wurde gesagt, dass die Hautstruktur unter dem Vergrößerungsglas maschenartig aussehe ... Diese Information lässt auf eine Struktur ähnlich der von Echsen mit granularer Haut – wie zum Beispiel Leguane und Chamäleons – schließen.«[2]

Nach »Verhandlungen«, die sich über einen Zeitraum von mehr als einem Jahr erstreckten, gelang es Stringfield, eine schriftliche Erklärung von einem Hämatologen zu bekommen, der behauptete, an einer Autopsie eines nicht menschlichen Wesens beteiligt gewesen zu sein. In dieser Erklärung wurde auch die ungewöhnliche Anatomie mit einer nicht professionellen Terminologie beschrieben. Die maschinenschriftliche Erklärung hatte folgenden Wortlaut:

»GRÖSSE – Das in Augenschein genommene Exemplar war 131 Zentimeter groß. An das Gewicht kann ich mich nicht erinnern. Alles ist schon so lange her, und in meinen Akten findet sich keine

Gewichtsangabe. Die Größe ist mir im Gedächtnis geblieben, da in diesem Punkt die Meinungen auseinandergingen und von jedem eine eigene Messung vorgenommen wurde.

KOPF – Der Kopf hatte die Form einer Birne und war im Vergleich zum Körper nach menschlichem Standard überdimensioniert. Die Augen machten einen mongoloiden Eindruck. Die von der Nasenhöhle am weitesten entfernten Enden der Augen verliefen unter einem Winkel von etwa zehn Grad schräg nach oben. Die Augen lagen tief im Kopf. Es schien keine sichtbaren Augenlider zu geben, nur etwas wie eine Falte. Die Nase bestand aus einem kleinen faltenartigen Vorsprung oberhalb der Nasenöffnungen. Der Mund wirkte wie eine zerknitterte Falte. Lippen ähnlich denen des Menschen fehlten – es gab lediglich einen Spalt, der sich in eine Mundhöhle von etwa zwei Zoll Tiefe öffnete. Eine Membran entlang der Rückseite der Höhle trennte diese von etwas, was man als Verdauungstrakt bezeichnen könnte. Die Zunge schien fast zu einer Membran verkümmert zu sein. Zähne waren nicht zu finden. Auf Röntgenbildern waren Oberkiefer und Unterkiefer zu sehen sowie eine kraniale Knochenstruktur zu erkennen. Die äußeren ›Ohrlappen‹ waren nicht vorhanden. Die Gehöröffnungen ähnelten den Mittel- und Innenohrgängen bei uns. Im Kopf gab es keine Haarwurzeln. Die Haut erschien gräulich und bei Bewegung elastisch. Die vorstehenden Beobachtungen wurden bei einer allgemeinen anatomischen Inaugenscheinnahme gemacht. Von mir wurde keine detaillierte Autopsie oder Untersuchung der Kopfregion durchgeführt, da dies nicht mein Spezialgebiet war.«[3]

Wie von Anfang an mit Stringfield vereinbart, fehlten auf der Erklärung sowohl Unterschrift als auch Briefkopf. Der Name des Doktors bleibt vertraulich in den Akten vermerkt, wie dies vor dem Ableben von Stringfield im Jahr 1994 verabredet worden war.

***

Kapitel 19

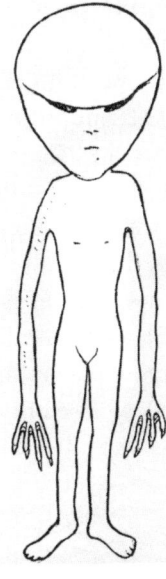

Von Leonard Stringfield, Forscher in Sachen »UFO-Absturz von Roswell«, gezeichnete Darstellung eines der geborgenen Außerirdischen. Grundlage der Zeichnung sind Beschreibungen, die von während der Autopsien anwesenden Ärzten an Stringfield gegeben wurden.

Eine weitere Bestätigung von Autopsien stammt aus einer anderen Quelle. Dr. Lejeune Foster, eine anerkannte Expertin für Rückenmarkstrukturen beim Menschen, besaß 1947 in San Diego eine Praxis und wurde mit der Durchführung einer Spezialaufgabe für das Militär betraut. Sie reiste nicht nach *Wright Field*, sondern nach Washington, D. C., wo sie sich ungefähr einen Monat lang aufhielt. Während ihrer Abwesenheit sprang für sie Dr. Laura Henderson in der Klinik von San Diego ein.

Da Dr. Foster während des Zweiten Weltkriegs für das *FBI* als Geheimagentin tätig gewesen war und sie die Sicherheit und Geheimhaltung betreffend bereits eine Unbedenklichkeitsbescheinigung besaß, wurde sie nach Washington geflogen, um die in der Nähe von Roswell geborgenen Körper zu untersuchen.

Sie berichtete, dass möglicherweise einer dieser Körper lebend geborgen worden sein könnte. Später sollte Foster dann Familienangehörigen gegenüber heimlich zugeben, dass von ihr zwei Körper untersucht worden waren. Ihre Aufgabe bestand darin, deren Knochenbau einschließlich des Rückenmarks zu definieren. Danach sollten dann Vergleiche mit der menschlichen Anatomie angestellt werden. Genau wie die anderen Ärzte, die die Körper gesehen hatten, beschrieb auch Dr. Foster die Wesen als klein, mit proportional größeren Köpfen als die beim Menschen. Sie sagte, dass die Wesen »seltsame Augen« gehabt hätten und das Rückenmark nicht dem des Menschen ähnelte.

Nach Aussage ihrer Vertrauten sei Foster nach ihrer Rückkehr aus Washington sehr empört gewesen. Denn bei ihrer Verabschiedung hatte man ihr gesagt, dass sie – für den Fall, dass sie jemals über das Gesehene sprechen sollte – ihre Approbation als Ärztin verlieren würde und sie Gefahr liefe, getötet zu werden. »**Irgendjemand in der Regierung versucht mich mundtot zu machen**«, soll sie oftmals geäußert haben.[4]

***

Mitte der 1970er-Jahre hatte ein ehemaliger Volontär im Luftfahrtmuseum auf *Wright-Patterson* eine zufällige Begegnung, die er nicht so bald vergessen sollte. Unser diesen Volontär betreffender Informant ist Leutnant Colonel Richard Hoffman, der zurzeit bei Geheimprojekten für das *Army Material Command* in Huntsville, Alabama, im Einsatz ist. Hoffman hatte eine private Unterredung mit dieser Person, die dabei auf die »kleinen Kerle« hinwies, die zur damaligen Zeit auf *Wright-Patterson* versteckt waren. Die Person sollte dann Hoffman mit den folgenden Informationen verblüfft zurücklassen.[5]

Unsere Nachforschungen haben ergeben, dass es sich bei diesem Volontär um Dr. Leon E. Kazarian handelte, der in den 1960ern und 1970ern einer der führenden Wissenschaftler des *Air Force Aerospace Medical Research Laboratory* auf *Wright-Patterson* war. Sein Spezialgebiet war die Biomechanik, ein Wissenschaftsbereich, der sich mit der Untersuchung von Struktur und Funktion biologischer Systeme – wie beispielsweise Menschen und Tiere – befasst. Zu den Fachbereichen von Kazarian gehörten Wirbelsäulen- und Rückgratanomalien, die aufgrund von Faktoren wie Flügen in die Atmosphäre, Raumflügen, Mikroschwerkraftbedingungen und Strahlungseinwirkung entstanden waren. Auch die Folgen des physischen Aufpralls auf Körper und Wirbelsäule abgestürzter Piloten waren sein Thema. Bei verschiedenen Gelegenheiten wurde er als Experte für Unfallrekonstruktion und Verletzungsursachen als Zeuge vor Gericht geladen. Des Weiteren ist er Autor oder Mitautor von technischen Publikationen wie *Flight Physical Standards of the 1980s* (zu Deutsch: *Standards der 1980er für die physischen Voraussetzungen für Flüge*), *Spinal Column Considerations* (zu Deutsch: *Betrachtungen der Wirbelsäule*), *Bone Mineral Analysis in Space Flight* (zu Deutsch: *Knochenmineralstoffanalyse für die Raumfahrt*) und *Escape Injury Assessment* (zu Deutsch: *Beurteilung von Verletzungen beim Notausstieg/Absprung*) und zahlreichen anderen Berichten. Es sollte beachtet werden, dass es sich bei fast allen diesen Forschungsstudien um aus *Wright-Patterson* stammende Publikationen gehandelt hat und dass viele davon vom *Defense Technology Information Center (DTIC)* des *Department of Defense* (Verteidigungsministeriums) genehmigt und freigegeben werden mussten.

Angesichts der heiklen Art seiner Arbeit besaß Kazarian die für die höchste Stufe der Geheimhaltung geltende Unbedenklichkeitsbescheinigung. Außerdem wurde er bei Verletzungen durch biomechanische Einwirkungen von der *Air Force* als Zeuge und Berater herangezogen. Seine Tätigkeit als Dozent an der *Wright State University* in Dayton gehörte ebenfalls zu seinem einzigartigen Lebenslauf.[6]

Während des privaten Treffens mit Hoffman gab der Medizinwissenschaftler Folgendes von sich: »**Ich bin an zahlreichen Absturzstellen gewesen, habe Wesen ohne Rückgrat untersucht und habe an diesen Wesen Autopsien durchführen müssen.**« Laut Hoffman beschrieb Kazarian dann weiter die »Arbeit seines Teams« bei der Untersuchung der Auswirkungen eines Aufenthalts im Weltraum auf den menschlichen Körper, wobei er gestand, zusammen mit den Sowjets Knochenmarkstudien an Kosmonauten durchgeführt zu haben, die sich längere Zeit im Weltall aufgehalten hatten. Er beendete seine Ausführungen mit dem Hinweis, dass die Ergebnisse seines Teams klar bewiesen hätten, »**dass Neugeborene ein ähnliches Aussehen wie die mit den UFOs in Zusammenhang gebrachten Wesen gehabt hätten,** wenn wir über Generationen hinweg im Weltraum gelebt hätten«. Hoffman verschlug es die Sprache, und es blieb ihm keine weitere Zeit, Kazarian auch nur noch eine einzige von tausend Fragen zu stellen.[7]

Als wir Kazarian anriefen in der Hoffnung, dass er unsere Fragen beantworten würde, gab er sich in Sachen des ursprünglichen Ereignisses ignorant, wobei er seine Verwunderung zum Ausdruck brachte, wie Hoffman Derartiges behaupten könne. Erstaunlicherweise räumte er aber ein, dass auch er zum Zeitpunkt seines Aufenthalts im *AeroMed* von Körpern gehört habe, die Jahre vor den 1960ern nach *Wright-Patterson* gebracht worden waren.

Auch widersprach er nicht der Geschichte von dem in Roswell abgestürzten UFO, da er selbst auch schon viele Male über eine solche Möglichkeit nachgedacht habe. Die letzte Bestätigung, die er uns gab, war die, dass er über von der *NASA* im Weltall durchgeführte »Experimente mit Memory-Metall« absolut Bescheid wisse. Dabei ergänzte er: **»Eine solche wissenschaftliche Studie ist in die gängige Forschung zu Verteidigungszwecken eingebettet, sodass niemand auf die Idee kommen könnte, dass diese Technologie einen außerirdischen Anstrich hat.«**[8]

***

Im Jahr 1959 verpflichtete die US-Regierung Dr. Leon B. Visse, einen französischen Experten für biologische Elemente im Zusammenhang mit Zellgewebe (mit anderen Worten: DNS), für einen Spezialauftrag auf *Wright-Patterson*. Zwei Jahre zuvor, 1957, hatte einer seiner Kollegen, Dr. Francis Crick, die Verbindung zwischen DNS, RNS und Proteinen nachgewiesen. Ein Jahr später begannen Forschungsarbeiten zum Nachweis eines genetischen Codes, sodass heute nun in der Tat das Jahr 1958 als das Geburtsjahr der Molekularbiologie angesehen wird.

Auf *Wright-Patterson* hatte Visse die Aufgabe, das historische Gewicht bestimmter Zellen zu ermitteln, die ihm zu Versuchszwecken zur Verfügung gestellt worden waren. Mit dem Fortgang der Analyse bemerkte er, dass das historische Gewicht seiner Probe wesentlich niedriger war als das eines menschlichen Wesens. Und bei jeder Wiederholung des Verfahrensablaufs ergab sich das gleiche Ergebnis. Erstaunt über die gleich bleibenden Resultate bat er schließlich, die Spenderproben sehen zu dürfen. Damals wusste der Biologe nicht, ob er es mit einem neuen Virus oder genetischen Organismus zu tun hatte, dem er nie zuvor begegnet war. Aus dem Labor wurde Visse in einen geheimen Raum geleitet. Und dort lagen die Körper von zwei humanoiden Wesen.

Beide Körper sahen böse zugerichtet aus, genau so, als ob sie in einen Absturz oder Zusammenprall verwickelt gewesen wären. »**Hohe und breite Stirn ... Die Augen waren zu den Schläfen hingezogen, sodass sie asiatisch wirkten. Nase und Mund waren klein. Die Lippen dünn ... Das Kinn war klein und etwas spitz ... Die Hände waren menschenähnlich, jedoch schlanker.**« Der französische Professor war erleichtert, dass seine genetische Hypothese stimmte, und nachdem er sich durch Eid zur Geheimhaltung verpflichtet hatte, war er sehr froh, nach Paris zurückkehren und sich wieder mit mehr irdischen Studien beschäftigen zu können.

Rund 20 Jahre später, als Dr. Jean Gilles vom *French Centre for Scientific Research* (das CNRS gilt als das französische Äquivalent der *NASA*) Visse aufgespürt hatte, bestritt dieser die ganze Geschichte. Aber, so Gilles, das, was er zugegeben hatte, sprach für sich. Visse gab zu verstehen, dass die Details einer solchen Geschichte nur von einem hoch qualifizierten Biologen und Exobiologen beschrieben werden könnten, und er merkte an, dass die Körper ein wesentlich fortschrittlicheres Lymphsystem als normal gehabt hätten. Im Gegensatz dazu vermutete er ebenfalls, dass aufgrund einer längeren Reise im Weltall die Muskulatur verkümmern und sich das kardio-vaskuläre System zurückbilden würde.[9]

***

Colonel D'Jack Klinger war ein Pilot, dessen Flugzeug im Zweiten Weltkrieg über Frankreich verloren gegangen war. Er selbst konnte sich nach dem Absturz nach England durchschlagen und wurde nach der Kapitulation Deutschlands nach *Wright Field* abkommandiert. Als fliegender Chirurg der *USAF* wurde Klinger einmal beauftragt, einen einsatzunfähigen Bomber mit Atomwaffen an Bord an der Grenze zwischen den USA und Kanada aufzuspüren und zu bergen. Seine Mission endete erfolgreich, sodass er befördert wurde und das Kommando über ein Spezialteam erhielt, das einsatzunfähige Flugzeuge, Besatzungen oder Leichen und/oder Waffen sicherzustellen hatte. In dieser Mission sollte er überall auf der Welt – einschließlich New Mexico – unterwegs sein.[10]

Klinger ging 1975 in den Ruhestand und vertraute einem Kollegen namens Ronald SeCoy aus Ohio die folgende Geschichte an: Ende der 1940er-Jahre sei er Zeuge einer von Pathologen auf der *Wright-Patterson AFB* durchgeführten Autopsie gewesen und habe bei einem Teil der Dokumentation mitgeholfen. Er habe zwei humanoide Wesen auf einem Tisch liegen sehen – von denen nach dem Absturz irgendeiner Art von Flugkörper eines fürchterlich Verbrennungen aufgewiesen habe und das andere anscheinend unverletzt geblieben war. Jedes dieser Wesen sei etwa 130 Zentimeter groß gewesen. Um die Körper wären Leute herumgelaufen, um das Ganze aus verschiedenen Winkeln zu filmen und zu fotografieren. Dr. Klinger beschrieb die Augen der Wesen als Schichtmembranen, die mehr wie »optische Instrumente« gewirkt hätten. Die Körper bis hinab zu den Fingern seien schlank gewesen, und erkennbare Genitalien hätten gefehlt. Auf ihn selbst habe die Haut einen »stoffartigen« Eindruck gemacht, und er habe festgestellt, dass das Körperinnere und das erkennbare Skelettsystem denen eines Insekts ähnelten.

Laut SeCoy habe der Arzt ihm nun 30 Jahre nach Erleben von etwas der menschlichen Psyche so »Fremdem« sichtbar erregt per Ehrenwort das Versprechen abgenommen, das von ihm gerade Beschriebene niemals weiterzusagen. Es stand außer Frage, dass Klinger sich immer noch vor der Regierung fürchtete. So in etwa hatte er sich jedenfalls geäußert. Was aber in seinem Gedächtnis herumspukte und SeCoy so gefesselt hatte, war Klingers Erinnerung an den Körper mit den schweren Verbrennungen – vor allem im Gesicht. Er bezeichnete den Gesichtsausdruck als qualvoll erstarrt.

Klingers Geschichte gehört jetzt zu all den anderen Berichten, die keinen physischen Beweis liefern und nicht belegt sind, sondern lediglich als eine Ansammlung von Aussagen zufälliger Augenzeugen angesehen werden müssen, die eindeutig über das Alltägliche hinausgehen. Tatsächlich erlangt die Aussage eine gewisse Relevanz, wie dies sicherlich auch bei diesen »Geschichtenerzählern« der Fall ist, die mit der Angst vor Vergeltungsmaßnahmen der Regierung leben müssen, falls sie über etwas sprechen sollten, was überhaupt nicht existiert.[11]

***

Anfang 2013 wurde Colonel Robert Friend, einer der ehemaligen Direktoren des Projekts *Blue Book*, von James Fox, dem Produzenten von Dokumentarbeiträgen, und Drehbuchautor Tracy Torme interviewt. Im Verlauf des Gedankenaustausches kam das Thema »Roswell« auf. Dabei merkte Friend an: »**Ich weiß nicht, warum man verbrannte Körper nach *Wright-Patterson* vebracht haben sollte. Hätte es sich um verbrannte Körper gehandelt, so wäre deren Ziel Texas gewesen. Dort gab es die Spezialeinrichtung des Militärs zur Behandlung von Verbrennungen.**«[12] Dabei hatten aber weder Fox noch Torme im Verlauf ihres Gesprächs mit dem pensionierten Offizier irgendwelche Bemerkungen über Körper »mit Verbrennungen« gemacht.[13] Noch interessanter aber ist die Tatsache, dass auch in unseren früheren Arbeiten zu diesem Thema von uns keinerlei diesbezügliche Hinweise zu finden sind.

# Kapitel 20

Kapitel 20

Der Kieferknochen, der auf Marsianisch etwas zu sagen hatte

Im Juli 2010 wurde eine Vorauskopie eines von der *NBC* produzierten Dokumentarfilms mit dem Titel *Inside Secret Government Warehouses* (zu Deutsch: *Im Innern geheimer Lagerhäuser der Regierung*) einem ausgewählten Auditorium im *International UFO Museum and Research Center* in Roswell, New Mexico, vorgeführt. Zweifellos waren es die letzten Szenen des 90-minütigen Streifens, bei dem die Stimmen am lautesten wurden: dem Teil, in dem die Zahnanthropologin Dr. Sarah Baily vom *Rufus D. Smith Hall Anthropology Department* (einer Fakultät der *New York University*) erklärte: »**[Ich würde] meine Karriere darauf verwetten, dass er nicht von einem Primaten stammt.**«[1] Dies war die vierte derartige wissenschaftliche Beurteilung in dem Bemühen, einen seltsamen und nicht identifizierbaren Abguss zu definieren, der 30 Jahre zuvor von einem tatsächlichen Knochenteil gemacht worden war – einem Knochenteil, der anscheinend zur damaligen Zeit auf der *Wright-Patterson AFB* aufbewahrt wurde und unseres Wissens nur einmal wieder aufgetaucht ist.

John Mosgrove, nunmehr in den 1980ern, ist immer noch als Zahntechniker in Dayton, Ohio, tätig. Im Oktober 1979 arbeitete er auf der dritten Etage des *Brown Veterans Hospital*, das nur 30 Minuten vom Haupteingang des Stützpunkts *Wright-Patterson* entfernt ist. Seit mehr als 60 Jahren übernimmt er Aufträge von ortsansässigen Zahnärzten, und für die Entwicklung eines wirksamen Systems zum genaueren Röntgen von Patienten als vorbereitende Maßnahme für einen Zahnersatz erhielt er eine Auszeichnung. Mosgrove ist es zu verdanken, dass Millionen von Zahnarztpatienten dabei heute einer geringeren Strahlenbelastung ausgesetzt werden. John Mosgrove erzählte eine erstaunliche Geschichte.

Als er sich an einem ganz normalen Tag kurz nach der Mittagspause in seinem Labor wieder an die Arbeit machte, trat der Personalchef der Zahnklinik mit einer dringenden Bitte an ihn heran. Der Arzt packte einen gut verschnürten Karton aus und entnahm diesem dann etwas,

was ein normaler Abdruck eines vorderen Teils eines Unterkiefers zu sein schien. Auf den ersten Blick schien es sich um einen Abdruck zu handeln, der für verfahrenstechnische Laborzwecke angefertigt worden war – also reine Routine. Mosgrove wurde angewiesen, sofort alle anderen Arbeiten ruhen zu lassen und sich dem jüngsten Mitbringsel zu widmen. Dazu erklärte der Arzt: »**Sie dürfen dieses Projekt betreffend keinerlei Aufzeichnungen machen. Mit anderen Worten: Die Vorkommnisse in Verbindung mit meinem Besuch und den später noch folgenden Kontakten hat es niemals gegeben!**«

Wie gebeten, übernahm Mosgrove diese vertrauliche Arbeit; er ging dann zum Spülbecken, um an einem solchen Relief normalerweise vorhandene Blut- und Speichelspuren sowie Detritus abzuwaschen. Sofort fiel ihm auf, dass nicht nur Körperflüssigkeiten fehlten, sondern es wurde ihm nach Untersuchung des Teils bewusst – was noch wichtiger zu sein schien –, dass dieses Relief nicht aus Gips oder einem sonstigen Gießmaterial hergestellt war, sondern ein echter Knochen war. Wessen Knochen? Knochen wovon? Das Teil hatte keinerlei Ähnlichkeit mit irgendeinem der menschlichen Kieferknochen, die er bisher jemals zu Gesicht bekommen hatte.

Was ihn ebenfalls faszinierte, war sein nächster Gedanke: »**Mein Gott, dieses Teil ist ja zahnlos, denn es gibt ja nur diesen Knochen.**« Unter Verwendung von Kwik-Set-Gips fertigte er dann von dem Knochen eine Form an; das Relief härtete schnell aus und wurde dann abgespült und auf etwaige Fehler überprüft. Bei nochmaliger Inaugenscheinnahme wurde Mosgroves Verwirrung sogar noch größer. Er dazu: »**Ich hatte zuvor noch nie etwas Ähnliches gesehen, und auch seitdem ist mir so etwas nie wieder unter die Augen gekommen. Zuerst, ja, machte sich Aufregung bei mir breit; aber dann zurück in der Wirklichkeit kam Angst auf … Angst vor etwas, von dem ich überhaupt nichts wissen sollte.**« Er erinnerte sich sofort daran, dass ihn der Leiter der Klinik dringend gewarnt hatte, »alles zu vergessen, was er zu sehen bekommen habe«.

Am nächsten Tag kehrte der gleiche Arzt zurück, um die von Mosgrove angefertigte Arbeit und das Original des Unterkiefers wieder abzuho-

Kapitel 20

len. Zunächst ging er zum Arbeitstisch und nahm den Abdruck aus der Form. Mit den Ergebnissen zufrieden nahm er den Abguss dann mit zur Bearbeitungsstation, entfernte das an den Kanten übergeflossene Material und polierte anschließend den Abdruck. Mit der Kopie des Originals zufrieden nahm der Doktor den Abdruck, zerbröckelte ihn in seiner linken Hand und warf ihn danach in einen Abfallkorb. Er schaute sich kurz auf dem Labortisch um und machte sich auf den Weg, den Raum zu verlassen, nachdem er sich vergewissert hatte, dass keinerlei Beweise zurückgeblieben waren. Mosgrove versuchte eine Antwort zu bekommen.»Doktor, warten Sie bitte einen Moment. Mir fehlt von Ihnen noch die Verschreibung als Arbeitsbeleg.« Der Angesprochene blickte kurz zurück, um dann zu sagen:»**John, Sie haben hieran niemals gearbeitet, Sie haben dies niemals gesehen, und Sie haben niemals darüber gesprochen.**«

Weiter wurde nichts gesagt, als der Doktor wegging. Mosgrove war mit der Antwort nicht zufrieden und folgte ihm in einer gewissen Entfernung. Sie kamen im Erdgeschoss an, und der Doktor verließ das Gebäude durch den Haupteingang. Mosgrove beobachtete ihn durch eines der Fenster im Empfang und sah, wie sich zwei Offiziere in Uniform dem Doktor auf dem Gehsteig näherten. Einer dieser Männer war ein Major und der andere ein Oberst, den Mosgrove von der *Wright-Patterson AFB* her wiedererkannte. Nach dem Austausch einiger Worte übernahm der ranghöhere Offizier das Original und die Reproduktion von besagtem Doktor. Er legte beides in einen Behälter und diesen dann in seine Aktentasche. Die Aktentasche wurde verschlossen, und jeder der beiden Offiziere verabschiedete sich per Handschlag von dem Doktor, um danach hastig das Gelände zu verlassen.

Nachdem Mosgrove schnell wieder zu seinem Labor zurückgekehrt war, fiel ihm eine weitere Absonderlichkeit auf. »**Nachdem sie gegangen waren, ging ich ins Büro zurück, um zu sehen, ob sich sonst noch etwas getan hatte. Vom Labor aus ging ich den ganzen Weg zum Büro des Personalchefs. Entlang dieses Weges gibt es Untersuchungs- und Operationsräume. Aber auf der Etage war keine Men-**

schenseele zu sehen. Keine Patienten, keine Ärzte, keine Schwestern, keine Hygieniker ..., die Etage war absolut menschenleer. Dies war sehr ungewöhnlich.«

Der Labortechniker überlegte, warum Offiziere der *Air Force* den führenden Dentisten in ihrer Klinik wohl mit einer solchen geheimen Mission betrauen wollten. Auf dem Stützpunkt *Wright-Patterson* gab es eigene medizinische Einrichtungen und Laboratorien, die das Beste vom Besten darstellten. Warum sollte man das Risiko eingehen, jemanden von außerhalb ihres Autoritätsbereiches mit einer solchen Arbeit zu beauftragen? Es sei denn, dass das Risiko dort wegen all der Gerüchte und des Geredes sogar noch größer gewesen wäre. Mit diesem Kieferknochen wäre sicherlich noch mehr Öl ins Feuer gegossen worden. Mosgrove konnte sich nur wundern. *Was, wenn die auf dem Stützpunkt kursierenden Gerüchte wahr sein sollten? Was, wenn er den Beweis in seinen eigenen Händen gehalten hätte?*

Ausgehend von seiner beruflichen Erfahrung kam er zu dem Schluss, dass der Knochen schon einige Jahre herumgelegen haben musste. Der Unterkiefer wies viele kleine Löcher auf und war völlig ausgetrocknet. Das Teil zeigte Anzeichen von Knochenfragmentation, woraus – so Mosgrove – auch auf einen »furchtbaren Schlag ins Gesicht, wie zum Beispiel bei einem Aufprall mit voller Wucht« geschlossen werden konnte. Aber wie schwer der Unfall auch immer gewesen sein mochte – es gab keinen Bruch des Unterkiefers. Außerdem stellte sich Mosgrove die Frage, was mit den Zähnen passiert sein könnte. Statt der Zähne hatte jemand ursprünglich eine Art von runden Stiften in das Zahnfleischgewebe eingesetzt. Dies könnte aus dem Grund geschehen sein, entweder während der Untersuchung den Mund zu öffnen oder den beschädigten Kieferknochen zu verstärken. Was Mosgrove ebenfalls Sorge bereitete, war die Tatsache, dass der Doktor fast demonstrativ den Abdruck zerdrückt und die Bruchstücke dann in den Abfall geworfen hatte. Obwohl der Abdruck also in Stücke zerbrochen war, war es dem erfahrenen Zahntechniker möglich, die entsorgten Teile zu retten. Er setzte sie wieder zusammen, fertigte einen weiteren Abdruck von seinem Original an und goss dann schließlich ein weiteres Reli-

Unterkieferzahnbogen (ohne aszendierenden Ramus) eines »Marsmenschen«. Rechts: Vergleich des Zahnbogens eines »Marsianers« mit dem Zahnbogen eines Menschen (ohne aszendierenden Ramus). Achten Sie auf den Unterschied!

ef, um einen eigenen Abdruck zu erhalten. Mosgrove ist sich sicher, dass dieser weitgehend mit dem identisch war, was die Offiziere der *Air Force* an sich genommen hatten. Obwohl man ihn gewarnt hatte, die ganze Sache so zu behandeln, als ob niemals etwas geschehen sei, blieb Mosgrove davon überzeugt, dass es sich hierbei um etwas Außergewöhnliches handelte.[2] Er brauchte nur noch ein Gutachten darüber, wozu der Kieferknochen gehört haben könnte, wenn er schon nicht menschlichen Ursprungs war. Er rief einen Zeitungsmann an und erwähnte dabei ein UFO-Treffen, das im Jahr zuvor auf *Wright-Patterson* auf höchster Ebene stattgefunden hatte; der Nachrichtenmann erschien ihm wie jemand, der zuhören würde.

Der verstorbene Carl Day war mehr als 30 Jahre lang Nachrichtenkoordinator und Dayton-Korrespondent für Tochtergesellschaften sowohl von *NBC* als auch *FOX*. Er erhielt mehr Preise als jeder andere Sendermitarbeiter in Ohio – darunter auch sieben *Emmys*. Day wurde 1989 in die *National Broadcaster's Hall of Fame* aufgenommen. Seit 1998 war er Mitglied der *Broadcasting Hall of Fame*, und 2009 erschien sein Name auch auf dem *Dayton Walk of Fame*. Nach seinem Tod im Jahr 2010 wurde der *Outstanding Achievement Award* der Nachrichtenagentur *Associated Press* in *Carl Day Award for Outstanding Achieve-*

ment umbenannt. Es dürfte klar sein, dass John Mosgrove mit kaum einem besseren Journalisten hätte Kontakt aufnehmen können.

Day nutzte seine vielen Verbindungen, um Anthropologen, Archäologen und auf dem Gebiet der Forensik tätigen Zahnärzten die Möglichkeit zu verschaffen, den Unterkiefer zu untersuchen, und alle kamen zu der gleichen Schlussfolgerung. Mit jeder neuen Analyse wurde Day immer mehr von der Geschichte gefesselt, sodass er schon bald alle vor Ort kursierenden Gerüchte zusammenführen würde, die er zuvor unhöflicherweise einfach abgetan hatte. Ein unterschwelliger Verdacht richtete sich auf *Wright-Patterson*: Falls dort wirklich der Kieferknochen von etwas aufbewahrt worden war, was nicht menschlichen Ursprungs war, was war dann aus dem Rest des Körpers geworden? Durch das Schweigen seitens des Stützpunkts ergab sich für Day ironischerweise eine Gelegenheit, wie sie sich die auf Geheimhaltung bedachten Stellen niemals hätten vorstellen können.

Als Carl Day eine Einladung erhielt, bei einem Lunch von Offizieren der *Air Force* auf dem Stützpunkt eine Rede zu halten, wurde ihm klar, dass das richtige Timing für alles entscheidend ist; im richtigen Moment hielt er eine Zeichnung hoch, die in Lebensgröße das Gesicht eines Außerirdischen zeigte, wie es normalerweise beschrieben wurde. Als Nächstes geschah dann etwas, was nur einer wie Day tun konnte. Noch während die Zeichnung gezeigt wurde, nahm er wie ein Zauberer den von Mosgrove erhaltenen Unterkieferabdruck aus seiner Jacke, um diesen dann vor den Mundbereich zu halten. Der Knochen passte perfekt. Nicht nur, dass ein Gemurmel der hohen Tiere im Raum einsetzte, sondern dass sie sich später auch darüber beschwerten, in einen Hinterhalt gelockt worden zu sein. Da er mit einer solchen Reaktion gerechnet hatte, hatte sich Day Rückendeckung verschafft; seine Chefs im TV-Sender waren informiert darüber, was er zu tun gedachte. Anstatt Gelächter zu ernten, sah sich Day mit der kontrollierten Verärgerung seitens der Offiziere konfrontiert.[3] Welche andere öffentliche Reaktion hätten sie sonst vor einem Elitemitglied der Presse auch an den Tag legen können?

Irgendjemand musste Mosgrove beobachtet oder eine Akte über ihn in seinem Besitz gehabt haben. Denn schließlich ist es nicht alltäglich, dass einige Offiziere einen Unterkieferknochen, der, aus welchen Gründen auch immer, auf *Wright-Patterson* aufbewahrt wurde, von dort herausschmuggeln, um dann von einem externen Zahnlabor eine Kopie anfertigen zu lassen. Vielleicht wollte man daraus Briefbeschwerer machen?!?! Wir wollen damit die Situation für Mosgrove nicht verniedlichen, denn schon bald erhielt dieser einen anonymen Anruf, der ihm im Ernst zu verstehen gab, dass sein Wohl und das seiner Familie gefährdet seien für den Fall, dass er weiter über »bestimmte Dinge« sprechen sollte. Der Anrufer ließ ihn des Weiteren wissen, dass man auch seinen guten Ruf zerstören könnte.

Wegen der Ernsthaftigkeit dieser eindeutig als Todesdrohung zu verstehenden Warnung wurde die Kopie des Carl Day überlassenen Unterkiefers für die nächsten 30 Jahre in einem Bankschließfach deponiert, das heißt bis zu dem Tag, an dem wir von der *NBC* mit der Bitte kontaktiert wurden, ein Filmteam auf den Stützpunkt *Wright-Patterson* zu bringen. (Details zu diesem Projekt finden sich im letzten Kapitel.) Später schlugen wir dann vor, Day in ein Interview vor laufender Kamera einzubeziehen, da wir mit seinen Nachforschungen in Sachen »*Wright-Patterson*« ziemlich vertraut waren und er seit fast 20 Jahren als ein von uns bewunderter persönlicher Freund gilt. Zu unserer großen Überraschung hatten wir keine Ahnung, was er in dem Bankschließfach deponiert hatte. Wie zu erwarten war, war die *NBC* begeistert von der Idee, dass er bereit war, den Unterkieferabdruck für erneute wissenschaftliche Untersuchungen zur Verfügung zu stellen in der Hoffnung, ihn endgültig identifizieren zu können. Der Unterkiefer stand kurz davor, sein Fernsehdebut zu geben.[4]

NBC gelang es, sechs weitere Experten zu gewinnen, die den Versuch machen sollten, den Abdruck irgendeiner bekannten Art von Lebewesen auf unserem Planeten zuzuordnen. Die Stellungnahmen blieben geheim: Alle aber waren der gleichen Meinung wie Dr. Bailey von der *New York University*, die über eine der größten Sammlungen in den USA verfügt, zu der auch mehr als 2000 Primatenabdrucke in der

Anthropologischen Fakultät gehören. Bis heute stimmen alle, die zur Beratung hinzugezogen wurden, in folgenden Punkten überein:

1. Der Unterkiefer ist mit Sicherheit ein Abdruck von einem echten Skelett.

2. Zahnfleischgewebe ist definitiv zu erkennen.

3. Ein Vergleich mit existierenden Menschen oder Primaten ist nicht möglich.

Dr. Bailey ergänzte: »**Der Unterkiefer stammt von keiner auf der Erde lebenden Kreatur. Dies lässt sich mit absoluter Sicherheit sagen!**«[5] Wir glauben, dass die beiden besagten Offiziere auf *Wright-Patterson* das gleiche Gefühl hatten.

Kapitel 21

Im Schatten von Geistern

Das weltberühmte *Aviation Museum* auf *Wright-Patterson* wird jährlich von mehr als einer Million Menschen besucht, um einen Blick auf seltene Flugzeuge, Prototypen und sogar erbeutete *MiG*-Jagdflugzeugte der Sowjets zu werfen. Im Mittelpunkt stehen die Geschichte der bemannten Raumfahrt und unsere erstaunliche Reise, um der Schwerkraft der Erde zu entrinnen und Menschen auf den Mond zu bringen. In den vergangenen 100 Jahren waren bemerkenswerte und couragierte Bemühungen vieler Einzelner zu verzeichnen mit dem Ziel, die Magie des Fliegens zu erleben. Das Museum ist ein Testament voller Stolz darauf, was die Genialität des Menschen innerhalb unserer sehr kurzen Existenz auf diesem Planeten zu leisten vermag.

Leider trifft dies kaum auf die 23 Jahre zu, in denen *Wright-Patterson* das Hauptquartier für die mit Regierungsmitteln geförderten UFO-Forschungen war. Zwar gibt es im Museum tatsächlich ein UFO-Exponat in Form einer einzelnen Glasvitrine mit gefälschten UFO-Fotos, Fantasieartefakten, einem Klecks geschmolzenen Kunststoffs, einem großen Schlackenstück und einem Metallkugelapparat mit Radioröhren und Drähten –, aber dieses zeigt nur, dass eindeutig das Bild vermittelt werden soll, dass das Thema zu einer Nebensache gemacht worden ist. Als zusätzliche Attraktion gibt es eine umfassende Sammlung von Dokumentenzusammenfassungen zum Projekt *Blue Book*, eine Kopie des Condon-Berichts und Unterlagen über die seitens der *National Academy of Sciences* gewährte Unterstützung der durch Condon erfolgten kontroversen Behandlung des Themas. Zur Ausstellung gehört ebenfalls eine chronologische Auflistung von Meldungen und Berichten – voller negativer und ablehnender Anmerkungen im Original. Auch wird technisch ein Versuch unternommen, Besuchern vor Augen zu führen, dass die Form eines UFO aus aerodynamischer Sicht absolut unmöglich und ein Manövrieren beim Flug in der Atmosphäre mehr als unwahrscheinlich ist. Das Kennzeichen dieser stumpfsinnigen Ausstellung ist die Versicherung, dass von der *Air Force* niemals ein zuverlässiger Beweis oder entsprechende Zeugen zur Untermauerung der Theorie gefunden werden konnten, dass

Kapitel 21

es sich bei UFOs um eine Technologie handelt, die der unseren weit überlegen ist.

Ist diese als Stückwerk zu bezeichnende Ausstellung wirklich das Ergebnis von 23 Jahren aus Steuergeldern finanzierter Untersuchungen und Nachforschungen? Die Worte »Die *Air Force* hat nichts zu verbergen« klingen unwahr neben einem solch ungehobelten Versuch, das Thema »UFOs« in das Reich der Absurdität zu verweisen. Im *Wright-Patterson*-Informationsblatt ist festgehalten: »**Auf der WPAFB gibt es weder heute außerirdische Besucher oder Objekte, noch hat es solche jemals gegeben.**« Geht man von der beschämenden UFO-Ausstellung aus, so wäre es für solche Außerirdischen schon schwierig gewesen, einfach die Straße zu überqueren.[1]

Springen wir nun 40 Jahre in die Zukunft, nachdem das Projekt *Blue Book* seine letzte Erklärung zu einer Sichtung abgegeben hatte. Im Januar 2010 nahmen *NBC News* und *Peacock Productions* wegen der Beratung bei einer Nachrichtendokumentation über unterirdische Einrichtungen der Regierung mit uns Kontakt auf. Wir wurden gebeten, eine Genehmigung zu beschaffen, um einem Filmteam den Zutritt zum Stützpunkt *Wright-Patterson* als solchem zu ermöglichen und vor laufender Kamera einen Repräsentanten der Basis in Bezug auf die Geschichte des Stützpunktes und der Bedeutung einer Reihe von Einrichtungen zu interviewen. Bestimmte Gebäude wurden genannt – wie zum Beispiel das der *Foreign Technology Division*, Gebäude 620, 45 und 18 und Hangar 23. Die Produzenten, zu denen auch Larry Landsman und Kimberly Ferdinando gehörten, wussten, dass wir in der Vergangenheit bereits mit Filmteams auf dem Stützpunkt waren. Man glaubte, dass wir keine Probleme haben würden – vor allem wegen *NBC*. Alles dürfte eine reine Routinesache werden.[2]

Jahrelang hatten wir davon gehört, dass ein großer Teil des Stützpunktes unterirdisch angelegt sei – alle unterirdischen Bunker und Tunnels groß genug, um die Durchfahrt von Lkw zu ermöglichen. Zudem gab es von Menschenhand geschaffene Hügel in Zone B und große Hangars ohne Fenster. (Diejenigen, in denen sich einst Fenster befanden, waren mit einem neuen Anstrich versehen worden.) Bei den zahlreichen Gelegenheiten, zu denen wir uns auf dem Stützpunkt aufgehalten hatten, sahen wir ganze Gruppen von aus dem Boden herausragenden Entlüftungsrohren, die von keinerlei Baulichkeiten umgeben waren. Uns fielen große offene Flächen auf, die über offensichtlich schwere Metalltüren seitlich in einen Hügel führten. Überall waren Schilder »Straße gesperrt« zu sehen, wobei man uns sagte, dass sich am Gebäude für *Propulsion Research and Development* ein Gehweg/ eine Rampe befinde, die zu einer unterirdischen Tür führen würde. Auch hatten wir von den unterirdischen Kühlräumen zur Lagerung von altem Azetat-Filmmaterial gehört, von dem wir annahmen, dass es sich entzündet, wenn sich bei normaler Lagerung Wärme entwickelt. Zusammen mit Stanton Friedman hatten wir sogar dem Sohn des deutschen Ingenieurs zugehört, der seine Planung für ein Gewölbe unter dem Kernreaktor des Stützpunktes beschrieb. Genau wie sein Vater dachten wir alle, dass diese Stelle für eine solche Kammer bizarr sei.[3] Jahrzehntelang haben sich Carl Day, Leonard Stringfield, Stanton Friedman und zahlreiche andere um die Aussagen von Zeugen zu diesen Dingen bemüht. Dr. Bruce Maccabee, Fotoanalytiker der *Navy*, informierte uns über einen Fotografen der *Army*, der nach seiner Rückkehr aus Vietnam von 1971 bis 1972 auf *Wright-Patterson* stationiert war. Er erklärte dazu: »**Einmal filmten wir unterhalb einer der Rollbahnen, wo es viele Hektar große Lagerräume gab, die alle unterirdisch angelegt waren. Unten sahen wir zwei C-124, konnten uns aber überhaupt nicht vorstellen, wie diese dorthin gekommen waren. Es gab eine große Lagerfläche für das Museum, auf der praktisch alles hätte versteckt werden können. Von der Erdoberfläche aus war mit Ausnahme einiger Lüftungs- und Notstromsysteme all dies nicht erkennbar.**«[4]

So war also durch das ganze Gerede und die ganzen Gerüchte schließlich auch die *NBC* aufmerksam geworden. Zur Erinnerung: *Wright-Patterson* behauptet, dass es derartige unterirdische Ebenen weder heute gibt noch jemals zuvor gegeben hat. Da es also nichts zu verbergen gibt, dürfte es kein Problem für den Stützpunkt sein, dass wir nochmals mit den Medien zurückkommen. Außerdem ist unser derzeitiger Erkenntnisstand der, dass für den Fall, dass es auf *Wright-Patterson* tatsächlich jemals irgendwelche physischen Beweise für UFOs gegeben haben sollte, diese bis Mitte der 1980er-Jahre ausgelagert worden sein sollen.

Als wir mit der von *NBC* geäußerten Bitte an Daryl Mayer, den Verbindungsmann für Öffentlichkeitsarbeit auf dem Stützpunkt, herantraten, waren wir überrascht, dass wir dieses Mal an Russell Maheras von *Air Force Entertainment* in Hollywood verwiesen wurden. Nach Unterbreitung unseres Anliegens und Überwindung einer Vielzahl rechtlicher Hürden wurden wir dann aufgefordert, den Rahmen unserer Produktion zu verkleinern. Doch selbst nach Beschränkung auf einen einzigen Kameramann und den *NBC*-Nachrichtenkommentator Lester Holt wurde unserem Gesuch immer noch nicht stattgegeben.[5] Von Maheras wurde uns hierzu mitgeteilt: »**Lehnt eine Einheit es ab, einen Antrag zum Drehen eines Dokumentarstreifens zu unterstützen, so kann eine Genehmigung seitens der *Air Force Entertainment* nicht erteilt werden.**«[6] Einfach zu sagen, dass wir verblüfft und sprachlos waren, wäre eine klare Untertreibung. Der Drehtermin 2010 kam immer näher, sodass wir nach sechs Absagen einen letzten Versuch wagten.

Jeffrey Thau, pensionierter Oberst der *Air Force*, ist ein ehemaliger Stellvertretender Kommandeur des Stützpunkts *Wright-Patterson*, Absolvent des *War College* und zurzeit Berater des *DOD* (Verteidigungsministeriums) für die Beschaffung und Entwicklung von schweren Waffensystemen. Er hat ein Büro nicht nur im Pentagon, sondern auch auf seiner früheren Basis in Dayton. Nach einer Dienstzeit von mehr als 30 Jahren beim Militär ist er heute Präsident und Generaldirektor bei *American Aerospace*. »Colonel Jeffrey«, wie er genannt wird, ist auch ein guter Freund von Mitautor Donald Schmitt. »Jeff, die wollen mich nicht auf den Stützpunkt lassen«, erzählte ihm Don. »Könntest du mir da irgendwie schnellstmöglich helfen?«[7] Wir versicherten Gretchen Eisele, der leitenden Produzentin von *NBC*, dass wir den Termin schaffen könnten, da auch sie sich bei der Basis um grünes Licht bemühte.[7] Die ersten Bemühungen seitens Colonel Thau verliefen genau wie bei uns im Sande. Für ihn war das Problem die festgefahrene Bürokratie. Selbst unser Angebot, das endgültige Drehbuch prüfen und genehmigen zu lassen, wurde abschlägig beschieden. Und so wurde die Zeit immer knapper.

Da kam uns eine letzte Idee: Vielleicht könnte der Colonel den Stützpunktkommandanten Colonel Richard Stacy persönlich um eine Sondergenehmigung bitten. Wir hatten uns an die oberste Stelle gewandt in der Hoffnung, dass aus reiner Höflichkeit einem Offizierskollegen gegenüber die Absperrungen aufgehoben und die Türen geöffnet werden würden. Die restlichen Tage bis zum vorgesehenen Termin verstrichen, bis sich dann endlich Colonel Thau mit der endgültigen Entscheidung meldete. Nachdem er Don Schmitt erklärt hatte, dass jeder im Büro des Stützpunktkommandanten »wisse, wer er sei«, wiederholte er die endgültige Absage seitens Colonel Stacy: »**Jeff, mich interessiert überhaupt nicht, dass du vier Sterne hast …, dieser Don Schmitt kommt mir nicht mehr auf den Stützpunkt.**«[8] Als er sich bei mir dafür entschuldigte, dass er mir bei meinem Anliegen nicht habe helfen können, konnte ich mir ein stilles Lächeln nicht verkneifen, und ich dachte, dass dies bei Dr. Hynek irgendwo auch der Fall gewesen wäre.

Anmerkungen

Kapitel 1
1. Anderson, *Inventing Flight*.
2. Walker und Wickam, *From Hoffman Prairie to the Moon*.
3. »*Wright-Patterson Air Force Base:* Introduction Information«, 1994, 1997, 2009.
4. »*Wright-Patterson Air Force Base.*« *US Air Force* Fact Sheet (Informationsblatt). Dayton, Ohio: *History Office, Aeronautical Systems Center WPAFB*, Versand: 2. Dezember 2008.
5. *National Museum of the US Air Force*: www.nationalmuseum.af.mil.
6. Lasby, *Project Paperclip*.

Kapitel 2
1. Correll, »USAF and the UFOs«.
2. E-Mail von Janis Yoder an das *International UFO Museum and Research Center* in Roswell, N. M.; 30. September 1997.
3. E-Mail von Lance Winkler an Donald Schmitt, 11. Juni 2007.
4. Ebenda.
5. E-Mail von Allen P. Kovacs, PhD, an Thomas Carey, 25. Februar 2010.
6. Ebenda.
7. Ebenda.
8. Ebenda.
9. »RAAF Captures Flying Saucer in Roswell Region«.
10. »General Ramey Empties Roswell Saucer«.
11. Ebenda.
12. Patricia Rice, telefonisches Interview, 3. Juni 2000; zitiert in *Dallas Morning News*, 6. Juli 1997
13. Berlitz und Moore, *The Roswell Incident*.
14. Carey und Schmitt, *Witness to Roswell*.
15. Von einigen Interviewten wurde erwähnt, dass einige der Wrackteile und ein oder zwei Körper möglicherweise nach Los Alamos, White Sands und/oder *Kirtland Field* (alle in New Mexico) gegangen sein könnten; Berlitz und Moore vermuteten, dass *Muroc Field* (jetzt *Edwards AFB*) in Kalifornien ein Bestimmungsort für die Körper gewesen sein könnte, jedoch stimmten die meisten für *Wright Field* als Ziel insgesamt.
16. Ein am 8. Juli 1947, das heißt am gleichen Tag, an dem General Ramey seine Pressekonferenz abhielt, verfasstes Memo des *FBI* ist für uns bis heute wirksam. In dem von einem Agenten in der *FBI*-Außenstelle in Dallas an die Außenstelle Cincinnati mit Kopie an *FBI*-Direktor J. Edgar Hoover geschickten Memo wird bestätigt, dass der Transport von aus dem Absturz in Roswell stammenden Trümmerteilen nach *Wright Field* tatsächlich stattgefunden hat.
17. Zum Zeitpunkt des Roswell-Ereignisses wurden der Technische Bereich mit »T-3« und der Bereich des Nachrichten- und Geheimdienstes mit »T-2« bezeichnet. Im Jahr 1951 wurde »T-2« in *Air Technical Intelligence Center* geändert. 1961 wurde er zur *Foreign Technology Division* umbenannt, und 1992

erhielt er den heutigen Namen *National Air and Space Intelligence Center*. Der Übersichtlichkeit wegen wird von uns für alle Perioden die Bezeichnung *Foreign Technology Division* benutzt.
18. E-Mail von James Conway an Anthony Bragaglia, 3. März 2013.
19. Scully, *Behind the Flying Saucers*.
20. Stringfield, »Item B-6«.
21. Correll, »USAF and the UFOs«.
22. Ebenda.
23. Dies gab höchstwahrscheinlich den Anstoß zu einer späteren »Schwesterngeschichte«, die von einem Bestatter aus Roswell mit dem Namen Glenn Dennis erzählt wurde, der behauptete, eine Krankenschwester als Freundin gehabt zu haben, die bei einer versuchten Autopsie eines der außerirdischen Körper auf dem Stützpunkt Roswell anwesend gewesen sei, jedoch weigerte er sich, ihren Namen zu nennen. Wir forschten mehrere Jahre nach ihr, konnten aber in Verbindung mit ihm keine beim Militär beschäftigte Krankenschwester dieses Namens ausfindig machen. Später gab er zu, uns für sie einen fiktiven Namen genannt zu haben.
24. Carr, »Son of Originator of ›Alien Autopsy‹ Story Casts Doubt on Father's Credibility«.
25. Ebenda.
26. Collins (zusammen mit Doty), »The Vaults at Wright-Patterson AFB«.
27. Robert Marshall, unterschriebene und notariell beglaubigte eidesstattliche Erklärung, 8. Juli 1996.
28. Ebenda.
29. Ebenda. Hinweis: Der Leser wird gebeten, sich an die Antwort des Ranchers Mack Brazel aus Corona auf eine Frage des Radioansagers Frank Joyce aus Roswell zu den »kleinen grünen Männern« zu erinnern. Mit ruhiger, sachlicher Stimme hatte Brazel beiläufig geantwortet: »Sie waren nicht grün.«
30. Ebenda.
31. Ben Hansen, telefonische Interviews mit Tom Carey, 2010 und 2013; Austausch von E-Mails mit Carey in den Jahren 2010, 2011, 2012 und 2013; persönliches Interview mit Don Schmitt 2011.
32. Dr. M. David Hansen, telefonisches Interview, Dezember 2010.
33. Ebenda.
34. Ebenda.
35. Ebenda.
36. »Erklärung von Dr. M. David Hansen, 22. Februar 2011« als Anhang zu einer E-Mail von Ben Hansen an Tom Carey, 2. März 2011.
37. Ben Hansen, E-Mail an Tom Carey, 5. März 2011.
38. »*Wright-Patterson Air Force Base*, Area B, Building 18, Power Plant Complex«.
39. Ebenda.
40. Collins (zusammen mit Doty), »The Vaults at Wright-Patterson AFB«.
41. Newton, »Corps Restores Historical Gem at Wright-Patterson Air Force Base«.
42. Ebenda.
43. Collins (zusammen mit Doty), »The Vaults at Wright-Patterson AFB«.

44. Ben Hansen, E-Mail an Tom Carey, 5. März 2011.
45. George Quigley, telefonische Interviews mit Tom Carey, 2010, 2013. Quigley kannte Stringfield gut, da er zwei Stringfield-Bücher mit den folgenden Titeln herausgegeben hatte: *Inside Saucer Post 3–0 Blue* (zu Deutsch: *Im Innern der Untertassenbasis 3.0 Blau*) (1957) und *Situation Red: The UFO Siege* (zu Deutsch: *Situation Rot: Die UFO-Belagerung*) (1977).
46. Bragalia, »Werden hier die Körper der Außerirdischen aufbewahrt?«.
47. Collins (zusammen mit Doty), »The Vaults at Wright-Patterson AFB«.
48. Ronald Secoy, E-Mail an Tom Carey, 9. September 2004.

Kapitel 3
1. Sagan, *Cosmos*.
2. Gross, *UFOs: A History*.
3. Randle und Schmitt, *UFO Crash at Roswell*.
4. Keyhoe, *The Flying Saucers Are Real*.
5. www.FBI.gov.
6. Alle Details zu Mack Brazels Fund: siehe Carey und Schmitt, *Witness to Roswell*.
7. Schmitt, *UFO Crash at Roswell II*.
8. Ebenda.
9. Swords, *The Summer of 1947*.
10. Maccabee, *The Government UFO Connection*.
11. Swords und Powel, *UFOs and the Government*.
12. Kantor, *Mission With LeMay*.
13. Memo über »fliegende Scheiben« von E. G. Fitch an D. M. Ladd, 10. Juli 1947.
14. *Air Intelligence Requirement Division (AIRD)*, »Draft of Collection Memorandum«, 28. Oktober 1947. Nachdruck in Maccabee, Dokumente und Zusatzinformationen.
15. Ebenda.
16. Ebenda.
17. Swords, *The Summer of 1947*.
18. Ruppelt, *The Report on Unidentified Flying Objects*.
19. Dolan, *UFOs and the National Security State*.
20. Ruppelt, *The Report on Unidentified Flying Objects*.
21. Ebenda.

Kapitel 4
1. Richelson, »The U.S. Intelligence Community«. Siehe auch www.gwu.edu/~nsarchv/nsa/publications/ic/intelligence_com.html.
2. Carey und Schmitt, *Witness to Roswell*.
3. Im Jahr 1989 behauptete Robert Lazar, als Techniker mit außerirdischer Technologie in Hangars in Abschnitt »S-4« der Basis Area 51 in der Nähe von Groom Lake zu tun gehabt haben. Als Nachforschungen bezüglich der angeblichen Tätigkeit und der Hochschulabschlüsse von Lazar nichts brachten, ging

die Glaubwürdigkeit seiner Geschichte über Area 51 verloren, sodass sie von den meisten Forschern nicht weiter verfolgt wurde. Lazars Erklärungen führten jedoch dazu, dass Area 51 mit UFOs, Vertuschung seitens der Regierung und dem geheimen Nachbau von außerirdischer Technologie in Verbindung gebracht wurde.
4. Strickland, »How Area 51 Works«.
5. Broad, »Senator Regrets Role in Book on Aliens«.
6. Anthony Bragalia, telefonische Unterredung mit Tom Carey, 14. März 2013.
7. Bragalia, »Roswell Debris Confirmed as Extraterrestrial«.
8. Wie in *The Roswell Incident* (*Das Roswell-Ereignis*) erwähnt, hätten laut Aussage von Familienmitgliedern die von Mack Brazel, dem Schafzüchter aus Corona, beschriebenen seltsamen und fremdartigen Symbole ihn an die auf Steinen zu findenden »Petroglyphen« von Ureinwohnern Amerikas erinnert.
9. Bragalia, »Roswell Debris Confirmed«.
10. Bragalia, Anthony, »Mein Gespräch mit dem Vertrauten von Elroy Center«, E-Mail an Tom Carey, 23. Februar 2012.
11. Bragalia, Anthony, »Enthüllungen seitens der Tochter von Elroy Center«, E-Mail an Tom Carey, 23. Februar 2010.
12. Bragalia, »Wissenschaftler gibt Studie über Trümmerteile aus dem Roswell-Absturz zu!«.
13. Bragalia, »Roswell, Battelle & Memory Metal«.
14. Bragalia, »Das Memory-Metall von Roswell«.
15. Ebenda.
16. Ebenda.
17. Nathan Twining jun., persönliche Interviews, 1998–2008.
18. Sydney Johnston, telefonische Interviews, 2009, 2010.
19. Johnstons Tochter, telefonisches Interview, 2011.
20. Ebenda.
21. John P. Stapp, persönliche Biografie, *The Stapp Association*, 2004. *Society of Automobile Institute of Engineering, Inc.*, Warrendale, Penn., 1966–2004.
22. Johnstons Tochter, telefonisches Interview, 2011.
23. *Research and Development Personnel Directory*, 1947.
24. Johnstons Tochter, telefonisches Interview, 2011.
25. Robert Sarbacher, persönliche Korrespondenz, William Steinman, 29. November 1983. Telefonische Interviews mit Stanton Friedman und Bruce Maccabee, 1983.
26. Sarbacher, persönliche Biografie.
27. Carey und Schmitt, *Witness to Roswell*.

Kapitel 5
1. »Major General Barry M. Goldwater«.
2. »Arizona Wing of the Commemorative Air Force«.
3. Schreiben von Senator Goldwater an Mr. Schlomo Arnon, datiert auf den 28. März 1975. Aus Goldwater, »The ›UFO Letters‹ of Senator Barry Goldwater« (ursprünglich archiviert unter www.rense.com/ufo2/goldwater2.htm, 20. März 2003).

Anmerkungen

4. Brief des pensionierten Senators Goldwater an Kent Jeffrey vom 26. Juli 1994. Aus Goldwater, »The ›UFO Letters‹ of Senator Barry Goldwater«.
5. Brief von Senator Goldwater an Mr. Schlomo Arnon vom 28. März 1975; in diesem Brief gab Goldwater an, dass er »vor etwa zehn oder zwölf Jahren« versucht habe, Zugang zum »Blue Room« auf *Wright-Patterson* zu erlangen, was General LeMay jedoch abgelehnt habe.
6. Stringfield, »Case A-3«.
7. Berlitz und Moore, *The Roswell Incident*.
8. Brief von Senator Goldwater an Mr. Lee Graham vom 19. Oktober 1981. Aus Goldwater, »The ›UFO Letters‹ of Senator Barry Goldwater«.
9. Brief von Senator Goldwater an Mr. Schlomo Arnon.
10. Brief von Senator Goldwater an UFO-Forscher William Steinman vom 20. Juni 1983. Aus Goldwater, »The ›UFO Letters‹ of Senator Barry Goldwater«.
11. Stringfield, »Abstract Number Three«.
12. Stringfield, »Case A-3«.
13. Berlitz und Moore, *The Roswell Incident*.
14. Brief von Senator Goldwater an Mr. Lee Graham vom 19. Oktober 1981. Kopie des Originals, das den Autoren von Mr. Graham zur Verfügung gestellt wurde.
15. Burnstein, »AUH20«.
16. Cameron, *Presidential UFO*.
17. Nach einem Treffen mit Offiziellen in Washington, D. C., erklärte Wilbert Smith im Jahr 1950, dass für das Thema »UFOs« »die Geheimhaltungsstufe höher sei als die für die Wasserstoffbombe«.
18. Cameron, *Presidential UFO*.
19. Ebenda.
20. Ebenda.
21. Kopie eines Schreibens des *Freedom of Information Manager, FTD, Wright-Patterson AFB*, an William Moore vom 7. Januar 1981. Aus Bragalia, »Opening the Door to the Blue Room«.
22. Kopie des Schreibens des Chief der Documentation Branch, *FTD, Wright-Patterson AFB*, vom 5. November 1982, die den Autoren von Lee Graham zur Verfügung gestellt wurde.
23. Kopie einer archivierten Filmaufzeichnung, die den Autoren von Grant Cameron zur Verfügung gestellt wurde.
24. Kopie eines Schreibens des *Director of Information Management, Scott AFB*, IL, vom 9. Oktober 1991, die den Autoren von Brian Parks zur Verfügung gestellt wurde.
25. Abschrift eines Schreibens des *WPAFB-FOIA*-Analysten an Anthony Bragalia vom 14. Mai 2012, in Bragalia, »Opening the Door to the Blue Room«.
26. Bragalia, »Opening the Door to the Blue Room«.
27. Stringfield, »The Blue Room«.
28. Ebenda.
29. Ebenda.
30. »Erklärung von Barry Goldwater zum Thema UFOs«, *Larry King Radio Show*, 13. Oktober 1988.

Kapitel 6

1. »General Ramey schlachtet Roswell-Untertasse aus«. Anm. TM
2. *FBI*-Telex vom 8. Juli 1947 von der Außendienststelle Dallas an die Außendienststelle Cincinnati und *FBI*-Direktor J. Edgar Hoover mit der Information, dass die Wrackteile zur Untersuchung nach *Wright Field* in Dayton, Ohio, geflogen würden und dass die Wetterballonerklärung von General Ramey nicht bestätigt sei.
3. Sappho Henderson, auf Videoband aufgenommenes Interview in *Recollections of Roswell Part II*.
4. Ebenda. In diesem und in späteren Interviews blieb Mrs. Henderson dabei, dass ihr Mann ihr gegenüber den Begriff »Körper« nicht erwähnt habe. Von Dr. John Kromschroeder, einem Zahnarzt und »Freund der Familie«, wurde im gleichen Video jedoch die Tatsache bestätigt, dass »Pappy« Henderson ihm von dem Transport von Körpern zusätzlich zu den physischen Wrackteilen nach *Wright Field* erzählt habe.
5. Frau von David Ackroyd, telefonisches Interview, 2004.
6. Alle noch lebenden Mitglieder von Hendersons Bomberbesatzung aus dem Zweiten Weltkrieg einschließlich Vere McCarty, die ausfindig gemacht werden konnten, wurden in den 1990er-Jahren telefonisch interviewt, wobei alle bestätigten, die Geschichte gehört zu haben. Jeder, der gefragt wurde, ob Henderson wohl scherze, antwortete, dass Henderson diese Sache definitiv ernst meine und darüber keine Witze mache.
7. Vere McCarty, Schreiben vom 12. Juli 1989.
8. Sappho Henderson, telefonisches Interview, 2010.
9. Joseph Toth, telefonische Interviews, 2008, 2012.
10. Arthur Exon, telefonische Interviews, 1990, 1991 und 1994; persönliches Interview, 2000.
11. Stanton Friedman, E-Mail an Don Schmitt, Januar 2013. Die Originalaussage wurde 1997 von Raymond Madson in Albuquerque, New Mexico, an Friedman weitergegeben.
12. Randle und Donald R. Schmitt, *UFO Crash at Roswell*.
13. Ebenda.
14. Stringfield, *The UFO Crash/Retrieval Syndrome*.
15. Ebenda.
16. Ebenda.
17. Ebenda.
18. Ebenda. Ein Bestatter aus Roswell namens Glenn Dennis war der Erste, der der Meinung war, dass einige der Körper Außerirdischer übel rochen. Laut Dennis habe er am 8. Juli 1947 zufällig einen Krankenhausbesuch auf dem Stützpunkt Roswell zu offensichtlich genau der Zeit gemacht, zu der eine erste Autopsie an einer zweiten Reihe von Körpern Außerirdischer durchgeführt wurde, die man aus der abgestürzten fliegenden Untertasse geborgen hatte. Er habe dann eine mit ihm befreundete Krankenschwester getroffen, die mit einem Handtuch vor ihrem Gesicht aus dem Autopsieraum herausgekommen sei; danach habe er in Begleitung von bewaffneten Militärpolizisten das Krankenhaus verlassen müssen. Am nächsten Tag erfuhr Dennis von der Krankenschwester, dass sie

Anmerkungen 311

dazugezogen worden sei, um bei einer versuchten Autopsie einer »außerirdischen Kreatur« zu assistieren. Der von den Körpern ausgehende Geruch sei jedoch so übel gewesen, dass allen im Raum schlecht geworden und die Autopsie beendet worden sei. Am darauf folgenden Tag, dem 9. Juli 1947, wurden diese »übel riechenden Körper« in einer großen Kiste im Bombenschacht einer B-29 mit dem Namen *Straight Flush* per Flugzeug nach Fort Worth, Texas, verbracht. Die letzte Etappe der Reise nach *Wright Field* wurde mit dem Flug von John Tiffany zurückgelegt, wobei die übel riechenden Körper in einem großen, hermetisch verschlossenen zylindrischen Behälter untergebracht waren.

19. Randle und Schmitt, *UFO Crash at Roswell*.
20. Ebenda. Eine ähnliche Warnung war gegenüber der Besatzung der B-29 ausgesprochen worden, von der auf der ersten Etappe der Reise nach *Wright-Patterson* die Körper von Roswell nach Fort Worth geflogen worden waren.
21. Ebenda.
22. John Kromschroeder, persönliches Interview, 1990.
23. Ebenda.
24. Ebenda.
25. Ebenda.
26. Randle und Schmitt, *UFO Crash at Roswell*.
27. Peter Robbins, telefonische Interviews, 2009, 2010 und 2011; persönliches Interview, 2011.
28. Heather MacRae, telefonisches Interview, 2010.
29. Sohn (Name in den Akten) des Militärfotografen, der auf der *WPAFB* im Einsatz war und der den Befehl erhielt, Aufnahmen von zwei außerirdischen »Kreaturen« in Glasvitrinen zu machen. 1957 erzählte er seinem Sohn von dieser Begegnung, der wiederum diese Geschichte in einem persönlichen Interview 2010 an uns weitergab.
30. Carl Day, telefonisches Interview mit nachfolgender E-Mail, April 2010.
31. Thomas Blann, persönliches Interview, 1992.
32. Tochter (Name in den Akten) von Yanic Ritger, persönliches Interview, 2011; siehe auch »Case B-1« in *UFO Crash Retrievals: Amassing the Evidence, Status Report III* von Leonard H. Stringfield.
33. Ebenda.
34. Ebenda.
35. Ebenda.
36. Ebenda.
37. General Exon erklärte, dass einer der Originalkörper von Roswell an einen Bestatter in Denver gegangen wäre; und wir haben andere Zeugen, die gesehen haben, wie ein Körper oder mehrere in zwei verschiedenen *AeroMedical*-Einrichtungen in Texas im Jahr 1964 untersucht wurden. Marion »Black Mac« Magruder erzählte seinen Söhnen, dass die Körper später zu einem Stützpunkt in Florida verbracht worden seien; zudem gab es Vermutungen, dass Körper auch zur Area 51 in Nevada und zu Dugway in Utah gegangen sind.
38. Die Namen sind uns bekannt, werden jedoch bis zum Abschluss unserer Nachforschungen und Untersuchungen zurückgehalten.

Kapitel 7

1. Randle und Schmitt, *The Truth About the UFO Crash At Roswell*.
2. Ebenda.
3. Ebenda.
4. Clarkson, *Tell My Story*.
5. Ebenda.
6. James Clarkson, telefonisches Interview mit Tom Carey, Januar 2013.
7. Clarkson, *Tell My Story*.
8. McAndrew, *The Roswell Report: Case Closed* (zu Deutsch: *Der Roswell-Bericht: Fall abgeschlossen*). Die erste Verlautbarung der *Air Force* zum Absturz von Roswell besagte, dass es sich um eine »fliegende Untertasse« (8. Juli 1947) gehandelt habe; bei der zweiten war es ein »Wetterballon« (9. Juli 1947); die dritte besagte, dass es bei dem Wrack um Mehrfachgummiballons und Radarziele aus Zinnfolie im Rahmen des streng geheimen Projekts *Mogul* (1994) gegangen sei; und bei der vierten Verlautbarung (1997) hieß es, dass die Berichten zufolge unter den Wrackteilen gefundenen kleinen Körper lediglich einfache anthropomorphe Gelenkpuppen für Fallschirmabsprungtests aus großer Höhe in den 1950er-Jahren gewesen seien.
9. Clarkson, *Tell My Story*.
10. Clarkson, telefonisches Interview, 2013. Siehe auch Clarkson, *Tell My Story*.
11. Kevin Randle, telefonische Unterredung mit Tom Carey, Januar 2013; Daten über die Beschäftigung von June Crain ebenfalls von James Clarkson in einer separaten E-Mail an Tom Carey überprüft, Januar 2013. Hierbei ging es um die folgenden Zeiten: 1) 19. Juni 1942 bis 17. Juli 1943; 2) 13. Mai 1948 bis 21. Juli 1948; 3) März 1951 bis Anfang Mai 1952.
12. Clarkson, Tell My Story.
13. Ebenda.
14. Ebenda.
15. Ebenda.
16. Smith, »Memorandum to the Controller of Telecommunications [Top Secret], in: Good, *Need to Know*. Siehe auch Dolan, *UFOs and the National Security State*.
17. Clarkson, *Tell My Story*.
18. Mazza, Wheeler et al., »High Altitude Bailouts«.
19. Clarkson, *Tell My Story*.
20. Clarkson, telefonisches Interview, 2013.
21. Good, *Need to Know*.
22. Carey und Schmitt, *Witness to Roswell*.
23. Dolan, *UFOs and the National Security State*.
24. Clarkson, *Tell My Story*.
25. Ebenda.
26. Ebenda.
27. Ebenda.
28. Ebenda.

Kapitel 8

1. Magruder, *Nightfighter*.
2. Randle, »Mac Magruder and the Air War College«.
3. Magruder, *Nightfighter*.
4. Das Seminar 1947/48 am *AWC*, an dem Colonel Magruder teilnahm, war Teil eines fünftägigen Aufenthalts (5.–9. April 1948) auf der *Wright-Patterson Air Force Base*. Bestätigt wird dies durch das vom Marinecorps für Magruder offiziell ausgestellte Zeitdokument. Eine Überprüfung des Themen-/Lehrplans für das gesamte Seminarjahr zeigt, dass die Seminare pro Tag sieben Stunden Unterricht an fünf Tagen pro Woche umfassen sollten. In jedem Ein-Stunden-Block für jeden Tag der Woche waren das zu behandelnde Thema und der Name des jeweiligen Seminarleiters angegeben. Für die Woche, in der Magruders Seminar auf *Wright-Patterson* stattfand, fehlten jedoch derartige Hinweise auf die zu diskutierenden Themen – in jedem der 35 Stundenblöcke für diese Woche war nur der maschinenschriftliche Vermerk »FIELD TRIP TO WRIGHT FIELD« (»AUSSENDIENSTREISE NACH *WRIGHT FIELD*«) zu finden. Das war alles. Keinerlei Hinweise darauf, was man zu erwarten hatte.
5. Birnes, »Squiggly«.
6. Mark Magruder, telefonische Interviews mit Tom Carey, 2002, 2008, 2010, 2011.
7. Die Geschichte des Absturzes von Roswell war nach der Ballonerklärung für die meisten nationalen Nachrichtenmedien nur noch einen Tag oder zwei Tage lang von Interesse, und intern unterdrückte die *Air Force* jegliches Gerede über dieses Thema mit der Androhung einer längeren Gefängnisstrafe für jeden, der dieser Weisung nicht folgen würde.
8. Magruder, Mark. Auf Videoband aufgenommenes Interview mit Roger Leir, Derrel Simms und Jesse Marcel jun., 5. Mai 1998.
9. Birnes, »Squiggly«.
10. Magruder, telefonische Interviews mit Tom Carey.
11. Ebenda. Siehe auch Birnes, »Squiggly« zu dem Kommentar »Sie waren nicht grün«.
12. Birnes, »Squiggly«.
13. Magruder, telefonische Interviews mit Tom Carey.
14. Ebenda.
15. Birnes, »Squiggly«.
16. Magruder, telefonische Interviews mit Tom Carey. Siehe auch Birnes, »Squiggly«.
17. Carey und Schmitt, *Witness to Roswell*.
18. Birnes, »Squiggly«.
19. John Kromshroeder, auf Videoband aufgezeichnetes Interview in *Recollections of Roswell II*.
20. Herschel Grice, telefonisches Interview mit Tom Carey, 2003.
21. Birnes, »Squiggly«.
22. Magruder, *Nightfighter*.
23. Ebenda.

24. Magruder, telefonische Interviews mit Tom Carey.
25. Ebenda.
26. Birnes, »Squiggly«.
27. Magruder, auf Videoband aufgezeichnetes Interview.
28. Randle, »Mac Magruder and the Air War College«.

Kapitel 9
1. »The Twining-Memo« (Brief von General Nathan Twining sen. an General George F. Schulgen).
2. Hall und Connors, *Alfred Loedding and the Great Flying Saucer Wave of 1947*.
3. Wendy Connors, telefonische Interviews mit Anthony Bragalia, 2012.
4. Earl L. Zimmerman, eidesstattliche Versicherung, 2. November 1993; auch telefonisches Interview, 1995.
5. Der Journalist Billy Cox von der in Sarasota erscheinenden *Herald Tribune* berichtete als Erster über die Geschichte von Benjamin Games; Cox setzte sich danach mit unserem für Untersuchungen und Ermittlungen zuständigen Kollegen Anthony Bragalia in Verbindung, der in der Nähe von Games wohnt. Von jedem wurden dann getrennte Interviews geführt – von Games 2008, von uns per Telefon und von Bragalia persönlich.
6. Michael Hall und Wendy Connors, persönliches Interview mit Victor H. Bilek, 29. und 30. Oktober 1999.
7. Hall und Connors, *Alfred Loedding and the Great Flying Saucer Wave of 1947*.
8. Swords, »Project *Sign* and the Estimate of the Situation«.
9. Ruppelt, *The Report on Unidentified Flying Objects*.
10. Ebenda.
11. Memorandum *US Air Force Technical Intelligence Division, Air Material Command*, 6. August 1948.
12. Hall und Connors, *Alfred Loedding and the Great Flying Saucer Wave of 1947*.
13. Ruppelt, *The Report on Unidentified Flying Objects*.
14. Swords, »*Project Sign*«.
15. Ruppelt, *The Report on Unidentified Flying Objects*.
16. Ebenda.
17. Swords und Powell, *UFOs and Government*.
18. *US Air Force Technical Intelligence Division, Air Material Command*, »Unidentified Aerial Objects: *Project Sign*« (Dayton, Ohio: *Wright Patterson Air Force Base*, Februar 1949). Technischer Bericht Nummer F-TR-2274-1A.
19. Hall und Connors, *Alfred Loedding and the Great Flying Saucer Wave of 1947*.

Kapitel 10
1. Schopenhauer, *The Art of Being Right*.
2. Ruppelt, *The Report on Unidentified Flying Objects*.
3. Ebenda.
4. Ebenda.
5. Swords und Powell, *UFOs and the Government*.
6. Bericht zu Projekt *Grudge*. *Grudge*-Unterlagensammlung, *Research Department, International UFO Museum and Research Center*, Roswell, New Mexico.

Anmerkungen 315

7. Ginna und Darrach jun., »Have We Visitors From Space?«.
8. Ruppelt, *The Report on Unidentified Flying Saucers*. Auch Cabell, *Charles R. Cabell: Ein Mann von Intelligenz*).
9. Ebenda.
10. Tolstoi, Leo, *Die schwierigsten Themen lassen sich erklären* (Russland, 1894).
11. Ruppelt, *The Report on Unidentified Flying Objects*.

Kapitel 11
1. Bericht zu Projekt *Stork*, Vorinformation, *Research Department, International UFO Museum and Research Center*.
2. Projekt *Stork*, Statusbericht Nummer 1.
3. Hynek, Allen, *The UFO Experience* (zu Deutsch: *Die UFO-Erfahrung*). Im Jahr 1952 führte Hynek eine Umfrage unter 44 Astronomen durch. Fünf seiner Kollegen gaben zu, UFOs beobachtet zu haben. In einem von ihm an die Air Force gerichteten persönlichen Brief stellte er fest, dass diese interne Umfrage einen »höheren Prozentsatz als in der Öffentlichkeit allgemein« ergeben habe.
4. Persönliche Nachforschungen, *Department of Meteoritrics, University of New Mexico* in Albuquerque, 1989, 1998.
5. Aktensammlung Projekt *Stork*, *Research Department, International UFO Museum and Research Center*.
6. Hynek, persönliche Interviews, 1978, 1979.
7. Paul M. Fitts, Akten Projekt *Blue Book*, 27. Januar 1956, Schreiben an den Commander des *Air Material Command, Wright-Patterson Air Force Base*, Captain C. A. Hardin AFOIN.
8. Hynek, Bericht Projekt *Stork*, IUFOMRC.
9. *Project Stork*, Nummer 9974, Zusammenfassung.
10. Jennie Zeidman, persönliches Interview, 1992.
11. *Stork*-Sonderbericht 14: *Analysis of Reports of Unidentified Aerial Objects*, 25. Oktober 1955.
12. Zeidman, »I Remember Blue Book«.

Kapitel 12
1. Bennett, *An American Demonology*.
2. McDonald, *Science in Default*.
3. Ruppelt, *The Report on Unidentified Flying Objects*.
4. Randle und Cornett, »How the Air Force Hid UFO Evidence From the Public«.
5. Memorandum an den Deputy Director, Intelligence, von Ralph Clark: »Recent sightings of unexplained objects«, 29. Juli 1952.
6. J. Allen Hynek, persönliches Interview, 1980.
7. Durant, *Report of Meetings of Scientific Advisory Panel*.
8. Hunceus, »Revisiting the 1953 CIA's Robertson Panel«.
9. Bernstein, »The CIA and the Media«. Der Church-Ausschuss stand 1975 unter dem Vorsitz von Senator Frank Church und sollte *CIA, FBI* und *National Security Agency (NSA)* auf illegale nachrichten- und geheimdienstliche Aktivitäten untersuchen – und die entsprechenden Praktiken erfassen.
10. *Air-Force*-Vorschrift Nummer 200–2 bezogen auf JANAP-146.

11. Aktensammlung Projekt *Blue Book, Research Department, International UFO Museum and Research Center.*
12. Geschichte der *US Air Force*, 4602. Staffel.
13. *Air-Force-*Vorschrift Nummer 200-2.
14. *4602nd Air Intelligence Service Squadron, Air-Force-*Vorschrift Nummer 24-4, 3. Januar 1953.
15. Webb, »Allen Hynek As I Knew Him«.
16. *4602nd Air Intelligence Service Squadron*, Zusammenfassung der *Third Commanders' Conference*, 13.-16. Januar 1954, Headquarters Captain Joseph A. Cybulski.
17. Aktensammlung Projekt *Blue Book, Research Department, International UFO Museum and Research Center.*
18. Jacobs, *The UFO Controversy in America.*
19. Aktensammlung Projekt *Blue Book, Research Department, International UFO Museum and Research Center.*
20. Ebenda.
21. Webb, »Inside Building 263«.
22. Jacobs, *The UFO Controversy.*
23. Randle und Cornett, »How the Air Force Hid UFO Evidence«.
24. Ebenda.
25. Ebenda.
26. Hynek, Allen, *The UFO Experience.*
27. *Project-Blue-Book-*Fall Nummer 8766.
28. Hynek, »Are Flying Saucers Real?«.
29. Smith, *The UFO Enigma.*
30. Hippier, »Scientific Panel to Investigate Reported Sightings«.
31. Senator Barry Goldwater, Brief an den *Bradenton Herald*. Bradenton, Florida, 1967.

Kapitel 13

1. Sappho Henderson, telefonische Interviews 1990, 2010; auf Videoband aufgezeichnetes Interview, in: *Recollections of Roswell Part II.*
2. Thomas J. DuBose, persönliches Interview, 1991; auf Videoband aufgezeichnetes Interview, in: *Recollections of Roswell Part II.*
3. Telefaxmitteilung von Percy Wyly vom *FBI-*Büro Dallas, Texas, an das *FBI-*Büro in Cincinnati, Ohio, und an den *FBI-*Direktor, 8. Juli 1947.
4. John Kromschoeder, *Recollections of Roswell II.*
5. John Tiffany, persönliches Interview, 1989.
6. »Brigadier General Arthur Ernest Exon«.
7. Ebenda.
8. Ebenda.
9. Strieber, »The Goldwater UFO Files and the Mystery of the Cover-Up«.
10. Ebenda.
11. Arthur Exon, telefonische Interviews, 1990, 1991, 1994; persönliches Interview mit General Exon an seinem Ruhesitz in Irvine, Kalifornien, 2000.
12. Ebenda.
13. Strieber, »The Goldwater UFO Files and the Mystery of the Cover-Up«.

Anmerkungen 317

14. Randle und Schmitt, *UFO Crash at Roswell*.
15. Ebenda. Hinweis: Exon wusste offenbar nicht, dass es eine dritte Stelle gab – das sogenannte *Dee-Proctor-Body-Site*-Gelände etwa zweieinhalb Meilen vom *Debris-Field-Site*-Gelände entfernt. Wir glauben, dass dort ein oder zwei zusätzliche Mitglieder der außerirdischen Besatzung auf die Erde abstürzten und sie dort ihr Schicksal ereilte, als ihr Schiff explodierte. Von diesem Gelände erfuhren wir erstmals 1994.
16. Ebenda. Hinweis: Der private Flug, auf dem sich Exon befand, diente nicht speziell der Untersuchung der Absturzstellen bei Roswell. Das Flugzeug war auf dem Rückflug von einer anderen Mission an der Westküste, als Exon den Piloten davon zu überzeugen wusste, von seiner ursprünglichen Flugroute abzuweichen und den Südosten von New Mexico zu überfliegen, »um zu sehen, wo die fliegende Untertasse abgestürzt war«.
17. Ebenda.
18. Randle und Schmitt, *UFO Crash at Roswell*.
19. Exon-Interviews.
20. In einigen jüngeren Publikationen ist die These vertreten worden, dass die UFO-Artefakte, von denen man geglaubt hatte, dass sie seit 1947 auf *Wright-Patterson* gelagert waren, an andere Orte, wie zum Beispiel Area 51 in Nevada, Dugway in Utah oder eine Luftwaffenbasis in Florida, verbracht worden sind.
21. Randle und Schmitt, *UFO Crash at Roswell*.
22. Carey und Schmitt, *Witness to Roswell*.
23. Ebenda.
24. Randle und Schmitt, *UFO Crash at Roswell*.
25. Randle und Schmitt, *The Truth About the UFO Crash at Roswell*.
26. Hauts vollständige Aussage siehe Carey und Schmitt, *Witness to Roswell*.
27. General Carl »Tooey« Spaatz, Stabschef der *Air Force*, der sich im Zweiten Weltkrieg großen Ruhm erworben hatte, befand sich zum Zeitpunkt des Roswell-Absturzes auf einer Angeltour in Oregon. Daher wurde die Abwicklung dieses Vorfalls in die Hände von General Hoyt S. Vandenberg, des in der Rangordnung nächsten Offiziers, gelegt, der im darauf folgenden Jahr auch Stabschef der *Air Force* werden und Spaatz ersetzen sollte.
28. Randle und Schmitt, *UFO Crash at Roswell*. Hinweis: Auf die Kontrollgruppe ist an anderer Stelle als *Majestic-12* oder *Majic-12* Bezug genommen worden. Wir stimmen zu, dass es eine in der von General Exon beschriebenen Art gebildete Kontrollgruppe gegeben hat, wir sind aber nicht damit einverstanden, dass diese jemals identifiziert worden sein soll, wie dies im oben genannten Buch angemerkt ist. Darüber hinaus sind wir der Meinung, dass die sogenannten »*Majestic-12*-Dokumente«, die zur Identifizierung dieser Gruppe herangezogen wurden, gefälscht sind.
29. Ebenda. Hinweis: Wir glauben, dass zu irgendeinem Zeitpunkt alle oder nur bestimmte Präsidenten ebenfalls keinerlei Mitspracherecht oder Zugangsmöglichkeit mehr hatten.
30. Randle und Schmitt, *The Truth About the UFO Crash at Roswell*.
31. Randle und Schmitt, *UFO Crash at Roswell*.

32. Ebenda. Hinweis: Im Jahr 1953 wurde das Projekt *Blue Book* von seinen investigativen Aufgaben entbunden, und die 4602nd *Air Intelligence Service Squadron* wurde auf der *Ent AFB*, Colorado, als Teil des *Air Defense Command* gegründet. In Übereinstimmung mit der *Air-Force*-Vorschrift Nummer 200-2 vom 26. August 1953 wurde die *4602nd* mit der offiziellen Untersuchung der UFOs beauftragt mit der zusätzlichen Vorgabe, alle UFO-Meldungen und -Berichte der *4602nd* zugehen zu lassen, bevor diese ans Projekt *Blue Book* weitergegeben wurden.
33. Randle und Schmitt, *The Truth About the UFO Crash at Roswell.*
34. Ebenda.
35. Ebenda.
36. Carey und Schmitt, *Witness to Roswell.*
37. Ebenda.

Kapitel 14
1. Richard Hall, persönliche Interviews, 1981, 1985, 1990.
2. Randle und Cornett, »How the Air Force Hid UFO Evidence from the Public«.
3. Aktensammlung Projekt *Blue Book, Research Department, International UFO Museum and Research Center.*
4. Ebenda.
5. Randle und Cornett, *How the Air Force Hid UFO Evidence.*
6. Craig, *An Insider's View of the official Quest for Evidence.*
7. Saunders und Harkins, *UFOs? Yes!*
8. McDonald, *UFOs and the Condon Report.*
9. Fuller, »Flying Saucer Fiasco«.
10. Robert-Low-Memorandum an Edward U. Condon, 9. August 1966.
11. Überprüfungen des Condon-Berichts: Saunders, McDonald, Hynek und Sturrock.
12. Randle und Cornett, »How the Air Force Hid UFO Evidence«.
13. »History of the CIA«, offizielle Website.
14. Daniel Inouye, Vorsitzender, Anhörungen in der Sache Iran gegen Senat, 1987-1989.
15. Condon, *Scientific Study of Unidentified Flying Objects.*
16. Kommentierte Bibliografie zu Edward Condon; siehe auch *Digital Library for Nuclear Resources.*
17. Mimi Hynek, persönliche Interviews, 1978-1994.

Kapitel 15
1. J. Allen Hynek, persönliche Interviews, 1978-1984.
2. J. Allen Hynek, persönliches Interview, 1981.
3. Hynek, persönliche Interviews, 1978-1984.
4. Ebenda.
5. Davis, »Ist Walt Disney von der *USAF* kontaktiert worden, um einen Film zu drehen, der enthüllt, dass UFOs Wirklichkeit sind?«
6. Hynek, persönliche Interviews.

Anmerkungen 319

7. Hynek, persönliche Korrespondenz.
8. Das nächste Mal, wenn SETI-Wissenschaftler UFOs einfach abtun und dann die Relevanz ihrer eigenen Jobs verteidigen, sollten sie besser einen Kursus in nationaler Sicherheit buchen und dann die furchtbaren Worte eines ihrer Kollegen beherzigen. Als der bekannte Raumfahrtwissenschaftler und Mathematiker Dr. Albert Hibbs vom *Cal Tech Jet Propulsion Laboratory* gefragt wurde, was wir auf die erste Nachricht von einem anderen Planeten antworten sollten, kam ihm das Folgende ernst gemeint von seinen Lippen: »Hängen Sie sich auf! Sie wissen ja, was mit den Indianern passiert ist.« (Siehe wegen dieses Zitats: Keyhoe, *The Flying Saucers Are Real.*)
9. Allan Hendry, telefonische Interviews, 1986, und persönliches Interview, 1987. Hendry war der Chefermittler für Hynek im *Center for UFO Studies.* Danach wurde er Verfasser von technischen Unterlagen für *Hughes Aircraft* in Tucson, Arizona.
10. Mimi Hynek, telefonische Unterredung, März 1986.
11. Hynek, telefonische Unterredung, März 1986.
12. Jennie Zeidman, persönliches Interview, 1986.

Kapitel 16
1. Weaver und McAndrew, *The Roswell Report: Fact Versus Fiction in the New Mexican Desert.*
2. McAndrew, *The Roswell Report: Case Closed.*
3. J. Allen Hynek, persönliches Interview, 1978.
4. Hynek, persönliche Interviews, 1978–1984.
5. Anfrage von Robert Todd gemäß dem »*Freedom of Information Act*« (Gesetz über Informationsfreiheit). Das »Bolander-Memorandum« wurde am 20. Oktober 1969 freigegeben. Nach Aussage des Forschers Brad Sparks habe es zu diesem Memo eine Liste mit 16 Anhängen gegeben, von denen ihm einige jedoch vorenthalten wurden, was als Verstoß gegen den *FOIA* zu werten ist. Bei den freigegebenen Anhängen brauchte die *Air Force* für deren Bestätigung Jahre – ebenfalls eine Verletzung des *FOIA* und dessen entsprechender Bestimmungen.
6. Jacques Vallée, persönliche Interviews, 1994, 2005.
7. Colonel Robert Friend, persönliche Interviews, 1994, 2013.
8. Colonel George R. Weinbrenner, persönliches Interview mit Dr. Mark Rodeghier, 1994. Rodeghier ist der Wissenschaftliche Direktor des *J. Allen Hynek Center for UFO Studies* in Chicago, Illinois; die Berufung in diese Position erfolgte durch Hynek vor seinem Tod 1986.
9. Personalsache. Betrifft: J. Allen Hynek, *USAF, Foreign Technology Division, Wright Patterson Air Force Base*, Dayton, Ohio.
10. Ebenda.
11. Ebenda.
12. Jennie Zeidman, persönliche Interviews, 1989–1994.
13. Weinbrenner, *USAF History, Personnel Biography.*
14. Major General Theodore C. Bedwell jun., *USAF History, Personnel Biography.*

15. Weinbrenner, persönliches Interview Krankenschwester (Wahrung der Anonymität gefordert), von Angelia Jonier und Grant Cameron, 2010.
16. Robert Emenegger, Korrespondenz, 2010.

Kapitel 17
1. General Michael Rexrold, telefonische Interviews, 1989, 1990, 1991, 1997.
2. Chester A. Lytle, persönliche Interviews, 1989–2003.
3. General Kenner F. Hertford, persönliches Interview, 1992.
4. *History of New Mexico*.
5. Lytle, persönliche Interviews mit Robert Hastings, 1998.
6. Lytle, persönliche Interviews.
7. Richard Budeman, persönliche Interviews, 1988, 1989.
8. Nathan Twining jun., persönliche Interviews, 2000–2003.
9. »In Remembrance of Brigadier General Vorley (Mike) Rexrold«, *Capitalwords*, Band 148, Nummer 145.
10. Persönlicher Brief von Major General Kenner F. Hertford, 1992.

Kapitel 18
1. *Posse Comitatus Law, US Department of Justice*; Act 20, Statute L., 145, Chapter 263.
2. Bert Schulz, persönliches Interview, Nevada, Februar 2008. Schulz, der im Dezember 1947 zum *Roswell Army Air Field* abkommandiert war, erklärte, dass es immer noch Gerede und Gerüchte darüber gebe, was im Juli zuvor am »großen ›Hangar‹« (P-3) nach außen gedrungen sei. Er gab zu verstehen, dass das, was ihn im Laufe seiner Karriere beim Militär besonders verärgert habe, die zahlreichen Begegnungen mit der Militärpolizei auf dem Stützpunkt gewesen seien. Aussage von Schulz: »Die Militärpolizisten gaben damit an und lachten darüber, wie grob sie während der Bergungsarbeiten in Verbindung mit dem UFO-Absturz mit Ranchern im Norden von Roswell umgesprungen seien.«
3. Michelle Penn, telefonische Interviews mit Anthony Bragalia, 2008.

Kapitel 19
1. Stringfield, *The UFO Crash/Retrieval Syndrome*.
2. Leonard Stringfield, persönliche Interviews, 1990, 1991, 1992.
3. Stringfield, *UFO Crash/Retrievals: The Inner Sanctum*.
4. Sohn (Wahrung der Anonymität gefordert) von Dr. Fosters Haushälterin (Anonymität gefordert), telefonische Interviews, 1992.
5. Leutnant Colonel Richard Hoffman, persönliche Interviews, Juli 2012.
6. Dr. Leon E. Kazarian, persönliche Biografie.
7. Hoffman, persönliches Interview, telefonische Interviews und Korrespondenz, 2012.
8. Dr. Leon E. Kazarian, telefonische Interviews mit Anthony Bragalia, November 2012.
9. Fumoux, *Preuves Scientifique*.
10. Aaron Clark, telefonische Interviews, 2007.

Anmerkungen

11. Ronald SeCoy, E-Mail-Korrespondenz, 2010, 2011, 2012.
12. Tracy Torme, telefonisches Interview, Februar 2013.
13. James Fox, telefonisches Interview, Februar 2013.

Kapitel 20
1. Holt, *Inside Secret Government Warehouses*.
2. John Mosgrove, telefonische Interviews, März 2010 bis März 2013.
3. Carl Day, persönliche Interviews, 1994, 2010. E-Mail-Korrespondenz, 2005, 2008, 2009, 2010.
4. Larry Landsman, telefonisches Interview, Januar 2013.
5. Larry Landsman, telefonische Unterredung, März 2010.

Kapitel 21
1. Persönliche Besichtigungstour, *National USAF Museum*, Dayton, Ohio, 1994, 1997.
2. Larry Landsman (Produzent, *NBC/Peacock Productions*, New York), telefonische Unterredungen, Januar, Februar, März, April 2010.
3. Larry Landsman und Produzent Kimberly Ferdinando, persönliches Treffen, Dayton, Ohio, März 2010.
4. John G. Tiffany, Interview mit Stanton Friedman und Donald Schmitt, Louisville, Ky., August 1991.
5. Daryl Mayer, telefonische Unterredungen, Januar, Februar, März 2010.
6. Russell Maheras, telefonische Unterredungen, Februar, März 2010. Wir hatten Sorge, dass wir im Gegensatz zu früheren Gelegenheiten an die *Air Force Entertainment* in Hollywood, Kalifornien, verwiesen würden. Bei jedem Gespräch mit Mr. Maheras wurde uns von ihm versichert, dass die endgültige Entscheidung bei Offiziellen auf *Wright Patterson* liege. *Air Force Entertainment* habe lediglich die Aufgabe, einen entsprechenden Drehplan zu erstellen. Dies widersprach den Ausssagen der für Öffentlichkeitsarbeit (Public Relations) zuständigen Leute auf *Wright-Patterson*, die immer erklärt hatten, dass Maheras für die Entscheidung zuständig sei.
7. Gretchen Eisele (Executive Producer, *NBC/Peacock Productions*, New York), telefonisches Interview, Februar 2010.
8. Colonel Jeffrey Thau, telefonische Unterredungen, März und April 2010; persönliches Interview, Juni 2011. Als Thau mich anrief, um mir die schlechte Nachricht mitzuteilen, waren seine ersten Worte: »Don, ich habe etwas Neues für dich.«

Literaturverzeichnis

Anderson, John. *Inventing Flight: The Wright Brothers and Their Predecessors.* Baltimore, Md.: Johns Hopkins University Press, 2004.

»Arizona Wing of the Commemorative Air Force: Major General Barry Goldwater (USAFR)« *www.azcaf.org/pages/woh_inductees.html#barry_goldwater.* Auf Videoband aufgezeichnetes Interview mit Roger Leir, Derrel Simms und Jesse Marcel jun., 5. Mai 1998.

Bennett, Colin. *An American Demonology: Flying Saucers Over the White House – Captain Edward J. Ruppelt and the Official UFO Investigation of the United States Air Force.* Manchester, England: Headpress/Critical Vision, 2005.

Berlitz, Charles und Moore, William L. *The Roswell Incident.* New York: Grosset & Dunlap, 1980.

Bernstein, Carl. »The CIA and the Media: How America's Most Powerful News Media Worked Hand in Glove With the Central Intelligence Agency and Why the Church Committee Covered it Up«. *Rolling Stone,* 29. Oktober 1977.

Birnes, William J. »Squiggly«. *UFO Magazine,* 21, 4. Juni 2004.

Bloecher, Ted. *Report on the UFO Wave of 1947.* Washington, D. C.: NICAP, 1967.

Bragalia, Anthony. »Is This Where Alien Bodies Are Stored? The Secrets of a Place Called Dugway«. *The UFO Iconoclast(s).* 7. Februar 2011. *http://ufocon.blogspot.com/2011/02/is-this-where-alien-bodies-are-stored.html.*

—. »Opening the Door to the Blue Room«. *Die Bragalia-Akten.* 11. Juni 2012. *http://bragalia.homestead.com/blueroom.html.*

—. »Roswell, Battelle & Memory Metal: The New Revelations«. *The UFO Iconoclast(s).* 8. August 2010.

http://ufocon.blogspot.com/2010/08/roswell-battelle-memory-metal-new.html.

—. »Roswell Debris Confirmed as Extraterrestrial: Lab Located, Scientists Named«. *The UFO Iconoclast(s).* 26. Mai 2009.

http://ufocon.blogspot.com/2009/05/roswell-debris-confirmed-as.html.

—. »Roswell's Memory Metal: The Air Force Comments; NASA Gets Involved & New Clues Are Found«. *Die Bragalia-Akten.* 31. Juli 2011. *http://bragalia.blogspot.com/2011/07/roswells-memory-metal-air-force. html.*

—. »Science Reports Show Roswell Crash was ET«. In: *Witness to Roswell: Unmasking the Government's Biggest Cover-Up* von Thomas J. Carey und Donald R. Schmitt. Franklin Lakes, N. J.: New Page Books, 2009.

—. »Scientist Admits to Study of Roswell Crash Debris!«. *The UFO Iconoclast(s).* 16. August 2009. *http://ufocon.blogspot.com/2009/08/scientist-admits-to-study-of-roswell.html.*

»Brigadier General Arthur Ernest Exon«. Offizielle Biografie, United States Air Force, *www.af.mil/information/bios/bio.asp?bioID=5381.*

Broad, William J. »Senator Regrets Role in Book on Aliens«. *New York Times,* 5. Juni 1997.

Brokaw, Tom. *The Greatest Generation.* New York: Random House, 1998.

Burnstein, Burton. »AUH20«. *The New Yorker,* 25. April 1988. *www.newyorker. com/archive/1988/04/25/1988_04_25_043_TNY_CARDS_000350367.*

Cabell, Charles P. *Charles P. Cabell: A Man of Intelligence – Memoirs of War, Peace, and the CIA.* Colorado Springs, Color.: Impavide Publications, 1997.

Cameron, Grant. *Presidential UFO* (Website), *www.presidentialufo.com/ barry-goldwater-ufo/cat_yiew/105–goldwater-ufo-documents.*

Carey, Thomas J. und Schmitt, Donald R. *Witness to Roswell: Unmasking the 60-Year Cover-Up.* Franklin Lakes, N. J.: Career Press/New Page Books, 2007.

—. *Witness to Roswell: Unmasking the Government's Biggest Cover-Up.* Franklin Lakes, N. J.: Career Press/New Page Books, 2009.

Carr, Timothy Spencer. »Son of Originator of ›Alien Autopsy‹ Story Casts Doubt on Father's Credibility«. *Skeptical Inquirer,* Juli/August 1997.

Carré, John le. *The Spy Who Came in from the Cold.* London: Victor Gollancz & Pan, 1963.

Clark, Jerome. *The UFO Encyclopedia, 2nd Edition.* Detroit, Mich.: Omnigraphics, 1998.

Clarkson, James E. *Tell My Story: June Crain, the Air Force & UFOs.* Olympia, Wash.: Black Triangle Press, 2010.

Collins, Robert M. mit Doty, Richard C. »The Vaults at Wright-Patterson AFB«. *Exempt From Disclosure: The Black World of UFOs.* Vandalia, Ohio: Peregrine Communications, 2010.

Condon, Edward. *Scientific Study of Unidentified Flying Objects.* New York: Bantam Books, 1969.

Correll, John T. »USAF and the UFOs«. *Air Force Magazine: Journal of the Air Force Association,* Juni 2011.

Corso, Colonel Philip J. mit Birnes, William J. *The Day After Roswell.* New York: Pocket Books, 1997.

Craig, Roy. *UFOs: An Insider's View of the Official Quest for Evidence.* Denton, Texas: University of North Texas Press, 1995.

Davis, Erik. »Did the USAF Ask Walt Disney to Make a Movie Revealing that UFOs Are Real?«. *Movies.com,* 12. Februar 2013. *www.movies .com/movie-news/did-u-s-air-force-ask-walt-disney-to-make-movie-revealing-that-ufos-are-real/11238.*

Dolan, Richard. *UFOs and the National Security State 1941–1973.* Rochester, N. Y.: Keyhole Publishing, 2000.

—. *UFOs and the National Security State: Chronology of a Cover-Up 1941–1973, Revised Edition.* Charlottesville, Va.: Hampton Roads Publishing Company, Inc., 2002.

Dulles, Allen. *The Craft of Intelligence.* New York: Harper & Row, 1963.

Durant, F. C. *Report of Meetings of Scientific Advisory Panel on Unidentified Flying Objects Convened by Office of Scientific Intelligence, CIA.* 14.–18. Januar 1953.

Emenegger, Robert. *UFOs, Past, Present, and Future.* New York: Ballantine, 1974.

Fuller, John G. »Flying Saucer Fiasco«. *Look Magazine,* 14. Mai 1968.

Fumoux, Jean Charles. *Preuves Scientifique.* Monaco, Frankreich: OVNI, 1981.

»General Ramey Empties Roswell Saucer«. *Roswell Daily Record,* 9. Juli 1947.

Ginna, Robert und Darrach, H. B. jun. »Have We Visitors From Space?«. *Life,* 7. April 1952.

Goldwater, Barry. »The ›UFO Letters‹ of Senator Barry Goldwater«. www.stealthskater.com/Documents/Goldwater_l.doc.

Good, Timothy. *Above Top Secret: The Worldwide UFO Cover-Up.* London, England: Sidgwick & Jackson, 1987.

—. *Need to Know: UFOs, the Military and Intelligence.* New York: Pegasus Books LLC, 2007.

Gross, Loren. *UFOs: A History, Vol. 1: 1947.* Stone Mountain, Ga.: Arcturas Book Service, 1990.

Hall, Michael und Connors, Wendy. *Alfred Loedding and the Great Flying Saucer Wave of 1947.* Albuquerque, N. M.: Rose Press, 1998.

Hall, Richard. *The UFO Evidence.* Washington, D. C.: NICAP, 1964.

Hippier, Robert. »Scientific Panel to Investigate Reported Sightings of Unidentified Flying Objects«. Blue-Book-Akten, April 1966.

History of New Mexico Family and Personal History, Vol. III. New York: Lewis Historical Publishing Company, Inc., 1961.

Holt, Lester (Moderator). *Inside Secret Government Warehouses: Shocking Revelations.* Dokumentarbeitrag. NBC/SyFy/Peacock Productions, Juli 2010.

Huneeus, Antonio. »Revisiting the 1953 CIA's Robertson Panel: A Milestone in UFO Policies«. *Open Minds,* 18 (2013).

Hynek, J. Allen. »Are Flying Saucers Real? A Surprising Report from the Top Scientific Authority«. *Saturday Evening Post,* 17. Dezember 1966.

—. *The UFO Experience: A Scientific Inquiry.* Chicago, Illinois: Henry Regnery Company, 1972.

»Inside Building 263: A Visit to Blue Book, 1956«. *International UFO Reporter*, 17, 5, September/Oktober 1992.

Jacobs, David. *The UFO Controversy in America*. Bloomington, IN.: University of Indiana Press, 1975.

Jennings, Peter. »The UFO Phenomenon: Seeing Is Believing«. *ABC News Special Report*, Februar 2005.

Kantor, MacKinlay. *Mission With LeMay: My Story*. New York: Doubleday & Company, 1965.

Keyhoe, Donald. *Aliens from Space*. Garden City, N. Y.: Doubleday & Company, 1973.

—. *The Flying Saucers Are Real*. New York: Fawcett Publishing Inc., 1950.

Lasby, Clarence. *Project Paperclip: German Scientists and the Cold War*. New York: Atheneum, 1971.

Maccabee, Bruce. *Documents and Supporting Information Related to Crashed Flying Saucers and Operation Majestic Twelve*. Mt. Rainier, Md.: Fund for UFO Research, 1987.

—. *The Government UFO Connection: A Collection of UFO Documents From the Governments of the USA and Canada*. Mt. Rainier, Md.: Fund for UFO Research, 1981–1985.

Magruder, Mark. *A Nightfighter: Radar Intercept Killer*. Gretna, La.: Pelican, 2012.

»Major General Barry M. Goldwater«. Offizielle Biografie, United States Air Force. www.af.mil/information/bios/bio.asp7bioID=5574.

Mazza, Vincent, Wheeler Richard V. et al. »High Altitude Bailouts«. *Memorandum Report*. AMC/Wright-Patterson AFB, OH/Engineering Division. 18 SEP 50.

McAndrew, Captain James. *The Roswell Report: Case Closed*. Washington, D. C.: Headquarters United States Air Force/US Government Printing Office, 1997.

McDonald, James. *Science in Default: Twenty-Two Years of Inadequate UFO Investigation*. Ithaca, N. Y.: Cornell University Press, 1972.

—. *UFOs and the Condon Report*. Phoenix, Ariz.: University of Arizona Colloquium, 1969.

Menzel, Donald. *Flying Saucers*. Cambridge, Mass.: Harvard University Press, 1953.

Newton, Katie. »Corps Restores Historical Gem at Wright-Patterson Air Force Base«. *US Army Corps of Engineers* (Website). 12. Juni 2012. www.lrl.usace.army. mil/Media/NewsStories/tabid/10554/ Article/7684/corps-restores-historical-gem-at-wright-patterson-air-force-base.aspx.

»RAAF Captures Flying Saucer in Roswell Region«. *Roswell Daily Record*, 8. Juli 1947.

Randle, Kevin D. »Mac Magruder and the Air War College«. *A Different Perspective* (Blog). http://kevinrandle.blogspot.com/2008/08/mac-magruder-and-air-war-college.html. 10. August 2008.

Randle, Kevin D. und Cornett, Robert C. »How the Air Force Hid UFO Evidence From the Public«. *The UFO Report 2.5* (Herbst 1975).

Randle, Kevin D. und Schmitt, Donald R. *The Truth About the UFO Crash at Roswell.* New York: Avon Books, 1994.

—. *UFO Crash at Roswell.* New York: Avon Books, 1991.

—. *Recollections of Roswell, Part II.* DVD. Mount Rainier, Md.: Fund for UFO Research, 1992.

Richelson, Jeffrey. *The U. S. Intelligence Community: Organization, Operations and Management, 1947–1989*, 3rd Edition. Boulder, Color.: Westview Press, 1995. Siehe auch *www.gwu.edu/~nsarchiv/nsa/publications/ic/intelligence_com.html*.

Ricks, Thomas. *The Generals: American Military Commanders from World War II to Today.* New York: Penguin Press, 2012.

Ruppelt, Edward. *The Report on Unidentified Flying Objects.* New York: Doubleday & Company, 1956.

Sagan, Carl. *Cosmos.* New York: Ballantine Books, 1980.

Saunders, David und Harkins, Rogers. *UFOs? Yes! Where the Condon Committee Went Wrong: The Inside Story by an Ex-Member of the Official Study Group.* New York: World Publishing, 1968.

Schmitt, Donald. *UFO Crash at Roswell II: The Chronological Pictorial.* Louisville, Ky.: Moonset Productions, 2001.

Schopenhauer, Arthur. *The Art of Being Right.* Übersetzt von Thomas Bailey Saunders. Gloucester, UK: Dodo Pres, 2008.

Scully, Frank. *Behind the Flying Saucers.* New York: Henry Holt, 1950.

Smith, Marcia. *The UFO Enigma.* Washington, D. C.: House Armed Services Committee, 1966. Report No. 83–205S PR. 1983.

Smith, W. B. »Memorandum to the Controller of Telecommunications [Top Secret]«. Department of Transport. Ottawa, Ontario, Kanada. 21. November 1950.

Strickland, Jonathan. »How Area 51 Works: Reverse Engineering at Area 51«. *http://science.howstuffworks.com/space/aliens-ufos/area-517.htm*.

Strieber, Whitley. *Breakthrough: The Next Step.* New York: Harper Paperbacks, 1996.

—. »The Goldwater UFO Files and the Mystery of the Cover-Up«. *Whitley's Journal* (Blog). 5. März 2012. *www.unknowncountry.com/journal/goldwater-ufo-files-and-myster-cover*.

Stringfield, Leonard. »›Abstract Number Three.‹ Retrievals of the Third Kind: A Case Study of Alleged UFOs and Occupants in Military Custody«. Redevortrag auf dem 9. MUFON-Jahressymposium in Dayton, Ohio, Juli 1978.

—. »The Blue Room«. *UFO Crash/Retrievals: The Inner Sanctum/Status Report VI.* Cincinnati, Ohio: Leonard H. Stringfield, Juli 1991.

—. »Case A-3«. (Fall A-3). *The UFO Crash/Retrieval Syndrome, Status Report II: New Sources, New Data*. Seguin, Tx.: Mutual UFO Network, Januar 1980.

—. »Item B-6«. *The UFO Crash/Retrieval Syndrome, Status Report II: New Sources, New Data*. Seguin, Texas: Mutual UFO Network, Januar 1980.

—. *Situation Red: The UFO Siege*. New York: Fawcett Crest Books, 1977.

—. *The UFO Crash/Retrieval Syndrome, Status Report II: New Sources, New Data*. Seguin, Tx.: Mutual UFO Network, Januar 1980.

—. *UFO Crash/Retrievals: The Inner Sanctum*. Cincinnati, Ohio: Leonard Stringfield, 1991.

Sturrock, Peter. *The UFO Enigma*. New York: Warner Books, 2000.

Swords, Michael. *The Summer of 1947 and the U. S. Government at the Beginning*. Chicago, Illinois: Center for UFO Studies, 1991.

Swords, Michael D. »Project *Sign* and the Estimate of the Situation«. Kalamazoo, Mich.: Environmental Institute, Western Michigan University. Ohne Datum. *www.bibliotecapleyades.net/sociopolitica/sign/sign.htm*.

Swords, Michael und Powel, Robert. *UFOs and the Government*. San Antonio, Tx.: Anomalist Books, 2012.

Trench, Brinsley Le Poer. *The Flying Saucer Story*. New York: Ace Books Inc., 1966.

»The Day After Roswell«. Wikipedia. 1. August 2008. *http://en.wikipedia.org/wiki/The_Day_After_Roswell*.

»The Twining Memo«. *www.roswellfiles.com/FOIA/twining.htm*.

Vallee, Jacques. *Anatomy of a Phenomenon* Chicago, Illinois: Regnery, 1965.

Walker, Lois und Wickam, Shelby. *From Hoffman Prairie to the Moon: A History of Wright-Patterson Air Base*. Dayton, Ohio: WPAFB, 1986.

Weaver, Richard und McAndrew, James. *The Roswell Report: Fact Versus Fiction in the New Mexican Desert*. Washington, D. C.: Headquarters, ASAF, 1994.

Webb, Walter N. »Allen Hynek as I Knew Him«. *International UFO Reporter*, 18, 1, Januar/Februar 1993.

»Wright-Patterson Air Force Base, Area B, Building 18, Power Plant Complex«. Bericht Nummer HAER OH-79–AN. Historic American Engineering Record. Washington, D. C.: Department of the Interior, 1991–1993.

Wyly, Percy. Telefaxmitteilung des FBI-Büros in Dallas, Texas, an das FBI-Büro in Cincinnati, Ohio, und an den FBI-Direktor in Washington, D. C., 8. Juli 1947.

Zeidman, Jennie. »I Remember Blue Book«. *International UFO Reporter*, 16, 2, März/April 1991.

Index

Ackroyd, David, 114
Aerial Phenomenon Branch, 177
Air Force Entertainment, 303, 328
Air Force Magazine, 3, 42–43
Air Force, 2, 26, 28, 30, 37–39, 42–43, 45, 53, 57–59, 63–64, 66–67, 69, 77, 80–81, 83, 86–89, 95, 98–99, 104–106, 110, 112–113, 127–129, 132, 144, 151–152, 156–158, 163–164, 166–167, 170, 173–176, 180, 182–186, 188, 190–202, 204–207, 209, 213–217, 219–224, 226–230, 232, 234–235, 238, 246, 248–256, 270–272, 274–275, 285, 294–296, 300–301, 305, 315, 317, 319–321, 323–325, 329–330, 335–336
Air Intelligence Requirements Division (AIRD), 64
Air Material Command (AMC), 25, 38, 58, 65, 72, 83, 112, 138, 157, 164, 172, 174, 189, 205–206
Air Technical Intelligence Center (ATIC), 26, 67, 113, 206
Air Technical Service Command, 25
Air War College, 144–145, 147, 149–152, 206, 316–317, 336
Aldrin, Buzz, 147
Andrews AFB, 190
Arcier, A. Francis, 199
Area 51 (Nevada), 17, 53, 72, 75, 309, 314, 322, 337
Armstrong, Neil, 27, 147
Army, 37, 48, 58–63, 75–76, 107, 140, 152, 164, 223, 250, 253, 274, 302
Arnold, Kennedy, 146
Atomic Energy Commission, 157
Aviation Museum (auf Wright-Patterson), 300

Bailey, Shara, 297–298
Battelle Memorial Institute, 77–87, 179, 184–186, 188, 190
Bedwell jun., Theodore C., 255
Behind the Flying Saucers, 40, 44
Berlitz, Charles, 38, 75
Bilek, Victor, H., 162
Birnes, William J., 75
Blanchard, William »Butch«, 98, 104, 109, 212–213, 270
Blann, Thomas, 124
»Blue Room«, 10, 52, 95, 98, 100–107, 109–110, 214
Boggs, Aaron J., 172
Bolander, Carroll H., 252
Bolster, Calvin, 64
»Bösen Dreizehn, Die«, 213
Bragalia, Anthony, 2, 10, 40, 77–85, 87, 106, 138, 308–309, 311, 318, 327, 329–330
Branch, Douglas, 89
Brazel, Bill, 170
Brazel, Mark, 204
Brazel, W. W., 58–59
Briley, Joe, 212
Brooks AFB, 255

Index 329

Brown, Tom, 57
Budelman, Richard, 271
Buehler, William, 85
Bush, George W., 271
Bush, Vannevar, 58, 137

Cabell, Charles P., 166, 172, 174, 176, 189
Cahn, J. P., 40
Cameron, Grant, 10, 102
Carr, Robert Spencer, 43–45
Carr, Timothy Spencer, 44–45
Carroll, Charles, 164
Carter, Jimmy, 16, 95, 103, 236
Center for UFO Studies, 254, 325–326, 338
Center, Elroy John, 78–79, 83
Chadwell, H. Marshall, 193
Church, Frank, 320
CIA, 2, 67, 191–195, 228, 238, 257, 266–267
Clarkson, James, E., 2, 129, 130–133, 135, 137–138, 140–141
Clemance, Gerald M., 224
Clingerman, William, 166
Clinton, Bill, 16
Coast Guard (Küstenwache), 164
Collins, Robert, 45, 53
Condon-Ausschuss, 219–220, 223–225, 229, 250, 252
Condon-Bericht, 207, 219, 221–224, 227, 234, 300
Condon, Edward Uhler, 219–220, 222, 225–227, 229–230, 300
Conway, James, 40, 45
Corso, Philip J., 75–76
Cox, Billy, 82–83, 318
Craige, Laurence C., 158, 163
Crain, June M., 129, 131–134, 137–142, 205, 331
Crick, Francis, 286
Cumming, Gerry, 175–176
Cybulski, Joseph, 197

Daily Show, The, 97
Davis, L. I., 89
Day After Roswell, The, 75–76
Day, Carl, 7, 11, 124, 295–297, 302
Dee-Proctor-Fundstelle, 214, 322
Dennis, Glenn, 306, 313
Department of Defense, 2, 67, 83, 137, 224, 285
Deyarmond, Albert Bonnell, 163, 167, 171
Disney, Walt, 237–239
DNA, 286
Doolittle, James, 60
DuBose, Thomas, 204
Dulles, Allen, 193, 195

Dwyer, Dan, 148

Eagle Squadron, 144
Edwards AFB, 204, 271
Eielson AFB, 270
Einstein, Albert, 229
Eisele, Gretchen, 303
Eisenhower, Dwight D., 60, 95, 150, 213
Elmendorf AFB, 270
Emenegger, Robert, 253
Ennis, William C. (Bill), 92
Evans, Philip, 199
Exon, Arthur E., 81, 87, 116, 204–217, 252, 312, 314, 321–323, 330

Fact or Faked? Paranormal Files, 48
FBI, 36, 48, 59, 62–65, 80, 112, 164, 200, 204, 253, 283, 306, 308, 312, 320–321, 339
Ferdinando, Kimberly, 301
Feuerbälle (grün), 181–182
Fitts, Paul M., 182
Flax, Alexander H., 224
Fliegende Untertassen, 18, 24, 34–35, 40–41, 56, 58, 61, 64, 66–67, 73, 78,
    112–113, 115, 117, 129, 133, 139, 156, 164, 168, 170, 173, 175, 184–185, 188,
    212, 226, 245, 247, 266, 313, 315, 322
Ford, Gerald, 16, 201, 234
Foreign Technology Division, 72–73, 105, 113, 134, 206, 211, 253, 301
Formaldehyd, 118, 120
Forney, L. R., 63
Fort Worth Army Air Field, 34–35, 59, 62, 112, 120, 204–205, 209–210, 212, 245, 313
Fort, Charles, 143
Foster, Lejeune, 283–284
Fox, James, 289
»Freedom of Information Act« (Gesetz über Informationsfreiheit), 83, 105
Friedman, Stanton, 302
Friend, Robert, 199–200, 255, 289
Fuller, John, 225–226

Games, Benjamin, 318
Gardner, Norma, 116–117, 205
Garret, G. D., 63
Generals, The, 250
Gilles, Jean, 287
Gilovich, Thomas, 16
Ginna, Robert, 175–176, 319
Goldwater, Barry, 52, 95–106, 109–110, 202, 214, 310–312, 321–322, 329, 331,
    333, 335, 337
Graham, Lee, 10, 100, 105, 310–311
Green Hornets, 114
Gregory, George T., 197–198
Groves, Leslie, 60

Hall, Richard, 119
Halleyscher Komet, 332
Hangar 18, 30-34, 38-45, 50-51, 271, 301
Hangar 27-28, 33, 38, 42, 46-49, 51, 74, 92-93, 107-108, 114, 123, 149, 168, 211, 271, 301, 309, 327
Hansen, Ben, 2, 47-48, 50, 307
Hansen, David, 47-50, 307
Hansen, Merlin, 48-50
Hardin, Charles, 198, 320
Haut, Walter, 59, 212-213
Henderson, Laura, 283
Henderson, Oliver W. »Pappy«, 113-116, 120-121, 149, 204, 312
Henderson, Sappho, 312, 321
Hershel, John, 62
Hertford, Kenner F., 267, 272, 326-327
Hibbs, Albert, 325
Hill AFB, 48
Hillenkoetter, 213
Hoffman, Richard, 284-286, 327
Holcomb, Sarah, 129-132
Holt, Lester, 303, 334
Hooks, Daniel E., 89-91
Hoover, J. Edgar, 65, 204, 306, 312
Horne, Douglas P., 196
Horne, Richard, 191
Hughes, Howard, 268
Hynek, J. Allen, 7, 165, 171, 180-186, 188, 192, 194, 196-198, 200, 215, 227, 230, 232-237, 239-243, 248-251, 253-256, 271, 304, 319-321, 324-326, 334, 339

Inouye, Daniel, 228, 324

Jennings, Peter, 87, 334
Johnson, Lyndon B., 95
Johnston, Sydney, 87-91, 310
Joyce, Frank, 307

Kazarian, Leon E., 284-286, 327
Kennedy, John F., 17, 146, 255, 271
Keyhoe, Donald, 41, 57, 220, 308, 325, 334
Kimball, Ward, 238
King, Larry, 95, 102, 104, 312
Kirkland, S. H., 179
Kirtland AFB, 89, 204, 270, 305
Kirton, Major, 59
Kleine Kerle/Männchen, 121, 127, 201, 280, 284
Klinger, D'Jack, 287-289
Kovacs, Allen P., 31-34, 305
Kromschroeder, John, 120-121, 312-313
Kucinich, Dennis, 97

Landsman, Larry, 301, 328
Langley AFB, 119
LaPaz, Lincoln, 180–182, 186
Las Vegas Review-Journal, 61
Lawrence Livermore Labs, 77
Lazar, Robert, 75, 309
Le Carré, John, 193
Lear, William, 268
LeMay, Curtis, 60, 64, 89, 91, 95, 98–99, 101, 109, 158, 173, 214, 309–310, 334
Levine, Norman E., 225–226
Loedding, Alfred C., 157, 162–166, 168, 171, 318–319, 333
Lowry AFB, 116
Lytle, Chet, 270
Lytle, Shirley, 270
Lytle sen., Chester W., 266–272, 326

Maccabee, Bruce, 302, 308, 310, 335
MacLaine, Shirley, 97
MacRae, Gordon, 122–123
MacRae, Sheila, 122
Madson, Raymond A., 116, 312
Magruder, Marion »Black Mac«, 47, 144–153, 314–317, 336
Magruder, Mark A., 2, 47–48, 144–145, 147–148, 317, 335
Magruder, Marshall, 147
Magruder, Merritt, 147
Magruder, Mike, 147, 149
Magruder, Natalie, 147
Maheras, Russell, 303, 328
Majestic 12, 206, 323
Manhattan-Projekt, 58, 181, 266
Marcel, Jesse, 35, 149, 212, 217, 241, 317, 329
Marine Corps, 57, 150–151, 223
Marshall jun., Robert L., 46–47, 307
Maxwell AFB, 144, 150, 206
Mayer, Daryl, 303, 328
McAndrew, James, 248, 315, 325, 335, 339
McCain, John, 95
McCarty, Vere, 312
McCoy, Howard, 25, 157, 163, 166–167, 173
McDonald, James E., 188, 224–225, 249, 320, 324, 335
McMullen, Clements, 58
Memory-Material, 137
Memory-Metall, 72, 77–78, 80, 8–87, 146, 286, 309
Menzel, Donald, 182–183, 335
Meyer, Henry, 271
Missaps, Knox, 89–91
Mitchell, Edgar, 87
Montague, Robert, 60
Moore, William L., 38, 75, 105–106, 305, 310–311, 329

Index 333

Mosgrove, John, 11, 291–297, 328
MUFON UFO Journal, 119
Muroc Field, 58, 204, 271, 305
Mutual UFO Network (MUFON), 130, 238, 338

NASA, 85, 87, 157, 255, 286–287, 330, 347
National Investigations Committee on Aerial Phenomenon (NICAP), 119–120
»National Security Act«, 67, 228, 274
National Security Agency, 320
National Security Council, 67, 274
Nationale Sicherheit, 27, 56, 66–68, 158, 163, 174, 189, 192, 219, 228, 236, 247, 252, 274–275, 277
Naval Ordnance Lab, 80–81, 84, 86
Navy, 46, 59, 61, 63–64, 164, 223, 253, 302
NBC, 291, 295, 297, 301–303, 328, 334
Nickel, 80–81, 84, 86
Nimoy, Leonard, 101
Nitinol, 10, 80–81, 83–87
Nixon, Richard, 234
Norstad, Lauris, 60
Norton AFB, 105

O'Donnell, Emmett, 61
Oak Ridge National Laboratory, 77
Objektivität, 188, 226
Olmsted AFB, 206
Operation Blue Fly, 124, 216
Operation Paperclip, 25, 139

Patterson, Frank Stuart, 24, 37
Patterson, Robert, 60
Patton, George S., 124
Payne, Bud, 210
Peacock Productions, 301, 328, 334
Penn, Hunter G., 275–277
Penn, Michelle, 277–278, 327
Pentagon, 23–24, 28, 37, 56–58, 60–63, 67–69, 89–90, 98, 156–158, 163–164, 166, 170–172, 174–176, 189–191, 198–199, 201, 206, 212–214, 220–221, 227, 233, 235–236, 242, 245–248, 251, 303
»Posse Comitatus Act«, 274, 327
Projekt Blue Book, 43, 66, 109, 188–192, 194, 196–201, 215–216, 219, 221–223, 226, 229, 233–235, 240, 247–248, 251–255, 289, 300–301, 320–322, 323–324, 333–334, 339
Projekt Caucasian, 135–137
Projekt Grudge, 66, 170–172, 174–177, 184, 188–191, 196, 247–248, 319
Projekt Mogul, 43, 77, 246, 248, 315
Projekt Moon Dust, 124, 216
Projekt Sign, 110, 155, 163–167, 170–172, 228, 247–248, 318, 338
Projekt Stork, 179, 182–186, 319–320

Quintanilla, Hector, 200

Ramey, Roger, 34–35, 62, 112, 173, 204, 211–213, 221, 245, 305–307, 312, 333
Randle, Kevin D., 10, 75, 130, 133, 141, 152, 207, 223, 308, 312, 314–317, 320–324, 336
Reagan, Ronald, 96, 104
Report on Unidentified Flying Objects, The, 67, 308, 318–320, 336
Reverse Engineering, 24, 27, 69, 72–73, 75, 334
Rexrold, Vorley »Mike«, 226, 272, 326
Reynolds, S. W., 63
Ricks, Thomas E., 250, 336
Robbins, Peter, 112, 314
Robertson Panel, 14, 238, 320, 334
Robertson, Howard P., 192–194
Roosevelt, Franklin, 271
Roswell Army Air Field (RAAF), 18, 34, 75, 92, 98, 112–114, 157–158, 204, 213, 245, 276
Roswell Daily Record, 61
Roswell-Ereignis, 9, 14, 16–18, 30, 32, 34–35, 46–47, 65, 68, 74–75, 77, 91, 98, 102, 113, 116, 132, 138, 140, 149, 151–152, 162, 165, 212, 214, 217, 221, 223, 229, 245, 275–276, 306, 309
Roswell Incident, The, 38, 41, 45, 75, 102, 104–105, 204, 305, 309–310, 329
Roswell-Wrackteile, 36, 38, 47, 51, 53, 74, 76–78, 80–81, 83, 86–87, 112–113, 152, 207
Rumsfeld, Donald, 235–236
Ruppelt, Edward, 66–67, 163, 165, 170–172, 175, 177, 179, 186, 188–192, 194, 196, 198, 238, 269, 308, 318–320, 329, 336

Sagan, Carl, 14, 56, 308, 336
Sarbacher, Robert I., 91–92, 137, 310
Saturday Evening Post, 173, 334
Saunders, David R., 225–227, 324, 336
Schiff, Steven, 245
Schopenhauer, Arthur, 170, 319, 337
Schulgen, George F., 58–59, 63–65, 81, 87, 155–156, 162, 164, 318
Scott AFB, 105, 311
Scott, Irina, 78–79
Scully, Frank, 40, 44, 306, 337
SeCoy, Ronald, 288, 308, 327
Seitz, Frederick, 224
SETI, 241, 325
Sidney, 173
Situation Red: The UFO Siege, 100, 307, 338
Smith, Howard, 174
Smith, Wilbert B., 103, 137, 311, 337
Sneider, Robert R., 163, 165–166
Socorro, 200, 250
Sowjetunion, 179

Index 335

Spaatz, Carl »Tooey«, 323
Spy Who Came in From the Cold, The, 331
Stack, Robert, 101, 144
Stacy, Richard, 304
Stapp, John P., 88–91, 310
Status Report II, 40–41, 338
Stewart, Jon, 97
Straight Flush, 120, 313
Strieber, Whitley, 2, 206–207, 209, 322, 337
Stringfield, Leonard H., 41, 53, 100–101, 107, 117–119, 280, 283, 302, 306–307, 310–311, 313–314, 327, 337–338
Sumpfgas, 201, 234, 250
Symington, Stuart, 60, 213

Technical Air Intelligence Unit (TAIU), 25–26
Technical Data Laboratory (TDL), 24
Technical Data Section (TDS), 23–24
Tesla, Nikola, 27
Thau, Jeffrey, 11, 57, 303–304, 328
Thompson, Robert, 118–119
Thurmond, Strom, 76, 272
Tiffany, John G., 119–120, 205, 208–210, 313, 321, 328
Tolstoy, Leo, 319
Torme, Tracy, 11, 13, 15, 289, 327
Toth, Joseph, 116, 312
Towles, George W., 157–158, 171, 174
Truettner, 167
Truman, Harry S., 58, 60, 62, 158, 204, 213, 274
Truth About the UFO Crash at Roswell, The, 130, 315, 323, 336
Twain, Mark, 232, 240, 242
Twining jun., Nathan, 10, 87, 267, 272, 309, 326
Twining, Nathan F., 10, 58, 64, 66–67, 72, 88, 112, 155–156, 159–162, 164, 205, 246, 269, 318, 339

UFO Crash at Roswell, 75, 308, 312, 313–314, 322–323, 337
UFO Experience, The, 256, 319, 321, 334
UFO, 9, 13–16, 19, 27, 30–32, 38–45, 52–53, 56–58, 64–67, 69–70, 75–76, 78–80, 83, 86–87, 95–98, 101–104, 106–107, 109–110, 114–115, 117, 122, 124, 127, 129–132, 134–135, 137, 139, 141, 147, 152–153, 155–157, 163–166, 170–177, 179–186, 188–194, 196–202, 207, 163–166, 170–177, 179–186, 188–194, 196–202, 207, 212–217, 219–230, 232–242, 245, 247–254, 256, 266, 268–272, 275–276, 278, 280, 283, 285–286, 295, 300–301, 303, 305–316, 318–327, 329–339
Ufologie, 232
UFOs – What's Happening?, 101
Unsolved Mysteries, 101
USAF Logistics Command, 27

Valley jun., George E., 167
Vandenberg, Hoyt F., 58, 60–61, 109, 166, 173, 213, 228, 247, 323

Vietnam, 36, 302
Visse, Leon B., 286–287
von Braun, Wernher, 90, 139

Wachter, Helen, 121
Wallace, George, 98
Wang, Fred, 84–85
»Washington Nationals, The«, 190–191
Washington Post, 61
Watson, Harold, 172
Wetterballon, 18, 28, 34–35, 61–62, 67, 156, 167, 173, 204, 211–212, 221, 241, 245, 278, 312, 315
Weaver, Richard, 245, 325, 339
Weaver, Truman, 118
Webb, Walter N., 196, 198, 321, 339
Weinbrenner, George R., 53, 253–256, 326
Welles, Orson, 56
Wells, H. G., 56
Wheeler, Richard V., 138, 316, 335
White, Edward, 27
Winkler, Lance, 30–31, 305
Witness to Roswell, 77, 305, 308–310, 316–317, 322–324, 330–331
Wright (Gebrüder), 21–22, 110
Wright Field, 9, 22–26, 28, 35–38, 51, 58–59, 64–65, 67–69, 72–74, 77, 88–89, 112–116, 119–120, 123, 130, 146, 149, 156–158, 162–163, 204–205, 207–208, 210, 212, 271, 275–277, 283, 288, 306, 312–313, 316
Wright, Jim, 245
Wright-Patterson (AFB), 9–10, 14–15, 17–19, 21–22, 26–28, 30–33, 36–54, 72, 78–83, 85, 87–88, 91–92, 95, 98, 100–106, 110, 112, 114, 116–118, 120–122, 124, 126–127, 129, 132–135, 137–140, 142, 145, 147, 149, 151–153, 164–166, 168, 170, 172, 175–176, 179–180, 184–185, 188–189, 197, 199, 201–202, 205–207, 210–212, 214–215, 217, 232, 252–256, 266–269, 271–272, 278, 280, 284–286, 288–289, 291, 293–298, 300–303, 305–308, 310–311, 313, 316, 320, 322, 328, 331, 335, 339

Yoder, Janis, 305

Zeidman, Jennie, 185–186, 255, 320, 325–326, 339
Zimmerman, Earl, 158, 318
Zohm, C. T., 59